조선조 주례의 수용과 국가례

김 인 규 저

도서출판
다운샘

※ 이 저서는 2016년 정부(교육부)의 재원으로 한국연구재단의 지원을 받아 수행된 연구임(NRF-2016S1A6A4A01018450).

<自 序>

 필자가 『주례(周禮)』에 관심을 두게 된 것은 2013년 봄 영산대학교 건학이념학술대회 준비 관계로 부구욱 총장님과의 미팅에서 비롯되었다. 법조인이신 총장님께서 저에게 『주례』에 관해 물으셨고, 『주례』를 접해보지 않은 필자는 그저 당황할 수밖에 없었다. 이에 집에 오자마자 서가에 있는 『주례』를 펼쳐보고는 아연실색할 수밖에 없었다. 단순한 예서(禮書)로만 알았는데 예서가 아니라 국가의 행정체계를 논한 정법서였기 때문이다.
 이에 관심을 두고 공부하던 중 국가례에 관해 체계적인 연구가 필요하다고 여겨 연구를 수행하는 과정에 한국연구재단의 중견연구자 지원사업에 이어 인문저술 지원사업에 선정됨으로써 본격적인 연구가 진행되었다. 2014년 「예 이념의 전개와 국가례 - 『주례』와 『조선경국전』을 중심으로」(『온지논총』 제38집, 온지학회), 2016년 「『주례』의 체제와 유교이념」(『퇴계학논총』 제28집, 사단법인 퇴계학부산연구원), 「조선 후기 『周禮』의 수용과 國家禮 - 다산 정약용의 『주례』이해와 국가례」(『퇴계학논총』 제27집, 사단법인 퇴계학부산연구원), 2017년 「『朝鮮經國典』에 나타난 『周禮』 이념」(『온지논총』 제52집, 온지학회), 「『經濟文鑑・別集』에 나타난 周禮 이념」(『동양고전연구』 제69집, 동양고전학회), 「조선 후기 『周禮』의 수용과 國家禮 - 반계 유형원의 國家禮와 『주례』의 이념」(『퇴계학논총』 제29집, 사단법인 퇴계학부산연구원), 「백호 윤휴의 『주례』 이해와 정치관 - 「독주례(讀周禮)」와 「만필(漫筆)」을 중심으로」(『동방학』 제37집, 한서대 동양고전연구소), 2018년 「『경국대전(經國大典)』의 성립과 『주례』 이념」(『동방학』

제38집, 한서대 동양고전연구소), 2019년 「『경제육전』의 성립 배경과 편찬자 조준의 『주례』 인식」(『퇴계학논총』 제32집, 사단법인 퇴계학 부산연구원)이 그 결과물이다.

 이러한 연구결과물을 도태로 부족한 부분을 보완하고, 빠진 부분은 다시 집필하여 이번에 이 책을 상재(上梓)하게 되었다. 그러나 책 발간에 앞서 다시 보니 여전히 부족한 점이 많이 보인다. 특히 고려시대 김지(金祉)의 『주관육익』과 조선 초 정도전(鄭道傳)의 『조선경국전』 및 『경제육전』 편찬에 지대한 영향을 끼쳤던 원대(元代)의 정법서인 『경세대전(經世大典)』에 대한 연구가 빠진 것이 마음에 걸린다.

 지금 대학가는 신입생 충원 미달로 충격에 휩싸여 있다. 과연 지방소재 대학들이 얼마나 살아남을 수 있을까가 대학에 재직 중인 많은 연구자의 고민이기도 하다. 모든 걸 법에만 의존하는 오늘날, 법의 잣대로만 대학을 구조 조정 한다면 이제 지방대학은 살아남을 방법이 없다. 이 책에서 '예(禮)를 문제 삼는 이유'도 다수의 대중으로 하여금 강제가 아닌 배려와 상생이라는 사회적 덕을 실행하는 예(禮)가 충만한 사회가 보다 바람직한 사회요, 더불어 사는 사회라고 보기 때문이다.

 끝으로 이 책의 서문을 쓴 부산교육대학교 이상익 교수와는 대학 1학년 때 만나 40년간을 우정을 이어오고 있다. 이 자리를 빌려 감사한 마음을 전한다. 그리고 이 책을 꼼꼼히 교정해 준 아내와 지난해 부산대학교 철학과에 입학한 늦둥이 딸에게도 고마움을 전한다.

2021년 3월 일
천성산 자락에서 저자 씀

<序 文>

　저의 오랜 친구 김인규 교수가 『조선조 주례의 수용과 국가례』를 상재(上梓)하면서, 제게 서문을 부탁하였습니다. 저는 문재(文才)가 졸렬하여 수줍은 마음이 먼저 들었지만, 김 교수와의 오랜 우정을 기념하는 마음으로 기꺼이 응낙하게 되었습니다. 이에 '주례(周禮)'에 대한 저의 소견을 약간 소개하고, 이 책의 의의를 더듬어 보는 것으로 축하의 인사를 대신하고자 합니다.

　전통시대의 예(禮)는 맥락에 따라 다양한 의미와 위상을 지닙니다. 서로 사양하고 공경하는 마음으로 표현되는 일상의 예의범절(禮儀凡節), 한 인간의 탄생, 성장과 결혼, 죽음과 추모에 이르는 인생의 주요 길목들을 의미심장하게 꾸며주는 각종 통과의례(通過儀禮), 공동체 구성원들의 다양한 회합을 의례화하여 공동체의 질서와 화합을 도모하는 향례(鄕禮), 한 국가의 조직과 구조를 체계적으로 설계하고, 각각의 기능과 역할을 합리적으로 부여함으로써 그 원활한 운용을 도모하는 국가례(國家禮) 등이 그것입니다. '주례'는 이 가운데 국가례에 해당합니다.

　'주례'란 글자 그대로 중국 고대 '주(周)나라의 예법'을 말합니다. 주나라는 하(夏)나라와 은(殷)나라의 예법을 계승 발전시켜 완정한 국가체제의 모범을 제시했는데, '주례'란 바로 이를 두고 말하는 것입니다. 주례의 모양을 제시한 인물은 주공(周公)이라 합니다. 공자(孔子)는 꿈에도 주공을 그리워했고, 주례를 바람직한 국가상(國家像)의 원형으로 인식하여 주례를 다시 실현하는 것을 자신의 소망이요 사명이라고 여겼습니다. 공자의 이러한 인식 때문이었는지, 동아시아에서 주례는 이후 19세기 말까지(즉 서구화 이전까지) 국가체제 정비와 국가 경영에 지대한 영향을 끼쳤습니다. 중국의 각 시대의 국가체제는 주례를 기본 틀로 삼으면서 그 시대의 실정에 맞게 조금씩 수정한 것이었습니다.

이는 우리 한국의 경우도 마찬가지입니다. 삼국시대나 고려시대에도 물론 주례를 수용하고 있었지만, 특히 조선시대에는 더욱 각별하게 주례를 중시했습니다. 이는 서거정(徐居正)이 지은 『경국대전(經國大典)』의 서문에 그대로 나타나 있습니다. 서거정은 조선의 『경국대전』이 주관(周官)·주례(周禮)와 짝을 이룬다고 단언하고, 이에 입각하여 국가를 경영한다면 조선은 주나라에 버금가는 문명국가가 될 것이라고 설파한 바 있습니다. 김인규 교수의 이 책은 바로 이 문제를 연구한 것입니다. 이 책에서는 먼저 주례의 기본적 성격과 주례가 중국 국가례에 끼친 영향을 소개한 다음, 조선시대에 주례가 수용되는 양상을 자세히 논의하였습니다.

김인규 교수는 이 책에서 법(法)은 '강제적 규범'인 반면 예(禮)는 '자발적 규범'이라고 구분하고, '법이 지배하는 오늘날, 예를 문제 삼는 이유'를 "다수의 대중으로 하여금 강제가 아닌, 스스로 사회적 덕을 실행하여 국가가 안정적으로 유지될 수 있게 하자."는 것으로 설명한 바 있습니다. 저는 여기에 또 하나의 이유를 추가하고 싶습니다.

일찍이 주자(朱子)는 예의 본질을 '천리에 따라 마디 짓고 꾸미는 것〔天理之節文〕'으로서, '인간의 모든 일에서 행동의 법칙이 되는 것〔人事之儀則〕'이라고 설명한 바 있습니다. 여기서 '천리'란 '자연의 이법'으로서, 만물은 일정한 위계를 이룬다는 존비(尊卑)의 원리, 만물은 음과 양처럼 짝을 이룬다는 대대(對待)의 원리, 만물은 극에 달하면 반대의 것으로 전화된다는 순환(循環)의 원리, 만물은 혈연의 친소에 따라 친애의 농도가 달라진다는 감쇄(減殺)의 원리 등을 말합니다. 자고로 유학(儒學)에서는 이러한 자연의 이법을 본받아 인간의 삶의 표준을 정립해야 한다는 입장을 취하고 있었거니와, 주자는 이를 '계천입극(繼天立極)'이라 했습니다. 주례 역시 이러한 맥락에서 자연의 이법에 따라 인간의 삶의 규칙을 제정한 것이라 할 수 있습니다.

이처럼 전통시대의 예는 자연의 이법을 중시했던 것과 다르게, 오늘날의 법은 구성원들의 자유로운 합의를 중시합니다. 구성원들이 모두 자연의 이법을 존중한다면 다행이겠지만, 간혹 그렇지 않은 경우도 많아 문제가 되는 것입니다. 오늘날 새롭게 제정된 법이 자연의 이법에 어긋나는 경우는 점점 더 증가하고 있습니다. 이치에 맞지 않는 규범을 강제하자니, 그리하여 국가의 운영은 더욱 권력에 의존하게 되고, 사회의 바람직한 풍속도 차츰 무너지며, 자연환경도 더욱 파괴되는 것입니다.

뜻있는 식자(識者)들이 오늘날의 이러한 상황을 우려하고 개탄한 지 오래 되었습니다. 이러한 작금의 현실에서, 이 책의 출간은 매우 반가운 일이 아닐 수 없습니다. 이를 계기로 주례와 조선시대의 국가 경영에 대한 이해가 더욱 깊어지고, 이를 바탕으로 자연과 조화를 이루는 문명의 이상을 다시 공유할 수 있다면, 이보다 더 큰 다행이 어디 있겠습니까? 이에 이 책의 출간을 축하하며, 많은 이들의 일독(一讀)을 권하는 바입니다.

2021년 3월 일

열락재(悅樂齋)에서 이상익 삼가 씀

<목 차>

<自序> · 3
<序文> · 5

<머리말> 법이 지배하는 시대, 왜 주례인가? ·················· 13

제1장 『주례』란 어떤 책인가? ································· 27
  1. 국가례의 전형, 『주례』 ···································· 27
  2. 『주례』의 철학적 특성 ···································· 31
  3. 『주례』의 정치 제도 ······································ 38
  4. 『주례』의 사료적 가치 ···································· 49

제2장. 『주례』의 체제와 유교 이념 ··························· 53
  1. 『주례』의 성립과 체제 ···································· 53
  2. 『주례』의 유교이념 ······································· 63
    1) 관제에 나타난 천인합일관 ······························ 63
    2) 『주례』에 보이는 예치(禮治)와 인(仁) ················· 68
    3) 주례의 민본정신 ······································· 75
  3. 『주례』의 경학사적 의의 ·································· 76

제3장. 『주례』가 중국 국가례에 끼친 영향 ··················· 79
  1. 『주례』와 중국의 국가례 편찬 ····························· 79
  2. 당(唐)의 국가의례 편찬과 국가례 ························· 82

1) 『대당개원례』의 편찬과 국가의례 ················· 82
　　2) 『당육전』의 국가례 ································· 86
　3. 명(明)의 국가례 편찬과 한반도 수용 ·············· 89
　　1) 『대명률』의 편찬과 국가례 ························· 89
　　2) 『대명률』의 한반도 수용 ··························· 93

제4장. 『조선경국전』의 주례 이념 수용 ················· 101
　1. 『조선경국전』의 저술 배경 ·························· 104
　2. 『조선경국전』의 체제와 국가례 ····················· 110
　3. 『조선경국전』의 법제사적 의의 ····················· 124

제5장. 『경제문감·별집』에 나타난 주례 이념 ········· 127
　1. 문감의 체제와 저술 배경 ··························· 128
　2. 문감에 구현된 주례 이념 ··························· 136
　　1) 재상정치론 ··· 136
　　2) 군주수신론 ··· 146
　3. 『경제문감·별집』의 법제사적 의의 ················ 153

제6장. 『경제육전』의 편찬과 조준의 주례 인식 ······· 157
　1. 『경제육전』의 편찬과정 ····························· 158
　2. 편찬자 조준의 『주례』 인식 ························ 165
　3. 경제육전의 법제사적 의의 ························· 178

제7장. 『경국대전』의 체제와 후대 법전에 끼친 영향 ······ 181
　1. 조선조의 통치이념과 법전 편찬 ·················· 183
　2. 『경국대전』의 편찬과 체제 ························· 190

3. 『경국대전』에 나타난 주례 이념 ················· 198
   4. 『경국대전』의 영향 ································· 206

제8장. 백호 윤휴의 『주례』 이해 ······················· 209
   1. 윤휴의 경학관 ····································· 211
   2. 「독주례」에 나타난 『주례』 이해 ··············· 215
   3. 주례 이념에 바탕한 정치관 ····················· 221
   4. 「독주례」가 남인학자에 미친 영향 ············· 230

제9장. 『반계수록』에 수용된 주례 이념 ·············· 233
   1. 『반계수록』의 저술 배경과 간행 ··············· 235
   2. 『반계수록』의 체제와 국가례 ··················· 242
   3. 국가례의 『주례』 이념과 철학적 배경 ········ 250
   4. 『반계수록』의 영향 ······························· 256

제10장. 『경세유표』에 구현된 국가례 ················ 259
   1. 다산의 『주례』 이해 ······························ 261
   2. 『경국대전』에 대한 다산의 견해 ··············· 269
   3. 『경세유표』에 나타난 국가례 ··················· 275
   4. 『경세유표』의 법제사적 의의 ··················· 290

<맺음말> 『주례』와 조선의 국가례 ···················· 293

<참고문헌> · 313

<머리말>

법이 지배하는 시대, 왜 주례인가?

예(禮)는 동양에서 오랫동안 정치·경제·사회 및 문화의 전 영역을 규정하는 틀이자 그것을 구성하는 중요한 부분으로 인식돼왔다. 예의 기원에 대해 공자(孔子, BC 551~479)는 "예의 시초는 음식에서 비롯되었다."[1]고 하였으며, 예의 역할에 대해 『한서』에서는,

> 인성(人性)에는 남녀의 정이 있어서 시기하고 미워하는 구별이 있으므로 혼인의 예를 만들었으며, 윗사람과 아랫사람의 만남에는 순서가 있기 때문에 향음(鄕飮)의 예를 만들었다. 죽은 사람을 애도하고 사모하는 감정이 있기 때문에 상례(喪禮)와 제례(祭禮)를 만들었으며, 존귀한 사람을 높이고 윗사람을 공경하는 마음이 있기 때문에 임금을 뵙는 예를 만들었다. …… 그러므로 공자는 '통치자를 안정시키고 백성을 다스리는 데 예(禮)보다 나은 것이 없으며, 풍속을 변화시키는 데에는 악(樂)보다 나은 것이 없다.'고 하였다. 예는 백성의 마음을 제어하고 음악은 백성의 소리를 조화시켜 정사로 행하고 형벌로서 방지하니, 예·악·정·형 네 가지가 통달하여 어그러지지 않는다면 왕도가 갖추어질 것이다.[2]

라고 하여, 비록 예는 제사 음식에서 시작되었으나 사람이 많아지고

---

1) 『禮記』, 「禮運」, "夫禮之初, 始諸飮食."
2) 『漢書』 권22, 「禮樂誌」, "人性有男女之情 妒忌之別 制婚姻之禮 有交接長幼之序 爲制鄕飮之禮 有哀死思遠之情 爲制喪祭之禮 有尊尊敬上之心 爲制朝觀之禮 …… 故孔子曰 安上治民 莫善於禮 移風易俗 莫善於樂 禮節民心 樂和民聲 政以行之 刑以防之. 禮樂政刑四達而不誖 則王道備矣."

사회가 복잡해지면서 남녀간의 자연스러운 정감의 발로를 위해 '혼인의 예', 상하(上下)·노소(老少)의 관계를 규정하는 '향음의 예', 죽은 사람을 보내고 추모하는 '상례와 제례', 지체 높은 사람을 뵙는 '조견(朝謁)의 예'를 만들었다는 것이다. 즉, 사회가 복잡해지고 개인의 지위와 귀천이 분별되면서 개인과 개인 사이, 집단과 집단 사이, 개인과 집단 사이에 갈등이 일어나자, 이를 해소하고 사회 안정을 위한 일종의 약속이 필요했는데, 가장 원초적인 약속이 예라는 것이다.

사회 질서를 유지하는 측면에서 요구된 예(禮)는 다만 내적으로 사회 구성원들에게 선(善) 및 사회적 덕(德)을 지향하도록 하는 것만이 아니라, 외적으로 사회 전체의 제도와 문물까지 포함하는 개념으로서 사회 질서를 해치는 구성원에 대해 제재(制裁)하는 측면이 내포되어 있다.

이러한 예(例)는 중국 선진시대의 문헌들을 통해서도 확인된다. 예컨대 『논어』에 보이는 "위례불경(爲禮不敬)", "인이불인 여례하(人而不仁如禮何)", "극기복례(克己復禮)", "예이행지(禮以行之)", "제지이례(齊之以禮)", 『예기』의 "예절이라는 것은 인의 모습이다〔禮節者 仁之貌也〕", "예라는 것은 의의 실이다〔禮也者 義之實也〕", "예는 경일 따름이다〔禮者 敬而已矣〕", "충신은 예의 근본이다〔忠信禮之本也〕", "성인은 예를 보여 줌으로써 천하 국가를 바로잡으려고 하였다.〔聖人以禮示之 故天下國家可得而正也〕", 『춘추좌전』의 "예는 법도이다〔禮之經也〕", "예는 나라의 근간이다〔禮國之幹也〕", "예는 정치의 바탕〔禮政之輿也〕"이라고 한 것처럼, 중국 고대의 예 개념은 내면적으로 사회 구성원들에게 선(善)을 지향하도록 하는 측면 뿐만 아니라 일체의 규범, 법령, 제도 및 예의와 사회적 질서의 의미를 포함한다. 일찍이 주희(朱熹, 1200-1273)도 "예라는 것은 천리의 절문이요, 인사의 의칙이다.〔禮者, 天理之節文, 人事之儀則也〕"[3]고 하여, '자연의 섭리'와 '인간의 행위규범'이라는 두 측면에서 설명하였다.4) 즉, 예의 기능은 크게 '개인의 자율성에 기반 한 예', '타인과의 윤리성에 바탕한 의례', '사회의 제도적인 측면을 다룬 전례', '국가의 통치 구조와 관련된 법제'로 구분할 수 있다.

특히 글자의 기원을 밝힌 『설문해자』 예부(禮部)에 '예(禮)'를 "禮는 행하는 것으로 신을 섬겨 복을 받으려는 것이다. 示와 豊의 합자로 豊은 또한 소리이다."5)고 하였다. 또 시부(示部)에 "示는 하늘에서 내리는 것으로, 길과 흉이 나타나므로, 사람에게 보이는 것이다. …… 하늘의 양상을 관측하여 시절의 변화를 관찰하고, 계시로 신을 섬긴다."6)라고 하여, 시(示)란 하늘에서 인간에게 길흉을 보이는 것을 의미하였다. 따라서 예(禮)라는 글자는 시(示)와 풍(豊)으로 이루어진 형성자(形聲字)로, 시(示)는 "하늘이 계시하는 것"을, 풍(豊)은 "제기〔豆〕 위에 과일을 담아 놓은 모양"을 뜻한다. 즉 제기 위에 제물을 담아 하늘에 제사를 지내면 하늘은 이에 응답을 보인다는 의미가 내포되어 있다고 하겠다.

예(禮)의 기원은 대해, 『예기』에서는 "예의 시초는 음식에서 비롯되었다. 곡식을 불사르고 고기를 자르며, 술을 붓고 악기를 두드려 연주해서 귀신을 공경하기에 힘썼다."7), "예에는 다섯 줄기가 있는데 제례보다 중요한 것은 없다."8)고 하였다. 즉, 예의 기원은 제사(祭

---

3) 『論語』「學而」 제12장 朱子註.
4) 이행훈, 「예의 본질과 일상성 - 율곡 유교의 실학적 성격과 일상성을 중심으로」 『동양고전연구』 제35집, 동양고전학회, 2009. 167쪽.
5) 『說文解字』「禮部」, "禮, 履也. 所以事神致福也. 從示從豊, 豊亦聲."
6) 『說文解字』「示部」, "示, 天垂象, 見吉凶, 所以示人也. …… 觀乎天文以察時變, 示事神也."
7) 『禮記』「禮運」, "夫禮之初, 始諸飮食, 其燔黍捭豚, 汗尊而杯飮, 蕢桴而土鼓, 猶若可以致其敬於鬼神."

祀) 의식에서 유래했고, 조상 숭배를 특징으로 하는 종족의 습속과 관련되어 있다. 특히 은(殷)나라 사람들은 신(神)에 제사하는 것을 중시하였다. 『예기』에 "은(殷)나라 사람들은 신을 받들어 백성이 신을 섬기며, 먼저 귀신이 있고 난 뒤에 예가 있다."9)고 했으며, 『상서』에 "이에 늘어선 사람들을 거느리고 은나라 임금을 보호하고 다스렸으니, 그러므로 은나라 예는 하늘에 짝하게 되어 여러 해를 지나게 되었다."10)고 하여, 은대(殷代)에 국가를 위해 하늘에 제사를 지낸 데서 '예'가 유래됐다고 보았다. 아울러 주(周)나라 건국 초기에는 은대의 제사 형태를 이어서 신에 제사했으며, 이 의식과 절차를 곧 예라고 불렀다. 이처럼 은대와 주(周) 초기의 예는 종교적 의식(儀式)이 주된 내용이었다.

아울러 '예'의 기원이 제사에서 비롯된 것은 인간의 보편적인 인성에 따른 것으로 보았다.

> 예란 사람의 정(情)으로 인해서 절문(節文)을 삼아 백성의 막는 바를 삼는다.11)

> 이는 효자의 뜻이요, 인정의 실제요, 예의의 기준이다. 하늘에서 떨어진 것도 아니고, 땅에서 나온 것도 아니며, 인정일 뿐이다.12)

> 인정(人情)으로 말미암아 예(禮)가 제정되고, 인성(人性)에 의거하여 형식화 되었다.13)

---

8) 『禮記』「祭統」, "禮有五經, 莫重於祭."
9) 『禮記』「表記」, "殷人尊神, 率民以事神, 先鬼而後禮."
10) 『尙書』「君奭」, "率惟茲有陳, 保乂有殷, 故殷禮陟配天, 多歷年所."
11) 『禮記』「坊記」, "禮者, 因人之情, 而爲之節文, 以爲民坊者也."
12) 『禮記』「問喪」, "此孝子之志也, 人情之實也, 禮義之經也. 非從天降也, 非從地出也, 人情而已矣."
13) 『史記』「禮書」, "緣人情而制禮, 依人性而作儀."

즉, 『예기』는 물론 『사기』에서도 예(禮)가 사람의 보편정서의 기초 위에 형성되었음을 알 수 있다.

그러나 인간이 집단을 이루어 살면서 각종 예의가 발달하였다. 사회와 인간의 일이 복잡해지면서 이를 원만하게 해결하기 위해서 누구에게나 통용되는 공통의 약속인 보편적이면서 합리적인 규칙이 필요하게 되었으며, 이는 인간생활에서 가장 기본적이고도 긴요한 규범이었다.

이 때문에 예는 인류공동생활의 규범과 사회 질서의 원리 원칙을 이루었다. 아울러 춘추시대에 이르면 제사는 이미 생활 전통 가운데 중요한 의식이 되었으나 종교적 관념은 희박해졌으며,14) 예는 초월적 존재와의 관계를 규정함은 물론 자신의 행동을 조절하고 감정의 조화로운 상태를 유지하는 상태를 예라고 하였다.15)

아울러 예는 다른 사람들과의 관계를 규정함은 물론 정치・사회 통제의 원리로서 예가 사용되기도 하였다. 그러므로 『예기』에서는 예의 효용성에 대해 다음과 같이 다섯 가지로 설명하였다.

> 천하의 예는 (예를 행함으로써) 사물의 시초를 되돌아보도록 하고, 사람의 마음을 귀신과 통하게 하며, 친화를 증대하고 재물의 이용을 촉진하고, 도의를 크게 흥하도록 하며, 겸양의 미풍을 조장한 것이다.
> 시초를 되돌아보면 그 근본을 두텁게 할 것이고, 귀신과 통하게 되면 위를 존중할 것이며, 재물의 이용이 촉진하면 백성의 기강이 확립될 것이고, 도의가 크게 흥하면 상하가 어그러지고 배반하지 않을 것이며, 겸양의 미풍이 조장되면 투쟁은 사라질 것이다.
> 이 다섯 가지를 합해서 천하를 다스리는 예로 한다면 비록 기행과 사행

---

14) 徐復觀, 『中國人性論史』(先秦篇), 台中 : 東海大學出版, 1963, 55쪽.
15) 최경옥, 「禮 理念의 전개」 『인문과학논총』 제4집, 경성대 인문과학연구소, 2001, 326쪽 참조.

이 있어도 다스리지 않는 자가 있더라도 미미할 것이다.16)

『예기』에서 말하는 예의 효용성은 근본을 되돌아보게 하고, 귀신과 통하며, 사람들과 서로 친화하고, 도의를 진작시키며, 위아래가 서로 겸양하는 다섯 가지로서 백성을 다스리는 예로 삼아야 한다는 것이다.

이처럼 예의 관념은 신에 제사 지내는 의식절차란 의미에서 출발하여 범위가 확대되어 갔다. 즉, 인간생활 행위와 사회생활의 규범을 포함하더니 더 나아가 정치제도까지 포괄하는 의미로 확대되었다.

『논어』및『예기』·『의례』·『주례』의 삼례(三禮)는 물론『사기』나 『춘추』등에 의하면 예는 고대부터 중국 전통의 전반적인 생활규범으로 일상생활의 예의 형식, 풍속, 습관, 연중 대사, 종교상의 의례, 국가사회의 제도와 법률을 내포하고 있다. 특히 서주(西周) 시대를 지나 춘추(春秋)시대 중반을 넘어서 공자에 이르면, '예'의 의의는 신명(神冥)을 섬기는 종교적 성격에서 벗어나 인간생활의 성격으로 확대되어 갔다.17)

춘추시대는 '예(禮)'에 대한 각종 확대된 새 해석들이 등장했고, 도덕(道德)과 윤리(倫理)의 의미가 더욱 가중되었으며, 아울러 개인 행위 규범과 도덕 표준의 의미 이외에 통치 질서와 사회 규범의 의미가 덧붙여졌다.

'예'에 대한 당시 관점들을 차례로 살펴보면, 먼저『좌전』에 의하면 "믿음으로 예를 지키고, 예로써 몸을 지킨다."18)고 했으며, 또 "충

---

16) 『禮記』「祭義」, "天下之禮, 致反始也, 致鬼神也, 致和用也, 致義也, 致讓也. 致反始, 以厚其本也, 致鬼神, 以尊上也, 致物用, 以立民紀也, 致義則上下不悖逆矣, 致讓, 以去爭也. 合此五者, 以治天下之禮也. 雖有奇邪而不治者, 則微矣."
17) 戴君仁, 『國學論文精選』, 台北 : 幼獅文化事業公司, 1987, 134쪽.

성과 믿음은 예의 그릇이고, 겸양은 예의 근본이다."19)고 하였다. 그러면서 "군주가 명하고 신하가 받들며, 부모는 자애롭고 자녀는 효순하며, 형은 아끼고 동생은 공경하며, 지아비는 화목하고 아내는 온유하고, 시어머니는 자애롭고 며느리는 순종하는 것이 예"20)라고 하였다. 또『국어』에서는 "예는 충·신·인·의(忠信仁義)를 보는 것"21)이라고 하였다. 즉 '예'는 당시 일반인들이 동의하는 보편적 덕목이며 시대정신이었음을 알 수 있다.22)

따라서 당시 사람들은 윤리·도덕적 문제에 봉착할 때면 대다수가 '예'와의 합치 여부를 따져 판단했다.23) 뿐만 아니라『좌전』에서 "예(禮)로 그 나라를 지키고, 정령(政令)을 시행하면, 그 백성을 잃지 않는다."24)고 하여, 예를 통치 질서의 원리로 이해하였다.

특히 삼례서(三禮書)가 정립되어 그에 따라 예가 지속적으로 실행되는 근거가 마련되었으며, 예교(禮敎)와 예치(禮治) 사상이 수립되는데 큰 역할을 한다.

일찍이 공자는『주례』로 불리는 서주(西周) 시대의 통치 질서를 이상화하여 정치상 예적 통치 질서의 회복과 유지를 주장하였다. 그는『주례』의 내용이 단지 제사 의식에 국한되는 것이 아니고, 실제 정치제도와 일반 행위 원칙을 포괄한다고 보았다. 즉 공자는 "주례를 중시하는 것은 주례가 근본이기 때문이다. …… 노나라는 주

---

18)『左傳』<成公 15년>조, "信以守禮, 禮以庇身."
19)『左傳』<昭公 2년>조, "忠信, 禮之器也, 卑讓, 禮之宗也."
20)『左傳』<昭公 22년>조, "君令臣恭, 父慈子孝, 兄愛弟敬, 夫和妻柔, 姑慈婦聽 禮也."
21)『國語』「周語」, <內史學說> "且禮, 所以觀忠信仁義也."
22) 徐復觀,『中國人性論史』, 台中 : 東海大學出版, 1963, 50쪽.
23) 李杜,「孔子的道德思想的繼承與突破性的發展」『華岡文科學報』第18期, 7쪽.
24)『左傳』<昭公 5年>, "禮所以守其國, 行其政令, 無失其民者也."

례를 버리지 않아 동요하지 않았다."25)고 하였으며, "기강을 받들어 밝히고, 아녀자를 보호하는 것이 주례이다."26)라는 기록을 통해서, 당시 사람들이 『주례』로 대표되는 윤리질서를 존중했던 상황을 짐작할 수 있다.

더욱이 '예'는 예의 통치〔禮治〕와 천도(天道)의 의미까지 포함되었음을 알 수 있다. '예'에 의거해 통치한다는 것은 '예'로써 사회질서를 유지한다는 것이므로 '예'의 의의 속에 이미 법적 성격까지 포함되었음을 뜻한다. 그러므로 『예기』「곡례」에서,

> 예란 가깝고 먼 관계를 정하고, 혐의를 판결하며, 같고 다른 것을 나누고, 옳고 그른 것을 분명히 한다. …… 도덕·인의는 예가 아니면 이룰 수 없고, 교화를 통해 백성을 가르쳐서 풍속을 바로잡는 일도 예가 아니면 안된다. 분쟁을 해결하고 송사를 판결하는 일도 예가 아니면 결정될 수 없고, 군신·상하·부자·형제도 예가 아니면 정해질 수 없다. 벼슬하고 배우는데 있어서 스승을 섬기는 일도 예가 아니면 친하게 수교할 수 없다. 조례와 군대 다스림과 관직에 나아가 법을 시행하는 것도 예가 아니면 위엄이 행해지지 않는다. 기도하고 제사하여 귀신을 섬기는 것도 예가 아니면 정성스럽지 않고 단정스럽지 못하다. 그러므로 군자는 공경하고 절도를 알맞게 하며, 사양하고 겸손하여 예를 밝히는 것이다.27)

라고 하여, 예의 정치·사회적 기능을 잘 밝히고 있다. 상하질서, 시

---

25) 『左傳』<閔公 元年>, "猶秉周禮, 周禮所以本也. …… 魯不棄周禮, 未可動也."
26) 『左傳』<僖公 21년>, "崇明紀, 保小寡, 周禮也."
27) 『禮記』「曲禮上」, "夫禮者, 所以定親疎, 決嫌疑, 別同異, 明是非也. …… 道德仁義, 非禮不成, 教訓正俗, 非禮不備. 分爭辨訟, 非禮不決, 君臣上下, 父子兄弟, 非禮不定. 宦學事師, 非禮不親. 班朝治軍, 莅官行法, 非禮不威嚴不行. 禱祠祭祀, 供給鬼神, 非禮不誠不莊. 是以, 君子恭敬撙節, 退讓以明禮."

비판단, 도덕윤리와 교육·군사·정령·제사·축제 등 모든 인간 행위의 준칙이 된다. 또 『좌전』에서는 "예란 하늘의 기강이요, 땅이 마땅히 해야 할 바이며, 백성의 행함이다."28)고 하고, 또 "예는 상하의 기강이요, 천지의 질서이며, 백성의 삶이므로 선대(先代) 통치자들이 중시한 것"29)이라고 하였다.

이처럼 예의 기능은 사회 질서를 유지하는데 있어 필수적인 요소였으며, 유가 이상사회의 실현에 있어서 예치(禮治)는 매우 중요한 의미를 지닌다고 하겠다. 공자는 예악(禮樂)이 무너지는 시대에 살았지만, "주(周)나라가 이대(二代)에서 예(禮)를 본받았으니, 빛나도다. 문채여! 나는 주나라를 따르겠다."30)고 하여, 하(夏)나라와 은(殷)나라의 예제를 재정비한 주나라의 예제(禮制)를 따르고자 하였다.

전국시기 맹자(孟子, BC372~289)를 거쳐 순자(荀子, BC298?~238?)에 이르면, '예'의 정치질서의 기능이 더욱 강조된다. 진·한(秦漢) 이후 전개된 '예'는 주로 왕권과 국가경영에 집중되어 전개됐다. 역대의 사서(史書)들을 보더라도 우선적으로 '예'를 국가경영 제도로 인식했음을 확인할 수 있다. 역대 사서(史書)의 '예'에 대한 언급의 원형은 『사기』「예서(禮書)」다. 『사기』의 '예'에 대한 시각은 『순자』와 같이 국가경영과 결부된 규범체계로 이해하였으며, 이후 『한서(漢書)』·『구당서(舊唐書)』·『당서(唐書)』·『송사(宋史)』·『명사(明史)』에서 '예'를 국가경영에 관련하여 오례(五禮) 형식으로 서술되어 있다.

이처럼 여러 집단의 통합체인 국가(國家)라는 거대한 조직에 있어

---

28) 『左傳』 <昭公 25년>, "夫禮, 天之經也, 地之義也, 民之行也."
29) 『左傳』 <昭公 25년>, "禮, 上下之紀, 天地之經緯也, 民之所以生也, 是以先王尙之."
30) 『論語』「八佾」, "子曰 周監於二代, 郁郁乎文哉. 吾從周."

서 그 집단 구성원 사이의 원활한 관계를 위해서 '예'는 꼭 필요한 기제라 할 수 있다. 그러나 역대 왕조의 통치자들은 '예'를 집단과 국가의 안정을 위한 기제로서 부각시켰을 뿐만 아니라 통치자의 권익을 보호하는 도구로써 전개했다. 또한 국가가 거대화되면서 개인과 개인, 집단과 집단 사이에 상호 소통되지 못하는 상황 속에서 '예'는 내면적·자발적인 측면에서의 사회적 덕을 추구하는 역할보다 외부적 제재 수단 및 강한 신분적 차별성을 내포하여 인간성을 억제하는 수단으로 전개되었다.

'예'가 통치 수단만으로 인식되고 사회 구성원을 통제하고 제재해서 통치자의 권익을 보호하려는 전제 왕권의 예제로 굳어지면서, 이에 대한 비판들이 쏟아지게 되었는데, 그 대표적인 것이 실용성(實用性)과 간이성(簡易性)을 겸비한 가례(家禮)다.

가례는 그 대상도 사(士)와 민(士民)에게까지 확대되어 일상적 생활에서 실천할 수 있는 관·혼·상·제(冠婚喪祭) 체계로 사람의 품성을 교육하며 행위를 규범화하여 사회공동체를 이루려는 특징을 가지고 있다. 즉, 가례가 내재적인 교육과 감화를 중시하여 자율적인 도덕 준칙으로써 '예'를 정립하려 했던 것에 비해, 국가례는 더욱더 법(法)과 형벌(刑罰) 같은 외재적인 제재를 강조하는 예제(禮制)로 나아갔다. 그러나 제제를 강요하는 것은 일정한 한계가 있다. 이미 공자가 말한 바와 같이 "어떻게 하면 다수의 대중으로 하여금 강제가 아닌, 스스로 사회적 덕을 실행하여 국가가 안정적으로 유지될 수 있느냐?"[31]가 이상적 국가례의 핵심과제라 할 수 있다.[32]

---

31) 『論語』 「爲政」, "子曰 道之以政, 齊之以刑, 民免而無恥. 道之以德, 齊之以禮, 有恥且格."
32) 김현수, 「다산 정약용의 국가례 고찰」 『한국철학논집』 제12집, 한국철학사연구회, 2003, 149쪽 참조.

그렇다면 '법의 시대에 왜 주례인가?'에 대한 의문이 든다. 일찍이 다산(茶山) 정약용(丁若鏞, 1762~1836)은 『경세유표』 「방례초본인」에서 다음과 같이 말한 바 있다.

> 여기에 논한 것은 법이다. 법이면서 명칭을 예라 한 것은 무엇인가? 선왕(先王)은 예로써 나라를 다스렸고, 백성을 지도하였다. 그런데 예가 쇠해지자 법이라는 명칭이 생겼다. 법은 나라를 다스리는 것이 아니며, 백성을 지도하는 것도 아니다. 천리에 비추어서 합당하고 인정에 시행해도 화합한 것을 예라 하며, 위엄으로 겁나게 하고 협박으로 시름하게 하여 백성이 벌벌 떨며 감히 범하지 못하도록 하는 것을 법이라 이른다. 선왕은 예로써 법을 삼았고, 후왕(後王)은 법으로써 법을 삼았으니, 이것이 같지 않음이다.33)

즉, 백성을 다스림에 있어 "위엄으로 겁나게 하고 협박으로 시름하게 하여 백성이 벌벌 떨며 감히 범하지 못하도록 하는 법(法)"보다 "예(禮)로써 나라를 다스렸고, 백성을 지도"하는 것이 더욱 좋다는 것이다. 그러나 현실에서는 그렇지 않다. 여전히 법이 우선되는 시대에 살고 있는 것이 현실이기도 하다. 그러나 예(禮)가 없어진 시대에 살아가는 우리로서는 더욱더 많은 법조문과 싸워야 하는 것도 현실이다. 인간이면 누구나 지키고 행동해야 할 것들이 법(法)이라는 올가미 속에 걸리지 않기 위해 어쩔 수 없이 행동하는 것이 오늘날 실정이다.

수많은 정치인들이 죄를 짓고 검찰의 포토라인에 서서 "그런 적이

---

33) 『經世遺表』 「邦禮艸本引」, "玆所論者, 法也. 法而名之曰禮, 何也. 先王以禮而爲國, 以禮而道民. 至禮之衰而法之名起焉. 法非所以爲國, 非所以道民也. 揆諸天理而合, 錯諸人情而協者, 謂之禮, 威之以所恐, 迫之以所悲, 使斯民兢兢然莫之敢干者, 謂之法. 先王以禮而爲法, 後王以法而爲法, 斯其所不同也."

없다. 정치적 음모"라고 말하다가도 막상 검찰에 불려가 조사를 받으면 그동안 지은 죄목들이 줄줄이 사탕처럼 엮여 나오는 것을 우리는 수 없이 보아왔다. 누구나 상식을 가진 사람이라면 자신의 잘못을 솔직히 시인하고 다시는 그런 죄를 짓지 않으면 되는데도 자신의 잘못을 부인하기에 급급한 현실에서 우리는 다시금 '예(禮)를 논하는 것이 부질없는 짓일까?' 의아해진다.

200여년 전 정약용이 "여기에 논한 것은 법이다. 법이면서 명칭을 예라 한 것은 무엇인가?"라는 반문에 이미 답은 제시되었던 것이다. 즉, 법(法)이라는 강제성보다 예(禮)라는 자발성에 기대를 걸었던 것이다. 그러면서 정약용은 법이라고 하는 것은 시대에 따라 바꾸어야 함에도 불구하고 바꾸어서는 안 되는 조목을 다음과 같이 제시하였다.

> 오직 관직을 120으로 한정하고, 6조(曹)에서 각각 20관서(官署)를 거느리도록 하는 것은 변동할 수 없다. 관계(官階)를 9품으로 정하고, 정(正)과 종(從)이라는 구별은 없었는데 오직 1품과 2품만 정과 종이 있도록 하는 것은 변동할 수 없다. 호조(戶曹)를 교관(教官 : 주나라 때 인민과 토지를 맡은 관청)으로 하고 6부(六部)를 6경(六卿)으로 삼아 향삼물(鄕三物)을 두어 만민을 가르친다는 면목(面目)은 변동할 수가 없다. 고적(考績)하는 법을 엄하게 하고 고적하는 조목을 상세하게 하여, 당우시대의 옛법대로 회복하는 것은 변동할 수 없다. 3관(三館)과 3천(三薦)하는 법을 혁파해서 신진은 귀천을 구분하지 말도록 하는 것은 변동할 수 없다. 능(陵)을 수호하는 관직을 처음 벼슬하는 자에게 맡기지 말아서 요행으로 벼슬길에 들어서는 문을 막는 것은 변동할 수 없다. 대과와 소과를 합쳐서 하나로 만들고, 급제 서른 여섯 사람을 뽑는 데 3년 만에 대비(大比)하며 증광(增廣)·정시(庭試)·절제(節製) 따위의 법을 없애서 사람 뽑는 데 제한이 있도록 하는 것은 변동할 수 없다. 문과와 무과에 정원을 서로 같게 하고, 과거에 급제한 자들은 모두 관직에 보임되도록 하는 것은 변동할 수 없다. 전지

10결(結) 머리에 1결을 취해서 공전(公田)으로 하고 농부에게 조력하도록 하며, 세를 별도로 거두지 않는 것은 변동할 수 없다. 군포의 법을 없애고 9부(賦)의 제도를 정리하여 민역(民役)을 크게 고르도록 하는 것은 변동할 수 없다. 둔전(屯田)하는 법을 마련하고 경성 수십 리 안은 모두 3군(三軍)의 전지(田地)로 삼아 왕도를 호위하고 경비를 줄이며, 읍성 몇 리 안쪽은 모두 아병(牙兵)의 전지로 하여 군현을 호위하도록 하는 것은 변동할 수 없다. 사창(社倉)의 한도를 정하고 상평(常平)의 법을 세워서 간사함과 제멋대로 하는 일을 막는 것은 변동할 수 없다. 중전(中錢)과 대전(大錢), 은전(銀錢)과 금전(金錢)을 주조하여 9부환법(九府圜法)의 등급을 분변하여 중국으로 빠져나가는 길을 막는 것은 변동할 수 없다. 향리(鄕吏)의 정원을 제한하고 세습하는 법을 금해서 간사함과 교활함을 막는 것은 변동할 수 없다. 이용감(利用監)을 개설하고 북학(北學) 할 방법을 의논하여 부국강병하도록 도모하는 것은 변동할 수 없다.34)

아울러 정약용은 "법을 예라고 한 것은 무릇 이와 같은 것들을 단정하여 시행되기를 진실로 원한다."고 하여, 백성의 자발에 의해 법이 시행되기를 간절히 바랬던 것이다.

---

34) 『經世遺表』「邦禮草本引」, "唯限官於一百二十, 使六曹, 各領二十, 斯不可易也. 定官於九品, 無正從之別, 唯一品二品, 乃有正從, 斯不可易也. 以戶曹爲敎官, 以六部爲六卿, 以存鄕三物, 敎萬民之面目, 斯不可易也. 嚴考績之法, 詳考績之條, 以復唐虞之舊, 斯不可易也. 革三館三薦之法, 使新進勿分貴賤, 斯不可易也. 守陵之官, 勿爲初仕, 以塞僥倖之門, 斯不可易也. 合大小科, 以爲一取及第三十六人, 三年大比, 罷增廣庭試節製之法, 使取人有限, 斯不可易也. 文科武科, 其額相同, 使登科者, 悉得補官, 斯不可易也. 於田十結, 取一結以爲公田, 使農夫助而不稅, 斯不可易也. 罷軍布之法, 修九賦之制, 使民役大均, 斯不可易也. 立屯田之法, 使京城數十里之內, 皆作三軍之田, 以衛王都, 以減經費, 使邑城數里之內, 皆作牙兵之田, 以護郡縣, 斯不可易也. 定社倉之限, 立常平之法, 以杜奸濫, 斯不可易也. 鑄中錢大錢, 鑄銀錢金錢, 辨九圜之等, 以塞走燕之路, 斯不可易也. 定卿吏之額, 禁世襲之法, 以杜其奸猾, 斯不可易也. 開利用之監, 議北學之法, 以圖其富國强兵, 斯不可易也."

따라서 정약용이 말한 "법을 논하면서 왜 예라고 하는가?"는 오늘날 법이 지배하는 시대에 예는 여전히 유효하며, 동양의 성문법인 『주례』도 여전히 유효하다고 하겠다.

제1장
『주례』란 어떤 책인가?

1. 국가례의 전형, 『주례』

　유가(儒家)의 예(禮)를 집성해 놓은 책을 일러 삼례서(三禮書)라 하는데, 삼례서란 『예기』·『의례』·『주례』로, 삼례라는 명칭은 한대(漢代) 말에 등장했다. 이를 살펴보면, 『의례』 또는 『예경』은 본래 귀족 계층의 사회생활 규범이었다. 서한(西漢) 초기에는 노(魯)나라의 고당생(高堂生)이 전한 사례(士禮) 17편만 남아 있었는데, 『의례』 17편은 성년 의식인 관례(冠禮), 남녀의 결혼을 의미하는 혼례(婚禮), 초상에 관한 상례(喪禮), 선조의 제사에 관한 제례(祭禮), 향리에서의 화합과 관련된 향례(鄕禮), 손님 접대와 관련된 사례(射禮), 군신 상하의 의식인 조례(朝禮), 타국과의 외교 의식에 관한 빙례(聘禮)로 이 여덟 가지의 '예'는 국가 조정으로부터 이웃나라와 민간의 인간관계에 이르기까지 모두 적용할 수 있다.

　또 예제(禮制)의 정신과 가치에 대한 기록은 『예기』에서 찾을 수 있는데, 애초 『예기』는 『예경』의 일부였던 것으로 보인다. 이는 『의례』 제11편 끝에 『예기』 기록의 흔적이 남아 있기 때문이다. 『예기』는 단시간에 이루어지거나 한 사람이 이룬 저작이 아니라, 내용상 공자(孔子) 문하 계열의 저술에다 한대 유가의 저술이 더해져 성립된 책으로,[1] 서한(西漢) 선제(宣帝) 때 대덕(戴德)과 대성(戴聖)의 예가 대표적이다. 대덕은 85편을 수록하여 세칭 『대대예기(大戴禮記)』라 하고, 대성은 49편을 선취하여 『소대예기(小戴禮記)』라 하였는데, 동한(東漢) 때 정현(鄭玄)이 『소대예기』에 대해 주석한 이후 이 책이 칠경(七經)의 하나로 중시되어 현재 통용되는 『예기』는 『소대예기』 49편을 일컫는다. 즉 『예기』는 '예'의 의의와 이치를 통괄 서술하고, 각종 예제를 기록하여 '예'의 원의를 체득하고 『의례』와 『주례』의 의의도 함께 드러내고 있다.2)

주지하다시피 『주례』는 국가 체제와 관리의 직무를 규정한 것으로, 국가 체제와 관련하여 중앙행정 조직을 천·지·춘·하·추·동의 육상(六象)에 따라 직제를 크게 천관(天官)·지관(地官)·춘관(春官)·하관(夏官)·추관(秋官)·동관(冬官)의 육관(六官)으로 나누고, 아래에 각 관직과 직무를 서술하는 형태로 되어 있다. 이에 따라 전체가 「천관총재(天官冢宰)」, 「지관사도(地官司徒)」, 「춘관종백(春官宗伯)」, 「하관사마(夏官司馬)」, 「추관사구(秋官司寇)」, 「동관고공기(冬官考工記)」의 여섯 편으로 구성되어 있으며, 「동관고공기」는 유실된 「동관사공(冬官司空)」 대신 한대(漢代)에 보충해 넣은 것이다. 각 편마다 첫머리에 경문(經文)을 두어 해당 관직과 관장하는 직무의 요점을 총괄 서술, 그 아래에 관직과 직무를 등급에 따라 차례로 배열하였다.

『주례』「천관총재(天官冢宰)」에, "왕이 나라를 세움에 사방의 위치를 분별하고 군주와 신하의 위치를 바르게 하여, 나라의 체제를 세우고 들[野]을 경영하며, 관청을 세우고 직분을 나누어 백성이 지켜야 할 표준으로 삼았다. 이에 천관인 총재를 세워서 모든 관원을 통

---

1) 徐喜辰, 「禮記的成書年代及其史料價値」『史學史硏究』1984年, 北京師範大學史學硏究所 編輯, 12-13쪽.
2) 최경옥, 「禮 理念의 전개」『인문과학논총』제4집, 경성대 인문과학연구소, 2001. 9쪽 참조.

솔하게 하고 육관의 직책을 총괄해서 왕(王 : 天子)을 도와 방국(邦國)을 고르게 한다."3)고 하였다. 즉『주례』에서 관직을 계획한 것은, 한쪽으로 천지자연에 대한 인간의 객관적인 규율의 답습을 강조하고 다른 한쪽으로 인간 주체성의 작용을 보여주는 것으로, 자연 질서 속에 인간의 주체적인 인식과 작용의 발휘를 반영할 뿐만 아니라, 동시에 백관(百官)의 직분으로 나라를 나누어 통치하고 민중의 삶을 편안하게 하여 천하의 사람들로 하여금 적당함을 얻게 하고, 위치를 잃지 않게 한다는 것이다.4)

구체적인 내용을 살펴보면, 주왕(周王) 아래에 천관(天官) 대총재(大冢宰), 지관(地官) 대사도(大司徒), 춘관(春官) 대종백(大宗伯), 하관(夏官) 대사마(大司馬), 추관(秋官) 대사구(大司寇), 동관(冬官) 대사공(大司空)의 육관(六官)이 있다. 천관의 수장인 태재(大宰)의 직책은 "나라를 세우는데 필요한 6가지 법전(法典)을 관장하고 왕을 보좌하여 큰 나라와 작은 나라를 다스린다."5)고 하였다. 그리고 6가지 법전은 치전(治典), 교전(敎典), 예전(禮典), 정전(政典), 형전(刑典), 사전(事典)으로 되어 있으며, 각 관 아래 60인(人)의 속관(屬官)이 있으므로 형식상 360관직이 된다. 그러나 현행『주례』는, 천관편에 태재(大宰) 이하 63관직, 지관편에 대사도(大司徒) 이하 78관직, 춘관편에 대종백(大宗伯) 이하 69관직, 하관편에 대사마(大司馬) 이하 67관직, 추관편에 대사구(大司寇) 이하 64관직, 동관편에 수인(輪人) 이하 31관직 등 모두 372관직을 망라해 각기 직무의 성격과 관장 사항을 서술하고

---

3)『周禮』「天官冢宰第一」, "惟王建國, 辨方正位, 體國經野, 設官分職, 以爲民極. 乃立天官冢宰, 使帥其屬而掌邦治, 以佐王均邦國."
4) 唐帼麗,「≪周礼≫惠民制度思想的当代認識价値」『甘肅理論學刊』第5期 總第219期, 2013年 9月. 184쪽.
5)『周禮』「天官冢宰」, "大宰之職, 掌建邦之六典, 以佐王治邦國."

있다. 이 가운데 관직의 이름만 있고 내용이 유실된 것이 모두 16항목이나 된다.[6] 즉, 선진(先秦) 시기 정치적 이상의 원본으로서,『주례』의 주제는 관직을 계획하고 나라를 경영하는 것으로 천지사시(天地四時)에 따라 관직을 만들고 관직의 직분을 밝혔는데, 이는 다분히 천인합일(天人合一)의 철학적 인식에서 나온 것이라 하겠다.

아울러 지방행정 조직은 향수제(鄕遂制)를 근간으로 하고 있다. 향(鄕)은 국(國)과 교(郊)의 편제로 야(野)와는 차이가 있다.『대사도(大司徒)』에 따르면, "다섯 가(家)를 비(比)로 삼아 서로 보호하게 하고, 다섯 비를 여(閭)로 삼아 서로 의탁하게 하고, 네 여를 족(族)으로 삼아 장례를 돕게 하고, 다섯 족을 당(黨)으로 삼아 서로 재앙을 구제하고, 다섯 당을 주(州)로 삼아 서로 진휼하게 하고, 다섯 주를 향(鄕)으로 삼아 서로 어진 현자를 접대하게 한다."[7]고 했으며, 각각은 비장(比長), 여서(閭胥), 족사(族師), 당정(黨正), 주장(州長), 향대부(鄕大夫)를 수장(首長)으로 한다. 수(遂)는 야(野)의 편제로,「수인(遂人)」에 "다섯 가(家)를 인(鄰)으로 삼고, 다섯 인을 리(里)로 삼고, 네 리를 찬(酇)으로 삼고, 다섯 찬을 비(鄙)로 삼고, 다섯 비를 현(縣)으로 삼고, 다섯 현을 수(遂)로 삼는다."[8])고 했으며, 수장을 인장(鄰長), 이재(里宰), 장장(酇長), 비사(鄙師), 현정(縣正), 수사(遂師)라고 하였다. 향과 수를 막론하고 지방관의 주요임무는 백성에 대한 호적, 토지, 부세, 요역, 금지령, 소송, 예의 풍속 등을 관리한다고 하였다.[9]

---

6) 『한국민족문화대백과사전』 주례편 참조.
7) 『周禮』「地官·大司徒」, "令五家爲比, 使之相保. 五比爲閭, 使之相受. 四閭爲族, 使之相葬. 五族爲黨, 使之相救. 五黨爲州, 使之相賙. 五州爲鄕, 使之相賓."
8) 『周禮』「地官·遂人」, "五家爲鄰, 五鄰爲里, 四里爲酇, 五酇爲鄙, 五鄙爲縣, 五縣爲遂."
9) 장동우,「王權과 禮治에 대한『周禮』의 문제의식」『동방학지』제133집,

이처럼『주례』는 중국고대 정치·행정상 가장 이상적인 법전으로 역대의 행정과 정치제도에 지대한 영향을 미쳤다. 즉, 정부조직에 있어서 북주(北周)의 육관(六官)으로부터 비롯하여 수(隋)·당(唐)에서 청말(淸末)에 이르는 육부(六部) 제도가 바로『주례』의 체제를 따르고 있다.

 국가의 체계적인 행정조직을 갖춘 국가례(國家禮)는 당(唐) 현종(玄宗) 20년(732)에 편찬된『대당개원례(大唐開元禮)』이다. 이 책은 서견(徐堅)·이예(李銳)·시경본(施敬本) 등이 현종의 명으로 15년간에 걸쳐 150권 분량으로 내용이나 형식이 고례(古禮)보다 풍부하고 체계적이며, 완성도도 높아 후대 국가례의 모범으로 여겨졌다. 이 법전은 황제·국가 중심의 국가례에 지방관의 제의와 사가(私家)의 관·혼·상·제까지 포괄한 예서로,『개원례』의 면모는 두우(杜佑)의『통전(通典)』에서도 확인된다. 이처럼『주례』는 행정 체제 뿐 아니라 율령(律令)에 있어서 한(漢)으로부터 청(淸)에 이르기까지『당육전(唐六典)』과 명·청의『회전(會典)』등 모두『주례』를 모방하여 이루어진 책이다. 더욱이 역사상 '변법(變法)'이라 불리는 수차례 중대한 정치개혁 시기에 모두『주례』를 근거로 하여 개혁을 실행하고자 하였다.

2.『주례』의 철학적 특성

 음양은『주례』에서 가장 광범위하게 사용된 철학 범주로, 만사 만물은 모두 음양 대립의 두 가지 방면을 가지고 있다. 제사(祭祀)에 양사(陽祀)·음사(陰祀)가 있고(「地官」·<牧人>), 예의(禮儀)에 양례(陽禮)·음례(陰禮)가 있고(「天官」·<內宰>), 정령(政令)에 양령(陽令)·음

연세대학교 국학연구원, 2006, 355쪽 참조.

령(陰令)이 있으며(「天官」·<內小臣>), 소리[聲]에 양성(陽聲)·음성(陰聲)이 있고(「春官」의 <大師>·<典同>), 기(氣)에 양기(陽氣)·음기(陰氣)가 있고(「春官」·<占夢>), 수목(樹木)에 양목(陽木)·음목(陰木)이 있다(「地官」·<山虞>, 「秋官」·<柞氏>). 이에 대해 전목(錢穆)은 "『주례』가 우주 전체와 인생 전부를 모두 음양(陰陽) 배우자화(配偶化) 시켰다."10)고 한 바 있다.

또 왕안석(王安石)도 『주례』의 음양사상에 대해 상세히 변석(辨析)하였는데 "책 속에 '음양 두 글자가 많이 나오지는 않지만 확실히 음양 사상이 있는 부분이 있다."고 지적하였다.11) 예컨대, 「춘관(春官)」 <소종백(小宗伯)>에 "건국의 신위(神位)를 주관하는데 왼쪽은 사직이고 오른쪽은 종묘이다."12)라고 하였는데, 왕안석은 "오른쪽이 음이고 땅의 도가 높이는 곳이기 때문에 오른쪽이 사직이고, 왼쪽이 양이고 사람의 도가 향하는 곳이기 때문에 왼쪽이 종묘이다."13)라고 해석하였다. 또 예컨대 「춘관(春官)」 <전명(典命)>에 "제후의 다섯 가지 제도[五儀]와 제후의 신하에게 주는 다섯 가지 등급을 주관한다. 상공(上公)은 구명(九命)이니 백(伯)을 주고 그가 가지는 국가(國家)·궁실(宮室)·거기(車旗)·의복(衣服)·예의(禮儀)는 모두 아홉으로 절차를 결정하고, 후작과 백작은 칠명(七命)이니 그가 가지는 국가·궁실·거기·의복·예의는 모두 일곱으로 절차를 결정하고, 자작과 남작은 오명(五命)이니 그가 가지는 국가·궁실·거기·의복·예

---

10) 錢穆先生全集, 『兩漢經學今古文平議』, 北京: 九州出版社, 2011, 「周官著作時代考」 참조.
11) 彭林, 『周禮主體思想與成書年代研究』, 北京: 中國社會科學出版, 1991, 25쪽 참조.
12) 『周禮』 「春官」 <小宗伯>, "掌建國之神位, 右社稷, 左宗廟."
13) 『周禮』 「春官」 <小宗伯 註>, "右, 陰也, 地道之所尊, 故右社稷. 左, 陽也, 人道之所向, 故左宗廟."

의는 모두 다섯으로 절차를 결정한다. 천자의 삼공(三公)은 팔명(八命)이고 경(卿)은 육명(六命)이며 대부는 사명(四命)인데 그들이 영주가 되어 영지를 받을 때에는 모두 품계 한 급씩 올려주어 그들이 가지는 국가·궁실·거기·의복·예의도 이와 같다."14)라고 하였는데, 왕안석은 "공(公)·후(侯)·백(伯)·자(子)·남(男) 작의 등급을 아홉으로 하고 일곱으로 하고 다섯으로 하는 것은 모두 양의 수이고 임금이기 때문이며, 공(公)·경(卿)·대부(大夫)의 등급을 여덟으로 하고 여섯으로 하고 넷으로 하는 것은 모두 음의 수이고 신하이기 때문이다."15)라고 해석하였다.

이처럼 『주례』의 철학적 배경은 음양사상(陰陽思想)이 내포되어 있는데, 팽림(彭林)은 대표적인 예를 다음과 같이 세 가지를 들었다. 이를 요약하여 정리하면 다음과 같다.16)

첫째, 왕국의 구조는 음양을 강(綱)으로 삼았다는 것이다.

『주례』의 첫 부분이라고 할 수 있는 「천관(天官)」 <총재(冢宰)>에 "왕이 국가를 세워 방위를 분별하여 바르게〔辨方正位〕하고, 도성의 규모를 구획하고 교외를 경영하며, 관직을 설치하고 직책을 배치하여 백성의 법이 된다."17)고 하였다. 변방정위(辨方正位)에 대해 『태평어람

---

14) 『周禮』「春官」 <典命>, "掌諸侯之五儀, 諸臣之五等之命. 上公九命爲伯, 其國家·宮室·車旗·衣服·禮儀, 皆以九爲節. 侯伯七命, 其國家·宮室·車旗·衣服·禮儀, 皆以七爲節. 子男五命, 其國家·宮室·車旗·衣服·禮儀, 皆以五爲節. 王之三公八命, 其卿六命, 其大夫四命, 及其出封, 皆加一等, 其國家·宮室·車旗·衣服·禮儀, 亦如之."
15) 王安石, 『周官新義』, 臺北: 臺灣商務印書館, 民國 57.
16) 彭林, 『周禮主體思想與成書年代硏究』「第二章 ≪周禮≫的陰陽五行思想」, 北京: 中國社會科學出版, 1991, 26-28쪽.
17) 『周禮』「天官」 <冢宰第一>, "惟王建國, 辨方正位, 體國經野, 設官分職, 以爲民極."

(太平御覽)』「황친부(皇親部)」에서는, "'방위를 구별함〔辨方〕'은 동서남북의 이름을 구별하여 음양을 드러낸다는 것을 말하고, '지위를 바로잡음〔正位〕'은 임금이 남면(南面)함이 양에 해당하고 신하가 북면(北面)함은 음에 해당하며, 뒤 북궁(北宮)에 거처하여 태음(太陰)을 체인하며, 태자가 동궁에 거처하여 소양(少陽)에 자리한다는 것 같은 것을 말한다."[18)]라고 설명하였다. 또「지관(地官)」<대사도(大司徒)>에,

> 하지(夏至)에는 그림자가 1척 5촌이 되면 지중(地中)이라고 부르는데, 이는 하늘과 땅이 합하고 사시(四時)가 교회(交會)하여, 비바람이 모이고 음양(陰陽)이 화합한 것이다. 그러므로 만물은 풍성하고 편안하니 이에 왕국(王國)을 건설한다.[19)]

라고 하였다. 『주례』의 '지중(地中)'은 토규(土圭 : 네 계절과 해와 달의 그림자를 측정하는 기구)로 측량해 낸 것으로, 그 목적은 음양 사시의 '중(中)을 얻기 위한 것'이라고 하겠다. 이에 대해 방포(方苞)는 "반드시 음양오행이 충화(沖和)하고 회합(會合)해야 비로소 '중(中)'이라고 이를 수 있다."[20)]고 하였다. 즉, 『주례』의 저자는 '왕이 만민(萬民)을 주재(主宰)하고 사회의 핵심이기 때문에 자연의 중심에 거처하여 음양(陰陽) 사시(四時)가 그 주위를 돌게 하고 이렇게 해야만 천자의 신분에 걸맞게 된다고 보았다. 이것이 '변방정위(辨方正位)의 의미 중 하나라고 하겠다. 즉, 왕이 땅의 가운데〔地中〕를 얻었으니 마침내 왼쪽에는 조상, 오른쪽에는 사직, 앞에는 조정, 뒤에는 시장

---

18) 『太平御覽』「皇親部」, "辨方謂別東西南北之名, 以表陰陽也. 正位謂若君南面當陽, 臣北面卽陰, 居後北宮以體太陰, 居太子於東宮以位少陽之類"
19) 『周禮』「地官」<大司徒>, "日至之景, 尺有五寸, 謂之地中. 天地之所合也, 四時之所交也, 風雨之所會也, 陰陽之所和也, 然則百物阜安, 乃建王國焉."
20) 方苞, 『周禮析疑』권9, "必陰陽五行沖和會合, 乃可謂中."

을 설치하게 된다. 또 「천관(天官)」 <내재(內宰)>에는 "국가를 세울 때는 왕후를 보좌하여 시장을 세우고 점포를 설치하며 차례가 있게 하고, 가게를 바르게 하고 재화를 진열하게 하고 도(度 : 10자)와 양(量 : 한 말 엿 되)과 순(淳 : 폭이 넓은 것)과 제(制 : 匹이 긴 것)를 산출한다. 제사에는 음례(陰禮)로써 한다."21)고 하였는데, '면조후시(面朝後市)'도 음양 대칭임을 알 수 있다.

이외에 왕(王)과 후(后)가 거처하는 남궁(南宮)·북궁(北宮), 천지에 제사지내는 남교(南郊)·북교(北郊) 및 조근(朝覲)·회동(會同) 등의 경우, 왕과 군신(群臣)이 서 있는 위치 등은 모두 음양 대칭의 사상에 의거하여 배치된 것이다. 사람의 존비(尊卑)·예의(禮儀)의 융살(隆殺) 등도 모두 이에 따라서 규정되는데, 이는 '변방정위(辨方正位)'의 또 하나의 의미라고 하겠다.

둘째, 왕(王)과 후(后)라는 두 개의 궁궐 시스템이 출현하였다.

인류사회에서 음양이 보여주는 최고의 표현은 남녀이고, 최고 권위의 대표자는 왕과 후이다. 음과 양의 평형을 유지하기 위하여 『주례』에는 놀랍게도 왕과 후라는 두 개의 궁궐 시스템이 출현한다. 즉, 형식면에서 왕(王)은 육침(六寢)(「天官」·<宮人>)을 갖고 있는데 이는 남궁(南宮)으로 양의 위치에 거처하며, 후(后)는 육궁(六宮)(「天官」·<內宰>)을 갖고 있는데 이는 북궁(北宮)으로 음의 위치에 거처한다고 하였다.

아울러 속관(屬官) 방면에 있어서, 왕은 삼공(三公)이 있고 후는 삼부인(三夫人)이 있으며, 왕은 육관(六官)의 장(長)과 육향(六鄉)의 대부(大夫) 등 십이경(十二卿)이 있고, 후는 십이궁경(十二宮卿)이 있다

---

21) 『周禮』「天官」<內宰>, "凡建國佐后, 立市設其次置其敘正其肆, 陳其貨賄, 出其度量淳制, 祭之以陰禮."

고 하였으며, 궁궐 관리 방면에 있어 왕은 천관(天官)의 소재(小宰)가 왕궁의 정령(政令)을 주관하고, 후는 천관의 내재(內宰)가 왕내(王內)의 정령을 다스린다. 이처럼 『주례』의 관직 설치에 있어서도 음양사상이 반영되었던 것이다.

셋째, 자연신(自然神) 중에도 음양 대립이 있다.

자연계 속에서 음양이 보여주는 최고의 표현은 천지(天地)로서, "음양 이기의 구체적인 표현은 곧 천지이다."22)라고 하였는데, 『주례』의 천지에 행하는 예(禮)는 매우 다양하다. 「춘관」 <대종백>에 "대종백의 직분은 나라를 세운 천신(天神)·인귀(人鬼)·지기(地示)의 예(禮)를 관장한다."23)고 하였으며, 구체적인 예로 인사(禋祀)·실시(實柴)·유료(槱燎)의 예로 천신에게 제사를 지내고, 혈제(血祭)·매침(埋沈)·벽고(疈辜)의 예로 지기(地示)에게 제사를 지낸다.24) 또 「춘관(春官)」「대사악(大司樂)」에 동지에는 땅 위의 환구에서 천신(天神)에게 절하고 하지에는 늪 속의 방구(方丘)에서 지기(地祇)에게 절하는 제도가 있다.25)

뿐만 아니라 『주례』에서도 각종 제사를 음양 두 가지로 분류한다. 「지관(地官)」 <목인(牧人)>에는 "무릇 양사(陽祀)에는 붉은 색 털을 가진 희생을 사용하고, 음사(陰祀)에는 검은 색 털을 가진 희생을 사용한다."26)고 하였고, 「추관(秋官)」 <사훼씨(司烜氏)>에 "부수(夫遂)

---

22) 馮友蘭, 『中國哲學史新講』, 北京: 人民出版社, 1984, 337쪽.
23) 『周禮』 「春官」 <大宗伯>, "大宗伯之職, 掌建邦之天神人鬼地示之禮."
24) 『周禮』 「春官」 <大宗伯>, "以禋祀, 祀昊天上帝, 以實柴, 祀日月星辰, 以槱燎祀, 司中司命飌師雨師. 以血祭, 祭社稷五祀五嶽, 以貍沈, 祭山林川澤, 以疈辜, 祭四方百物."
25) 『周禮』 「春官」 <大宗伯>, "冬日至於地上之圜丘奏之. 若樂六變, 則天神皆降, 可得而禮矣. …… 夏日至於澤中之方丘奏之. 若樂八變, 則地示皆出, 可得而禮矣."

로써 해에서 깨끗한 불을 얻고, 거울로써 달에서 깨끗한 물을 얻고, 제사에 쓰는 명자(明齋) 명촉(明燭) 명수(明水)를 공급하는 일을 주관한다."27)고 하였는데, 이는 제사 때 사용하는 명화(明火)·명수(明水)는 각각 '일월에서 취한다(救日月)'는 것이다. 또 「지관(地官)」<고인(鼓人)>, 「춘관(春官)」<대복(大僕)>, 「추관(秋官)」<정씨(庭氏)> 등의 직책에 모두 '일월을 구한다(救日月)'라는 구절이 있는데 이 모두 음양 이원론의 입장에 있음을 알 수 있다.

이상의 살펴본 3가지 요점은 『주례』가 음양(陰陽)을 일반적인 개념으로 사용했을 뿐만 아니라, 그것을 자연과 인류사회의 최고 철학 범주로 사용했을 뿐만 아니라 이를 '도성(都城)의 규모를 구획하고 교외를 경영하며〔體國經野〕, 관직을 설립하고 배치하는〔設官分職〕' 원칙 중 하나로 삼았음을 표명하였다.

음양학설은 춘추시대에도 있었지만 크게 드러나지 못했고, 심지어 『순자(荀子)』「비십이자(非十二子)」와 『한비자(韓非子)』「현학(顯學)」에서도 언급되지 않았다. 금문(金文) 중에도 음양사상이 보이지 않으며, '하늘〔天〕'과 짝을 이루는 '땅〔地〕' 마저도 없었다. 『주역(周易)』「계사상(繫辭上)」에 "하늘은 높고 땅이 낮으니 건괘와 곤괘가 정해지고, 낮고 높은 것이 베풀어지니 귀하고 천한 것이 자리를 잡게 된다."고 하였고, 『예기(禮記)』<예운(禮運)>에 "성인이 원칙을 만들 때에는 반드시 하늘과 땅을 근본으로 삼고 음양을 시초로 삼는다."28)라고 하였으니, 이처럼 『주례』는 음양을 나라를 다스리는 총강령(總綱領)

---

26) 『周禮』「春官」<牧人>, "凡陽祀, 用騂牲毛之, 陰祀, 用黝牲毛之."
27) 『周禮』「秋官」<司烜氏>, "司烜氏掌以夫遂, 取明火於日以鑒, 取明水於月, 以共祭祀之明齍, 明燭, 共明水."
28) 『周易』「繫辭上」, "天尊地卑, 乾坤定矣. 卑高以陳, 貴賤位矣."

으로 삼았다고 할 수 있다.

특히 팔신(八神)의 제사 중에서 천지(天地)·음양(陰陽)·일월(日月)의 제사가 둘씩 상대(相對)하는 것은 『주례』가 바탕으로 삼는 것이라고 볼 수 있다. 『주례』는 후에 나왔지만 더욱 정밀하고 제도가 더 엄밀하였다. 예를 들면 천지의 제사는 들판의 큰 산에서 하지 않고 국학(國學)의 남북에 두었고, 땅의 제사는 '택중환구(澤中圜丘)'에서 '택중방구(澤中方丘)'로 변하고 하늘의 제사는 '고산지하(高山之下), 소산지상(小山之上)'에서 '환구(圜丘)'로 변한다. 이로부터 '하늘은 둥글고 땅은 모나다.〔天圜地方〕'의 뜻이 크게 갖추어졌으니 『주례』가 진(秦)의 음양의 제사를 흡수하고 개선하였음을 알 수 있다.

3. 『주례』의 정치 제도

『주례』 중의 최고 통치자는 왕(王)이고, 정부 속의 관제(官制)는 이른바 천관(天官)·지관(地官)·춘관(春官)·하관(夏官)·추관(秋官)·동관(冬官)의 육관(六官)이 있다. 그리고 육관의 수장(首長)으로는 천관 총재(冢宰)·지관 사도(司徒)·춘관 종백(宗伯)·하관 사마(司馬)·추관 사구(司寇)·동관 사공(司空)이 있다.29)

표면적으로 볼 때 육관은 같은 서열인 것 같지만 사실상 천관(天官)의 지위가 다른 오관(五官)보다 높다. 『주례』「천관」<태재(大宰)>에 "태재의 직무는 나라를 세우는데 필요한 육전을 관장하고 왕을 보좌하여 큰나라와 작은 나라를 다스린다."30)고 하여, 이 육전을

---

29) 이 절의 내용은 주로 楊向奎의 「周禮內容的分析及其製作時代」(『山東大學學報』 第4期, 山東大學)를 보완 정리하였다.

30) 『周禮』「天官」<大宰>, "大宰之職, 掌建邦之六典, 以佐王治邦國."

을 려(旅)라 하는데, 여수(旅帥)는 다 하대부(下大夫)로 임명한다. 백명을 졸(卒)이라 하는데 졸장(卒長)은 다 상사(上士)로 임명한다. 25명을 량(兩)이라 하는데, 양사마(兩司馬)는 다 중사(中士)로 임명한다. 5인을 오(伍)라 하는데, 오(伍)에는 다 장(長)이 있다."36)라고 하였다. 이에 따라 유추하면, 1만 2천 5백 명이 1군(軍)이므로 1군은 5사(師)에 해당하며, 천자의 군사는 6군(軍)임으로 이는 30사(師)로 군사(軍士)는 모두 7만 5천 명이 된다.

특히 하위 단계로부터 계산하면, 5오(伍)가 1량(兩)이 되고 '양(兩)'은 곧 병거(兵車) 1승(乘)이다. 중국 고대의 병거 1승에는 갑사(甲士)가 10명이고 보졸(步卒)이 15명으로, 이는 갑사가 2오 보졸이 3오라고 하였다. 그리고 25명 중에 건장하고 용맹한 사람을 골라 갑사로 하고, 갑사 중에서도 특히 용맹한 사람을 골라 수레 위에 3명을 두는데, 왼쪽은 궁시(弓矢)를 들고 활쏘기를 주관하고 오른쪽은 창을 들고 격자(擊刺)를 주관하고 중간은 방어를 주관하는데, 이를 갑수(甲首)라고 하였다. 이는 『좌전』이 말하는 "갑수 3백 명을 얻어 제나라에 바쳤다."37)와 "갑수 3천 명을 공에게 바쳤다."38)의 갑수(甲首)가 바로 갑사(甲士) 중의 우두머리이다. 나머지 갑사 7명은 수레의 좌우에 있고 보졸 15명은 수레의 뒤에 있다. 이와 같이 25명을 1승으로 하는 제도는 춘추 및 춘추 이전의 제도와 부합된다.39) 이에 대해 손이양(孫詒讓)은 『주역정의』에서 "25명이 1승(乘)인데 모든 글을 살

---

36) 『周禮』「夏官司馬」, "二千有五百人爲師, 師帥, 皆中大夫. 五百人爲旅, 旅帥, 皆下大夫. 百人爲卒, 卒長, 皆上士. 二十五人爲兩, 兩司馬, 皆中士. 五人爲伍, 伍皆有長."
37) 『春秋』「桓公六年」<夏四月>, "甲首三百, 以獻於齊."
38) 『春秋』「哀公十有一年」<五月>, "甲首三千, 以獻于公."
39) 楊向奎,「周禮內容的分析及其製作時代」『山東大學學報』第4期, 山東大學, 12쪽.

퍼보니 모두 합치하였다. 방숙(方叔)이 남쪽으로 정벌 갈 때 수레가 3천 승이었는데 수레마다 25명이 탔으니, 3천 승이면 7만 5천 명이니, 이것이 천자 육군(六軍)의 제도이다. 『춘추』 양공(襄公) 11년에 삼군(三軍)을 만들었다고 하였으니, 이전에는 삼군이 없었다는 것이 분명하다."[40]라고 하였다. 이처럼 주왕(周王)은 방대한 병력(兵力)을 바탕으로 제후(諸侯)를 통솔하였는데, 이것이 바로 구벌(九伐)의 법이다.

> 구벌(九伐)의 법으로 제후국을 바로잡는다. 제후 가운데 강함을 믿고 약한 자를 능멸하거나 큼을 믿고 작은 나라를 침벌할 경우 그의 토지를 삭감하고, 함부로 어진 자를 죽이거나 백성을 해칠 경우 정벌하고, 나라 안에서 폭정을 행하거나 이웃 나라를 능멸할 경우 나라의 국군을 폐하고서 어진 자를 세우고, 전야가 황폐해지거나 백성이 흩어져 떠돌면 그의 토지를 깎고, 험준한 지세를 믿고서 복종하지 않을 경우 군사를 보내어 그 나라의 국경으로 침범하고, 아무런 이유 없이 친족을 살해할 경우 잡아다가 그의 죄를 다스리고, 신하로서 임금을 내쫓거나 시해하였을 경우 그를 잡아 죽이고, 명령을 어기거나 국가의 법을 능멸할 경우 이웃 나라와의 교통을 두절시키고, 안과 밖에서 인륜을 어지럽히거나 금수와 같은 행실을 할 경우 그를 주살한다.[41]

즉, 주왕(周王)인 막강한 병력을 바탕으로 제후들을 구벌(九伐)의 법으로 바로잡았으며, 천자와 제후 간의 유대관계를 강화하기 위해 조

---

40) 『周禮正義』卷54, "以二十五人爲一乘, 按之諸書皆合, 方叔南征, 車三千乘, 每乘二十五人, 三千乘得七萬五千人, 是王六軍之制也. 春秋襄十一年作三軍, 明以前無三軍."

41) 『周禮』「夏官」<大司馬>, "以九伐之法, 正邦國. 馮弱犯寡, 則眚之, 賊賢害民, 則伐之, 暴內陵外, 則壇之, 野荒民散, 則削之, 負固不服, 則侵之, 賊殺其親, 則正之, 放弑其君, 則殘之. 犯令陵政, 則杜之, 外內亂鳥獸行, 則滅之."

근회동(朝覲會同)의 예(禮)로 하였다. 「대종백(大宗伯)」에 다음과 같이 말했다.

> 봄에 뵙는 것을 조(朝)라고 하고, 여름에 뵙는 것을 종(宗)이라고 하며, 가을에 뵙는 것을 근(覲)이라고 하고, 겨울에 뵙는 것을 우(遇)라고 한다. 불시로 뵙는 것을 회(會)라고 하고, 여럿이 모여서 뵙는 것을 동(同)이라고 하며, 때로 빙문하는 것을 문(問)이라고 하고, 진귀한 물건을 선물로 천자를 뵙는 것을 시(視)라고 한다.42)

제후가 천자를 알현하는 사계절의 예를 봄은 조(朝), 여름은 종(宗), 가을은 근(覲), 겨울은 우(遇)라 하였다. 뿐만 아니라 불시로 뵙는 것을 회(會), 여럿이 뵙는 것을 동(同), 때로 빙문하는 것을 문(問), 진귀한 물건을 선물로 뵙는 것을 시(視)라고 하여 사계절과 방문 목적에 따라 이름을 달리하였다. 그러나 조(朝)·종(宗)·근(覲)·우(遇)는 제후들이 관례에 따라 도읍에 와서 주왕(周王)을 알현하는 예라고 한다면 사계절 이외의 회동(會同)은 주왕의 부름에 의한 소견(召見)이라 할 수 있다. 아울러 조(朝)·종(宗)·근(覲)·우(遇)의 구체적인 내용에 대해 「추관(秋官)」 <대행인(大行人)>에 기록하기를,

> 봄에 제후들이 알현〔朝〕하면 천하의 일을 도모하고, 가을에 알현〔覲〕하면 큰 나라와 작은 나라의 공로를 비교하며, 여름에 알현〔宗〕하면 천하의 계획을 진술하고, 겨울에 알현〔遇〕하면 제후의 근심을 돕는다. 시회(時會)하여 사방의 금지령을 발포하고 은동(殷同)하여 천하의 정사를 베푼다.43)

---

42) 『周禮』 「春官」 <大宗伯>, "春見曰 朝, 夏見曰 宗, 秋見曰 覲, 冬見曰 遇, 時見曰 會, 殷見曰 同. 時聘曰 問, 殷覜曰 視."
43) 『周禮』 「秋官」 <大行人>, "春朝諸侯, 而圖天下之事, 秋覲, 以比邦國之功, 夏宗, 以陳天下之謨, 冬遇, 以協諸侯之慮, 時會, 以發四方之禁, 殷同, 以施天下之政."

라고 하였다. 뿐만 아니라 주왕(周王)의 수도〔王畿〕를 중심으로 떨어진 거리에 따라 행정 구역을 아홉으로 나누었는데, 이를 구기(九畿) 또는 구복(九服)이라 하였다. 「하관(夏官)」 <대사마(大司馬)>에 다음과 같이 기록하였다.

> 아홉 가지 지방을 구획하는 문서〔九畿之籍〕로써 큰 나라와 작은 나라의 정사를 베푼다. 사방(四方) 1,000리(里)를 국기(國畿)라 하고, 그 밖의 사방 500리를 후기(侯畿)라 하고, 또 그 밖의 사방 500리를 전기(甸畿)라 하고, 또 그 밖의 사방 500리를 남기(男畿)라 하고, 또 그 밖의 사방 500리를 채기(采畿)라 하고, 또 그 밖의 사방 500리를 위기(衛畿)라 하고, 또 그 밖의 사방 500리를 만기(蠻畿)라 하고, 또 그 밖의 사방 500리를 이기(夷畿)라 하고, 또 그 밖의 사방 500리를 진기(鎭畿)라 하고, 또 그 밖에 사방 500리를 번기(蕃畿)라 한다.[44]

이처럼 <대사마>에서는 행정 구역을 구기(九畿)로 구분하였지만, 「하관(夏官)」 <직방씨(職方氏)>에서는 구복(九服)으로 구분하였다.

> 각 지역으로 구복(九服)으로 나누어 크고 작은 나라를 구별한다. 사방 1,000리를 왕기(王畿)라고 한다. 그 밖의 사방 500리를 후복(侯服)이라고 하고, 그 밖의 사방 500리를 전복(甸服)이라고 하며, 그 밖의 사방 500리를 남복(男服)이라고 하고, 그 밖의 사방 500리를 채복(采服)이라고 하며, 그 밖의 사방 500리를 위복(衛服)이라고 하고, 그 밖의 사방 500리를 만복(蠻服)이라고 하며, 그 밖의 사방 500리를 이복(夷服 : 侯服)이라고 하고, 그 밖의 사방 500리를 진복(鎭服)이라고 하며, 그 밖의 사방 500리를 번복(藩

---

[44] 『周禮』 「夏官」 <大司馬>, "乃以九畿之藉, 施邦國之政職. 方千里曰, 國畿, 其外方五百里曰, 候畿, 又其外方五百里曰, 甸畿, 又其外方五百里曰, 男畿, 又其外方五百里曰, 采畿, 又其外方五百里曰, 衛畿, 又其外方五百里曰, 蠻畿, 又其外方五百里曰, 夷畿, 又其外方五百里曰, 鎭畿, 又其外方五百里曰, 蕃畿."

服)이라고 한다.45)

즉, 구기(九畿)와 구복(九服)은 다 같은 행정 구역이지만 엄밀히 말하면 땅을 기준으로 했을 때는 구기(九畿)이며, 사람을 기준으로 했을 때는 구복(九服)으로 구별한 것이다. 아울러 <대행인(大行人)>에 기록된 것에 의하면, 조근의 횟수는 구복(九服)의 거리상의 멀고 가까움에 따라 달랐을 뿐만 아니라 바치는 공물(貢物)도 달랐다. 즉, "후복(侯服)은 1년에 한 번 알현하고 제사에 쓰는 물품을 공물로, 기복(甸服)은 2년에 한 번 알현하고 후궁에 쓰는 물품을 공물로, 남복(男服)은 3년에 한 번 알현하고 기물(器物)을 공물로, 채복(采服)은 4년에 한 번 알현하고 의복류의 물건을 공물로, 위복(衛服)은 5년에 한 번 알현하고 재물(財物)을 공물로, 만복(蠻服) 6년에 한 번 알현하고 화물(貨物)을 공물로 바친다."46)는 것이다.

조근(朝覲) 이외에도 주왕(周王)은 통치를 강화하기 위하여 천자가 제후국을 방문하는 것을 순수(巡守)라고 하는데, "12년마다 여러 나라를 순수(巡守)한다."47)고 하였다. 그러나 순수할 때에 무슨 일을 했는지는 명확히 기재한 것이 없어 자세히는 알 수 없지만 「하관(夏官)」 <직방씨(職方氏)>에,

---

45) 『周禮』「夏官」<職方氏>, "乃辨九服之邦國, 方千里曰, 王畿, 其外方五百里曰, 侯服, 又其外方五百里曰, 甸服, 又其外方五百里曰, 男服, 又其外方五百里曰, 采服, 又其外方五百里曰, 衛服, 又其外方五百里曰, 蠻服, 又其外方五百里曰, 夷服, 又其外方五百里曰, 鎭服, 又其外方五百里曰, 藩服."

46) 『周禮』「秋官」<大行人>, "邦畿, 方千里, 其外方五百里, 謂之侯服, 歲壹見, 其貢祀物. 又其外方五百里, 謂之甸服, 二歲壹見, 其貢嬪物. 又其外方五百里, 謂之男服, 三歲壹見, 其貢器物. 又其外方五百里, 謂之采服, 四歲壹見, 其貢服物. 又其外方五百里, 謂之衛服, 五歲壹見, 其貢材物. 又其外方五百里, 謂之要服, 六歲壹見, 其貢貨物."

47) 『周禮』「秋官」<大行人>, "十有二歲, 王巡守殷國."

왕이 장차 순수할 때 사방(四方)에 경고하였다. "각자 지키는 곳을 평화롭게 닦고 맡은 일을 살펴서 감히 공경하지 않는 자가 없게 하고 국가에는 큰 형벌이 있음을 경계시켜라."48)

라고 하였다. 이것은 아마도 일종의 현지 시찰로 제후는 자신의 직무에 충실해야지 그렇지 않으면 큰 형벌이 있을 것이라고 미리 경고하였다. 순수 외에도 왕은 한 두 해를 걸러서 제후와 왕래하였는데 이에 대해 <대행인>에 상세하게 기록되어 있다. 제후는 주왕에 대해 조근회동(朝覲會同) 외에 제재를 받고 또한 공납(貢納)해야 한다. 이러한 의미에서 『주례』에 나오는 주왕(周王)은 춘추시대의 천자와 매우 다르다. 춘추시대의 천자는 이미 권위가 땅에 떨어져 제후에게 제재를 가하는 힘이 없을 뿐 아니라 오히려 강대한 제후국의 제재나 눈치를 보는 실정이었다. 그러나 『주례』의 저작 의도는 주나라를 중심으로 유기체적인 봉건제국을 세우는데 있었다. 비록 구복(九服) 이내에 크고 작은 제후들이 분포하고 있지만, 이런 제후는 주왕의 통할(統轄)하에 있었으며, 그들은 독립 국가의 군주가 아니라 모든 생살여탈(生殺予奪)의 대권은 전부 주왕(周王)의 손아귀에 있었다. 「천관(天官)」<태재(大宰)>에 이르기를,

팔병(八柄)으로써 임금을 가르쳐 보필하고 군신(群臣)을 어거한다. 첫째는 작(爵)이니 존귀(貴)함을 어거한다. 둘째는 녹(祿)이니 부(富)를 어거한다. 셋째는 여(予)이니 행(幸)을 어거한다. 넷째는 치(置)이니 행실을 어거한다. 다섯째는 생(生)이니 복(福)을 어거한다. 여섯째는 탈(奪)이니 가난함을 어거한다. 일곱째는 폐(廢)이니 죄를 어거한다. 여덟째는 주(誅)이니 허물을 어거한다.49)

---

48) 『周禮』「夏官」<職方氏>, "王將巡守, 則戒于四方曰, 各脩平, 乃守攷, 乃職事, 無敢不敬, 戒國有大刑."
49) 『周禮』「天官」<大宰>, "以八柄詔王馭羣臣. 一曰爵, 以馭其貴. 二曰祿,

라고 하였다. 이른바 "군신을 어거한다〔馭羣臣〕."란 말은 왕조의 군신을 가리킬 뿐만 아니라 제후 및 제후국의 경대부(卿大夫)도 포괄해서 가리킨다. 주왕은 한 편으로는 작위를 주고 제후로 봉하는 권한을 갖고 있지만, 또 한 편으로는 제탈(制奪)하고 주살(誅殺)하는 권한도 갖고 있다. 팔병(八柄)을 귀납하면 곧 상(賞)과 벌(罰) 이병(二柄)이다. 이는 한비자의 「이병(二柄)」에서 말하기를, "지금의 군주는 상벌의 위리(威利)를 자신에게서 나오게 하지 아니하고 신하의 말을 듣고 상벌을 주니, 온 나라의 사람들은 모두 그의 신하를 두려워하여 임금을 바꾸고, 그의 신하에게 귀속되어 임금을 없앤다."50)라고 말 한바 있다. 『주례』의 팔병은 곧 한비자의 이병의 전신(前身)이라고 하겠다. 그리고 『관자(管子)』에 '육병(六秉)'의 주장이 있는데 「소광(小匡)」에 이르기를,

> 관자가 말했다. "옛날에 성왕이 백성을 다스릴 때 국도(國都)를 셋으로 나누고 교외를 다섯으로 나누어, 백성의 거처를 정하고 직업을 만들어 주었습니다. 그것으로 백성의 기강을 삼아서 여섯가지 권병을 시중히 사용하였습니다. 이와 같이 하여 백성의 실정을 파악하고 그들을 통솔할 수 있었습니다." 환공(桓公)이 말했다. "여섯 가지 권병〔六柄〕이란 무엇인가?" 관자가 말했다. "살(殺)·생(生)·귀(貴)·천(賤)·빈(貧)·부(富)가 여섯 가지 권병〔六柄〕입니다."51)

라고 하였다. 육병(六秉)은 곧 육병(六柄)이다. 『국어(國語)』「제어(齊

以馭其富. 三曰予, 以馭其幸. 四曰置, 以馭其行. 五曰生, 以馭其福. 六曰奪, 以馭其貧. 七曰廢, 以馭其罪. 八曰誅, 以馭其過."
50) 『韓非子』「二柄七」, "今人主, 非使賞罰之威利, 出於已也, 聽其臣 而行其賞罰, 則一國之人, 皆畏其臣而易其君, 歸其臣, 而去其君矣."
51) 『管子』 권20, 「小匡」, "管子對曰, 昔者, 聖王之治其民也, 參其國而伍其鄙, 定民之居, 成民之事. 以爲民紀, 謹用其六秉. 如是而民情可得, 而百姓可御. 桓公曰, 六秉者何也. 管子曰, 殺生貴賤貧富, 此六秉也."

語)」에 "이 단락을 기록할 때에 곧 육병이다."라고 하였다. 관자(管子)로부터 이사(李斯)에 이르기까지 법가(法家)에서는 이러한 주장을 하였다. 그들은 중앙집권을 제창하고 군주전제를 제창하였지만 중앙집권의 군주전제 국가는 많은 독립적인 제후국의 존재를 허용하지 않는다. 이것이 선진시대 대일통사상(大一統思想)의 기원이라고 하겠다. 이러한 사상과 요구는 신흥 지주계급의 흥기와 불가분의 관계가 있으며, 기득권의 이익을 공고히 하기 위해 강대한 중앙정부가 있기를 희망하였다.

특히 형벌의 적용에 있어서 영주 귀족과 농민은 평등하지 않았다. 「추관(秋官)」<소사구(小司寇)>에 "명부(命夫)와 명부(命婦)는 그 자신이 옥사(獄事)와 송사(訟事)의 자리에 앉지 아니한다."[52]라고 하였다. '명부명부(命夫命婦)'는 모두 대부 이상의 귀족으로서 그들은 법률의 제재를 받지 않을 수 있다. 형벌을 줄 때 신분은 물론 여러 가지 상황을 고려하였다. 이는 「소사구」에,

> 여덟 가지 법[八辟]으로써 국가의 규정에 의해 형벌을 집행한다. 첫째로 종친(宗親)의 죄(罪)지음을 의(議)하는 벽(辟)이요, 둘째로 고구(故舊)의 죄지음을 의하는 벽이요, 셋째로 어진 이의 죄지음을 의하는 벽이요, 넷째로 재능 있는 이의 죄지음을 의하는 벽이요, 다섯째로 공(功)을 세운 이의 죄지음을 의하는 벽이요, 여섯째로 귀(貴)한 이의 죄지음을 의하는 벽이요, 일곱째로 나랏일에 근로(勤勞)한 이의 죄지음을 의하는 벽이요, 여덟째로 빈(賓)의 죄지음을 의하는 벽이다.[53]

라고 하였다. 이른바 '친(親)'・'고(故)'・'귀(貴)'・'빈(賓)'은 모두 귀족

---

52) 『周禮』「秋官」<小司寇>, "凡命夫命婦, 不躬坐獄訟."
53) 『周禮』「秋官」<小司寇>, "以八辟, 麗邦法, 附刑罰. 一曰議親之辟. 二曰議故之辟. 三曰議賢之辟. 四曰議能之辟. 五曰議功之辟. 六曰議貴之辟. 七曰議勤之辟. 八曰議賓之辟."

(貴族)이고 나머지 '현(賢)·능(能)·공(功)·근(勤)'도 대부분 귀족 계급에 속하지만, 서인(庶人)에게 '현·능·공·근'이라고 운운한 것은 어느 정도 서인을 중시한 것이다. 특히 당시 영주는 형벌을 받을 가능성이 매우 희박하기 때문에 "대부 이상의 사람에게는 형을 가하지 않는다."고 말한 것이다. 이처럼 『주례』는 정치 제도에 있어서 신분제에 바탕한 위계질서에 의해 운영되었다.

4. 『주례』의 사료적 가치

『주례』는 「천관·대총재」·「지관·대사도」·「춘관·대종백」·「하관·대사마」·「추관·대사구」·「동관·대사공」 등 6편을 포괄하고 있고 각 편에는 여러 개 관직을 포괄하고 있으며 각 관직에는 인원수·직무 등의 내용을 상세히 기재하고 있다. 이 중의 「동관」편은 목록만 있고 책이 없는데 한(漢)나라 사람이 『고공기(考工記)』로 보충한 것이다. 즉, 『주례』는 정치·법률·문화·교육·경제·군사·과학기술 등 각 분야의 전장 제도를 총망라하였으므로 중요한 사료적 가치를 가지고 있다.[54]

『주례』는 중국 고대의 정치와 법률과 관련된 제도적인 측면에서 귀중한 사료를 제공하고 있다. 『주례』에 반영된 정치제도는 봉건사회에서 미치는 영향이 매우 크다. 『주례』에 설치한 천관·지관·춘관·하관·추관·동관 등 육관(六官)은 후대의 모든 나라에서 기본적으로 실시하였다. 수(隋)나라는 이(吏)·예(禮)·병(兵)·탁지(度支, 후에 戶로 개정함)·도관(都官, 후에 刑으로 개정함)과 공(工) 등 육부

---

54) 이하는 常佩雨, 「『周禮』成書時代作者及其價値略論」(『湖北工程學院學報』 第34卷 第1期, 湖北工程學院, 2014.) 21-22쪽을 정리 보완하였음.

(六部)를 설치하였고, 당(唐)나라는 상서성(尙書省) 아래에 이(吏)·호(戶)·예(禮)·병(兵)·형(刑)·공(工) 등 육부를 설치하였으며, 송(宋)나라는 당나라 제도를 따랐고, 원(元)나라는 오직 상서성을 중서성(中書省)으로 바꿨고, 명(明)나라는 중서성을 폐지하여 이부가 비로소 통괄적 지위를 회복하였으며, 청(淸)나라는 명나라 제도를 따랐는데, 청나라 말기에 와서 육부에 대해 추가하거나 수정하였다.

『주례』의 형벌관은 범죄를 저지르기 전에 바로잡는 것을 중시하고, 이의 입각점은 교육으로써 나라를 세우는 것[以敎立國]이다. 「추관(秋官)」<사사(士師)>의 '오금(五禁 : 宮禁·官禁·國禁·野禁·軍禁)'은 사고를 미리 방지하는 것[防患於未然]이다. 뿐만 아니라 『주례』는 사건의 경위를 심사할 때 매우 신중히 하였는데, 많은 신하와 관리 및 백성에게 물어 실정을 명확하게 조사하는 삼자(三刺)와 '불식(不識)'·'과실(過失)'·'유망(遺忘)'으로 인한 살인에 대해 관용을 베풀고 의도적인 살인과 과실 치사를 구분하는 삼유(三宥), 어린이·노인 및 어리석은 사람을 사면하는 삼사(三赦)의 법을 제정하여 시행하였다.

아울러 『주례』는 중국의 경제제도 방면의 진귀한 사료를 보존하고 있다. 「천관(天官)」<대총재(大冢宰)> 10조항의 관법(官法)에는 구직(九職)·구부(九賦)·구공(九貢)·구식(九式) 네 가지 조항이 있는데, 이는 모두 재산관리 범주에 속한다. 「지관(地官)」의 78직에는 교육을 담당한 6가지 직책과 제사를 담당한 6가지 직책을 제외하고 나머지는 모두 지정(地政)·인력(人力)·물산(物産)과 유통(流通)을 담당한 인원들이다. 뿐만 아니라 『주례』는 수리관개 체계에 대한 개선을 강조하였고, 종자의 선택·재배 방식·토양 개량과 각기 다른 토질에 따라 비료를 주고 토지의 이용률을 보호하고 향상시키는 데 유의하였다. 『주례』의 재경(財經) 관리 제도는 매우 엄밀하였다.

「천관(天官)」의 '대부(大府)'·'옥부(玉府)'·'내부(內府)'·'외부(外府)'·'사회(司會)'·'사서(司書)'·'내직(職內)'·'직세(職歲)'·'직폐(職幣)' 등 9가지 직책은 창고와 회계의 일을 나누어 담당하였는데, 각각 직사(職司)가 있으면서도 서로 견제(牽制)하여 하나의 엄밀한 재경관리 체계를 형성하였다.

『주례』는 중국 고대 교육·문화 등 방면의 진귀한 사료를 보존하고 있다. 『주례』는 백성을 교화할 때 정령(政令)을 읽고 예악(禮樂)을 익힐 것을 강조하였다. '태재(大宰)'·'대사도(大司徒)'·'대사마(大司馬)'·'대사구(大司寇)'는 각각 치법(治法)·교법(敎法)·정법(政法)·형법(刑法)을 제정하였다. '대사도'의 12교(敎) 중 예교(禮敎)가 5조(祀禮·陽禮·陰禮·樂禮·儀辨)를 차지하였다. 향학(鄕學)·교학(敎學)·관법(官法)으로서의 '향삼물(鄕三物)' 중의 '육덕(六德 : 知·仁·聖·義·忠·和)'과 '육행(六行 : 孝·友·睦·姻·任·恤)'도 모두 예의 범주에 속한다.

아울러 『주례』는 도덕교육 중에서 음악의 감화작용을 강조한다. '대사악(大司樂)'은 "성균의 법을 관장하여 건국의 교육행정을 잘 정돈해서 국가의 자제들을 하나로 일치시키는 일을 한다. 도(道) 있는 자와 덕(德) 있는 자들에게 교육을 전담케 한다."55)고 하여 교육을 담당한다고 하였다. 그리고 이들을 교육할 때 음악(音樂)의 중요성을 강조하였다.

> 음악과 덕으로써 국자(國子 : 공경대부의 아들)를 가르치는데, 충성하고 온화하며 공경하고 떳떳하여 부모에게 효도하고 형제에게 우애하게 한다. 음악과 가사로써 국자를 가르치는데, 좋은 일로 인도하고 가사를 외우고

---

55) 『周禮』「春官」<大司樂>, "掌成均之法, 以治建國之學政, 而合國之子弟焉. 凡有道者, 有德者, 使敎焉."

소리 높여 창하며 질문하고 대답한 것을 기술하게 한다. 음악과 춤으로써 국자를 가르치는데, 운문대권(雲門大卷)과 대함(大咸)과 대소(大韶)와 대하(大夏)와 대호(大濩)와 대무(大武)를 춤추게 한다.56)

즉, 국자(國子)의 교육에 있어 '악덕(樂德)·악어(樂語)·악무(樂舞)'로 국자(國子)를 교육하고 악어가 성행하고 악무가 쇠퇴하지 않음으로써 조화롭게 처세하는 목적을 달성할 것을 강조한다.

『주례』에서는 제사(祭祀)도 매우 중시하였다. 예컨대, 『예기(禮記)』 「제통(祭統)」에는 "예에 오경이 있으니 제사보다 중한 것이 없다."57)라고 하였다. 예제를 책임지는 춘관(春官)으로서는 대종백(大宗伯)이 으뜸이고 열거한 오례(五禮) 중 제례(吉禮)가 첫 번째다. 제사 대상은 천신(天神)·인귀(人鬼)·지기(地祇) 3가지 종류가 있고, 제사 방식은 물론 제기도 대상에 따라 달랐다. 즉 "왕이 출입할 때는 왕하(王夏)를 연주하라고 명령하고, 시동(尸童)이 출입할 때는 사하(肆夏)를 연주하라고 명령하며, 희생이 출입할 때는 소하(昭夏)를 연주하라."58)고 하였다.

요컨대, 『주례』는 초기 국가 체제에 대한 사람들의 구상과 각종 전장 제도를 망라하였고 고대 정치, 법률, 경제, 과학기술, 교육, 문화, 언어문자, 문학 등 다방면의 풍부한 내용을 포함하고 있어 중요한 사료적 가치를 지니므로 중국문화사에 있어 매우 귀중한 자료이다.

---

56) 『周禮』「春官」 <大司樂>, "以樂德, 敎國子, 中和祇庸孝友. 以樂語, 敎國子, 興道諷誦言語. 以樂舞, 敎國子, 舞雲門大卷大咸大韶大夏大濩大武."
57) 『禮記』「祭統」, "禮有五經, 莫重於祭."
58) 『周禮』「春官」 <大司樂>, "王出入, 則令奏王夏, 尸出入, 則令奏肆夏, 牲出入, 則令奏昭夏."

제 2 장
『주례』의 체제와 유교 이념

1. 『주례』의 성립과 체제

　『주례』의 저자와 성립시기에 대해서 의견이 분부하다. 고문학파(古文學派)는 주나라 초기 주공(周公)이 지은 것이라 한 반면에 금문학파(今文學派)는 전국 시대에 이루어진 것이라 하였으며, 또 한대(漢代) 유흠(劉歆)의 위작(僞作)이라고 하는 등 많은 논란이 있어왔다.
　이 책이 세상에 처음 알려진 것은 서한(西漢)의 경제(景帝)와 무제(武帝) 때로 『한서(漢書)』「하간헌왕전(河間獻王傳)」에 의하면, 헌왕(獻王)이 고학(古學)을 애호하여 이름만 알려지고 실물은 전해지지 않는 유서(遺書)들을 수집케 하였는데, 이때 수집된 책들이 모두 고문(古文)으로 쓰여진 선진(先秦) 구서(舊書)들이었으며, 이 가운데 『주관(周官)』, 『상서(尙書)』 등 여러 종류의 책들이 진헌(進獻) 되자마자 곧바로 비부(秘府)에 소장되어 세상에 알려지지 못했다고 한다. 그러다가 애제(哀帝) 때 유흠(劉歆)이 비부(秘府)에 소장되어 있는 서적들을 교정하다가 우연히 이 책을 발견하고, 이를 『칠략(七略)』에 저록(著錄)하였으며, 그 뒤 반고(班固)가 이 『칠략』에 근거하여 『예문지(藝文志)』를 지었는데, 그 가운데 『주관경(周官經)』 6편이 실려 있었다. 따라서 이때까지 『주례』는 『주관』으로 불렸던 것으로 보인다. 이러다가 왕망(王莽) 때 이르러 유흠(劉歆)이 "주공이 태평성세를 이루어 놓은 공적을 담아 놓은 것"1)이라고 여겨, 책 이름을 『주례』로 고쳤다고 한다.

이후 동한(東漢) 초기 유흠의 제자인 두자춘(杜子春)이 문호(門戶)를 열고 『주례』를 가르치자 많은 학자들이 그의 학설을 높이 받들게 되어 유흠의 학문이 일시에 크게 성행하여, 『주례』에 주석(註釋)하는 학자들이 많이 생겨났다고 한다. 그러다가 동한(東漢) 말에 이르러 경학대사(經學大師)인 정현(鄭玄)이 금문학자와 고문학자의 견해는 물론 여러 학설을 종합하여 『주례주(周禮注)』를 짓고, 『주례』를 "주공이 성왕을 위해 관정(官政)의 법을 제정한 것"이라고 주장하였다.

그러나 한편으로 이 책의 내원(來源)에 대해 의구심을 지니고 있는 사람들도 상당수 있었다. 가공언(賈公彦)의 「서주례폐흥(序周禮廢興)」에 의하면, "『주례』가 처음 세상에 선보였을 때 많은 학자들이 모두 진짜가 아니라고 배척하였다."2)고 하였으며, 한(漢)나라 무제(武帝)도, "말세의 세상을 더럽히고 어지럽히는 증험되지 않은 책(末世瀆亂不驗之書)"이라고 보는 등 『주례』를 폄척(貶斥)하는 사람들이 매우 많았다고 한다.

이러한 논란은 송대(宋代)에 이르러 호안국(胡安國)·호굉(胡宏) 부자(父子)가 왕안석(王安石)이 『주례』를 원용하여 변법(變法)을 주장하는 것을 논박하려는 의도에서 『주례』의 가치를 크게 깎아 내렸던 반면, 주희(朱熹)는 "『주례』는 주공이 남긴 글로, 『주례』의 전체 내용을 잘 살펴볼 것 같으면 광대하고 정밀함을 알 수 있으며, 주공의 법도가 그 안에 담겨 있음을 알 수 있다."3)고 하여, 천고(千古)에 길이

---

1) 賈公彦, 「序周禮廢興」, "周公致太平之蹟."
2) 賈公彦, 「序周禮廢興」, "衆儒並出, 共排以爲非是."
3) 『朱子語類』 제86권, "周禮, 是周公遺典也.", "周禮一書好看, 廣大精密, 周家法度在裏許."

빛나는 지치(至治)의 최고봉으로 간주하고 주공(周公)을 만세의 성현(聖賢)으로 받들었다.

그러나 근래 연구에 따르면,『주례』의 저작 연대는 분명 전국시대 말기 혹은 서한(西漢) 시대 초기로,4) 이 책은 당시 학자들이 선진(先秦) 시대의 구제도에 관한 자료를 수집하고 거기에다 자신들의 생각을 보태서 만든 이상국(理想國)의 청사진이기 때문에 체계가 방대하고 사상이 정수(精髓)할 뿐 아니라 조리가 있고 상세하고 정밀한 것이라고 하였다.5)

따라서 공자(孔子)는『주례』라고 불리는 서주(西周) 시대의 통치질서를 이상화하여 정치상 예적(禮的) 통치 질서의 회복과 유지를 주장하였다. 공자는『주례』내용이 단지 제사 의식에 국한된 것이 아니고, 실제 정치제도와 일반 행위 원칙을 포괄한다고 보았다. 즉『좌전』「민공(閔公)」원년조에 "주례를 중시하는 것은『주례』가 근본이기 때문이다. …… 노나라는 주례를 버리지 않아 동요하지 않는다."6)고 하였으며,「희공(僖公)」21년조에 "기강을 받들어 밝히고, 아녀자를 보호하는 것이 주례이다."7)라는 기록을 통해 당시 사람들은『주례』로 대표되는 윤리질서를 존중했음을 알 수 있다.

전목(錢穆) 또한 "주대(周代)의 종법제도(宗法制度)는 윤리에 치중되어 있고, 봉건제도(封建制度)는 정치에 치우쳤으며, 정전제도(井田制度)는 경제에 속한다. 이 삼자가 하나로 융합되어 비로소 정치의

---

4) 彭林,『≪周禮≫主體思想與成書年代硏究』, 中國社會科學院出版社, 1991. 10쪽.
5) 彭林,「丁茶山과 ≪주례≫」『대동문화연구』제28집, 성균관대 대동문화연구원, 1993, 181-182쪽 참조.
6)『左傳』「閔公」<公元年>, "猶秉周禮, 周禮所以本以也 …… 魯不棄周禮, 未可動也."
7)『左傳』「僖公」<二十一年>, "崇明紀, 保小寡, 周禮也."

도를 이룬다. 치도(治道)는 인도(人道)고 천도(天道)며, 이를 고대 중국인들이 예(禮)라 불렀다."8)고 하였다. 이는 주대(周代)의 윤리·경제·정치의 모든 제도들이 예(禮)로 총칭되었고, 더욱이 예(禮)는 예치(禮治)와 천도(天道)의 의미까지 포함됨을 볼 수 있다. 예(禮)에 의거해 통치한다는 것은 예(禮)로써 사회질서를 유지한다는 것이므로 예의 의의 속에 이미 법적 성격까지 포함되었음을 뜻한다.9)

반면 『주례』의 원래 명칭은 『주관』으로, 주의 관직 제도를 서술한 가장 오래되고 완비된 행정조직 법규이다. 중앙 관직을 크게 6부서인 천·지·춘·하·추·동(天地春夏秋冬)의 육관(六官)으로 나누고, 『주례』 또한 6편으로 구성되어 있는데, 동관(冬官)이 일실(逸失)된 후 후대인에 의해 「고공기(考工記)」로 대체하였다고 한다.10) 구체적인 내용을 살펴보면, 각 관 아래 60인(人)의 속관(屬官)이 있었음으로 형식상 360관이 되나, 현행 『주례』에는 의하면 천관편에 태재(大宰) 이하 63관직, 지관편에 대사도(大司徒) 이하 78관직, 춘관편에 대종백(大宗伯) 이하 69관직, 하관편에 대사마(大司馬) 이하 67관직, 추관편에 대사구(大司寇) 이하 64관직, 동관편에 수인(輸人) 이하 31관직 등 모두 372관직을 망라해 각기 그 직무의 성격과 관장 사항을 서술하

---

8) 錢穆, 「周公與中國文化」 『中國學術史論集』 第一冊, 中華叢書, 1956, 13-14쪽.
9) 최경옥, 「禮 理念의 전개」 『인문과학논총』 제4집, 경성대 인문과학연구소, 2001. 327쪽 참조.
10) 이에 대해 尹鑴는 <讀周禮>에서 "『周禮』 한 책에 대하여 혹 周公이 미처 완성하지 못한 책이라 하기도 하고 혹 冬官의 一編이 빠졌다고 하기도 한다. 그러나 가만히 그 책을 살펴보건대, 六官이 각기 관장하는 바가 있어서 地官은 敎導를 관장하고 冬官은 水土를 관장하는데 지관 한 편에 실로 교도와 수토의 일이 섞여 들어있다. 교도는 司徒의 일이고 토지는 司空의 일인데, 鄕黨·縣遂의 관속이 하나는 교도를 주관하고 하나는 수토를 주관하여 二官의 佐旅가 되니, 곧 지관의 간편이 동관에 아울러 들어갔음을 명백하게 볼 수 있다."고 하여 이를 전면 부인하였다.

고 있다. 이 가운데 관직의 이름만 있고 내용은 유실된 것이 모두 16항목이다.11)

『주례』의 천관(天官) 치전(治典)의 임무는 "천관 총재를 세워서 그 소속 부서를 관리하게 하고 나라의 다스림을 주관하여 왕의 나라 다스림을 돕는다."12)고 하여, "총재는 나라를 다스림을 관장하여 육전(六典) 세우고 구경(九經)13)을 총리함으로써 백관(百官)의 직분을 통괄한다."14)고 하였다. 그리고 「천관총재」의 첫머리에 "왕이 나라를 세우고 …… 이에 총재를 세워 나라 다스리는 일을 맡긴다."15)고 하여, 천자가 정치를 총괄할 수 없음으로 왕을 보좌할 총재를 두었다는 것이다. 아울러 치전의 등속 여섯 가지는 왕궁(王宮)의 관속, 내치(內治)의 관속, 전법(典法)의 관속, 부장(府藏)의 관속, 선복(膳服)의 관속, 회계(會計)의 관속으로, 치(治)라는 것은 "도화(道化)를 주재하고 재용(財用)을 절약하는 것"16)으로 공직자의 인사 고과를 담당하고 재정 지출과 궁정에 관한 일을 감독하는 것이다.

지관(地官) 교전(敎典)은 백성의 생업과 교육 토지관리 업무를 관장한다. 교전의 수장인 대사도는 나라의 교화를 관장하여 오전(五典)17)을 베풀고 구훈(九訓)18)을 시행함으로써 구덕(九德)의 교화를

---

11) 『한국민족문화대백과사전』 주례편 참조.
12) 『周禮』「天官冢宰」, "乃立天官冢宰, 帥其屬而掌邦治, 以佐王均邦國."
13) 九經 : 官府를 다스리는 八法, 都鄙를 다스리는 八則, 왕에게 고해 여러 신하를 통솔하는 八柄, 왕에게 고해 萬民을 통솔하는 八統, 만민을 일하게 하는 九職, 財貨를 거두어들이는 九賦, 財用을 조절하는 九式, 방국의 비용에 충당하는 九貢, 방국의 백성을 한데 뭉치게 하는 九兩을 말한다.
14) 『白湖集』 권42, 「雜著」, <讀周禮>, "冢宰掌邦治建六典, 總九經, 以統百官之職焉."
15) 『周禮』「天官冢宰」, "惟王建國 …… 乃立天官冢宰 使帥而掌邦治."
16) 『白湖集』 권42, 「雜著」, <讀周禮>, "治也者, 所以宰道化而節財用者也."
17) 五典 : 父子有親, 君臣有義, 夫婦有別, 長幼有序, 朋友有信의 五倫을 이름

이룬다고 하였으며, 교전의 등속(等屬) 여섯 가지는 향당(鄕黨)의 관속, 국자(國子)의 관속, 전악(典樂)의 관속, 사시(司市)의 관속, 창적(倉積)의 관속, 축목(畜牧)의 관속으로, 교(敎)라는 것은 "만민(萬民)을 편안하게 하고 현능(賢能)을 예우하는 것"19)이라고 하였다. 즉, 백성에게 토지를 분배하고 가축을 기르며, 농업 기술을 교육하고, 상거래와 유통을 원활하게 하며 씨앗과 가축을 공급하여 백성을 부유하게 하는 임무를 가진다.

　춘관(春官) 예전(禮典) 대종백은 나라의 예를 관장하여 오질(五秩 : 吉禮·凶禮·賓禮·軍禮·嘉禮)을 밝히고, 구의(九儀 : 귀천 상하의 9가지의 品等)를 폄으로써 삼재(三才 : 神·示〔기〕·鬼)의 자리를 차례로 정한다고 했으며, 예전의 등속 여섯 가지는 향사(享祀)의 관속, 상장(喪葬)의 관속, 빈려(賓旅)의 관속, 전사(典祀)의 관속, 복서(卜筮)의 관속, 관상(觀象)의 관속으로, 예(禮)라는 것은 "신인(神人)을 다스리고 상하를 화합하게 하는 것"20)이다. 즉 천신(天神)과 지신(地神) 및 선조(先祖)에 대한 제사, 음악과 악기, 무당과 점치는 일, 기록 관리와 문서보관 등의 업무를 총괄한다. 이런 대종백을 보좌하는 소종백이 있고 음악을 관장하는 대사가 있고, 각종 제사를 관장하는 대축이 있다. 그리고 대사악은 음악과 덕(德)으로서 교육하는 일을 담당한다. 그 외에 각종의 악기를 연주하고 악기를 보관하고 춤출 때 사용하는 각종 도구를 관리하는 관직이 있다.

　하관(夏官) 정전(政典) 대사마는 나라의 군정(軍政)을 맡아 천자의 군대인 육사(六師)를 감독하고 구법(九法)을 바르게 함으로써 구벌(九伐)의 융위(戎威)을 드러낸다고 했으며, 정전의 등속 여섯 가지는

---

18) 九訓 : 十二敎·職事·荒政·六事·舊俗·六德·六行·六藝·八刑을 이름.
19) 『白湖集』 권 42, 「雜著」, <讀周禮>, "敎也者, 所以寧萬民而賓賢能者也."
20) 『白湖集』 권 42, 「雜著」, <讀周禮>, "禮也者, 所以治神人而和上下者也."

복어(僕馭)의 관속, 시위(侍衛)의 관속, 수금(守禁)의 관속, 순경(巡警)의 관속, 선갑(繕甲)의 관속, 목마(牧馬)의 관속으로, 정(政)이라는 것은 "백관(百官)을 바르게 하고 화란(禍亂)을 평정하는 것"21)이라고 하였다. 즉 군비를 감시하고 군제를 편성하여 훈련시켜 공로를 평가하고, 군마를 관리한다. 또 성곽을 구축하고 병사(兵舍)를 건설하는 등과 주로 군대에 관한 일을 하는 부서로 구성되어 있다. 구체적으로는 불, 성곽과 해자, 연못, 울타리, 도랑, 군사용 도로의 관리는 물론 심지어 맹수를 길들이고 새를 잡는 관직도 있다. 또 왕이 출병할 때 호위하고 왕의 전차를 에워싸며, 왕이 입는 옷의 격식과 서는 위치를 바로잡는 등 왕의 사소한 명령을 관장하는 관직도 있다. 이처럼 주로 군대에 관한 업무가 하관에 속해 있는데 특이하게도 '사사(司士)'라는 직책은 "신하의 호적을 관장하고 신하의 공적과 과오, 진급과 감원에 대한 서류를 왕에게 아뢰는 일을 담당하는 것"22)으로 되어있다.

추관(秋官) 형전(刑典) 대사구는 나라의 형벌을 관장하여 삼전(三典)을 쓰고 구금(九禁)을 관장하여 단속함으로써 육극(六極)의 토벌을 이룬다고 했으며, 형전의 등속 여섯 가지는 청송(聽訟)의 관속, 금포(禁暴)의 관속, 기간(幾奸)의 관속, 행인(行人)의 관속, 형륙(刑戮)의 관속, 물해(物害)의 관속으로, 형(刑)이라는 것은 "만민을 살펴 단속하고 도적을 제거하는 것"23)이라고 하였다. 즉, 법 집행에 있어서 국가의 규모와 백성의 상황에 따라 형벌의 강도와 내용을 조절함을 물론 법의 보호에서 방치된 백성을 보호하고 반성 정도에 따라 처벌

---

21) 『白湖集』 권 42, 「雜著」, <讀周禮>, "政也者, 所以正百官而平禍亂者也."
22) 『周禮』 「夏官司馬」, "司士, 掌群臣之版, 以治其政令, 歲登下其損益之數, 辨其年歲, 與其貴賤."
23) 『白湖集』 권 42, 「雜著」, <讀周禮>, "刑也者, 所以糾萬民而除盜賊者也."

방법을 달리한다고 하였다. 뿐만 아니라 제후국 사이의 분쟁을 조정하며 백성 사이의 계약을 관리한다. 또 장물 회수, 범법자 교육, 형옥 관리, 형의 집행, 법률 고시, 폭행, 사기, 허위사실 유포를 금지 시키는 바와 같이 일반적인 법률 집행을 담당하는 관직이 설명 되어 있다. 또 도로 관리, 연못과 도랑과 같은 위험한 곳의 출입 통제하는 관직 등 전반적으로 추관은 법 집행을 담당하는 관직으로 구성되어 있다. 특히 대사구를 보좌하는 소사구는 형벌을 집행하는 일 이외에도 국가의 수도를 옮기는 일과 군주의 후계자를 도모하는 일에 관여하는 것으로 되어있다.24)

동관(冬官) 사전(事典) 대사공은 나라의 토지를 관장하여 이제(二制)를 잡고 구사(九事)를 가지런하게 함으로써 구공(九功)을 다스린다고 하였으며, 사전의 등속 여섯 가지는 현수(縣遂)의 관속, 부공(賦貢)의 관속, 산택(山澤)의 관속, 원유(園囿)의 관속, 징렴(徵斂)의 관속, 공사(工事)의 관속으로, 사(事)라는 것은 "백물을 기르고 만민을 살리는 것"25)'이라고 하였다. 즉, 동관에는 각종의 기능직 기술자에 관한 직무가 서술되어 있다. 수레바퀴를 만드는 기술자로부터 쇠, 창, 칼, 화살촉, 검, 종, 도량형 용기, 갑옷, 가죽, 염색 등 사소한 일에 대해 설명되어 있는데, 이는 국가운영과 생활에 필요한 제품의 생산에 관한 기술에 관한 것이다. 그리고 큰 규모의 일로서는 수도와 궁궐을 건설하고 국토를 측량하고 용수로를 건설하는 장인에 대해서도 설명되어 있다. 이를 보다 구체적으로 『주례』의 체제를 일목요연(一目瞭然)하게 서술하면 다음과 같다.

---

24) 부남철, 「정도전의 유교국가론과 『주례』」『퇴계학과 한국문화』제43호, 경북대학교 퇴계연구소, 2008, 351쪽 참조.
25) 『白湖集』 권 42, 「雜著」, <讀周禮>, "事也者, 所以養百物而生萬民者也."

① 육관(六官) : 이 책은 원래 천·지·춘·하·추·동에 관(官)자가 붙은 6편으로 이루어졌으나, 현존하는 것은 동관(冬官)이 없고 대신 고공기(考工記)로 보충한 형태로 되어 있다.

② 총서(總序) : 6관의 매 편 제일 앞쪽에 모두 "왕은 도성을 건립하고 방향을 변별하며, 궁실이 있을 곳을 제정하고 성중(城中)과 교야(郊野)의 강역(疆域)을 분획(分劃)하며, 관직을 분설하고 천하의 인민을 다스려 그들로 하여금 선량하고 고상한 사람이 될 수 있도록 한다."라는 말을 넣어 행정의 목표를 설정해 놓고 있다.

③ 총직(總職) : 총서 아래에 6관의 총괄 임무를 적었다. 천관은 직무상 치관(治官)으로서 그 부분의 장(長)인 총재(冢宰)는 6관의 하나이면서 전 관료를 통섭한다. 지관(地官)은 교관(敎官)으로서, 교육과 재정을 담당하되, 지방 행정도 아울러 담당한다. 춘관(春官)은 예관(禮官)으로서 국가의 의례와 제사를 담당한다. 하관(夏官)은 정관(政官)으로서 병마(兵馬)와 군대 등 국군 통솔을 담당한다. 추관(秋官)은 형관(刑官)으로서 국가의 업무 일반을 담당한다. 이렇게 미루어 보면 동관(冬官)은 직무상 사관(事官)으로서 토목, 공예(工藝)를 담당하며, 대신 보충한 「고공기(考工記)」의 내용도 이에 준하고 있다.

④ 직등(職等) : 『주례』 전체의 관직 직등은 대략 세 가지로 나눌 수 있다. 첫째는 왕명에 의해 임명된 신하로서의 명관(命官)이 있다. 여기에는 경(卿 : 1인)·중대부(中大夫 : 2인)·하대부(下大夫 : 4인)·상사(上士 : 8인)·중사(中士 : 16인)·하사(下士 : 32인)가 있고, 아래로 내려올수록 그 수가 배가 된다. 둘째, 서인(庶人) 중에서 징발되어 관부에서 복무하는 자로서의 집사(執事)가 있다. 여기에는 자료 처리 담당으로서의 부(府), 문서 작성

담당으로서의 사(史), 조달 담당으로서의 가(賈), 십장(什長)·반장(班長)·영장(領長)으로서의 서(胥), 잡역·차역(差役)으로서의 도(徒)가 있다. 셋째, 노예·노비의 신분으로 노역을 담당하는 역예(役隷)가 있다. 여기에는 대략 엄(奄)·여(女)·해(奚) 등의 직등이 있다.

⑤ 건제(建制) : 「천관」 태재(大宰)의 직 중에 각급관부(各級官府)의 제도를 정해하였는데 정(正)·이(貳)·고(考)·은(殷)·보(輔)의 다섯 등급이 있다. 첫째, 정(正)으로 단위 기구의 수장(首長)·태재(大宰)·사도(司徒)·종백(宗伯) 등이 있다. 둘째, 이(貳)로 각 기구의 부수장(副首長)·소재(小宰)·소사도(小司徒)·소종백(小宗伯) 등이 있다. 셋째, 고(考)는 정(正)·이(貳)를 보좌하며, 중요한 사무를 처리하는 관원으로 재부(宰夫)·향사(鄕師) 사사(肆師) 등이 있다. 넷째, 은(殷)은 여러 사(士)로서 상사·중사·하사 등이 있다. 다섯째, 보(輔)는 서민 출신으로 관직에 있는 자로서 집사에 해당하는 부(府)·사(史)·가(賈) 등이 있다.

⑥ 직장(職掌) : 6관 아래에 각 속관(屬官)의 전문적인 관장 업무를 적어 놓은 것으로 이것이 바로 주례의 구체적 내용이 된다. 여기에는 국가와 체제, 정치 경제에서 시장 교역, 사민(士民)의 혼취(婚娶) 등까지 자세히 기록되어 있다. 「춘관」 대종백의 직장에 있는 오례(五禮)는 교사(郊祀)·가관(加冠)으로서의 길례(吉禮), 애우(哀憂)·상제(喪祭)로서의 흉례(凶禮), 국방·군무로서의 군례(軍禮)와 외교·연회로서의 빈례(賓禮), 교의(交誼)·혼가(婚嫁)로서의 가례(嘉禮)를 말한다.

2. 『주례』의 유교이념

1) 관제에 나타난 천인합일관

공자(孔子)는 "주(周)나라가 이대(二代 : 夏나라와 商나라)에서 예(禮)를 보았으니, 빛나도다. 문채여! 나는 주나라를 따르겠다."[26]라고 하여, 주나라를 가장 이상적인 나라로 여겼으며, "심하도다. 나의 노쇠(老衰)함이여! 오래 되었도다. 내가 다시는 꿈속에서 주공(周公)을 뵙지 못하였다."[27]라고 하여, 주공을 꿈속에서 뵐 정도로 존경했던 인물이다.

흔히 주공이 저술한 것으로 전해지는『주례』는 정치적 이상으로 여겨졌던 주나라의 제도를 기술한 정법서(政法書)로, 천지·사시(天地四時)에 따라 관직을 배분하고 직분을 밝혔는데, 이러한 사상적 배경은 천인합일(天人合一)에 기초하고 있다.

『주례』에 의하면, 나라를 부강하게 하려면 천지자연(天地自然)의 규율과 존재 질서를 따라야 하고, 천지의 규율과 질서는 세상에 대해 사람들이 갖고 있는 객관적 인식을 반영해 준다.

『주례』에서 관직을 계획한 것은, 한쪽으로 천지자연에 대한 인간의 객관적인 규율의 답습을 강조하고 다른 한쪽으로 인간 주체성의 작용을 보여주는데, '군자의 도'로서 천지자연의 객관적 규율의 존재와 인간 주체성의 작용을 하나로 만들고, '군자의 도'와 치세도덕(治世道德) 아래 인간과 천지자연은 물론 인간과 인간이 조화롭고 함께 어울릴 수 있는 질서를 건립하고자 하였다.

---

26) 『論語』「八佾」제14장, "子曰 周監於二代, 郁郁乎文哉. 吾從周."
27) 『論語』「述而」제5장, "子曰 甚矣, 吾衰也. 久矣, 吾不復夢見周公."

『주례』「천관총재(天官冢宰)」에 "왕이 나라를 세움에 방향을 분별하고 위치를 바르게 하여 나라의 체제를 세우고 들〔野〕을 경영하며, 관청을 세우고 직분을 나누어 백성이 지켜야 할 표준으로 삼았다. 이에 천관인 총재를 세워 아래를 거느리고, 나라를 통치하게 하여 왕을 도와 나라를 고르게 한다."28)라고 하였다. 여기서 자연 질서 속 인간 주체성 인식과 작용의 발휘를 반영할 뿐만 아니라, 동시에 백관(百官)의 직분 작용으로 나라를 나누어 통치하고 민중의 삶을 편안하게 하여 "천하의 사람들로 하여금 적당함을 얻게 하고, 그 위치를 잃지 않게 한다."29)고 하였다.

아울러 천지(天地)와 신(神)의 제사를 담당하는 벼슬은 춘관 대종백의 직무라 하겠다. 그러므로 「춘관종백(春官宗伯)」에서 "대종백의 직분은 국가를 세운 지역의 천신(天神)과 인귀(人鬼)와 지기(地示:地祇)에 관한 예물을 관장하고 왕을 보좌하여 국가를 편안하게 하는 일을 한다."30)고 하였다. 그리고 구체적으로 "길례(吉禮)로써 국가의 인귀와 천신과 지기를 섬기고, 인사(禋祀)로써 호천(昊天)의 상제(上帝)를 제사지낸다."31)고 하였다.

특히 『상서』「주관(周官)」에 "당(唐)과 우(虞)가 옛날 제도를 상고하여 관리를 세우되 백(百)으로 하였으니, 안에는 백규(百揆)와 사악(四岳)이 있고 밖에는 주목(州牧)과 후백(侯伯)이 있어 모든 정사가 조화롭고 온 나라가 편안하였다. 하(夏)와 상(商)은 관리가 배

---

28) 『周禮』「天官冢宰上」, "惟王建國, 辨方正位, 體國經野, 設官分職, 以爲民極. 乃立天官冢宰, 使帥其屬, 而掌邦治, 以佐王均邦國."
29) 孫詒讓, 『周禮正義』, 北京: 中華書局, 1987, "令天下之人, 各得其中. 不失其所."
30) 『周禮』「春官宗伯」, "大宗伯之職, 掌建邦之天神人鬼地示之禮, 以佐王, 建保邦國."
31) 『周禮』「春官宗伯」, "以吉禮, 事邦國之鬼神示. 以禋祀, 祀昊天上帝."

로 늘어났으나 다스려졌으니, 명왕(明王)이 정사를 세움은 오직 관리를 많게 하려는 것이 아니고, 오로지 훌륭한 인물을 얻을 뿐이다."32)라고 하여, 「주관」은 상고(上古) 시기 천지자연의 질서 속의 인간 주체성을 반영한 것으로, 이는 '정치를 세우고 현자를 뽑고자 하는〔立政選賢〕' 천인사상과 '벼슬을 설치하여 나라를 다스리고자 하는〔設官建邦〕' 경영사상을 융합한 것으로, 이는『주례』의 기본정신이 사회 발전과 분화·확대에 따라 새로운 보편적 질서원리를 추구하는데 있음을 상기한다면, '친친(親親)에서 '존존(尊尊)'으로의 확대·발전'은 더 나아가 혈연적 세습의 범위를 뛰어 넘어 현능(賢能)을 우선하는 '존현(尊賢)' 또는 '존현사능(尊賢使能)' 정신으로서 관료 선발제도를 이끌어낼 수 있는 이념적 특성도 함께 있다고 하겠다.33)

아울러 「주관」에서 "태사(太師)·태부(太傅)·태보(太保)를 세우노니, 이들이 오직 삼공(三公)으로 도(道)를 논하고 나라를 경륜하며, 음양(陰陽)을 조화롭게 고르게 해야 하니, 관은 반드시 구비할 것이 아니라, 오직 적절한 사람으로 해야 할 것이다."34)라고 하여, 관(官)을 구비하는 것보다 음양을 조화롭게 할 수 있는 사람이 중요하다고 하였다.

유가에서 천인관계를 논할 때『주역』을 빼놓을 수 없다.『주역』에 "천지와 덕을 합하고 일월(日月)과 밝음〔明〕을 합하고 사시(四時)와 차례〔序〕를 합하고 귀신과 길흉을 합한다."35)고 하였다. 천인

---

32) 『書經』 권9, 「周官」, "唐虞稽古, 建官惟百, 內有百揆四岳, 外有州牧侯伯, 庶政惟和, 萬國咸寧. 夏商官倍, 亦克用乂, 明王立政, 不惟其官, 惟其人."
33) 정성식, 「경국대전의 성립배경과 체제」『동양문화연구』 제13집, 영산대학교 동양문화연구원, 2013, 38-39쪽.
34) 『書傳』 권9, 「周官」, "立太師太傅太保, 茲惟三公, 論道經邦, 燮理陰陽, 官不必備, 惟其人."

합일사상은 인간을 본질적으로 전체적인 조화 속에서 존재하는 것으로 본다. 흔히 천인합일(天人合一) 사상을 말할 때 은(殷) 왕조를 빼고 논할 수 없다. 당시 사람들은 자신을 둘러싸고 있는 자연계에 대해 정확한 인식이 부족했기 때문에 자연의 초인간적 힘에 대해 경탄해마지 않고 위대한 자연의 힘을 숭배하였다. 그러다 시대가 지나면서 사람의 인지가 발달함에 따라 은나라 사람들은 점차 절대적인 권위를 가진 인격신을 숭배하게 되었는데 이를 사람들은 제(帝)라고 불렀다.

은(殷)을 이어 주(周)가 등장하면서 자연의 힘에 대한 숭배는 거의 사라지고 인격신으로서 제(帝)에 대한 관념도 비록 인간 위에 있으면서 복(福)과 재앙(災殃)을 내리지만 애민(愛民)의 특색이 두드러지게 나타난다. 이러한 예는 『서경』은 물론 『시경』에서 볼 수 있는데, "위대한 상제께서 아래를 보심이 밝으시어 사방을 보시어 백성의 안정을 구하시니 하나라와 은나라가 정치를 제대로 못하기에 사방 나라에서 찾아보고 헤아려 보시니 상제께서 이루려는 것은 규모를 늘리는 것이므로 사랑스럽게 서쪽을 돌아보시어 이곳을 주어 거주하게 하시네."36), "하늘이 사방(四方)의 백성을 불쌍히 여기시어 돌아보고 명하심이 덕(德)을 힘쓰는 자에게 하셨으니, 왕(王)은 빨리 덕(德)을 공경하소서."37)라고 하였으며, 또 "하늘이 백성을 불쌍히 여기시는지라. 백성이 하고자 하는 바를 하늘이 반드시 쫓으시나니, 너희가 거의 나 한 사람을 도와 길이 사해(四海)를

---

35) 『周易』 권1, 「乾卦」 "夫大人者, 與天地, 合其德, 與日月, 合其明, 與四時, 合其序, 與鬼神, 合其吉凶."
36) 『詩經』 「大雅三」 <文王之什・皇矣>, "皇矣上帝, 臨下有赫, 監觀四方, 求民之莫, 維此二國, 其政不獲, 維彼四國, 爰究爰度, 上帝耆之, 憎其式廓, 乃眷西顧, 此維與宅."
37) 『書經』 「召誥」, "天亦哀於四方民, 其眷命用懋, 王其疾敬德."

맑게 하라. 때라 가(可)히 잃지 못할 것이다."[38]라고 한 부분에서 엿볼 수 있다.

따라서 이 시기의 천인 관계는 더 이상 상하의 관계가 아닌 '천인동심(天人同心)'·'천인합덕(天人合德)'의 관계로 나타난다고 하겠다. 즉, 당시 군주들은 자신의 왕위를 '천명(天命)'에 의해 부여받은 것으로 믿었으며, 백성 역시 '천명'은 덕(德)이 있는 군주에게 부여된다고 믿었다. 따라서 하(夏)와 은(殷)이 천명을 부여받았지만 걸(桀)·주(紂)에 이르러 천(天)이 명(命)을 거두어 들였기 때문에 멸망하게 되었다는 것이다. 이러한 역사적 경험에 비춰 주(周)는 천명이 일정함이 없다는 '천명미상(天命靡常)'을 인식하고 덕(德)을 닦아 천명이 영원히 함께 하기를 기원하였는데, 이때 수덕(修德)하는 대상은 군주(君主)였으며 그 목적은 천명을 보전하는 데 있었다.[39]

특히 주(周) 무왕(武王)은 덕을 잃은 주(紂)를 치는 것은 자신에게 주어진 운명으로 받아들었다. 그는 하늘이 보고 듣는 것이 다 백성으로부터 하는 것이라 하여 다음과 같이 말했다.

> 하늘이 보심이 우리 백성이 보는 것으로부터 하시며, 하늘이 들으심이 우리 백성이 듣는 것으로부터 하시니, 백성의 책망이 있음이 나 한사람에게 있으니, 이제 나는 반드시 갈 것이다.[40]

> 하늘의 듣고 보는 것이 아니라, 우리 백성이 보고 듣는 것을 따르는 것이며, 하늘이 밝히고 두려워함이 아니라, 우리 백성이 밝히고 두려워함을 따르

---

38) 『書經』「泰誓」, "天矜于民, 民之所欲, 天必從之. 爾尙弼予一人, 永清四海. 時哉, 弗可失."
39) 조원일, 「孔子의 天과 人間問題 考察」, 『한국철학논집』 제13집, 한국철학사연구회, 2003.
40) 『書經』「泰誓中」, "天視, 自我民視, 天聽, 自我民聽. 百姓有過, 在予一人, 今朕必往."

는 까닭에, 위와 아래에 달하게 되니, 공경할 것이다. 땅을 둔 자여.41)

위에서 본 바와 같이 백성의 뜻이 곧 하늘의 뜻이고, 백성을 섬기는 것이 곧 하늘을 섬기는 것이라 하여 '군주가 덕이 있는가? 그렇지 않은가?'는 백성의 뜻을 통해 드러난다고 하였다. 그러므로 당시 사람들은 하나라와 은나라 두 왕조의 멸망은 바로 군주의 실덕(失德)으로 생긴 결과로 천(天)이 왕조를 바꾸고 새로운 군주를 세운 것으로 생각하였다.

인류사회의 초기 정치제도 형식을 만드는 데 있어 『주례』의 관제(官制)는 일종의 천인합일(天人合一), 용현보민(用賢保民)의 이상적 정신을 보여주고 있다. 즉, 「주관(周官)」의 정치를 세우고 현자를 뽑고자 하는 입정선현(立政選賢) 사상은 바로 천인사상과 관청(官廳)을 설치하여 나라를 다스리고자 하는 설관건방(設官建邦) 사상의 융합이라고 하겠다.

따라서 『주례』의 관제(官制)는 일종의 천인합일(天人合一), 용현보민(用賢保民)의 이상적 정신이라 하겠다.42)

2) 『주례』에 보이는 예치(禮治)와 인(仁)

『주례』에는 다양한 법가적(法家的) 대응들이 반영되어 있다. 대표적인 것으로 상벌(賞罰)을 통해 군신들을 통어(統馭)한다는 관념이다. 태재(大宰)의 직무 가운데 "팔병(八柄)으로 왕에게 고하고 모든 신하를 부린다."43)와 "팔통(八統)으로 왕에게 아뢰고 만백성을 부린다."44)

---

41) 『書經』「皐陶謨」, "天聰明, 自我民聰明, 天明畏, 自我民明畏. 達于上下, 敬哉, 有土."

42) 唐鯛麗, 「≪周禮≫惠民制度思想的當代認識價値」(『甘肅理論學刊』 第5期 總219期, 2013年 9月)을 요약 보충하였음.

는 것이 그것이다.

이를 구체적으로 살펴보면, '팔병(八柄)'은 "첫째, 귀한 직책을 주는 것으로 부리는 작(爵). 둘째, 부유하게 해주는 것으로 부리는 록(祿). 셋째, 포상으로 부리는 여(予). 넷째, 행동한 일로써 부리는 치(置). 다섯째, 복을 주는 것으로 부리는 생(生). 여섯째, 가난으로써 부리는 탈(奪). 일곱째, 죄 주는 것으로 부리는 폐(廢). 여덟째, 허물로써 부리는 주(誅)"45)가 있는데, 이 중 작, 록, 여, 생은 상(賞)에 해당하고, 치, 탈, 폐, 주는 벌(罰)에 해당한다. 이는 임금이 신하를 부리는데 있어 보다 엄격하게 상벌을 적용하고 있음을 볼 수 있다.

그리고 백성을 거느린다는 '팔통(八統)'은 "첫째, 친한 이를 친하게 하는 친친(親親). 둘째, 늙은 신하를 공경하는 경고(敬故). 셋째, 어진 이를 등용하는 진현(進賢). 넷째, 능력있는 이를 부리는 사능(使能). 다섯째, 공로가 있는 이를 편안하게 해주는 보용(保庸). 여섯째, 귀한 이를 공경하는 존귀(尊貴). 일곱째, 사무에 능한 이를 대우하는 달이(達吏). 여덟째, 손님을 접대하는 예빈(禮賓)"46)이라고 하였는데, 이는 벌(罰)보다 예(禮)로써 부리고자 한 것으로 보인다. 이는 비록 『주례』가 법가의 영향을 받아 일정 부분 형벌을 통해 통치하고자 한 법치(法治)의 흔적이 엿보이나, 근본 취지는 예치(禮治)에 바탕을 두고 있음을 알 수 있다.

『주례』의 예치적 성격은 「지관사도」에서 쉽게 볼 수 있다. "백성이

---

43) 『周禮』 권2, 「天官冢宰第一」, <大宰> "以八柄, 詔王馭羣臣."
44) 『周禮』 권2, 「天官冢宰第一」, <大宰>, "以八統, 詔王馭萬民."
45) 『周禮』 권2, 「天官冢宰第一」, <大宰> "一曰爵, 以馭其貴. 二曰祿, 以馭其富. 三曰予, 以馭其幸. 四曰置, 以馭其行. 五曰生, 以馭其福. 六曰奪, 以馭其貧. 七曰廢, 以馭其罪. 八曰誅, 以馭其過."
46) 『周禮』 「天官冢宰」, <大宰>, "一曰親親, 二曰敬故, 三曰進賢, 四曰使能, 五曰保庸, 六曰尊貴, 七曰達吏, 八曰禮賓."

기거하는 일상에 따라 12가지로 교육한다."47)고 하였는데, 구체적인 내용은 다음과 같다.

> 첫째 사례(祀禮)로서 공경을 가르치면 백성이 분수에 넘는 행동을 하지 않는다. 둘째 양례(陽禮)로서 서로 사양하도록 가르치면 백성이 다투지 않는다. 셋째 음례(陰禮)로서 친함을 가르치면 백성이 원망하지 않는다. 넷째 악례(樂禮)로서 화목을 가르치면 백성이 어그러지지 않는다. 다섯째 군주가 남면하고 거동함으로써 상하의 등급을 분별하면 백성이 뛰어넘지 않는다. 여섯째 풍속으로서 편안함을 가르치면 백성이 구차해지지 않는다. 일곱째 형벌로서 중용을 가르치면 백성이 사나워지지 않는다. 여덟째 맹세로서 남을 구제하는 법을 가르치면 백성이 게을러지지 않는다. 아홉째 헤아리게 하여 절약을 가르치면 백성이 만족을 알게 된다. 열째 세상일에 맞는 능력을 가르치면 백성은 직업을 잃지 않는다. 열한째 어질고 그렇지 않은 몸가짐에 따라 관직을 제재하면 백성은 덕을 삼간다. 열둘째 공적으로서 녹봉을 제제하면 공을 일으킨다.48)

위의 내용에서 알 수 있듯이 열두 가지 가르침 중 일곱 번째를 제외하면 모두 예(禮)로 가르치는 예교(禮敎)를 들고 있으며, 일곱 번째도 비록 형벌을 이야기하지만, 이도 엄밀히 말하면 어떠한 형벌이 있다는 것을 사전에 가르쳐 그러한 형벌을 범하지 못하도록 예방하고자 하는 성격이 강하기 때문에 법치로써 백성을 통치하는 것이 아니라 교육을 통한 예치로써 백성을 통치해야 함을 말하

---

47) 『周禮』 「地官司徒」, <大司徒>, "民之常, 而施十有二敎焉."
48) 『周禮』 「地官司徒」, <大司徒>, "一曰, 以祀禮敎敬, 則民不苟. 二曰, 以陽禮敎讓, 則民不爭. 三曰, 以陰禮敎親, 則民不怨. 四曰, 以樂禮敎和, 則民不乖. 五曰, 以儀辨等, 則民不越. 六曰, 以俗敎安, 則民不偸. 七曰, 以刑敎中, 則民不虣. 八曰, 以誓敎恤, 則民不怠. 九曰, 以度敎節, 則民知足. 十曰, 以世事敎能, 則民不失職. 十有一曰, 以賢制爵, 則民愼德. 十有二曰, 以庸制祿, 則民興功."

고 있다. 뿐만 아니라 "향(鄕)에서 세 가지 일로써 백성을 가르쳐 인재를 추천하다."[49]고 하고, 구체적으로 "첫째는 육덕이라 하는데 지(知)·인(仁)·성(聖)·의(義)·충(忠)·화(和)이다. 둘째 육행(六行)이라 하는데 효(孝)·우(友)·목(睦)·인(婣)·임(任)·휼(恤)이다. 셋째 육예(六藝)라 하는데 예(禮)·악(樂)·사(射)·어(御)·서(書)·수(數)다."[50] 라고 하여, 육덕(六德)·육행(六行)·육예(六藝)로 가르치고 이를 추천하여 벼슬을 내리는 등 인재양성에 주력하고 있음을 알 수 있다. 그렇다고 오로지 교육만으로 백성을 통치할 수 없기 때문에 『주례』에서도 피치 못해 형벌을 사용할 수밖에 없는 경우가 있었던 것으로 보인다. 그러므로 "향(鄕)에서 8가지 형벌로써 모든 백성을 규찰한다."고 하고, 구체적인 내용은 다음과 같이 말했다.

첫째 불효를 엄벌하는 형벌이다. 둘째 화목하지 못하면 내리는 형벌이다. 셋째 혼인하지 않으면 내리는 형벌이다. 넷째 공손하지 못한 자를 처벌하는 형벌이다. 다섯째 신임을 얻지 못하는 자에게 내리는 형벌이다. 여섯째 구휼하지 않는 자에게 내리는 형벌이다. 일곱째 유언비어를 만드는 자에게 내리는 형벌이다. 백성의 삶을 어지럽히는 자에게 내리는 형벌이다.[51]

즉, 불효(不孝), 불목(不睦), 불인(不婣), 부제(不弟), 불임(不任), 불휼(不恤)은 오늘날 관점에서 보더라도 형벌이라기보다 윤리적인 문제에 해당한다고 할 수 있으며, 조언(造言), 난민(亂民)만이 형벌에 해당하는 사항이라 하겠다. 이처럼 『주례』는 형벌에 의한 통치보다 교

---

49) 『周禮』「地官司徒」, <大司徒>, "以鄕三物, 敎萬民而賓興之."
50) 『周禮』「地官司徒」, <大司徒>, "一曰六德, 知仁聖義忠和, 二曰六行, 孝友睦婣任恤. 三曰六藝. 禮樂射御書數."
51) 『周禮』「地官司徒」, <大司徒>, "以鄕八刑, 糾萬民. 一曰, 不孝之刑. 二曰, 不睦之刑. 三曰, 不婣之刑. 四曰, 不弟之刑. 五曰, 不任之刑. 六曰, 不恤之刑. 七曰, 造言之刑. 八曰, 亂民之刑."

육을 통한 예치(禮治)를 우선시했음을 알 수 있다.

특히 예치는 유가 정치에 있어서 핵심으로, 백성에게 욕망의 한계를 설정함으로써 각자의 본분(本分)을 지키고 겸양(謙讓)을 발휘하도록 하기 위한 것이다. 일반적으로 예(禮)는 "천리(天理)의 절문(節文)이요, 인사(人事)의 의칙(儀則)"[52]이라는 두 가지 개념으로 설명된다. '천리'란 '자연의 존재 원리'라면, '절문'이란 마디 짓고 그에 합당하게 꾸미는 것을 의미한다. 따라서 '천리의 절문'이란 '자연의 존재원리에 따라 마디 짓고 꾸민다는 것'이라 할 수 있다. 반면 '인사의 의칙'이란 '인간의 행동 법칙'이란 말로, 이는 유가에서 자연계에 일정한 위계질서가 있다고 보는 바,[53] 인간 사회의 질서는 자연의 위계질서를 표준으로 삼아야 한다고 보는 것을 의미한다. 천리(天理)에 따라 인간 행동의 법도와 본분을 정하여 모든 사람이 그에 따르게 하자는 것이 예치(禮治)의 기본 취지라 하겠다.[54]

이처럼 유가에서 예치를 강조한 것은 예치를 통해 백성이 자발적인 정치 참여를 기대할 수 있기 때문이다. 즉 "다섯 가(家)를 비(比)로 삼아 서로 보호하게 하고, 다섯 비를 여(閭)로 삼아 서로 의탁하게 하고, 네 여를 족(族)으로 삼아 장례를 돕게 하고, 다섯 족을 당(黨)으로 삼아 서로 재앙을 구제하고, 다섯 당을 주(州)로 삼아 서로 진휼하게 하고, 다섯 주를 향(鄕)으로 삼아 서로 어진 현자를 접대하게 한다."[55]고 한 것 모두 예치를 통한 정치에의 자발적 참여를 기대

---

52) 『論語』「學而」12, 朱子註, "禮者 天理之節文 人事之儀則也."
53) 이에 대한 자세한 논의는 이상익, 『儒家社會哲學硏究』, 심산, 2001, 111-118쪽 참조.
54) 김인규, 「공자의 정치사상」 『한국철학논집』 제13집, 한국철학사연구회, 2004, 51쪽 참조.
55) 『周禮』「地官」<大司徒>, "令五家爲比, 使之相保. 五比爲閭, 使之相受. 四閭爲族, 使之相葬. 五族爲黨, 使之相救. 五黨爲州, 使之相賙. 五州爲鄕,

했던 것이다.

특히 상고시대 정치제도는 천인관념에서 나왔는데, 이러한 제도의 형성은 제도와 인간간의 대립과 충돌로 인해 생겨난 것이 아니라 백성의 필요에 부응하고 사회관계에서 조화롭게 하기 위해 만들어졌다. 통치자들은 제도를 통해 사회질서를 안정시키고 사회 모순을 해결하며, 각 계층의 사회적 이익의 요구를 만족시키기 위한 효과적인 정치형식으로 여겼다. 따라서 정치제도를 만들 때 백성의 요구에 응한다는 '순응민수(順應民需)'의 의식이 반영되어 있다고 하겠다.

'순응민수(順應民需)'에는 유가의 핵심인 '인(仁)' 사상이 내포되어 있다. 즉, 유가(儒家)의 '인(仁)'은 사회를 형성하는 하나의 긍정적 원리로서 사람들 사이의 사랑, 박애, 자선, 연민, 동정심, 관용 등의 개념들을 떠올릴 수 있다. 이러한 어휘들은 모두 유가사상의 인(仁) 개념 안에 타자와 호의적 관계를 통해 공동체를 성립시키기 위해서 인(仁)의 덕목이 반드시 필요하다.56) 따라서 『주례』의 제도는 유가의 '인(仁)' 사상을 바탕으로 백성에게 이로움을 주고자 하는 혜민적(惠民的) 태도가 『주례』에 내포되어 있다.

특히 「지관사도」에 의하면 이러한 혜민적 태도가 많이 보이는데, 먼저 토지제도를 살펴보면 "토지를 균등하게 배분하고 백성을 헤아려 사람 수를 두루 파악한다. 상등의 토지는 일곱 명 이상의 집에 배분하여 한 집 당 세 명에게 병역과 노역을 맡겼다. 중등의 토지는 여섯 명의 집에 배분하고 두 집 당 다섯 명에게 병역과 노역을 맡겼다. 하등의 토지는 다섯 명의 집에 배분하고 한 집 당 두 명에게 병역과 노역을 맡겼다."57)라고 하여 백성에게 토지를 골고루 배분하고 거기

使之相賓."
56) 정용환, 「다원주의 사회에서의 仁 개념」『동양철학연구』 제49집, 동양철학연구회, 2002, 463쪽 참조.

에 걸맞게 병역과 노역을 담당하게 하였다. 아울러 『주례』에 이상적인 토지제도로,

> 토지를 경영하여 전야(田野)를 정(井)과 목(牧)으로 정하여 9부(夫)가 정(井)이 되고, 4정(井)이 읍(邑)이 되고, 4읍(邑)이 구(丘)가 되고, 4구(丘)가 전(甸)이 되고, 4전(甸)이 현(縣)이 되고, 4현(縣)이 도(都)가 되었다. 이로써 땅의 일을 맡기고 세금을 부과하니, 무릇 세금을 거두는 일이다. 그리하여 지역을 나누어 지킬 것을 분명히 하고, 관직을 베풀어 정사를 바르게 하였다.58)

라고 하여, 토지제도에 있어서 정전제(井田制)를 주장하였다. 이에 대해 맹자는 "인정(仁政)은 반드시 토지 경계를 다스리는 것으로부터 시작되니, 경계를 다스리는 것이 바르지 못하면 정지(井地)가 균등하지 못하며, 곡록이 공평하지 못하게 된다. 이러므로 폭군과 오리들은 반드시 그 경계를 다스리는 일을 태만히 하니, 경계를 다스리는 것이 이미 바르게 되면 토지를 나누어주고 곡록을 제정해주는 일은 가만히 앉아서도 정해질 수 있는 것이다."59)라고 하여, 인정(仁政)을 이루기 위해서 반드시 정전제가 선행되어야 함을 강조하였다.

아울러 조세문제에 있어서 "각각 다스릴 사항을 교육하고 덕행을 고찰하고 그의 도와 예를 살피고 해마다 그 부가(夫家)의 많고 적음을 등재하여 맡길만한 자를 판단한다. 도성은 20세부터 60세 사이,

---

57) 『周禮』「地官」<大司徒>, "乃均土地, 以稽其人民, 而周知其數. 上地, 家七人, 可任也者, 家三人. 中地, 家六人, 可任也者, 二家五人. 下地, 家五人, 可任也者, 家二人."

58) 『周禮』「地官」<小司徒>, "乃經土地, 而井牧其田野, 九夫爲井, 四井爲邑, 四邑爲丘, 四丘爲甸, 四甸爲縣, 四縣爲都, 以任地事, 而令貢賦, 凡稅斂之事."

59) 『孟子』「滕文公章句上」제3장, "夫仁政, 必自經界始, 經界不正, 井地不均, 貢祿不平. 是故, 暴君姦吏, 必慢其經界, 經界旣正, 分田制祿, 可坐而定也."

시골은 15세부터 65세 사이의 사람들에게 모두 세금을 받는다. 면제할 자는 도성은 지위가 높은 사람, 덕행이 있는 사람, 재능이 있는 사람, 관부에서 일하는 사람, 나이 든 사람, 질병이 있는 사람은 다 면제하고 해마다 서류를 작성하여 대사도에게 올린다. 삼 년마다 자세히 비교하였는데 덕행과 도예를 살피어 어질고 재능이 있는 사람을 천거한다."60)라고 하여, 도성은 20세부터 60세까지, 시골은 15세부터 65세까지 모든 사람들에게 균등하게 세금을 거두어들이지만 덕행이 있고 재능이 있는 사람, 나이든 사람과 질병이 있는 사람에게는 세금을 면제해 주고, 덕행과 도예를 살피고 어질고 재능이 있는 자는 천거하였다. 또 "땅에 따라 균등하게 징수한다는 법칙에 따라 이상의 다섯 가지 지형의 생산물과 아홉 가지 토질을 판별하여 천하의 땅에 대한 세금을 거두어들였고, 민중들의 직업을 만들어 그들로 하여금 땅의 곡물을 바치고 재산에 세금을 부과하였으니, 이로써 천하의 정치를 공평하게 하였다."61)고 하여, 토질에 따라 차등적으로 적용하였다.

3) 주례의 민본정신

무엇보다 『주례』에 있어서 인(仁)에 바탕한 혜민(惠民) 정신은 환난(患難)을 당했을 때 구휼하는데 있다. 먼저 흉년에 백성을 구휼하는 데 12가지로써 한다고 하였다.

---

60) 『周禮』「地官」 <鄕大夫>, "使各以教其所治, 以攷其德行, 察其道藝以, 歲時登, 其夫家之衆寡, 辨其可任者, 國中自七尺以及六十, 野自六尺以及六十有五, 皆征之. 其舍者, 國中貴者賢者能者服公事者老者疾者, 皆舍. 以歲時入其書. 三年則大比, 攷其德行道藝, 而興賢者能者."

61) 『周禮』「地官」 <大司徒>, "以土均之灋, 辨五物九等, 制天下之地征, 以作民職, 以令地貢, 以斂財賦, 以均齊天下之政."

첫째는 씨앗과 곡식을 빌려주는 것이고, 둘째는 세금을 깎아주는 것이고, 셋째는 형벌을 경감해주는 것이고, 넷째는 노역을 면제해 주는 것이며, 다섯째는 금지령을 풀어 주는 것이며, 여섯째는 시장의 세금을 면제해 주는 것이며, 일곱째는 길한 예식을 간소화하는 것이고, 여덟째는 장례를 간소화하는 것이며, 아홉째는 악기를 거둬들여 연주하지 못하게 하는 것이며, 열째는 혼례를 간소화하여 결혼을 많이 시키는 것이고, 열한째는 폐기된 제사를 지내도록 하는 것이며, 열둘째는 도적을 없애는 것이다.[62]

아울러 백성의 삶을 편안하게 보살펴 주는 것으로 다음과 같이 6가지를 들었다.

첫째는 어린아이를 사랑하는 일, 둘째는 노인을 봉양하는 일, 셋째는 궁색한 백성을 구제하는 일, 넷째는 빈민을 구휼하는 일, 다섯째는 장애인을 보살펴 주는 일, 여섯째는 부역을 공평하게 하는 일이다.[63]

즉, 흉년이 들었을 때 백성을 규휼하는 정책으로 열두 가지를 들었으며, 또 백성의 복지 정책으로 여섯 가지를 들고 있다. 이는 오늘날 복지정책과 비교해도 하나도 손색이 없다고 하겠다.

3. 『주례』의 경학사적 의의

이상에서 살펴본 바와 같이 『주례』의 성립은 전국시기 말기 이후로, 이는 당시의 학자들이 선진(先秦)시대의 옛 제도에 관한 자료를

---

62) 『周禮』「地官」<大司徒>, "以荒政十有二聚萬民. 一曰, 散利. 二曰, 薄征. 三曰, 緩刑. 四曰, 弛力. 五曰, 舍禁. 六曰, 去幾. 七曰, 眚禮. 八曰, 殺哀. 九曰, 蕃樂 十曰, 多昏. 十有一曰, 索鬼神, 十有二曰, 除盜賊."
63) 『周禮』「地官」<大司徒>, "以保息六養萬民. 一曰, 慈幼. 二曰, 養老. 三曰, 振窮. 四曰, 恤貧. 五曰, 寬疾. 六曰, 安富."

수집해서 거기에 자신들의 견해를 더해 만든 이상국(理想國)의 청사진으로 체계가 방대하고 체계적이라 할 수 있다. 무엇보다『주례』의 저변에 깔려있는 사상은 유가의 천인합일사상이며, 그 속에 법가의 법치보다는 유가의 예치가 주류를 이루고 있다.

이미 언급한 바와 같이 예(禮)는 자연의 존재원리에 따라 마디 짓고 꾸미며, 이를 인간의 행동 법칙으로 삼는 것을 의미한다. 즉, 자연계에는 일정한 위계질서가 있는데, 인간의 사회질서는 자연의 위계질서를 표준으로 삼는 것이 예의 본질이라면, 천리(天理)에 따라 인간 행동의 법도와 본분을 정하여 모든 사람들이 그에 따르게 하자는 것이 예치(禮治)의 기본 취지라 하겠다.

따라서 예치(禮治)는 백성에게 욕망의 한계를 설정하고 각자의 본분에 맞게 행동할 것을 요구한다. 그러므로「지관사도」에,

> 큰 나라와 작은 나라를 세워 토규(土圭 : 측량기구의 일종)로써 토지를 측량하여 경계를 정한다. 모든 공작(公爵)에게 사방 500리의 땅을 봉하고 식읍에서 걷는 세금의 절반을 사용하게 한다. 제후(諸侯)에게 사방 400리의 땅을 봉하고 식읍에서 걷는 세금의 3분의 1을 사용하게 한다. 모든 백작에게 사방 300리의 땅을 봉하고 식읍에서 걷는 세금의 3분의 1을 사용하게 한다. 모든 자작에게 사방 200리의 땅을 봉하고 식읍에서 걷는 세금의 4분의 1을 사용하게 한다. 모든 남작에게 사방 100리의 땅을 봉하고 식읍에서 걷는 세금의 4분의 1을 사용하게 한다.[64]

고 하여, 각자의 신분에 맞게 땅을 봉해 주었다. 무엇보다『주례』의 가치는 민본사상이라 하겠다. 토지제도에 있어서 균등하게 토지를

---

64)『周禮』「地官」<大司徒>, "凡建邦國以土圭, 土其地, 而制其域, 諸公之地, 封疆方五百里, 其食者半. 諸侯之地, 封疆方四百里, 其食者參之一. 諸伯之地, 封疆方三百里, 其食者參之一. 諸子之地, 封疆方二百里, 其食者四之一. 諸男之地, 封疆方百里, 其食者四之一."

부여하는 정전제들 들 수 있으며, 세금에 있어서도 누구에게나 공평하게 거둬들이는 공평과세를 실현하고자 하였다.

그리고 무엇보다 흉년이 들었을 때 백성을 구휼하는 정책으로 12가지를 들었으며, 돌봐줄 사람이 없는 백성을 보살펴 주는 정책으로 6가지를 들었는데, 이는 유가의 민본정신이라 하겠다. 이러한 『주례』의 의의에 대해, "유학의 중요 경전으로, '주례'의 근본적인 의의는 결코 그것이 만든 그러한 구체적이고 손해와 이익을 줄 수 있는 제도 규범〔禮〕에 있지 않고, 배후의 보편적인 정의의 원칙(義)에 있으며, 정당성 원칙(公正性, 公平性)과 적의성(適宜性) 원칙(時宜性, 地宜性)을 가진다. 정당성 원칙은 제도를 만들 때 차등을 초월한 사랑이자 하나를 향한 인(仁)을 가리키는 인애(仁愛)에서 시작해야 한다고 요구한다. 적의성 원칙은 제도를 만들 때 구체적인 생활방식으로 인한 시간적, 공간적 조건을 충분히 고려할 것을 요구한다. 이렇게 정의로운 사상들을 밝힘으로써, '주례'는 비로소 현대사회에서 다시금 중요한 경전이 되었다."[65]라고 하였다.

---

65) 黃玉順, 「≪周礼≫的現代價値究竟何在」 『學術界』 제6호, 2011.

제 3 장
『주례』가 중국 국가례에 끼친 영향

1. 『주례』와 중국의 국가례 편찬

주지하듯이 『주례』의 원래 명칭은 『주관(周官)』으로, 서한(西漢)의 경제(景帝)·무제(武帝) 때 세상에 처음으로 알려졌다. 『한서(漢書)』 「하간헌왕전(河間獻王傳)」에 의하면, "헌왕(獻王)이 수집한 바의 책은 모두 고문(古文)으로 쓰여진 선진(先秦) 구서(舊書)들이었으며, 『주관』·『상서』·『예경』·『예기』·『맹자』·『노자』 등이었다."[1]고 하였다. 그러나 이 책들은 곧바로 비부(秘府)에 소장하였기 때문에 당시 다섯 명의 저명 학자들인 고당생(高堂生)·소분(蕭奮)·맹창(孟倉)·대덕(戴德)·대성(戴聖) 등도 이 책을 보지 못하였다가 애제(哀帝) 때 유흠(劉歆)이 비부(秘府)에 소장되어 있는 서적들을 교정하다가 우연히 이 책을 발견하고, 왕망(王莽) 때에 이르러서 유흠이 이름을 『주례』로 고쳤다고 한다.

동한(東漢) 초기에 유흠의 제자인 하남(河南) 태생의 두자춘(杜子春)이 문호를 열고 『주례』를 가르치자 많은 학자들이 그의 학설을 높이 받들게 되어 유흠의 학문이 일시 크게 성행하였고, 『주례』에 대하여 주석(註釋)을 내는 학자들이 많이 생겨나게 되었다.

---

1) 『漢書』 권53, 「景十三王傳第二十三」, "獻王所得書, 皆古文先秦舊書, 周官尙書禮禮記孟子老子之屬, 皆經傳說記, 七十子之徒所論."

동한(東漢) 말에 이르러서 경학대사(經學大師)인 정현(鄭玄)이 여러 학설들을 널리 종합하고, 금문학자와 고문학자들의 견해를 절충하여 『주례주(周禮注)』를 지었다. 정현(鄭玄)의 『상서정의(尙書正義)』에 의하면, "주공(周公)이 첫 해에 난을 평정하였고, 둘째 해에 상나라를 정벌하였으며, 셋째 해에 엄(奄)을 토벌하였고, 넷째 해에 후위(候衛)를 세웠으며, 다섯째 해에 성주(成周)를 건립하고, 여섯째 해에 예법(禮法)과 악률(樂律)을 제정하였다."[2]는 기록이 있다. 정현이 유흠의 학설을 뒷받침하기 위하여 "주공이 섭정에 있으면서 육전(六典)의 직을 지어 주례라고 하였다."[3]라고 하여 『주례』가 곧 주공이 성왕을 위해 관정(官政)의 법(法)을 제정한 것이라고 주장하면서부터 『주례』가 일약 『삼례(三禮)』의 으뜸으로 주공(周公)이 지은 것이라는 학설이 등장하게 되었다.

그 뒤 『주례』를 두고 가공언(賈公彦)은 물론 임효존(林孝存), 호안국(胡安國)·호굉(胡宏) 부자 등이 『주례』의 가치를 크게 깎아 내렸다. 그러다가 남송 때 주희(朱熹)에 의해 "『주례』는 주공(周公)이 남긴 글"[4]이며, "『주례』의 전체 내용을 잘 살펴보면 광대하고 정밀함을 알 수 있으며, 주공의 법도가 그 안에 담겨 있음을 알 수 있다."[5]고 하였다.

주희를 위시한 당시 학자들은 서주(西周)시대의 정전(政典)을 천고(千古)에 길이 빛나는 지치(至治)의 최고봉으로 간주하고, 주공을 만세(萬世)의 성현(聖賢)으로 받들었다. 이에 이구(李覯)는 "내가 육전

---

2) 『尙書正義』, 「康誥」, "書傳云 四年建衛侯 而封康叔 五年營成洛邑 七年制禮作樂."
3) 『周禮』 권1, 「天官冢宰」 註, "周公居攝, 而作六典之職, 謂之周禮."
4) 『朱子語類』 권83, 「總論」 5, "周禮是周公遺典也."
5) 『朱子語類』 권83, 「總論」 3.

의 내용을 살펴 보건대 이것을 쓴 사람의 용의가 매우 주도했던 듯 하다. 마치 하늘에 있는 것 가운데 형용할 수 있는 것은 모두 다 기술해 놓았고, 땅에 있는 것 가운데 그릴 수 있는 모양이 있는 것이라면 죄다 기록해 놓은 것 같았다. 총명하고 예지가 있는 사람이 아니고서야 어찌 이러한 경지에 미칠 수 있으랴? 주공이 태평성세를 위해 지었다는 말은 아마도 믿을 만한 것 같다."6)고 하였으며, 하교신(何喬新)도, "『주례』는 주공이 태평성세를 위한 법을 기록해 놓은 것이다. 만약 그렇지 않다면 문왕(文王)과 무왕(武王)이 만든 법일 것이고, 혹 그렇지도 않다면 곧 요(堯)·순(舜)·우(禹)·탕(湯)이 만든 법일 것이다."7)라고 하였다. 이처럼『주례』는 주공이 만든 만고의 법전으로 여겨졌으며, 유교 국가를 지향한 조선조에서『주례』는 국가례의 전범(典範)이 되었다.8)

특히『주례』는 중국의 국가례는 물론 동아시아 국가례 형성에 많은 영향을 끼쳤다. 후한(後漢) 멸망 이후 성립된 남북조시대(南北朝時代)에는 예(禮)의 내용을 담은 예제(禮制)의 해석에서 남학(南學)과 북학(北學)으로 나뉘었다.9) 남학과 북학으로 나뉜 예제의 해석은 남조·북조의 예제의 제정과 시행에서 많은 차이를 낳았고, 남북조를 통일한 수(隋)와 그 뒤를 이은 통일제국 당(唐)의 예제에 많은 영향을 끼쳤다.

정치적 통일을 이룬 당(唐)의 통치자들에게 예제의 통일은 사상적인 통일이라는 점에서 중요하였다. 이에 당(唐)의 통치자들은 통일제

---

6) 李覯,「周禮致太平論」『盱江先生全集』권5.
7) 何喬新,『周禮注解』「自序」.
8) 彭林,『周禮主體思想與成書年代硏究』, 北京: 中國社會科學出版, 1991, 9쪽 참조.
9) 皮錫瑞 著·李鴻鎭 譯,『中國 經學史』, 서울: 同和出版公社, 1984, 130-173쪽.

국 초기부터 남학과 북학으로 나뉘어 논쟁이 되어오던 예제의 통일을 위해 여러 차례 국가의례서(國家儀禮書)를 편찬하였다.

당 현종(玄宗) 때 편찬된 『대당개원례(大唐開元禮)』는 이러한 노력의 산물이다. 한편 『대당개원례』는 삼례(三禮) 이래 현존하는 가장 오래된 '국가의례서'라는 점에서도 연구자들의 관심을 받아왔다. 『대당개원례』에 대한 연구로는 당조(唐初)의 국가의례서 편찬 전반에 관한 연구,10) 『대당개원례』에 실려 있는 개별 제사에 대한 분석과11) 그 의례의 성격에 대한 연구도 진행되었다.12) 특히 동아시아에서 『대당개원례』를 둘러싸고 다양한 논의가 이루어져 왔지만, 국내에서는 아직 『대당개원례』에 대한 연구가 많지 않다.13)

2. 당(唐)의 국가의례 편찬과 국가례

1) 『대당개원례』의 편찬과 국가의례

당(唐) 현종(玄宗) 개원년간(開元年間)은 당 최고의 전성기로 불린

---

10) 趙瀾,「『大唐開元禮』初探:論唐代禮制的演化歷程」『復旦學報』, 1994-5 ; 張文昌, 『唐代禮典的編纂與傳承 - 以『大唐開元禮』爲中心』, 『古典文獻研究輯刊』7編 第9冊, 台北, 花木蘭文化出版社, 1997 ; 池田溫,「大唐開元禮解說」『大唐開元禮』, 東京 汲古書院, 1972.

11) 新海一,「神位考―『大唐開元禮』釋奠從祀私記」『國學院雜誌』81-10, 1980 ; 新城理惠,「先蠶儀禮と唐代の皇后」『史論』46, 1993 ; 西岡市祐,「『大唐開元禮』の七祀について」『國學院雜誌』97-11, 1996 ;「『大唐開元禮』「薦新于太廟」の儀禮復原」『國學院中國學會報』40, 1994.

12) 楊華,「論『開元禮』對鄭玄和王肅禮學的擇從」『中國史研究』, 2003-1.

13) 김정식,「『大唐開元禮』官人「凶禮」에 대한 小考」『中國古中世史研究』32, 2014 ; 김성규,「『大唐開元禮』所載 外國使 관련 諸儀禮의 재검토」『中國古中世史研究』제27집, 2012.

다. '개원년간은 국가의 안정을 바탕으로 문화의 번영기를 맞이한 시기였다. 현종은 문인학사들에 의지하여 도서정리 작업과 전적편찬 작업을 활발하게 행하였고, 이러한 과정에서 예제(禮制)에 대한 논쟁과 정비가 행해졌다.

현종시기의 예제 논쟁은 개원 10년(722) 원행충(元行沖)에 의해 편찬된 『예기의소(禮記義疏)』 50권을 헌상(獻上)한 일에서 시작되었다. 원행충이 헌상한 『예기의소』는 위징(魏徵)이 편찬한 『유례(類禮)』14)에 소(疏)를 추가한 책이었다. 그러나 당시 장열(張說)은 『예기』가 이미 경전(經典)의 지위를 가지고 있고, 위징의 『유례』는 처음으로 『예기』를 편집한 삼국시대 위(魏)의 손염(孫炎)의 『예기주(禮記注)』를 모방한 것에 지나지 않을 뿐 아니라 두 책은 선유(先儒)의 뜻에 괴리되고 장구(章句)가 격절되어 사용할 수 없음을 주장하였고 현종은 이를 받아들였다.

이후 개원 14년(726) 왕암(王嵒)의 시의(時宜)에 맞지 않는 『예기』 개정에 대한 상소였다. 이에 현종은 집현원학사(集賢院學士)에게 상의(詳議)하게 하였는데, 이에 장열은 예경(禮經)인 『예기』를 함부로 개정할 수 없지만, 오례(五禮)의 의주(儀註)는 개정한 적이 있으므로 『정관례(貞觀禮)』・『현경례(顯慶禮)』를 산정(刪定)하여 사용하자는 수정안을 내놓는다. 이에 따라 『정관례』와 『현경례』를 적절히 반영한 새로운 예제(禮制)를 만들기로 하여, 개원 20년(732) 집현원 관원들의 주관하에 150권으로 구성된 『대당개원례』가 만들어졌다.15) 『대당

---

14) 『大唐新語』 권7, 「識量」, 103쪽에 『次禮記』가 魏徵이 撰한 것으로 되어 있고, 『舊唐書』 권46, 「經籍上」, 1973쪽에도 『次禮記』로 되어있다. 그러나 『唐會要』(권36, 「修撰」, 651쪽) ; 『舊唐書』(권71, 「魏徵傳」, 2559쪽)에는 魏徵이 『禮記』를 改定한 것을 『類禮』라 하고 있다. 『次禮記』와 『類禮』 모두 동일 撰者에 卷數가 같은 것으로 보아 같은 책으로 보인다.

15) 『舊唐書』 권21, 「禮儀一」, 818쪽.

개원례』는 무측천(武則天)으로 인해 혼란해진 예제(禮制)의 정비와 구례(舊禮 :『정관례』)와 신례(新禮 :『현경례』)가 병용되는 것에서 나타나는 예제상의 혼란을 막기 위해서 편찬되었던 것이다.16)

따라서『대당개원례』는 국가 주도로 편찬된 현존하는 중요한 국가의례서 가운데 하나다.『대당개원례』의 내용을 살펴보면 다음의 표와 같다.

내용	序例	吉禮	賓禮	軍禮	嘉禮	凶禮	총계
권	1-3	4-78	79-80	81-90	91-130	131-150	
권수	3	75	2	10	40	20	150

위의 표에서 알 수 있듯이『대당개원례』는 「서례」 3권, 「길례」 75권, 「빈례」 2권, 「군례」 10권, 「가례」 40권, 「흉례」 20권 등 모두 150권으로 구성되어 있으며, 이 중에서도 「길례」와 「가례」가 가장 많은 분량을 차지하고 있다. 이를 구체적으로 살펴보면 다음과 같다.

첫째, 「서례」는『대당개원례』의 총칙에 해당하는 부분으로 여기에서는 의례를 행할 때 준비되어야 할 내용·의례에 사용되는 물품 등에 대해 언급하고 있다.

둘째, 「길례」는『대당개원례』의 가장 중요한 부분 가운데 하나로 황제 또는 황제를 대신한 관인이 주관하는 제사로 구성되어 있다.

셋째, 「빈례」는 황제가 내조(來朝)하는 번국(藩國)의 왕이나 번국의 왕이 파견한 관리를 영접하는 의례다.

---

16) 池田溫, 「大唐開元禮解說」『大唐開元禮』, 東京 汲古書院, 1972, 823쪽.

넷째, 「군례」는 전쟁을 행할 때에 행하는 의례·군사훈련에 관한 의례·양마(養馬) 의례 등으로 나뉘는데 모두 전쟁과 관련이 있는 의례다.

다섯째, 「가례」는 황실과 관인의 관례(冠禮)·혼례(婚禮)·조하(朝賀)·독시령(讀時令) 등의 의례다.

여섯째, 「흉례」는 죽음과 관련된 의례로 오복제도(五服制度)·상례(喪禮)·장례(葬禮) 등으로 구성되어 있다.

『대당개원례』의 의례들은 대부분 황실 구성원들을 대상으로 행해지는데, 「흉례」만은 절반 이상이 관인에 대한 상장례라는 점에서 매우 흥미롭다고 하겠다.

특히 『대당개원례』에서 예(禮)를 행하는 주체는 황제·황후·황태자 등의 황실성원과 관인, 가정구성원과 관학학생(官學學生)까지 다양하지만, 황제와 황실에 관련된 의례(儀禮)가 가장 많고 다음이 관인들의 것으로, 관인의 경우 삼품이상(三品以上)·사품오품(四品五品)·육품이하(六品以下)의 세 등급으로 나뉘어 기술하고 있다. 삼품이상은 '귀(貴)'로 불리고 각종 감형의 혜택을 누릴 뿐만 아니라 의례에서도 아래 품계의 관원에 비해 특별대우를 받았다. 오품이상 관인 또한 '통귀(通貴)'라 불리며 형벌상의 혜택을 받았는데, 오품과 육품은 당(唐)의 관제(官制)에서 관인 지위의 경계점이라 할 수 있다. 이처럼 관인은 관품에 따라 그들이 누릴 수 있는 의례(儀禮)에서 혜택도 달랐다.

이처럼 『대당개원례』는 주로 황실과 관인 등 황실과 조정에서의 예(禮)를 다룬 책으로, 당(唐) 이전 남·북조 시대에 제각기 행해지고 있었던 국가의례를 통일하였다는 점에서 큰 의미를 가질 수 있지만, 엄밀한 의미에서 국가의 통치 구조를 다른 정법서(政法書)로서의 국가례(國家禮)로 볼 수는 없다. 이는 『당육전(唐六典)』에 와서 국가례를 볼 수 있다.

2) 『당육전』의 국가례

『당육전』은 722년(開元 10) 당(唐) 현종(玄宗)의 칙명으로 『주례(周禮)』의 육관(六官) 체제에 따라 관직(官職)과 직장(職掌)을 함께 편찬한 30권 분량으로 구성된 정법서(政法書)로, 『당육전』 권1, 「삼사삼공상서도성(三師三公尙書都省)」에 "어찬 집현원학사병부상서겸중서령수국사상주국개국공 신이임보봉칙주상(御撰 集賢院學士兵部尙書兼中書令修國史上柱國開國公 臣李林甫奉勅注上)"17)이라고 되어 있어 현종(玄宗)이 직접 편찬하고 이림보가 주(注)한 것처럼 보인다. 그러나 편찬의 자세한 내막을 살펴보면, 현종이 개원(開元) 10년 기거사(起居使)인 육견(陸堅)를 통해 여정서원(麗正書院)에 『육전』 편찬의 칙을 내리고, 여정전수서사(麗正殿修書使) 장렬(張說)이 부사인 서견(徐堅)에 위임하여 찬수에 착수한 이래, 서견(徐堅)·무경(毋煚)·여흠(余欽)·함이업(咸廙業)·손계량(孫季良)·위술(韋述)·육선경(陸善經)·원함(苑咸) 등 집현원의 많은 학사들이 차례로 참여하였고, 그 책임자인 지집현원사(知集賢院事)도 장열(張說)·소숭(蕭崇)·장구령(張九齡)·이임보(李林甫)로 이어졌는데, 『당육전』의 완성 시점인 개원 26년(738년) 이임보가 재상으로 지집현원사를 겸임하고 있었기 때문에, 그의 이름으로 책의 완성을 상주한 것에 불과하다.18)

이 책이 편찬되기까지 많은 어려움이 있었던 것으로 보인다. 현종

---

17) 『唐六典』 권1, 「三師三公尙書都省」, "御撰 集賢院學士兵部尙書兼中書令修國史上柱國開國公 臣李林甫奉勅注上."
18) 김택민 주편, 『譯註 唐六典』, 신서원, 2003, 16쪽 참조.

은 자필로 "이전(理典)·교전(敎典)·예전(禮典)·정전(政典)·형전(刑典)·사전(事典)의 육조를 쓰고, 당시의 법과 제도를 여섯 항목으로 분류하여 전장서(典章書)를 편찬하도록 명령하였다. 이 여섯 항목은 각각 『주례』의 육관과 그 소속 관원의 직장을 지칭하는 것으로, 이전은 천관총재(天官冢宰)와 그 아래 치관(治官) 63직의 직장, 교전은 지관사도(地官司徒)와 그 아래 교관(敎官) 78직의 직장, 예전은 춘관종백(春官宗伯)과 그 아래 예관(禮官) 69직의 직장, 정전은 하관사마(夏官司馬)와 그 아래 정관(政官) 70직의 직장, 형전은 추관사구(秋官司寇)와 그 아래 형관(刑官) 66직의 직장, 사전은 동관사공(冬官司空)과 그 아래 사관(事官)들의 직장을 가리킨다."19) 그러나 당시의 관제는 『주례』의 육관제(六官制)와는 전혀 다른 삼성(三省)·육부(六部)·구시(九寺)·오감(五監)·십육위(十六衛) 등으로 구성되어 있어 육전(六典) 체제의 전장서 편찬은 실로 어려운 작업이었다.

당의 최고 영예의 관직으로는 훈도(訓導)의 관인 태사(太師)·태부(太傅)·태보(太保)인 삼사(三師)와 도(道)를 논하는 태위(太尉)·사도(司徒)·사공(司空)인 삼공(三公)이 있다.20)

그러나 실질적인 중앙행정 관직으로 삼성·육부가 있는데, 삼성은 정무행정 관부인 상서성(尙書省)과 정책 관부인 문하성(門下省)·중서성(中書省)으로 나눌 수 있다. 그리고 상서성은 중추적인 국가행정 관부로서 상서도성(尙書都省)·상서이부(尙書吏部)·상서호부(尙書戶部)·상서예부(尙書禮部)·상서병부(尙書兵部)·상서형부(尙書刑部)·상서공부(尙書工部)인데, 이에 관한 부분이 『당육전』 전체의 1/3을 차지한다. 이는 상서도성과 예하의 이부·예부·병부·호부·형부·공

---

19) 김택민 주편, 『譯註 唐六典』, 신서원, 2003, 18쪽 참조.
20) 『唐六典』 권1, 「三師三公尙書都省」, "三師, 訓導之官也. 其名卽周之三公. …… 三公, 論道之官也."

부의 6부가 국가 행정을 위한 중추 관부이기 때문이다.[21]

그리고 특별 사무관부로 구시(九寺)가 있는데, 구시(九寺)로 태상시(太常寺), 광록시(光祿寺), 위위시(衛尉寺), 종정시(宗正寺), 태복시(太僕寺), 대리시(大理寺), 홍려시(鴻臚寺), 사농시(司農寺), 태부시(太府寺)가 있으며, 오감(五監)으로 학교관부인 국자감(國子監)과 공작관부인 소부감(小府監), 군기감(軍器監), 장작감(將作監), 도수감(都水監)이 있었다. 그리고 군사관부인 십육위(十六衛)로 좌·우위(左右衛), 좌·우효위(左右驍尉), 좌·우무위(左右武衛), 좌·우위위(左右威衛), 좌·우령군위(左右領軍衛), 좌·우감문위(左右監門衛), 좌·우천우위(左右千牛衛), 좌·우우림군위(左右羽林軍衛)와 제위절충도위부(諸衛折衝都尉府)가 있다.

특히 『당육전』은 당초 법전으로서 현실적 적용을 위해 편찬된 것이 아니다. 이 책을 편찬할 당시 현종대(玄宗代)는 율·령·격·식(律令格式)이 제대로 작동하고 있었기 때문에 현종이 당시 태평성대를 과시하기 위해서 편찬하였다고 한다.[22] 그럼에도 불구하고 『주례』의 육전제도는 성세(盛世)의 제도로서 권위가 높았는데, 자신이 군림하고 있는 시대를 치세로 자임하고 싶었던 현종이 당시의 제도를 태평시대의 것으로 문식(文飾)하고자 『주례』와 같은 육전 형식으로 관직(官職)과 직장(職掌)을 한데 묶어 편찬케 한 것이 『당육전』이다. 군주의 허세의 산물인 『당육전』은 율·령·격·식을 모두 망라하고 있지 않을 뿐만 아니라, 등재된 법조문도 요지를 적은 데 불과하므로, 당장 현실에서 사용할 수 없었다. 이 때문에 완성된 후에도 반행(頒行)하지 않고 집현원의 서고에 보관해 두었을 뿐이었다.

---

21) 김택민 주편, 『譯註 唐六典』, 신서원, 2003, 39쪽 참조.
22) 정긍식, 「조선전기 중국법서 수용과 활용」 『법학』 제50권 제4호, 서울대학교 법학과, 2009년 12월, 38쪽 참조.

그러나 당 후기부터는 점차 관인들의 중요한 참고서가 되었는데, 그 이유는 영·격·식이 방대하고 산만한 데 반하여, 『당육전』은 관직에 따라 영·격·식을 배열하여 이용하기에 편리했기 때문이다. 더구나 점차 영·격·식이 산일되어 찾아볼 수 없게 되자 『당육전』은 당대의 제도 문물을 엿볼 수 있는 대표적인 전장서로 이용되기에 이르렀으며, 지금으로서는 당대의 정치·행정 체계를 총체적으로 실상을 파악할 수 있는 유일한 자료로, 삼성육부(三省六部)의 중앙관제는 후세에 커다란 영향을 주었다. 특히 율(律)과 예(禮) 이외는 기본 법전(法典)인 영(令)·격(格)·식(式)이 거의 남아 있지 않은 오늘날에 와서는 중국 법사(法史) 연구상에 근본 자료가 된다.

3. 명(明)의 국가례 편찬과 한반도 수용

1) 『대명률』의 편찬과 국가례

『대명률(大明律)』은 당(唐)·송(宋)의 법률(法律)을 계승하여 홍무(洪武) 년간(年間)에 편찬된 법률서다. 전후 4차의 편찬 과정을 거쳐 완성되었다. 최초로 편찬에 착수한 것은 명나라 태조 주원장(朱元璋)이 아직 오왕(吳王)으로 호칭되던 1367년이다. 좌승상(左丞相) 이선장(李善長)을 총재관(總裁官)으로 임명, 당률(唐律)을 손질하여 이율(吏律) 18조, 호율 63조, 예율 14조, 병률 32조, 형률 150조, 공률(工律) 8조로 도합 285조로 된 율(律) 및 145조의 영(令)을 완성, 『율령직해(律令直解)』라 이름하여 공포하였다. 편별(編別)은 당률을 따르지 않고 주(周)나라의 6분 주의를 택하였다.

이어 주원장이 명나라 황제로 즉위한 뒤인 1373년 형부상서 유유겸(劉惟謙)에게 명해 편찬하게 하여 이듬해 완성되었다. 당률의 편제를 따라 명례(名例)·위금(衛禁)·직제(職制)·호혼(戶婚)·구고(廐庫)·천흥(擅興)·도적·투송(鬪訟)·사위(詐偽)·잡범(雜犯)·포망(捕亡)·단옥(斷獄)으로 나누었다.

그 전의 율을 다시 손질하고 새로운 율을 보충하여 모두 606조 30권으로 되었으며, 유유겸의 <진대명률표(進大明律表)>가 실려 있다. 그러나 이『대명률』은 그 뒤 부분적으로 개정 또는 추가된 것이 있었다. 이에 다시 1389년 형부의 건의에 따라 한림원(翰林院)과 형부의 관리들이 새로 공포된 법령들을 포함, 취사 선택해 458조 30권으로 된『대명률』을 완성하였다. 편별은 명례율·이율·호율·예율·병률·형률·공률의 7분 방식을 채택, 명률 특유의 형식을 확립하였다.

구체적 항목은 다음과 같다. 명례율 47조, 이율은 직제 15조, 공식(公式) 18조, 호율은 호역(戶役) 15조, 전택(田宅) 11조, 혼인 18조, 창고 24조, 과정(課程) 19조, 전채(錢債) 3조, 시전(市廛) 5조, 예율은 제사 6조, 의제(儀制) 20조, 병률은 궁위(宮衛) 18조, 군정 20조, 관진(關津) 7조, 구목(廐牧) 11조, 우역(郵驛) 18조, 형률은 적도(賊盜) 28조, 인명(人命) 20조, 투구(鬪毆) 22조, 매리(罵詈) 8조, 소송 12조, 수장(受贓) 11조, 사위 12조, 범간(犯奸) 10조, 잡범 11조, 포망 8조, 단옥(斷獄) 28조, 공률은 영조(營造) 9조, 하방(河防) 4조 등이다.

법전의 첫머리에 오형지도(五刑之圖)와 예를 중요시하는 뜻에서 상복지도(喪服之圖)를 실은 것이 특색이라 할 수 있다. 이로써,『대명률』은 확정되었다.

그러나 그 뒤 73개조가 개정되고 1395년에도 개정하자는 의견이 있어 1397년 원전과 수정, 첨가된 율을 포함, 모두 460조 30권이 최종적으로 확정, 공포되었다. 이 때 새로 추가된 조목은 병률 궁위의 현대관방패면(懸帶關防牌面)과 형률 단옥의 이전대사초초(吏典代寫招

草)이며 <어제대명률서(御製大明律序)>가 실려 있다.

『대명률』은 1364년 제정된 이후 네 차례의 수정을 거쳐 편찬되었다. 명(明)의 태조(太祖)가 아직 오왕(吳王)이라 칭하던 오왕(吳王) 원년(1364) 12월에 공포한 것이 최초의 『대명률』이다. 영(令)과 율(律)을 아울러 편찬하였고 이(吏), 호(戶), 예(禮), 병(兵), 형(刑), 공(工)의 육분방식(六分方式)을 취하였다. 재차 반포는 오왕(吳王)이 명(明) 황제로 즉위하여 연호를 홍무(洪武)라 칭한 홍무 원년(1368) 8월에 유신(儒臣)과 형부관(刑部官)에게 명하여 함께 『당률(唐律)』을 참고하여 율령(律令)을 재검토 하게 하였다. 이후 홍무 6년1373) 윤11월 형부상서(刑部尚書) 유유겸(劉惟謙)으로 하여금 『대명률』을 상정(詳定)시켜 이듬해인 홍무 7년(1374) 2월에 완성 반포하였다.

재차 반포는 홍무 9년(1376) 10월에 부분적인 개정을 거쳐 홍무 22년(1389) 8월 명례(名例)를 포함한 칠분방식(七分方式)의 460조 30책으로된 『대명률』을 반포하였다. 홍무 22년 율(律)에서 나타난 특이한 점은 종래의 명례(名例)가 단옥조(斷獄條) 다음에 있던 것을 첫머리로 옮겨 놓아 중요성을 강조하고 있는 점이다. 재차 반포는 홍무 30년(1397)에 개정 공포된 것으로 오늘날까지 전해져 내려 오고 있다.

명(明) 태조(太祖)는 이렇듯 몇 차례 『대명률』을 개정 공포하면서 몇 가지 편찬 원칙을 가지고 있었다. 명(明) 태조(太祖)는 멀게는 당(唐) 태조(太祖) 이세민(李世民)의 '국가법령 유수간략(國家法令 惟須簡略)'의 법률사상을 계승 발전시켰고, 가깝게는 원말(元末)의 "법 조문이 번잡하면 관리가 죄수의 인연에 따라 간사함이 나오니, 그 해를 다 헤아릴 수 없다.(條格煩雜, 吏得囚緣, 出入爲奸, 其害不勝)"는 병폐를 거울로 삼아 법률 제정시 '입법간명(立法簡明)'이라는 확고한 신념을 가지고 있었다.

명 태조는 법이 간명(簡明)해야 하는 세 가지 이유로, 첫째 법이 간단해야 사람들이 이해하기 쉽고 '몸소 법의 위력을 시험(以身試法)'을 하지 않으며, 둘째 법률 조항이 너무 많으면 한 가지 사건에 두 가지 법률 조문이 해당되어 간악한 관리들이 사적으로 농단하는 폐단이 발생하고, 셋째 법망이 너무 조밀하면 진(秦)나라의 예에서 보듯이 백성의 반항을 불러 일으키는 폐단이 발생한다고 보았다.

『대명률』과 『당률』을 비교해 보면 『대명률』이 『당률』보다 편목(篇目)에서 『당률』의 12편을 7편으로 줄였고, 조문수(條文數) 또한 500조에서 460조로 감소시켰다.

이러한 감소는 명 태조의 '입법간명(立法簡明)' 의지가 법률 속에 직접 영향을 미친 경우라 할 수 있다. 명 태조는 또한 법제(法制)의 선전 교육을 중시하였다. 법률을 제정하여 반포하였으나 백성이 율령의 뜻을 다 이해하지 못하여 법에 걸려드는 사례가 많았기 때문이다. 이를 안타깝게 여긴 명 태조는 반포된 법령을 관리(官吏)들이 가가호호(家家戶戶) 방문하여 백성이 잘 알 수 있도록 교육할 것을 지시하였다.

이러한 교육을 통해 백성이 예의(禮義)에 밝게 되어 염치를 알게 되면 스스로 자각해서 법을 지킬 것이고, 선(善)한 쪽으로 향하여 악(惡)을 멀리할 것이니 자연히 범죄가 감소할 것으로 생각했다. 그리하여 매년 정월과 10월에 향리(鄕里)에서 열리는 절일시률령(節日時律令)을 강독하도록 하였고, 또 『대고(大誥)』를 지어 학교의 필수 과목으로 삼았다.

명 태조가 강조한 법률교육의 예(例) 중 대표적인 몇 가지를 예로 들면 다음과 같다. 첫째 대리경(大理卿) 주정(周楨)에게 백성이 쉽게 읽고 이해할 수 있도록 『대명률』을 직해(直解)할 것을 지시했고, 둘째 각 고을에 신명정(申明亭)을 세워놓고 범죄를 행한 자의 과실을 기록하여 다른 사람에게 경계를 삼도록 했으며, 셋째 『대명률고(大

明律誥)』를 제정한 목적을 기록하기도 하였다.

이상의 사례(事例)를 통해 볼 때 명 태조는 먼저 예(禮)의 도덕으로 백성을 가르친 후 법령을 지키지 않을 경우 처벌하였음을 알 수 있다. 또한 교화를 중시하는 예(禮)사상을 처벌위주의 법(法)보다 중시하고 있음을 드러내고 있다. 이러한 경향은 모두 『주례』의 이념을 수용한 결과라 할 수 있다.

2) 『대명률』의 한반도 수용

법을 간명하게 제정하여 사람들의 이해를 돕고, 원문을 알기 쉽게 직해(直解)하여 관리들을 통해 백성을 가르치도록 한 명(明) 태조(太祖)의 법률관(法律觀)은 이후 『대명률』과 함께 조선에 전래되어 태조(太祖) 이성계(李成桂)의 법 관념에 영향을 미쳤으리라 생각된다. 새로운 왕조를 건설했다는 공통성과 혼란을 수습하고 새왕조를 안정시키기 위해 새로운 법령이 필요했던 상황하에서의 『대명률』 전래는 태조 이성계가 즉위 교서에서 『대명률』 준행(準行)을 밝히는 계기가 되었고, 이후 직해(直解)를 편찬하여 백성을 교화하는 결정적 동기를 부여한 것으로 보인다.

여러 차례 개정을 거친 『대명률』은 고려말 한반도에 전래됐으리라 생각된다. 고려 우왕(禑王) 14년(1388) 9월 전법사(典法司)가 상소하기를 "지금 『대명률(大明律)』은 『의형이람』을 참고하여 고금을 헤아려 더욱 자못 상세하게 한 것이니, 하물며 시왕지제(時王之制)에 더욱 마땅히 본받아 시행해야 합니다. 그러나 우리나라의 율에 합치되지 않는 것이 있으니, 삼가 전하께서는 중국과 우리나라의 문자와 말에 통하는 자에게 명하시어 헤아리고 경정(更定)해야 할 것입니다. 그리고 경외(京外)의 관리를 훈도(訓導)하시어 태 하나 장 한 대라도 율에 의거하여 시행하실 것이며, 만약 율에 따르지 않고 형벌의 경중을 망령되게 하는 자는 그 죄를 죄주셔야 할 것입니다."23)라는 기록이 보이고, 『고려사(高麗史)』「형법지(刑法志)」에 "원조(元朝)의 『의형이람(議刑易覽)』과 『대명률(大明律)』을 혼용하여 시행하자고 건의하는 자도 있다."24)는 내용이 수록되어 있기 때문이다. 위 사료를 통해 볼 때 『대명률』은 고려 말에 전래 되었고, 시행의 필요성 또한 느끼고 있었음을 알 수 있다.

고려 말의 법적용 실태는 일관성이 없이 관리에 따라 서로 다른 형벌이 부과되는 폐단이 자주 발생하였다. 그 실태(實態)를 보면 다음과 같다.

> 그 폐단을 말하면 금지하는 법망이 해이해진데다 형(刑)을 완화하는 사면령(赦免令)을 자주 내리니 간흉(姦凶)한 무리가 자주 생겨나도 이를 금할 수 없었으며, 그 말기에 이르러서는 폐단이 극도에 이르렀다.25)

즉, 이러한 현상은 정치의 부패와 민심의 이반이라는 정권 말기 현상과 겹쳐 더욱 심화되었다. 부패한 사회를 일소하고 새로운 사회를 건설하고자 했던 신흥사대부들에게 예(禮)에 바탕을 두고 있는 『대명률』은 적극적인 수용 대상이었다. 이들은 학문적으로 주자학에 심취해 있었고 친명(親明) 노선을 견지하고 있었기 때문에 『대명률』을

---

23) 『高麗史』 권84, 「刑法一」, "今大明律, 考之議刑易覽, 斟酌古今, 尤頗詳盡, 況時王之制, 尤當倣行. 然與本朝律不合者有之, 伏惟殿下, 命通中國與本朝文俚者, 斟酌更定. 訓導京外官吏, 一笞一杖, 依律而施行之, 若不按律, 而妄意輕重者, 以其罪罪之."

24) 『高麗史』 권84, 「刑法一」 <刑法序文>, "有建議雜用元朝議刑易覽大明律以行者."

25) 『高麗史』 권84, 「刑法一」, "然其弊也, 禁網不張, 緩刑數赦, 姦凶之徒,脫漏自恣, 莫之禁制, 及其季世, 其弊極矣."

쉽게 받아들일 수 있었다.

　이들의 『대명률』에 대한 관심고조는 곧 적극적인 활용으로 발전하였다. 우왕 14년 전법사에서 '대명률이 상세하고 시왕(時王)의 제도이니 본받아 시행하자'는 상소를 올렸는가 하면, 문하시중(門下侍中) 정몽주(鄭夢周)은 "『대명률(大明律)』・『지정조격(至正條格)』과 본조(本朝)의 법령을 참작(參酌)하고 산정(刪定)하여 신율(新律)을 편찬하여 바쳤다."26)고 하였다. 그러나 고려의 멸망으로 인해 신률은 시행되지 못하였지만, 정몽주의 이러한 노력은 조선이 개국된 이후 정도전(鄭道傳)의 『조선경국전(朝鮮經國典)』 편찬으로 이어졌다.

　이렇듯 고려 말에 한반도에 전래된 『대명률』이 본격적으로 시행되기 시작한 것은 조선이 개국한 이후라 할 수 있다. 조선의 창업주인 태조 이성계는 즉위 교서에서 '지금부터 서울과 지방의 형을 판결하는 관원은 모든 공사의 범죄를 대명률에 의하여 처리하여 전조의 폐단을 답습하지말라'라고 하였고, 정도전도 『조선경국전』에서 "지금 우리 전하는 덕(德)이 인(仁)에서 돈독(敦篤)하고 예(禮)가 순서를 얻었으니 정치하는 근본을 채득했다고 할 수 있을 것이다. 그 의형(議刑)이나 단옥(斷獄)으로써 정치를 보좌하는 것은 한결같이 대명률에 의거하였다."27)라고 하여 형률(刑律)의 시행시 『대명률』을 기준으로 하도록 하였다.

　조선초기 『대명률』을 형률로서 적용하려는 의지는 『대명률』을 직해(直解)하는 사업으로 이어진다. 정도전은 『조선경국전』에서 『대명률』 직해의 필요성을 다음과 같이 역설하고 있다.

---

26) 『高麗史』 권117, 「列傳」 卷34, <諸臣 - 鄭夢周>, "取大明律・至正條格, 本朝法令, 參酌刪定, 撰新律以進."
27) 『朝鮮經國典』 「憲典」, <後序>, "今我殿下, 德敦乎仁, 禮得其序, 可謂得爲治之本矣. 其議刑斷獄, 以輔其治者, 一以大明律爲據."

어리석은 백성이 법을 잘 모르고 금법을 어기는 일이 있을까 염려해서 주무 관청에 명하여 『대명률』을 방언으로 번역하게 해서 대중으로 하여금 쉽게 깨우치게 하였고, 무릇 처단과 판결에 있어서는 모두 법률에 의거 하도록 하였다.28)

조선왕조의 문물제도를 창안(創案)한 정도전이 형률(刑律)에 있어서만큼은 유독 『대명률』을 그대로 쓰자고 한 것으로 볼 때 『대명률』이 일반 형법으로 정착되어 갔음을 알 수 있다. 이에 따라 이성계는 건국 초기의 혼란을 수습하고 사회를 안정시키기 위하여 『대명률』을 준용하게 된다. 그러나 『대명률』은 명나라의 사회체계와 풍속을 토대로 하여 제정되었기에 조선 사회의 실정(實情)에 맞지 않은 부분이 많았다.

이에 새로운 법전의 필요성이 제기되었다. 『경국대전(經國大典)』의 편찬으로 완성된 조선 초기의 법전편찬 과정은 크게 두 시기로 나누어 볼 수 있다.

태조(太祖)로부터 단종(端宗)에 이르는 약 60년간의 『경제육전(經濟六典)』 시기와 세조(世祖) 이후 30년간에 걸쳐 편찬된 『경국대전(經國大典)』 시기로 나누어 볼 수 있다. 특히 태조부터 단종기를 『경제육전』 편찬기로 보는 이유는 건국 초기 행해진 교지(敎旨)나 조례(條例), 수판(受判) 등을 정리 증보(增補)해 나가면서 법전(法典)을 편찬했기 때문이다.

태조 6년 조준(趙浚)에 의해 편찬된 『경제육전』은 이성계가 위하도 회군을 통해 정권을 장악한 고려 우왕 14년(1388) 이후부터 태조 6년(1397)까지 공포된 법령들을 모아 놓은 것이다. 이후 계속 공포된

---

28) 『朝鮮經國典』 「憲典」, <摠序>, "又慮愚民無知觸禁, 爰命攸司將, 大明律譯以方言, 使衆易曉, 凡所斷決, 皆用此律."

법령들이 상호 모순되고 중복되는 내용들이 많아 속전(續典)의 필요성이 제기 되었다. 이에『경제육전』이 편찬된 이후인 태조 7년(1398)부터 태종 7년(1407)까지의 법령을 모아『경제육전속집상절(經濟六典續集詳節)』을 편찬하였고, 세종(世宗) 11년(1429)에 이르러서는 태종 8년(1408) 이후의 교지를 모아『속육전(續六典)』과『육전등록(六典謄錄)』을 편찬하였다. 그 후에도 새로운 조례와 수판이 증가하였기에『속육전(續六典)』편집은 계속되어 세종 15년(1433) 황희 등이 다시『속육전』과『육전등록』을 편찬하였다.

이렇듯 태조로부터 단종까지 60여년은 태조 6년 조준 등에 의해 편찬된『경제육전』을 수정 보완했던 시기라 할 수 있다. 그러나 이러한 법령집은 여러 조례와 수판들을 모아 놓은 것에 불과했지 체계적이지 못하였기에 관리들이 법을 적용함에 있어 혼란을 불러일으킬 우려가 있었다. 개국이후『대명률』을 운용하면서 성숙된 관리들의 법의식과 여러 차례 편찬된 법령집은『경국대전』편찬의 밑거름이 되었다.

세조 1년(1455) 7월 양성지(梁誠之)에 의해 필요성이 제기된 종합법전의 편찬은 세조 6년(1460)의 호전(好戰)과 세조 7년(1461)의 형전(刑典) 반포를 필두로 세조 12년(1466)에는『병술년대전(丙戌年大典)』이 반포 되었는데, 이것이 최초의『경국대전』이다.

그러나 최초의『경국대전』이 불완전했기 때문에 개수했으나 개수법전은 공식적으로 사용되지 못했다. 이어 예종(睿宗)이 즉위하여 개수 사업을 매듭지어 2년 1월 1일부터 시행하려 하였으나 예종이 갑자기 돌아가셔서 시행하지 못하였다. 이것이 제2차『경국대전』이다. 성종은 이것을 다시 손질하여 성종 2년(1471년) 1월 1일부터 시행하였는데, 이것이 제3차『경국대전』이다. 그러나 이것도 불완전하였기 때문에 다시 수정 증보하여 성종 5년(1474년) 정월에 시행하였다. 이것이

제4차의 『경국대전』이다. 성종 12년 다시 개수론이 일어나 15년에 개수를 마치고 성종 16년(1485년) 1월 1일부터 시행에 들어갔다. 이것이 제5차 『경국대전』으로 현재 전해져 내려오고 있는 법전이다. 『경국대전』만으로 당시 관리들이 법 적용에 어려움이 있다고 하여 해설서인 『경국대전주해(經國大典註解)』를 지었다. 해설서를 지은 저간의 사정에 대해 정사룡(鄭士龍)은 「서문」에서 다음과 같이 말했다.

> 옛날이나 지금, 서적이 세상에 활용되는 것은 반드시 해설서가 있어서 이해를 도운 후에야 독자들이 그 뜻에 헛갈리지 않고 또 의심이 나거나 어려운 바가 없었다. 법률의 조문과 같은 것에 대해서는 구두와 문의의 해석에 있어 더욱 치밀하고 상세하여야 하니, 이해하는 것을 도와서 받들어 시행하는 것에 편리하고자 하는 까닭이다. 역대의 법서는 모두 그 뜻을 강구하여 분명히 하는 설명이 있으니 대명률의 『율조소의』나 『율해변의』, 『율학해이』와 같은 것은 바로 그 하나이다.
> 아! 우리나라에서는 태조와 태종 이래 법전을 편찬하여 『경제육전』, 『속육전』, 『속집상절』이라고 이름을 붙였으며 또 각각 등록이 있어서 관리로 하여금 그 부문별 분류에 따라 근본을 이해하여 시행에 현혹되지 않게 하였으니 그 뜻이 원대하였도다. 다만 분량이 방대하여서 결국 상고하여 조사하기 어려우며 또 서로 모순되고 뒤섞인 오류를 면하지 못하게 되었다. 그래서 의논하는 자들이 이를 근심하였다.
> 세조대왕에 이르러 이를 변통하려고 마음을 먹어 이에 원전과 속전 등 여러 법전을 모아서 번거로운 것은 버리고 간단함을 추구하니 취하고 버리는 것이 모두 합당하였다. 이를 『경국대전』이라고 이름하여 오늘날까지 준행하고 있다. 그러나 말과 의미는 오직 간결하고 심오한 것에만 힘을 써 사람들이 이해하기 어려운 것을 고려하지 않았다. 그 법문에 능통하지 않으면 법을 적용하는 데 어둡다는 사실은 이상할 것이 없도다.
> 1550년(명종 5) 봄, 모름지기 『경국대전』에 주석을 해서 시행에 편리하도록 해야 한다는 의견이 있어서 예조에 담당부서를 두도록 명하였다. 통례원 좌통례 안위(安瑋), 봉상시정 민전(閔荃)으로 하여금 『경국대전』가

운데 문장이 지나치게 축약되어 시행에 가장 큰 어려움이 있는 약간의 조문을 두루 가려 뽑아 각각 그 아래에 주석을 붙였다. 그리고 판서 정사룡(鄭士龍), 참판 심통원(沈通源), 참의 이몽필(李夢弼)에게 물어 바로잡아 초고를 완성하였다. 다시 의정부에 회부하여 영의정 심연원(沈連源), 좌의정 상진(尙震), 우의정 윤개(尹漑)에게 옳음과 취사를 판단하게 하여 모아서 한 권을 완성하였다. 이에 의심이 있는 곳이 풀리고 헛갈리던 것이 분명하게 되었으니 아마도 전일에 이해하기 어려운 미혹이 사라지게 될 것이다. 마침내 깨끗하게 써서 책으로 만들어 바치니 『경국대전주해(經國大典註解)』라고 이름을 내려 주시고, 이에 신 정사룡에게 서문을 짓도록 명하셨도다.

신이 가만히 생각하건대, 예로부터 천하에 국가를 가진 자는 옛 법을 각별히 지켜 그 폐단과 결함을 닦아 백성을 사물의 이치를 본받는 것에 들여보내려고 하였습니다.

우리 조정의 훌륭한 법전은 창업초기에 만들어졌고, 수성하는 시기에 주석을 하였으니 앞서 이를 만들 때는 반드시 주석이 필요가 없는 듯하였으나, 후대에 어쩔 수 없이 주석을 하였으니, 곧 『경국대전』의 법문이 비록 주해를 기다리지 않는 것이라고 할지라도 주해를 지음은 형세가 그만둠을 받아들이지 않기 때문입니다.

법이 만들어져 법전을 편찬하며, 법전이 편찬되어 풀이하는 것은 실로 시대 변화의 마땅함에 연유한 것이니 서로 참조하여 뜻을 드러내는 것이 사이에 깃들여 있으니 어찌 적다고 하겠습니까? 이로부터 그 후 관직에 있는 자는 주해에 힘입어 그 법문을 깨우치고 이해하여 그 뜻에 통달하게 되니 정사를 베풀 때나 명령을 내릴 때 마땅함에 따라 진실로 적당하게 되면 이는 주해의 뜻을 저버리지 않게 될 것입니다.

1555년(명종 10) 1월 20일 숭정대부 행 병조판서 겸 지경연사, 홍문관 대제학, 예문관 대제학, 지춘추관 성균관사 신 정사룡이 삼가 쓰옵니다.29)

---

29) 『經國大典註解』「序」, "古今載籍之行世者, 必有註疏, 發明羽翼, 然後讀者, 不迷其宗旨, 而無所疑難. 至若條章令式之書, 於句讀文義之釋, 尤致詳焉, 所以資其誦習, 而便於奉行也. 歷代法書, 皆有講明之說, 如大明律疏議・辨疑・解頤, 卽其一也. 惟我國家, 自太祖太宗以降, 作述典章, 曰

즉, 법이 만들어지면 법전을 편찬하게 되고, 법전이 편찬되어 반포되더라도 법이라고 하는 것이 시대 변화에 따라 적용이 달라질 수 있으므로 이에 대한 해석이 필요할 뿐만 아니라, 또 관직에 있는 자가 법을 제대로 이해하지 못할 수 있기 때문에 주해(註解)에 힘입어 법에 대한 올바른 이해를 바탕으로 올바른 법 집행이 가능하다고 보았다.

元典續典續集而各有謄錄, 俾官吏得以沿得以沿其門類, 而泝其源本, 不眩於施用, 其慮遠矣. 第篇帙浩穰, 卒難考閱, 且不免有牴牾混雜之患, 議者病焉. 逮至世祖大王, 思欲變而通之, 爰取元典等諸書, 刪繁就簡, 取捨悉當. 名曰經國大典, 至今遵行. 然其遺辭措意, 惟務簡奧, 不顧人所難解. 夫旣不通於其文, 則其註督於用法, 無足怪矣. 庚戌春, 有言其須加註釋, 乃便於行者, 命設局於禮曹. 使通禮院左通禮臣安瑋奉常寺正臣閔筌, 通抄大典內, 文字之過約, 推行之最礙者, 若干條各係註其下. 而質訂於判書臣士龍參判臣沈通源參議臣李夢弼, 以脫初稿. 復就政府, 是正去就, 於領議政臣沈連源左議政臣尙震右議政臣尹漑, 粹爲一卷. 於是疑者釋而眩者明, 庶幾袪前日難解之惑矣. 遂繕寫粧潢以進賜號經國大典註解. 仍命臣士龍序之. 臣竊惟, 自古有天下國家者, 恪守舊章, 而修其弊缺, 要以納民於軌物也. 我朝盛典, 作於創業之初, 而述於守成之世, 作之於前, 似無待於必述, 而不得不述之於後, 則大典之書, 雖不待於註解, 而註解之作, 其勢不容已也. 其作而述, 述而解, 實因時損益之宜, 而參互發揮之意, 寓於其間, 何可少哉. 自是厥後, 當官者, 因解而曉其文, 因文而達其意, 措之政事之際, 發諸號令之間, 莫不隨應曲當, 則斯不負註解之意也. 嘉靖三十四年正月日 崇政大夫 行兵曹判書 兼知經筵事 弘文館大提學 藝文館大提學 知春秋館成均館事 臣 鄭士龍 謹序."

제 4 장

『조선경국전』의 주례 이념 수용

삼봉(三峰) 정도전(鄭道傳, 1342~1398)은 이성계(李成桂)를 도와서 조선왕조를 개국한 최고의 공신이자 조선 500년의 기틀을 다진 인물이다. 그는 조선 건국의 이념은 물론 관료체제의 정비에 이르기까지 그가 관여하지 않은 곳이 없을 정도로 조선이라는 한 국가가 온전이 그의 손에 의해 탄생되었다고 보아도 무방하다.

정도전은 경북 영주에서 밀직제학 형부상서를 지낸 정운경(鄭云敬)의 장남으로 태어나 어려서부터 학문을 좋아하여 목은(牧隱) 이색(李穡) 문하에서 정몽주(鄭夢周)・이숭인(李崇仁)・이존오(李存吾)・김구용(金九容)・김제안(金齊顔)・박의중(朴宜中)・윤소종(尹紹宗) 등과 더불어 학문을 강마하였다고 한다.[1]

---

[1] 이색(李穡)의 문인인 정도전(鄭道傳)이 스승과 결별하게 된 동기는 고려 조정에서 1388년(우왕 14) 6월, 우왕(禑王)을 폐하고, 아들 창(昌)을 세운 데 기인한다. 이때 정도전은 "우왕을 신씨(辛氏)라 하는 사람은 충신이요, 왕씨라 하는 사람은 역적이다." 주장하고, 왕씨 중에 좋은 사람을 뽑아 세우자고 하였으나, 조민수(曺敏修)가 이인임(李仁任)의 질녀인 근비(謹妃)의 소생인 창(昌)을 세우려고 했다. 이에 이임인은 제장(諸將)들이 자신의 주장에 따르지 않을까 두려워, 당시 이색(李穡)이 가장 명망이 높은 선비이므로 그의 말을 빌기 위해 비밀리에 물어보았다. 이색은, "마땅히 전왕의 아들을 세워야 한다." 하므로 창을 세우게 되니, 여기서 정도전과 이색은 서로 틀어지게 되었다. 뿐만 아니라 1391년(공양왕 3) 4월에 이색을 난적의 도당으로 처벌해야 한다는 상소와 도당(都堂)에 상서하여 이색과 우현보를 죽이기를 청하는 상소를 올리기도 했다(『三

그는 20세에 진사시에 합격하고 이듬해인 1362년(공민왕 11)에 급제하여 충주사록(忠州司錄)·전교주부(典校注簿)·통례문지후(通禮門祗候) 등 하급 관직을 역임하다가 공민왕 15년(1366)에 부모가 모두 돌아가시자 고향 영주(榮州)에 내려가 학문과 교육에 전념하였다. 1370년(공민왕 19)에 성균관이 중영(重營)되자 성균박사에 임명되어 이색·정몽주·이숭인 등과 등과 더불어 성리학을 강론하면서 학문적 깊이를 더해갔다.

이 때 중국은 원(元)·명(明)이 교체되는 시기로서 공민왕은 안으로 유교를 부흥하여 중앙집권적 관료정치를 재정비하고, 밖으로 반원친명(反元親明) 정책을 표방하면서 몽고로부터 완전 독립을 꾀하고 있었다. 그러나 1374년에 우왕(禑王)이 즉위하고 이인임(李仁任) 일파가 집권하면서 정세는 크게 바뀌어 친원반명(親元反明) 정책을 반대하던 정도전은 전라도 나주(羅州) 부근의 회진현(會津縣)에 유배되었다가 풀려나는 등 10여 년 간 유배와 유랑생활 동안 농촌 현실을 몸소 체험하고 많은 시문(詩文)을 남겼을 뿐만 아니라 심문천답(心問天答)·학자지남도(學者指南圖)와 같은 성리학 관련 저서, 팔진삼십육변도보(八陣三十六變圖譜)·태을칠십이국도(太乙七十二局圖) 등 병서(兵書)를 저술한 것도 이 시기였다.

그가 10년간 걸친 유배·유랑생활을 청산하고 1383년(우왕 9) 함주(咸州)의 동북면도지휘사(東北面都指揮使)로 있던 이성계(李成桂)를 찾아간 것은 인생에 있어 새로운 전기였다. <용비어천가(龍飛御天歌)>에 의하면 정도전은 "(이성계의 군대가) 군기가 엄숙하고 대오가 질서정연한 것을 보고 은밀히 말하기를 '군대가 정말 아름답습니다. 안 될 일이 없겠습니다.'라고 했다."[2]고 한다. 아마 그가 혁명의

峯集』권14, 「事實」 공양왕 3년조 참조).

길에 들어선 것도 이때부터인 것으로 보인다.

정도전은 이성계가 1388년(우왕 14) 위화도(威化島)에서 회군하여 정권을 잡게 되자, 밀직부사(密直副使)로서 전제개혁을 단행하고, 이어 1391년(공양왕 3) 삼군도총제부(三軍都摠制府)의 우군총제사(右軍摠制使)에 올라 5군(五軍) 제도를 혁파하고 3군을 설치하는 군사제도의 개혁도 기본적으로 역성혁명(易姓革命)을 완성하기 위한 조치로, 드디어 1392년 7월에 정도전·조준·남은 등은 50여 명의 신하들과 함께 이성계를 신왕(新王)으로 추대하여 역성혁명을 성공시키기에 이르렀다.

신왕조를 개창함에 있어 가장 공이 큰 사람이 정도전이었던 만큼, 개국 후에도 모든 실권은 그에게 돌아갔으며, 새 왕조가 만세 동안 규범으로 삼아야 할 통치 조직을 확립하기 위하여 1394년(태조 3)에 『조선경국전(朝鮮經國典)』을 찬진하였으며, 1395년(태조 4)에 『감사요약(監司要約)』과 『경제문감(經濟文鑑)』을, 1397년(태조 6) 『경제문감별집(經濟文鑑別集)』을 각각 저술하였다.

『조선경국전』이 통치이념과 통치 조직의 종합적인 체계를 제시한 것이라면, 『경제문감』은 『조선경국전』의 보유편으로 치전(治典)의 내용을 보완한 것이라 하겠다. 특히 『경제문감』 상권은 재상제도(宰相制度)의 역사적 변천 과정과 재상의 직책과 진퇴의 자세를, 하권은 대간·위병(衛兵)·감사·수령 등 신하의 직책에 대해 논했다면, 『경제문감별집』 군주의 직책과 변천 과정을 논하고 있다.

따라서 이들 저술은 조선 왕조 통치조직의 초석이 되었을 뿐만 아니라 뒤에 『경제육전』 및 『경국대전(經國大典)』의 편찬에 지대한 영향을 끼쳤다고 하겠다.

---

2) 이윤석 옮김, 『용비어천가』(1), 솔출판사, 1997, 122쪽.

1. 『조선경국전』의 저술 배경

『조선경국전』은 조선이 새로 출발한 지 2년 뒤에 정도전이 국가의 기본 틀을 규정한 지침서라고 할 수 있는데, 저술 동기는 <조선경국전을 지어 올리는 전>에 잘 나타나 있다.

> 도승지 신 상경(尙敬)이 신을 위하여 구계(具啓)한 것을 받았사온데, 그것은 신에게 『조선경국전』을 지어 올리라는 것이어서, 교서를 받들고 지어 올리는 것입니다.[3]

즉, 정도전은 도승지인 한상경이 왕명을 받들어 『조선경국전』을 지어 올리라고 했기 때문에 지었다는 것이다. 아울러 내용도 "(태조가) 이에 부명(符命)을 잡고 도참(圖讖)을 받아 비로소 홍휴(鴻休 : 개국)의 운수를 열었으니, 강기(綱紀)를 세우고 베풀어 자손에 대한 계책을 해야 하므로, 주(周) 육관(六官)의 이름을 모방하여 조선 일대의 법전을 세우는 것입니다."[4]라고 하여, 강기를 세우고 베풀어 자손에 대한 계책을 세우기 위해 『주례』를 모방하여 6전 체제로 했다는 것이다.

육전체제는 『주례』에서 비롯된 것으로, 천·지·춘·하·추·동의 육전체재로 된 『주례』가 이상적인 국가례(國家禮)로 여겨 전근대 중국의 통치와 법전의 근간을 이루는 분류체계로, 역대의 행정과 정치제도에 지대한 영향을 미쳤다. 즉, 정부조직에 있어서 북주(北周)

---

3) 『三峯集』 권3, 「箋」, <撰進朝鮮經國典箋(甲戌)>, "伏承都承旨臣尙敬爲臣具啓, 令臣投進所撰朝鮮經國典奉教投進者."
4) 『三峯集』 권3, 「箋」, <撰進朝鮮經國典箋(甲戌)>, "秉籙膺圖, 肇啓鴻休之運, 立經陳紀, 以詒燕翼之謀, 倣成周六官之名, 建朝鮮一代之典."

의 육관(六官)을 비롯하여 수(隋)·당(唐)에서 청말(淸末)에 이르는 육부(六部) 제도가 바로 『주례』의 체제를 따르고 있다.

육전체제가 "국가의 행정조직으로 체계적인 국가례(國家禮)는 당(唐) 현종(玄宗) 20년(732)에 편찬된 『대당개원례(大唐開元禮)』다. 이 책은 서견(徐堅)·이예(李銳)·시경본(施敬本) 등이 현종의 명으로 15년간에 걸쳐 150권 분량으로 내용이나 형식이 고례(古禮)보다 풍부하고 체계적이며, 완성도도 높아 후대 국가례의 모범으로 여겨졌다. 이 법전은 황제·국가 중심의 국가례에 지방관의 제의(祭儀)와 사가(私家)의 관·혼·상·제까지 포괄한 예서(禮書)로, 『개원례』의 면모는 두우(杜佑)의 『통전(通典)』에서도 확인된다. 이처럼 『주례』는 행정 체제뿐 아니라 율령(律令)에 있어서 한(漢)으로부터 청(淸)에 이르기까지 『당육전(唐六典)』과 명·청의 『회전(會典)』 등 모두 『주례』를 모방하여 이루어진 책이다. 더욱이 역사상 '변법(變法)'이라 불리는 수차례 중대한 정치개혁시기에 모두 『주례』를 근거로 개혁을 실행했다."[5]

특히 정도전의 『조선경국전』도 『주례』의 영향을 받았으나, 이를 그대로 모방한 것은 아니고 당시 조선 현실에 맞게 조정하였다. 그래서 치전(治典)·예전(禮典)·정전(政典)은 그대로 따왔으나 교전(敎典)은 부전(賦典), 형전(刑典)은 헌전(憲典), 사전(事典)은 공전(工典)으로 바꾸었다.[6]

현전하는 『조선경국전』은 조문은 전하지 않고 육전(六典)마다 총서(摠序)와 항목별 개요라고 할 수 있는 소서(小序), 헌전의 후서, 정

---

5) 김인규, 「『주례』의 체제와 유교이념」 『퇴계학논총』 제28집, 사단법인 퇴계학부산연구원, 2016.12, 168쪽.
6) 김인규, 「예 이념의 전개와 국가례 - 『주례』와 『조선경국전』을 중심으로」 『온지논총』 제38집, 온지학회, 2014, 23쪽.

총(鄭摠)의 서문(序文)이 남아 있다. 이를 두고 조항덕은 "새로 출범하는 국가인 조선왕조의 헌법(憲法)이라 할 수 있는 책으로 내용 역시 매우 방대하였으리라 짐작된다."[7]고 하였지만, 이미 정도전 자신이 "성덕(盛德)과 풍공(豊功)은 진실로 다 기술하기 어려워서 대강(大綱)·소기(小紀)만 모두 펴놓았습니다."[8]라고 한 바와 같이 이 책은 조선의 법전 편찬에 있어서 기본 강령과 요목을 제시한 하나의 지침서라 하겠다. 이는 김성준도 현전(現傳)하는 『조선경국전』이 "조선 초기 법전의 대강(大綱), 즉 총론(總論)을 제시하고 구체적인 법안은 『경제육전』에 실현하였다."[9]고 보는 것이 타당하다고 일찍이 말한 바 있다.

특히 정총의 서문에 의하면, 이 책은 고려 말 개혁파 사류(士類)의 집권 이후 발표한 수교를 모으고, 여기에 정도전 자신이 수정하거나, 새로운 내용을 추가하여 편찬한 것으로 보인다. 정총은 "천하 국가의 치란과 흥망은 뚜렷하게 상고할 수 있다. 치흥(治興)하게 된 것은 육전에 밝았기 때문이고, 난망(亂亡)하게 된 것은 육전에 어두웠기 때문이다."[10]이라고 하면서, 고려의 패망을 "고려 말기는 정치 교화가 무너지고 기강이 퇴폐하여 이른바 육전이란 것은 이름만 있고 실속은 없었다."[11]라고 하여, 육전의 명목만 있고 실속이 없기

---

7) 조항덕, 「三峰 鄭道傳의 「朝鮮經國典」 研究」 『漢文古典研究』 第11輯, 한문고전연구회, 2005, 272쪽.
8) 『三峯集』 권3, 「箋」, <撰進朝鮮經國典箋(甲戌)>, "盛德豐功, 固難備述, 大綱小紀, 悉皆鋪張."
9) 김성준, 『한국중세정치법제사연구』, 일조각, 1985. 373-374쪽.
10) 『三峯集』 권8, 「朝鮮經國典」, <序文(鄭摠)>, "天下國家之治亂興亡, 昭然可考. 其所以治且興者, 以明夫六典也. 其所以亂且亡者, 以昧於六典也."
11) 『三峯集』 권8, 「朝鮮經國典」, <序文(鄭摠)>, "高麗氏之季, 政教陵夷, 紀綱頹敗, 所謂六典者, 名存實亡."

때문이라고 하였다. 즉, 천하 국가의 치란과 흥망은 육전에 밝으냐 않느냐에 달려 있다는 것이다.

우리 전하는 천리와 인심에 순응하여 잔학함을 제거하고 구폐(舊弊)를 혁파해서 교화를 일신하였다. 때에 맞춰 실적을 심사하여 우매한 사람은 내쫓고 현명한 사람은 승진시키니, 치전이 밝아졌다. 요역(徭役)과 부세를 가볍게 해서 생민을 휴양시키니, 교전(敎典)이 밝아졌다. 거복(車服)에 문채를 두게 되고 상하에 구별을 두게 되었으니, 예전이 밝아졌다. 융병(戎兵)을 능히 힐문하여 적에게 모욕을 당하지 않게 하였으니, 정전이 밝아졌다. 범죄를 다스림이 실정을 얻어서 백성에게 억울한 일이 없어졌으니, 형전이 밝아지지 않았다 할 수 없다. 백공을 다스려 여러 공적이 빛나게 되었으니, 사전(事典)이 밝아지지 않았다 할 수 없다.12)

즉, 정총은 조선이 개국하고 육전이 밝아져 태평성세가 되었으므로 이에 정도전이 『조선경국전』을 지어 바쳤다고 하였다. 정총은 이어 "한 세대가 일어나면 반드시 한 세대의 법제가 있는 법이다. 만약 명군(明君)과 양신(良臣)이 마치 물고기와 물의 관계처럼 서로 만나지 않았다면, 어떻게 이러한 일을 이룰 수 있겠는가?"라고 하고, 이어

지금 우리 전하는 적심(赤心)을 미루어 재상에게 위임시키자, 삼사공(三司公)은 천인(天人)의 학문과 경국제세(經國濟世)의 재주를 가지고 왕업을 도와 성취시키고 웅건(雄健)한 문장을 가지고 능히 큰 법(法)을 이루었으니, 이것은 비단 전하가 을람(乙覽)하는 데 도움이 될 뿐 아니라 자손 만세의 귀감이 될 것이다. 아! 지극한 일이로다.13)

---

12) 『三峯集』 권8, 「朝鮮經國典」, <序文(鄭摠)>, "惟我殿下應天順人, 除殘去暴, 乃革舊弊, 一新敎化. 以時考績, 黜陟幽明而治典明矣. 輕徭薄賦, 休養生民而敎典明矣. 車服有章, 上下有別, 則禮典可謂明矣. 克詰戎兵, 折衝禦侮, 則政典可謂明矣. 議獄得情, 民無冤抑, 刑典不可謂不明也. 允釐百工, 以熙庶績, 事典不可謂不明也."

라고 하여, 명군(明君)과 양신(良臣)이 있었기 때문에 『조선경국전』 이 탄생했다고 하였다. 특히 『조선경국전』의 편찬 성격과 관련한 내용은 <교고문(敎告文)>에 자세히 전해지고 있다.

> 옛날부터 국가가 처음 일어나면 반드시 일대(一代)의 전장(典章)이 있어서, 지금까지 방책(方策) 사이에서 백왕(百王)의 문물(文物)을 상고할 수 있다. 그러나 전장을 제작하는 데 모름지기 영웅(英雄)의 힘을 빌어야 한다. 경은 하늘과 사람 사이에 깊은 연구가 있고, 고금을 투철히 아는 학식이 있어서 지혜는 넉넉히 도(道)를 알게 되었고, 변론은 넉넉히 말을 실천에 옮기게 하였다. 개국한 원훈(元勳)은 옛날 사람보다 훨씬 뛰어났고, 나라를 다스리는 중망(重望)은 백성에게 혜택이 미쳤다. '요순(堯舜)의 도가 아니면 말하지 않는다.'는 말은 옛날에 들었거니와, 사직(社稷)을 위해 기뻐하는 것은, 지금 그 사람을 보았구나. 지어 올린 『경국전』은 주공(周公)과 공자(孔子)의 뜻에 따라 문장으로 만들었으니, 이훈(伊訓)과 열명(說命)으로 더불어 서로 안팎이 된다. 대문(大文)은 육전(六典)으로 되어 서(序)가 있고, 소주(小註)는 여러 가지 일이 모두 완비되었으니, 벼리를 들면 그 물코가 펼쳐지듯 펴놓으면 나라를 다스리는 요강(要綱)이 된다. 말이 엄숙하고 뜻이 정당하여 은연히 임금을 사랑하는 정성이 생긴다. 이것으로 정치를 예찬(禮讚)하고, 이것으로 교화(敎化)를 칭송하니, 대경·대법(大經大法)이 경의 훌륭한 계획에서 나오지 않은 것이 없고, 좋은 꾀와 좋은 계책은 반드시 우리 임금의 덕이라 하였다. 이것은 다만 과인(寡人)의 큰 복을 칭송할 뿐이고, 장차 후손들에게 잘 보호하는 방법을 물려주려는 것이다. 그러니 어찌 상시로 보기 위해 좌우에 두지 않을 수 있겠는가? 정사(政事)에 사용하면 거의 이 말을 저버리지 않게 될 것이니, 금등(金縢)에 보관하고 서로 전해 영세(永世)토록 내려가기를 원한다.[14]

---

13) 『三峯集』 권8, 「朝鮮經國典」, <序文(鄭摠)>, "今我殿下, 推赤心, 委任宰相, 而三司公以天人之學, 經濟之才, 贊襄丕基, 馳騁雄文, 克成大典, 非唯補於殿下乙夜之覽, 且爲子孫萬世之龜鑑也."

14) 『三峯集』 권14, 「附錄」 <敎告文>, "自古國家之始, 必有一代之典章, 至今方第之間, 可稽百王之文物. 顧惟制作, 須賴英雄, 卿學際天人, 識通今古,

즉, 국가가 처음 세우면 일대(一代)의 전장(典章)이 있고, 전장을 제작하는데 영웅의 힘을 빌려야 하는 데, 영웅이 바로 정도전이라는 것이다. 그리고 정도전이 지은『조선경국전』의 내용이 훌륭할 뿐만 아니라 이를 후손에게 물려주어 만대의 귀감으로 삼기 위해 금등(金縢)15)에 보관해서 영세토록 이어지기를 바란다고 하였다.16) 이는 앞에서 언급한 정총의 서문과 일맥상통하다 하겠다.

정도전은 "하늘을 대신해서 천민(天民)을 다스리고 천하의 인민과 토지를 소유하는 등 군주의 절대적 권위는 인정하지만, 실질적인 통치의 책임은 재상에게 일임하도록"17)하는 재상정치론을 피력하였다. 그는 치전(治典) 총서(總序)에서 "총재에 훌륭한 사람을 얻으면 6전(典)이 잘 거행되고 모든 직책이 잘 수행된다. 그러므로 '인주(人主)의 직책은 한 사람의 재상을 논정(論定)하는 데 있다.' 하였으니, 바

智足以達其道, 辯足以行其言. 開國原勳, 邁超前代, 經邦重望, 澤潤生民. 非堯舜不陳, 昔聞其語, 以社稷爲悅, 今見其人. 所進經國典, 騁周情孔思 而作爲文章, 與伊訓說命而相爲表裏. 大則六典有序, 小則庶事悉完, 綱擧目張, 展也爲邦之要. 辭嚴義正, 藹然愛君之誠. 于以黼黻王猷, 于以笙鏞治化, 大經大法, 罔非惟爾之能, 嘉謀嘉猷, 必曰我后之德. 匪直遺寡人鴻休之譽, 亦將詒後孫燕翼之謀, 曷不玩於尋常, 置于左右, 施諸政事, 庶不負於斯言, 藏之金縢, 願相傳於永世."

15) 주(周) 무왕(武王)이 은나라를 멸하고 1년만에 병이 걸려 자리에서 일어나지 못하자 주공단은 주무왕 대신에 자기의 목숨을 가져가 달라고 선조들에게 기도를 드렸다. 그리고 태사에게 명하여 점을 치게 하고 축문을 써서 읽게 하였다. 점의 괘가 길하게 나오자 그 점괘를 금궤 안에 보관하고 금으로 밀봉하였다. 금등이란 금을 녹여 그 물로 봉함한 궤를 말했으나 후에 그 안에 든 축문의 내용을 말하게 되었다. 그 축문이『상서(尙書)』「주서(周書)」에 수록되어 있다.
16) 정긍식,「≪조선경국전≫과 조선초기 법제정비」『서울대학교 법학』제56권 제2호, 서울대학교 법학연구소, 2015, 92쪽 참조.
17) 정긍식,「≪조선경국전≫과 조선초기 법제정비」『서울대학교 법학』제56권 제2호, 서울대학교 법학연구소, 2015, 89쪽.

로 총재를 두고 한 말이다."18)라 하고, 이어 총재의 역할에 대해 다음과 같이 말했다.

> 총재라는 것은 위로 군부를 받들고 밑으로 백관을 통솔하며 만민을 다스리는 것이니, 직책이 매우 큰 것이다. 또 인주의 자질은 어리석은 자질도 있고 현명한 자질도 있으며 강력한 자질도 있고 유약한 자질도 있어서 한결같이 않으니, 총재는 인주의 아름다운 점은 순종하고 나쁜 점을 바로잡으며, 옳은 일은 받들고 옳지 않은 것은 막아서, 인주로 하여금 대중(大中)의 지경에 들게 해야 한다. 그러므로 상(相)이라 하니, 보상(輔相) 한다는 뜻이다.19)

정도전에 의하면 총재는 위로 군부를 받들고 아래로 백관을 다스리고 만민을 통솔하는 매우 중대한 직책이라는 것이다. 그가 재상정치론을 편 이유는 인주(人主)의 자질에 혼명강약(昏明强弱)이 같지 않기 때문에 명군인 경우 문제가 없지만 혼군이 나올 때를 대비해 현명한 재상이 정치를 전적으로 담당해야 한다는 것이다.

2. 『조선경국전』의 체제와 국가례

『조선경국전』은 1394년(태조 3) 3월에 판삼사사(判三司事) 정도전(鄭道傳)이 태조에게 올린 법전의 지침서로 군사(郡事)와 신사(臣事)와 관련된 상하 2권으로 된 필사본이다.

이 책은 주나라 제도인 『주례(周禮)』의 6전(典) 체제를 모범으로

---

18) 『三峯集』 권7, 「朝鮮經國典」, <治典總序>, "冢宰得其人, 六典擧而百職修. 故曰人主之職, 在論一相, 冢宰之謂也."

19) 『三峯集』 권7, 「朝鮮經國典」, <治典總序>, "上以承君父, 下以統百官治萬民, 厥職大矣. 且人主之材, 有昏明强弱之不同, 順其美而匡其惡, 獻其可而替其否, 以納於大中之域. 故曰相也, 輔相之義也."

삼았지만 조선의 현실에 맞게 다소 조정하였는데, 신사(臣事)와 관련된 육전(六典) 앞에 치국(治國)의 대요(大要)로서 군사(君事)와 관련된 정보위(正寶位)・국호(國號)・정국본(定國本)・세계(世系)・교서(敎書)를 서론으로 실었다.

먼저 '정보위'에서 정도전은 먼저 "성인의 큰 보배는 위(位)요, 천지의 큰 덕은 생(生)이니, 무엇으로 위를 지킬 것인가? 바로 인(仁)이다."20)라는 『주역』의 문장을 인용하여 천지자연의 이치에 따라 인(仁)으로 왕위를 지켜 나갈 것을 주장하였다. 그는 이어,

> 천지는 만물을 생성시키는 것으로 마음을 삼으니, 이른바 만물을 생성시키는 마음이 바로 천지의 큰 덕인 것이다. 인군의 위(位)는 높기로 말하면 높고, 귀하기로 말하면 귀하다. 그러나 천하는 지극히 넓고 만민은 지극히 많다. 한번 그들의 마음을 얻지 못하면, 아마 크게 염려할 일이 생기게 되리라.21)

라고 하여, 백성의 마음을 크게 염려할 일이 있을 것이라고 하여 혁명의 가능성을 언급하고, "백성의 마음을 얻는다는 것은 사사로운 뜻을 품고 구차스럽게 얻는 것이 아니요, 도를 어기어 명예를 구하는 방법으로 얻는 것도 아니다. 얻는 방법 역시 인(仁)일 뿐이다."22)라고 하여, 오직 인(仁)으로 백성의 마음을 얻을 수 있다고 하였다.

---

20) 『周易』「繫辭下」제1장에는 "天地之大德 曰生, 聖人之大寶曰 位, 何以守位, 曰仁."으로 되어 있는데 정도전은 天地와 聖人의 문장을 바꾸어 인용하였다.
21) 『三峯集』권7,「朝鮮經國典」<正寶位>, "天地以生物爲心, 所謂生物之心, 卽天地之大德也. 人君之位, 尊則尊矣, 貴則貴矣. 然天下至廣也, 萬民至衆也. 一有不得其心, 則蓋有大可慮者存焉."
22) 『三峯集』권7,「朝鮮經國典」<正寶位>, "然所謂得其心者, 非以私意苟且而爲之也, 非以違道干譽而致之也. 亦曰仁而已矣."

그러므로 "인군은 천지가 만물을 생육시키는 마음을 자기 마음으로 삼아 불인인지정(不忍人之政)을 행하여, 천하 사방 사람으로 하여금 모두 기뻐해서 인군을 마치 자기 부모처럼 우러러볼 수 있게 한다면, 오래도록 안부(安富)·존영(尊榮)의 즐거움을 누릴 수 있게 될 것이요, 위망(危亡)·복추(覆墜)의 환(患)을 끝내 갖지 않게 될 것이다. 인(仁)으로 위(位)를 지킴이 어찌 마땅한 일이 아니겠는가?"[23)]라고 하여, 천지가 만물을 생육하는 마음을 자기 마음으로 삼아 불인인지정(不忍人之政)을 행해야 한다고 주장하였다. 즉, 정도전의 『조선경국전』은 유교에서 제시하는 인정론(仁政論)을 근간으로 천리(天理)의 인정(仁政)을 실현할 수 있는 매개, 수단으로서 이해되고 있다고 하겠다.[24)]

이어 '국호(國號)'는 역대 국호를 열거하고 이들이 한 지역을 몰래 차지하여 중국의 명령을 받지 않고 스스로 명호를 세우고 서로 침탈하였으니 비록 호칭한 것이 있다 치더라도 취할게 없다 하고, 조선(朝鮮)이라 일컬은 것도 단군(檀君)·기자(箕子)·위만(衛滿)이 있었지만, 기자만이 주(周)나라 무왕(武王)의 명령을 받아 조선후(朝鮮侯)에 봉해졌을 뿐 아니라 기자는 무왕에게 홍범(洪範)을 설명하고 홍범의 뜻을 부연하여 8조(條)의 교(敎)를 지어 국중에 실시하니, 정치와 교화가 성대하게 행해지고 풍속이 지극히 아름다워 조선이란 이름이 천하 후세에 이처럼 알려지게 되었기 때문에 조선이라는 아름다운 국호를 정하게 된 것이 기자 조선의 계승이라는 점을 밝히고 있다.

---

23) 『三峯集』권7, 「朝鮮經國典」〈正寶位〉, "人君以天地生物之心爲心, 行不忍人之政, 使天下四境之人, 皆悅而仰之若父母, 則長享安富尊榮之樂, 而無危亡覆墜之患矣. 守位以仁, 不亦宜乎."
24) 오영교, 『조선 건국과 경국대전체제의 형성』, 혜안, 2004, 54-55쪽.

그리고 '정국본(定國本)'에서 "세자(世子)는 천하 국가의 근본이다. 옛날의 선왕(先王)이 세자를 세우되 반드시 장자로 한 것은 왕위 다툼을 막기 위한 것이고, 반드시 어진 사람으로 한 것은 덕을 존중하기 위한 것이니, 천하 국가를 공적으로 생각하는 마음이 아님이 없었다."25)고 하여, 왕위 세습은 장자(長者)나 현자(賢者)로 해야 한다는 것을 밝히고, 무엇보다 세자에 대한 교육의 중요성을 역설하였다.

> 세자의 교양이 부족하면 덕업(德業)이 진취되지 않아, 부탁한 중임을 감당하지 못할까 염려하였다. 그래서 노성한 학자와 덕행이 높은 현인을 택하여 세자의 사부(師傅)로 삼고, 단정한 사람과 정직한 선비를 세자의 요속(僚屬)으로 삼아, 조석으로 강권(講勸)하는 것이 바른말·바른 일이 아닌 게 없도록 하였으니, 그를 훈도(薰陶)·함양(涵養)함이 이렇듯 지극하였다. 선왕은 세자에 대해 다만 위(位)를 정해줄 뿐 아니라, 그의 가르침도 이와 같았던 것이다.26)

즉, 세자에게 필요한 공부는 덕성을 함양하는 성리학으로, 사장(詞章)의 학문을 배우게 되면 도리어 본심을 미혹하게 하는 도구가 될 수 있다는 비판적인 입장을 견지하였다.

아울러 '세계(世系)'에서 "하늘이 자손을 내려 주어 이미 번성을 이루게 되었고, 그 중 현명하고 덕이 있는 이를 골라 동궁의 자리에 올바르게 앉히고, 나머지는 모두 작위와 영지를 나누어 주어 왕실의

---

25) 『三峯集』 권7, 「朝鮮經國典」 <定國本>, "儲副, 天下國家之本也. 古之先王, 立必以長者, 所以絶其爭也, 必以賢者, 所以尙其德也. 無非公天下國家之心也."

26) 『三峯集』 권7, 「朝鮮經國典」 <定國本>, "尙慮敎養未至, 則德業未進, 無以克荷負托之重. 於是, 擇耆儒宿德爲之師傅, 端人正士爲之僚屬, 朝夕講勸, 無非正言正事, 則其薰陶涵養者至矣. 先王之於儲副, 不徒定其位, 從而敎之者如此"

울타리를 삼았으니, 이 또한 국가의 장구한 계책인 것이다."[27]라고 하여, 왕실 자손의 번성이 국가의 장구한 계책이라고 하였다.

마지막으로 '교서(敎書)'에서 "천자의 말은 제조(制詔)라 칭하고, 혹은 고칙(誥勅)이라고 칭하였으며, 제후의 말은 교서(敎書)라 칭하였다. 양자 사이에 비록 존비의 다름이 있으나, 입언(立言)하는 뜻은 한 가지다."[28]라고 하여, '교서'라고 한 것은 우리가 제후국의 지위에 있기 때문이라고 하였다. 이어 "『서경(書經)』에, '위대하도다, 왕의 말씀이여!'라고 하였고, '한결같도다, 왕의 마음이여!'라고 하였다. 마음이 한결같기 때문에 밖으로 표현되는 말이 자연 위대하기 마련이다. 밖으로 표현된 말의 위대함을 보면 마음이 한결같은 것을 알 수 있다."[29]고 하여, 인군(人君)의 한결같은 마음가짐이 있어야 함은 물론 이런 마음이 밖으로 드러난 것이 훌륭한 교서라는 것이다. 물론 「제고」와 「교서」를 통해 시대의 운위(云爲)한 바를 살필 수 있기 때문에 왕이 직접 짓는 것이 어려우면 문신(文臣)의 힘을 빌려 수준 높은 교서가 될 수 있도록 해야 한다고 하였다.

군사(君事)에 이어 신사(臣事)에 해당하는 본론은 치전(治典)・부전(賦典)・예전(禮典)・정전(政典)・헌전(憲典)・공전(工典) 등 6전으로 되어 있으며, 각 전은 총서(摠序)에 이어 소관 업무를 소목으로 나누어 서술하고 있다.

먼저 치전(治典)을 살펴보면 ①총서(摠序), ②관제(官制), ③재상

---

27) 『三峯集』 권7, 「朝鮮經國典」 <世系>, "天又錫之以祚胤旣蕃且大, 爰命賢有德者正位東宮, 餘皆建爵分封, 藩屛王室, 亦國家長久之計也."

28) 『三峯集』 권7, 「朝鮮經國典」 <敎書>, "天子之言, 或稱制詔, 或稱誥勅, 諸侯之言, 稱敎書. 尊卑雖殊, 其所以立言之義則一也."

29) 『三峯集』 권7, 「朝鮮經國典」 <敎書>, "書曰, 大哉王言, 又曰, 一哉王心. 惟其心之一於內, 故言之發於外者, 不期而自大. 觀其發言之大, 則其存心之一, 從可知矣."

년표(宰相年表), ④입관(入官), ⑤보리(補吏), ⑥군관(軍官), ⑦전곡(錢穀), ⑧봉증승습(封贈承襲) 등 총서를 포함하여 모두 8개의 항목으로 되어있다. 치전 <총서>에,

> 치전(治典)은 총재(冢宰)가 관장하는 것이다. 사도(司徒) 이하가 모두 총재의 소속이니, 교전(敎典) 이하 또한 총재의 직책인 것이다. 총재에 훌륭한 사람을 얻으면 6전(典)이 잘 거행되고 모든 직책이 잘 수행된다. 그러므로 '인주(人主)의 직책은 한 사람의 재상을 논정(論定)하는 데 있다.' 하였으니, 바로 총재를 두고 한 말이다."30)

라고 하여, 총재의 역할과 중요성에 대해 말하고 있다. 이는『주례』<태재(大宰)>에서 "태재의 직책은 나라를 세우는 데 필요한 6가지 법전을 관장하고 왕을 보좌하여 큰 나라와 작은 나라를 다스린다."31)라고 한 것을 부연 설명한 것으로 보인다.

아울러 총재의 역할로 "오직 어진 사람과 어질지 못한 사람을 구별하여 어진 사람을 등용하고 어질지 못한 사람을 관직에서 물러나게 하면 여러 가지 공적이 이루어지고 백관이 다스려질 것이며, 온당한 일과 온당치 못한 일을 살펴서 이를 구분하여 처리하면 만물이 제 자리를 얻게 되고 만민이 편안하게 될 것이다."32)라고 하여, 총재는 사소한 일에 이르기까지 모든 일을 처리하지만, 특히 어진 사람을 등용시키고 일을 온당하게 처리하는 것에 중점을 두어야 한다고 규정하고 있다.

---

30) 『三峯集』권7,「朝鮮經國典」, <治典摠序>, "治典, 冢宰所掌也. 司徒以下 皆冢宰之屬, 則敎典以下, 亦冢宰之職也. 冢宰得其人, 六典擧而百職修. 故曰人主之職, 在論一相, 冢宰之謂也."
31) 『周禮』권1, <大宰>, "大宰之職, 掌建邦之六典, 以佐王治邦國."
32) 『三峯集』권7,「朝鮮經國典」, <治典摠序>, "惟知人之賢不肖而進退之, 庶績興而百官治, 審事之當否而區處之, 物得其所而萬民安."

이어 부전(賦典)을 살펴보면, ①총서(摠序), ②주군(州郡), ③판적(版籍), ④경리(經理), ⑤농상(農桑), ⑥부세(賦稅), ⑦조운(漕運), ⑧염법(鹽法), ⑨산장수양(山場水梁), ⑩김은주옥동철(金銀珠玉銅鐵), ⑪공상세(工商稅), ⑫선세(船稅), ⑬상공(上供), ⑭국용(國用), ⑮군자(軍資), ⑯녹봉(祿俸), ⑰의창(義倉), ⑱혜민전약국(惠民典藥局), ⑲견면(蠲免) 등 총서를 포함하여 모두 19개 항목으로 되어있다. 그는 <총서>에서 "부(賦)라는 것은 군국의 수요를 총칭하는 말"이라 전제하고, 「치전(治典)」에서 이미 출납의 방법을 자세히 설명하였기 때문에 「부전(賦典)」에서 부가 나오는 세목에 대해 다음과 자세히 설명하고 있다.

  주군(州郡)·판적(版籍 : 호적)이란 부의 소출이요, 경리(經理)란 부의 통제이며, 농상(農桑)이란 부의 근본이요, 부세(賦稅)란 부의 헌납이요, 조운(漕運)이란 부의 수송이요, 염(鹽)·철(鐵)·산장(山場)·수량(水梁)·공장세(工匠稅)·상세(商稅)·선세(船稅)는 보조이며, 상공(上供)·국용(國用)·녹봉(祿俸)·군자(軍資)·의창(義倉)·혜민전약국(惠民典藥局)이란 부의 소용인 것이요, 견면(蠲免)이란 부의 완화인 것이다.[33]

즉, 국가의 재정을 총괄하는 부서로 먼저 국가 수입과 지출이 유기적으로 운영되어함을 강조하고 있다. 국가 수입을 늘리기 위해 군현제도와 호적제도를 정비하고, 부(富)의 근본이 농상(農桑)을 장려해야 한다는 것이다. 이외 부의 보조수단인 염(鹽)·철(鐵)·산장(山場)·수량(水梁)·공장세(工匠稅)·상세(商稅)·선세(船稅) 등을 통해 국가 재정에 보탬이 되어야 한다고 하였다.

---

[33] 『三峯集』 권7, 「朝鮮經國典」, <賦典摠序>, "曰州郡曰版籍, 賦之出也. 曰經理, 賦之制也. 曰農桑, 賦之本也. 曰賦稅, 賦之貢也. 曰漕運, 賦之輸也. 曰鹽鐵山場水梁, 曰工商船稅, 賦之助也. 曰上供曰國用曰祿俸曰軍資曰義倉曰惠民典藥局, 賦之用也, 曰蠲免, 賦之寬也."

아울러 국가의 지출 항목으로 상공(上供)·국용(國用)·군자(軍資)·의창(義倉)·혜민전약국(惠民典藥局)을 들고, 가능한 지출을 억제해 국가의 예비 경비를 많이 비축해야 한다는 것이다.

특히 <견면(蠲免)>에서 "나라는 백성을 근본으로 삼고, 백성은 먹을 것을 하늘로 삼는다. 그러므로 요역(徭役)과 부세(賦稅)를 가볍게 하여 백성의 식생활을 풍족하게 해주어야 한다. 불행히도 백성이 홍수·한발·서리·곤충·바람·우박 등으로 피해를 입었을 때는, 피해의 다과에 따라서 부역을 차등 있게 감면시켜 주어야 한다. 그래서 나라의 근본인 백성을 후하게 해주어야 한다."34)고 하였는데, 여기서 정도전의 민본사상을 엿볼 수 있다.

예전(禮典)은 ①총서(摠序), ②조회(朝會), ③종묘(宗廟), ④사직(司直), ⑤적전(耤田), ⑥풍운뢰우(風雲雷雨), ⑦문묘(文廟), ⑧제신사전(諸神祀典), ⑨영향(燕享), ⑩부서(符瑞), ⑪여복(輿服), ⑫악(樂), ⑬력(曆), ⑭경연(硬鉛), ⑮학교(學校), ⑯공거(貢擧), ⑰거유일(擧遺逸), ⑱구언진서(求言進書), ⑲견사(遣使), ⑳공신도형사비(功臣圖形賜碑), ㉑시(諡), ㉒정표(旌表), ㉓향음주(鄕飮酒), ㉔관례(冠禮), ㉕혼인(婚姻), ㉖상제(喪制), ㉗가묘(家廟) 등 모두 27항목으로 되어 있다. 그는 <총서>에서 "예에 관한 설이 많지만 핵심은 질서라는 것에 불과할 뿐이다."35)라 단언하고, 질서는 상하 차등을 전제로 하되 상하가 서로 협력하는 조화 관계가 중요하다고 보았다. 그리고 <공거>에서,

과거 제도는 유래가 이미 오래다. 주(周)나라 때는 대사도(大司徒)가 육

---

34) 『三峯集』 권7, 「朝鮮經國典」, <賦典蠲免>, "國以民爲本, 民以食爲天. 故輕徭薄賦, 以裕其食. 不幸被水旱霜蟲風雹之災, 隨其傷損之多寡, 蠲免賦役有差, 蓋所以厚其本也."
35) 『三峯集』 권7, 「朝鮮經國典」, <禮典摠序>, "臣以爲禮之爲說雖多, 其實不過曰序而已."

덕(六德)·육행(六行)·육예(六藝)로써 만민을 가르쳤는데, 그 중에서 현능한 사람을 빈례(賓禮)로 천거하고 이를 선사(選士)라 하였고, 태학(太學)에 천거하고 이를 준사(俊士)라 하였으며, 사마(司馬)에 천거하고 이를 진사(進士)라 하였다. 그리고 평론이 정한 뒤에 관작을 맡기고, 관작을 맡긴 뒤에 작위를 주며, 작위를 정한 뒤에 녹을 주었다. 인재를 교양함이 매우 철저했고, 인재를 선택함이 매우 정밀하였으며, 인재를 등용함이 매우 신중하였다. 그러므로 성주(成周) 시대 인재의 융성함과 정치의 아름다움은 후세에 능히 미칠 바가 아니었다.36)

라고 하여, 주(周)의 제도를 이상적인 형태로 보았다. 따라서 「예전」에서 조회·제사·교육·외교, 기타 관혼상제 등에 관한 의례의 원칙을 제시하였으며, 관혼상제의 의례는 종전의 토속적이며 불교적인 의례를 버리고, 유교적 의례로 대치할 것을 강조하였다.

특히 "교육과 관련해 서민 이상 신분의 교육 참여 기회를 넓히고, 고시제도를 강화해 능력 본위로 인재를 뽑을 것을 강조하였다. 뿐만 아니라 언로를 개방해 상하의 통정(通情)을 원만하게 할 것과 사대외교의 중요성을 지적하였다."37)

정전(政典)은 ①총서(摠序), ②군제(軍制), ③군기(軍器), ④교습(敎習), ⑤정점(整點), ⑥상벌(賞罰), ⑦숙위(宿衛), ⑧둔수(屯戍), ⑨공역(功役), ⑩존휼(存恤), ⑪마정(馬政), ⑫둔전(屯田), ⑬역전(驛傳), ⑭추나(騶邏), ⑮전렵(畋獵) 등 15개 항목으로 되어 있다. 그는 <총서>에서,

육전(六典)이 모두 정(政)인데 유독 병전(兵典)만 정(政)이라 말을 한 것

---

36) 『三峯集』 권7, 「朝鮮經國典」, <禮典貢擧>, "科擧之法, 尙矣. 在周大司徒, 以六德六行六藝, 敎萬民, 而賓興其賢能曰選士, 升之學曰俊士, 升之司馬曰進士. 論定而後官之, 任官而後爵之, 位定而後祿之. 敎之甚勤, 考之甚精, 用之甚重. 故成周人才之盛, 政治之美, 非後世所能及也."
37) 이서행, 「정도전의 개혁의지와 실천윤리」『倫理硏究』 제69집, 한국윤리학회, 2008, 69-70쪽.

은 사람의 바르지 않은 것을 바로잡는 것이기 때문이다. 오직 자기 자신이 바른 사람이라야 남을 바르게 할 수 있다. 『주례』를 상고하면, 대사마(大司馬)의 직책은 첫째도 방국(邦國)을 바르게 하는 것이요, 둘째도 방국을 바르게 하는 것이다. 병(兵)은 성인이 부득이 마련한 것인데 반드시 바름[正]으로 근본을 삼았으니, 성인이 병을 중히 여긴 뜻을 볼 수 있다.38)

고 하여, 기본적으로 사람을 바르게 하는 정인(正人)의 도덕성에 기초해야 한다는 입장에 있다. 그리고 주나라 제도를 쫓아 병농일치(兵農一致)를 시행, 중앙군과 지방군의 이원적 체제, 무기의 개선과 군사 훈련, 상벌의 엄격한 시행, 차경차전(且耕且戰)의 둔전(屯田) 제도의 중요성 등이 제시되고, 동시에 병제를 운영하는 이념적인 기초로서 백성과 군사를 아끼고 나라를 바르게 인도한다는 대원칙이 전제되어야 한다는 점을 기술하고 있다.39)

헌전(憲典)은 ①총서(摠序), ②명례(名例), ③직제(職制), ④공식(公式), ⑤호역(戶役), ⑥제사(祭祀), ⑦의제(儀制), ⑧궁위(宮衛), ⑨군정(軍政), ⑩관진(關津), ⑪구목(廐牧), ⑫우역(郵驛), ⑬도적(盜賊), ⑭인명(人命)·투구(鬪毆), ⑮매리(罵詈)·소송(訴訟), ⑯수장(受贓)·사위(詐僞), ⑰범간(犯姦), ⑱잡범(雜犯), ⑲포망(捕亡)·당옥(斷獄), ⑳영조(營造), ㉑하방(河防), ㉒후서(後序) 등 모두 22개 항목으로 이루어져 있는데 특이한 것은 후서(後序)가 있다는 점이다. 그는 <총서>에서,

천지는 만물에 있어서 봄에 생육시키고 가을에 살육시키며, 성인은 만

---

38) 『三峯集』 권8, 「朝鮮經國典」, <政典摠序>, "六典皆政也, 獨於兵典言政者, 所以正人之不正也. 而惟正己者, 乃可以正人也. 考之周禮大司馬之職, 一則曰正邦國, 二則曰正邦國. 兵非聖人之得已, 而必以正爲本, 聖人重兵之意可見矣."
39) 김인규, 「예 이념의 전개와 국가례 -『주례』와『조선경국전』을 중심으로」 『온지논총』 제38집, 온지학회, 2014, 26-27쪽 참조.

민에 있어서 인(仁)으로 사랑하고 형(刑)으로 위엄을 보인다. 대개 살육하는 것은 근본을 회복시키기 위한 것이고, 위엄을 보이는 것은 생존을 보전시키기 위한 것이다. 성인이 형(刑)을 만든 것은 형에 의지하여 정치를 하려는 것이 아니라, 오직 형으로 정치를 보좌할 뿐이다. 형벌을 씀으로써 형벌을 쓰지 않게 하고, 형벌로 다스리되 형벌이 없어지기를 기하는 것이다. 진실로 우리의 다스림이 이미 이루어졌다면 형은 방치되어 쓰지 않게 될 것이다.40)

라고 하여, 어디까지나 형벌은 정치의 보조 수단일 뿐이라 하였다. 즉, 정치는 기본적으로 인(仁)을 바탕으로 하는 인정(仁政)과 덕치(德治)로 다스려야 되지만, 도덕만으로 불가능함으로 도덕정치를 보조하는 수단으로 형벌이 필요하며, 형벌과 법은 어디까지나 예방수단으로 이용되는 것이 바람직하다고 하였다.

특히 정도전은 "'공자는 법으로 인도하고 형벌로 규제한다면 백성은 형벌을 모면하나 수치심은 없게 될 것이고, 덕으로 인도하고 예로 규제한다면 수치심을 갖게 되고 착한 길로 나아가게 될 것이다.'라고 하였으니, 이 말을 보면, 본말과 경중의 차서를 알 수 있는 것이다."41)라고 하여, 덕(德)과 예(禮)는 본(本)이며, 정(政)과 형(刑)은 말(末)이라는 본말론의 입장에서 법치에 앞서 덕치와 예치를 강조하였다.

아울러 정도전은 "사람의 성품은 다 착한 것이며, 수오(羞惡)하는

---

40) 『三峯集』 권8, 「朝鮮經國典」, <憲典 摠序>, "天地之於萬物, 生之以春, 肅之以秋, 聖人之於萬民, 愛之以仁, 威之以刑. 蓋其肅之也, 所以復其原也, 其威之也, 所以竝其生也. 故聖人之制刑也, 非欲恃此以爲治, 惟以輔治而已. 辟以止辟, 刑期無刑, 苟吾治之已成, 則刑可措而不用矣."
41) 『三峯集』 권8, 「朝鮮經國典」, <憲典 後序>, "孔子曰, 道之以政, 齊之以刑, 民免而無恥. 道之以德, 齊之以禮, 有恥且格. 觀此可以知本末輕重之倫矣."

마음은 사람마다 모두 가지고 있다. 도적이 된 것이 어찌 인간의 뜻이 겠는가? 따라서 일정한 생업이 없는 사람은 일정한 마음을 가질 수 없다. 기한(飢寒)이 몸에 절실해지면 예의를 돌아볼 겨를 없이 대부분 부득이한 사정에 압박되어 도적이 된다. 그러므로 백성의 장이 되는 사람은 능히 인정을 베풀어 백성이 자기의 생업에 안정할 수 있게 해야 한다. 그들을 부릴 때 농사짓는 시기를 빼앗지 않아야 하고, 그들에게 수취할 적에 그들의 힘을 손상시키지 말아야 한다."42)고 하여 맹자의 성선설에 입각하여 인간을 선한 존재로 인식하고 다만 악하게 되는 것은 상황이 그렇게 만들었기 때문이라고 하였다. 그리고 <후서> 헌전의 중요성에 대해 다음과 같이 역설하고 있다.

헌전(憲典)은 육전(六典) 가운데 하나지만, 나머지 오전(五典)은 모두 헌전을 힘입어서 이룩되지 않는 것이 없다. 따라서 이전의 출척(黜陟)도 헌전이 아니면 선택을 공정하게 할 수 없고, 호전의 징렴(徵斂)도 헌전이 아니면 법을 고르게 할 수 없고, 예전의 절도(節度)도 헌전이 아니면 의례를 엄숙하게 할 수 없고, 정전의 호령(號令)도 헌전이 아니면 군중들에게 위험을 보일 수 없고, 공전의 토목 공사도 헌전이 아니면 노력을 줄여 정도에 알맞게 할 수가 없다.43)

정도전에 의하면, 육전 가운데 「헌전」은 어느 곳에도 들어 있지 않은 데가 없고, 정치를 보좌하는 법이 「헌전」만큼 구비된 것이 없

---

42) 『三峯集』 권8, 「朝鮮經國典」, <憲典盜賊>, "人性皆善, 羞惡之心, 人皆有之. 盜賊豈人之情哉. 無恒産者, 因無恒心. 飢寒切身, 不暇顧禮義, 多迫於不得已而爲之耳. 故長民者, 能施仁政, 民安其業. 使之不奪其時, 取之不傷其力."
43) 『三峯集』 권8, 「朝鮮經國典」, <憲典後序>, "憲者, 六典之一, 而五者莫不資是以有成. 故吏典之黜陟, 非憲則無以公其選, 戶典之徵斂, 非憲則無以均其法, 禮典之節度, 非憲則無以肅其儀, 政典之號令, 非憲則無以威其衆, 工典之興作, 非憲則無以省其力而合其度矣."

기 때문에 매우 중요하며, 이러한 헌전의 중요성을 강조하기 위해 <후서>를 붙인 것으로 보인다.

마지막으로 공전(工典)은 ①총서(摠序), ②궁원(宮苑), ③관부(官府), ④창고(倉庫), ⑤성곽(城郭), ⑥종묘(宗廟), ⑦교량(橋梁), ⑧병기(兵器), ⑨로부(鹵簿), ⑩장막(帳幕), ⑪금옥석목공피전식등공(金玉石木攻皮塼埴等工) 등 모두 10개의 항목으로 되어 있는데, 이는 국가의 각종 물품 제조나 토목공사를 운영·집행하는 원칙으로서, <총서>에,

> 국가를 다스리는 사람은 경비를 절약하여 백성을 사랑하지 아니할 수 없다. 그러므로 백공의 일은 검박함을 숭상하고 사치함을 경계해야 한다. 만약 나라의 재정을 절약하지 않으면 헛되이 소비하여 결국 나라의 재정이 탕갈되는 지경에 이르게 되고, 민력을 존중하지 않으면 부역이 수고로워 결국 민력이 꺾이게 될 것이다. 재정과 민력이 탕갈되고 국가가 위태롭지 않는 경우는 없다. 옛날 역사를 상고해 보아도 치란과 존망이 이로 말미암지 않은 것이 없었다. 어찌 삼가지 않을 것인가.[44]

라고 하여, 사치를 금할 것과 재정 낭비를 경계할 것과 백성의 노력을 지나치게 소모하여 피곤하게 만들지 말아야 한다는 것을 강조하였다.

주지하다시피 『주례』는 천인합일사상(天人合一思想)에 입각한 천관·지관·춘관·하관·추관·동관이라는 자연 현상을 관직 명칭으로 국가의 통치 조직으로 구성하였다. 이것은 천·지·춘·하·추·동이라는 자연 현상과 그 의미를 인간의 정치 세계 운영에 적용한 것[45]으로, 이는 한편으로 천지자연에 대한 인간의 객관적인 규율의

---

[44] 『三峯集』 권8, 「朝鮮經國典」, <工典摠序>, "爲國家者, 不可不節用而愛民. 故百工之事, 當崇儉朴而戒奢縱也. 夫不節國用, 則妄費而至於財殫, 不重民力, 則勞役而至於力屈. 財力竭而國家不危者. 未之有也. 若稽古昔, 治亂存亡, 靡不由此, 可不愼哉."

답습을 강조하고 다른 한쪽으로 인간의 주체성의 작용을 보여주는 것이라 하겠다. 『주례』「천관총재(天官冢宰)」에, "왕이 나라를 세움에 방향을 분별하고 위치를 바르게 하여 나라의 체제를 세우고 들을 경영하며, 관청을 세우고 직분을 나누어 민중이 지켜야 할 표준으로 삼았다. 이에 천관과 총재를 세워 아래를 다스리게 하고 나라를 통치하게 하여 이로써 왕을 돕고 나라를 고르게 한다."46)라고 한 것은 자연 질서 속에 인간의 주체적 인식과 그 작용의 발휘를 반영할 뿐만 아니라, 동시에 백관(百官)의 직분 작용으로 나라를 나누어 통치하고 민중의 삶을 편안하게 하여 "천하의 사람들로 하여금 적당함을 얻게 하고, 위치를 잃지 않게 한다."는 것이다.

이는 『조선경국전』「보위를 바룸(正寶位)」의 "『주역』에, '성인의 큰 보배는 위(位)요, 천지의 큰 덕은 생(生)이니, 무엇으로 위를 지킬 것인가? 바로 인(仁)이다.'고 하였다. 천자(天子)는 천하의 봉공(奉貢)을 누리고, 제후(諸侯)는 경내(境內)의 봉공을 누리니, 모두 부귀가 지극한 사람들이다. 현능한 사람들은 지혜를 바치고, 호걸들은 힘을 바치며, 백성은 분주하여 각기 맡은 역(役)에 종사하되, 오직 인군의 명령에 복종할 뿐이다. 그것은 위(位)를 얻었기 때문이니, 큰 보배가 아니고 무엇이겠는가?"47)라고 한 것과 일맥상통하다고 하겠다.

정도전에 의하면 유가정치의 핵심은 인정(仁政)이며, 인정은 정

---

45) 부남철, 「정도전의 유교국가론과 『주례』」『퇴계학과 한국문화』제43호, 경북대학교 퇴계학연구소, 2008, 333쪽.
46) 『周禮』「天官冢宰」, "惟王建國, 辨方正位, 體國經野, 設官分職, 以爲民極. 乃立天官冢宰, 使帥其屬, 而掌邦治, 以佐王均邦國."
47) 『三峯集』권7, 「朝鮮經國典」<正寶位>, "易曰 聖人之大寶曰位, 天地之大德曰生, 何以守位, 曰仁. 天子享天下之奉, 諸侯享境內之奉, 皆富貴之至也. 賢能效其智, 豪傑效其力, 民庶奔走, 各服其役, 惟人君之命是從焉. 以其得乎位也, 非大寶而何."

치권력이 사적인 소유물이 아니라 공적임으로 군주 한 개인의 전유물이 될 수 없기 때문에 국가 권력의 공적인 운용을 위해 대두된 것이 바로 총재정치론이다. 즉, 정도전은 "『주례』의 「천관총재」에서 설명된 총재 정치론을 전적으로 참고하여 현실적으로 가능한 유교 정치의 실현을 위해 강력한 권력을 갖는 총재 정치를 구상하고『조선경국전』과 『경제문감』을 저술하였다.48)

3. 『조선경국전』의 법제사적 의의

주지하다시피 서주시대(西周時代) 주공(周公)에 의해 제정된 것으로 전해지는『주례(周禮)』는 사회질서와 사회통합의 이념을 제도화하여 유교 국가의 이상사회를 제시한 국가례로 정치·경제·사회·군사를 일원화하고 통제함으로써 부국강병(富國强兵)을 달성하고 사회복리를 증진시키는데 목표를 두었기 때문에 봉건사회에서 미치는 영향이 매우 컸다.49)

예컨대, 천(天)·지(地)·춘(春)·하(夏)·추(秋)·동(冬) 등 육관(六官)은 후대에 와서 육전(六典) 체제로 전환하는 계기가 되었다. 즉, 수(隋)나라에서 이(吏)·예(禮)·병(兵)·탁지(度支 : 후에 戶로 개정)·도관(都官 : 후에 刑으로 개정)과 공(工) 등 육부(六部)를 설치하였고, 당(唐)나라에서 상서성(尙書省) 아래 이(吏)·호(戶)·예(禮)·병(兵)·형(刑)·공(工) 등 육부를 설치하였다. 그리고 송(宋)나라는 당나라 제도를 그대로 따랐으며, 원(元)나라는 상서성을 중서성(中書省)으로 바

---

48) 부남철,「정도전의 유교국가론과 『주례』」『퇴계학과 한국문화』제43호, 경북대학교 퇴계학연구소, 2008, 참고.

49) 정성식,「경국대전의 성립 배경과 체제」『동양문화연구』제13집, 영산대학교 동양문화연구원, 2013, 38쪽.

꿨고, 명(明)나라는 중서성을 폐지하여 이부가 통괄적 지위를 회복하였으며, 청(淸)나라는 명나라 제도를 따르는 등 육부 또는 육전체제로 국가를 운영하였던 것이다.

특히 정도전은 조선 왕조 개창에 있어 가장 공이 큰 사람으로 조선 왕조의 기틀을 기획하고 실행한 인물이다. 그는 새 왕조가 만세 동안 규범으로 삼아야 할 통치 조직을 확립하기 위하여 1394년(태조 3)에 통치이념과 통치 조직의 종합적인 체계를 제시한 『조선경국전』을 찬진하였는데, 이는 천·지·춘·하·추·동이라는 자연의 질서를 인간 사회에 구현하려는 자연과 인간의 일원화와 인(仁)에 의한 정치인 인정론, 정치의 공공성을 강조한 총재정치론, 육전체제 등은 『주례』의 이념을 반영한 것이다.

그러나 『조선경국전』은 완비된 법전이 아니라 조선의 법전이 지녀야 할 이념과 나아갈 방향을 제시한 지침서로, 『조선경국전』의 치전(治典)의 구체적인 요목이라고 할 수 있는 『감사요약』·『경제문감』·『경제문감별집』 등과 함께 정도전의 경세관을 엿볼 수 있는 주요한 저서라 하겠다. 따라서 이들 저술들은 조선 왕조 통치조직의 초석이 되었으며, 뒤에 『경제육전』 및 『경국대전』의 편찬의 지침이 되었다고 하겠다.

제 5 장

『경제문감·별집』에 나타난 주례 이념

　이미 앞에서 살펴본 바와 같이 삼봉(三峰) 정도전(鄭道傳, 1342~1398)은 이성계(李成桂)를 도와 신왕조 개창에 있어 가장 공이 큰 인물이었던 만큼, 개국 후에도 모든 실권은 그에게 돌아갔다. 그는 개국 1등 공신에 피봉되고, 문하시랑찬성사(門下侍郎贊成事)·판도평의사사사(判都評議使司事)·판호조사(判戶曹事)·판상서사사(判尙書司事)·보문각태학사(寶文閣太學士)·지경연예문춘추관사(知經筵藝文春秋館事)·판의흥삼군부사(判義興三軍府事) 등 모든 요직을 겸직 또는 역임하여 실제로 그의 권한은 왕을 능가하였다고 해도 과언이 아니었다.

　정도전은 새 왕조가 만세 동안 규범으로 삼아야 할 통치 조직을 확립하기 위한 기초 작업으로 태조 3년에 『조선경국전』을, 4년에 『감사요약(監司要約)』과 『경제문감(經濟文鑑)』을, 그리고 6년에 『경제문감별집(經濟文鑑別集)』을 저술하였다.

　이 저서들은 조선 왕조의 통치 조직의 초석이 되었으며, 뒤에 『경제육전』은 물론 『경국대전』이 성립되는 기초가 되었다. 뿐만 아니라 의흥삼군부의 책임자로 병제(兵制)를 대폭 개혁하여 고려 때부터 문제되었던 사병(私兵)을 단계적으로 혁파하여 공병(公兵)으로 귀속시켰으며, 중국 역대의 병법을 현실에 맞게 가감하여 진법(陣法)·오행진출기도(五行陣出奇圖)·강무도(講武圖)·팔진삼십육변도보(八陣三

十六變圖譜)·태을칠십이국도(太乙七十二局圖) 등 병법(兵法)을 개혁하였는데, 이는 요동 수복을 위한 준비차원에서였다.

이처럼 정도전은 조선 신왕조 개창의 기획자이자 조선을 500년 반석에 올려놓은 핵심 인물로, 대표적인 저술이 『조선경국전』과 『경제문감』이라고 하겠다.

이 장에서는 『조선경국전』의 보완(補完)편으로 저술된 『경제문감』과 『경제문감별집』을 중심으로 이들 책에 제시된 '재상정치론(宰相政治論)'과 '군주수신론(君主修身論)'에 나타난 『주례』의 이념을 고찰하고자 한다.

1. 문감의 체제와 저술 배경

『경제문감』은 『조선경국전』의 보유편이라고 할 수 있는데, 『조선경국전』이 통치 이념과 통치 조직의 종합적인 체계를 제시한 것이라면, 『경제문감』은 『조선경국전』의 치전(治典) 내용을 보완한 것이다. 이 책은 '나라를 다스리고 세상을 구제한다'는 경국제세(經國濟世)와 '세상을 다스리고 백성을 구제한다.'는 경세제민(經世濟民)을 제목으로 삼아 관리로서의 책무를 강조하고 있는데,[1] 이 책의 서문을 쓴 정총(鄭摠)은 『경제문감』의 의의를 다음과 같이 말했다.

> 공은 어려서부터 학문을 좋아하고 경학(經學)을 깊이 연구하여 재주와 도략(道略)을 품고 개연히 경제(經濟)하는 뜻을 가졌는데, 우리 전하께서 하늘의 명을 받아 새 기업을 일으키심에 이르러서, 공은 의혹된 것은 해결하고 정책을 세워서 울연(蔚然)히 원훈(元勳)이 되었으며 문무의 도략으

---

[1] 조항덕, 「「經濟文鑑」에 나타난 三峰 鄭道傳의 정치사상」 『漢文古典硏究』 제14집, 한문고전학회, 2007, 8쪽.

로써 장상(將相)의 소임을 겸하였으니, 무릇 국가의 정사에 있어 옛 법을 실제로 인용하고 때에 맞게 참작하여 이로운 것은 일으키고 해로운 것을 제거하였으며, 백성이 은택을 입었으니 경제함이 컸다.2)

정총에 의하면 『경제문감』은 정도전이 어려서부터 경제(經濟)의 뜻을 품고 경학을 깊이 연구하여 '국가의 정사에 있어 옛 법을 실제로 인용하고 때에 맞게 참작해 백성에게 혜택을 입혔다는 것이다. 그리고 정도전 자신도 「지(識)」에서,

> 도전(道傳)이 일찍이 틈나는 날에 전대(前代)의 전적을 고찰하고 연구하여 그 중에서 다스리는 체제에 관계가 있는 것을 취하였는데, 재상(宰相)으로부터 수령(守令)에 이르기까지 명칭과 직위의 연혁, 직임(職任)의 득실, 인물의 어질고 어질지 않음을 갖춰 기재하지 않은 것이 없게 하되, 문적(文籍)이 시작된 당우(唐虞)시대부터 비롯하여 본조(本朝)에 이르러 듣고 본 데까지 하였다. 대개 임금은 우두머리요, 재상은 임금을 위하여 가부를 결정하니 임금의 심복이며, 대간과 감사는 임금을 위하여 규찰(糾察)하니 임금의 이목(耳目)이다. 부(府)·위(衛)를 호위하는 것과 수령이 왕의 교화를 널리 전파하는 것은 임금의 발톱과 어금니요, 수족(手足)이 아닌가? 사람이 한 몸을 폐한다면 사람이 아니요, 나라가 한 관청을 폐한다면 나라가 아닐 것이니, 옛날 명철한 임금들이 어질고 유능한 선비를 널리 구해 중외(中外)에 펼쳤던 것도 관직을 닦아 나라를 보호하고자 함이었다.3)

---

2) 『三峯集』 권10, 「經濟文鑑下」, <序>, "公自幼好學窮經, 懷材抱道, 慨然有經濟之志, 及我殿下受命作興, 公決疑定策, 蔚爲元勳, 以文武之略, 兼將相之任, 凡於國家之政, 動引古法, 參酌時宜, 利興害除, 民蒙其澤, 其經濟也大矣."

3) 『三峯集』 권10, 「經濟文鑑下」, <識>, "道傳嘗以暇日, 考究前代典籍, 取其有關於治體者, 自宰相至守令, 其名位之沿革, 職任之得失, 人物之賢否, 無不備載, 始自唐虞, 文籍之所起也, 迄于本朝, 耳目之所逮也. 蓋君, 原首也, 宰相爲君可否, 君之腹心也, 臺諫監司爲君糾察, 君之耳目也. 府衛之捍衛, 守令之承流宣化, 非君之爪牙與手足乎. 人而廢其一體則非人也, 國而廢其一官則非國

라고 하여, 당·우(唐虞)부터 본조에 이르기까지 전대의 전적을 연구하여 재상으로부터 수령에 이르기까지 국가의 정사에 있어 옛 법을 실제로 인용하고 때에 맞게 참작하여 이 책을 지었다고 하였다. 특히 『경제문감』 상권은 재상제도(宰相制度)의 역사적 변천과 재상의 직책 및 진퇴의 자세를, 하권은 대간·위병(衛兵)·감사·수령 등 신하의 직책에 대해 논했다면, 『경제문감별집』은 군주의 직책과 변천 과정을 논하고 있다. 따라서 이들 저술은 조선 왕조 통치조직의 초석이 되었을 뿐만 아니라 뒤에 『경제육전』 및 『경국대전』의 편찬에 지대한 영향을 끼쳤다고 하겠다.4)

『경제문감』 상권에서는 「재상(宰相)」·「총론(總論)」·「재상의 직〔宰相之職〕」·「상업(相業)」이라는 항목을 두고, 주로 중국과 우리나라 역대 왕조의 재상 제도의 변천과 득실(得失)을 서술하고, 이어 재상의 직책과 진퇴의 자세를 상세히 기술하고 있다. 주지하다시피 정도전은 재상정치론을 피력하였는데, 그에 의하면 재상 제도가 이상적으로 실시된 시대는 당·우(唐虞:堯·舜)·삼대(三代:禹·湯·文武)로서 이 시대는 현명한 재상이 막강한 실권을 가지고 제왕(帝王)을 보필하여 이상적인 정치를 구현하였다고 보았으며, 한·당시대(漢唐時代)는 초기엔 재상권이 강화되었다가 후기에 약화되고 대신 군주의 전제권이 강화되었다고 기록하고 있다.

『경제문감』 하권에서는 「대관(臺官)」·「간관(諫官)」·「위병(衛兵)」·「감사(監司)」·「주목(州牧)」·「군태수(郡太守)」·「현령(縣令)」이라는 항목을 두고 이들의 직책을 차례로 논하고 있다. 먼저 대관 제도가 중국의 역대 왕조와 고려 시대에 어떻게 변천되어 왔는가를 검토하고, 대관

也, 古先哲王, 廣求賢能之士, 布列中外, 亦欲修厥官而保其國也."
4) 김인규, 「『조선경국전』에 나타난 주례 이념」『온지논총』제52집, 온지학회, 2017, 103쪽.

은 군주의 이목(耳目)으로서 관료의 부정과 실정을 감독·탄핵하는 직책인 동시에 군주와 재상의 실정(失政)까지도 탄핵할 수 있는 위치에 있으므로 그 지위와 직책이 강화되어야 한다고 주장하였다. 또 간관(諫官)은 군주와 백관의 실정을 말이나 글로써 비판하는 직책으로, 삼대(三代)에는 간관이 따로 없었고 위로는 공경대부로부터 아래로는 사(士)·서(庶)·상고(商賈)·백공(百工)에 이르기까지 모두 간쟁을 할 수 있었으나, 후세에 이르러 간관이 생겨나면서 언로(言路)가 좁아졌다고 보고, 언로를 넓히고 언권을 강화하는 일이 중요하기 때문에 간관의 자질을 높이고 간관의 언권(言權)을 강화해야 한다고 주장하고 있다.

위병(衛兵)에서도 중국과 우리나라의 역대의 위병제를 개관하고, 장단점을 취사선택하여 조선 왕조의 위병제가 성립되는 과정을 서술하였다. 그에 의하면 조선의 부병(府兵) 제도는 대체로 고려의 구제(舊制)를 이어받았는데 "백사(百事)가 유신(維新)되었으나 오로지 부위(府衛)의 법만큼은 구습을 인순(因循)하니, 폐단 또한 여전하여, 신은 적이 애석하게 여기는 바입니다."5)라고 하고, 이의 개정을 주장하였으며, 끝으로 감사(監司)와 수령(守令) 제도는 한당시대를 모범으로 해 중앙집권을 강화하고자 하였다.

정도전은 감사와 수령에 대한 통할권을 재상이 가짐으로써 재상 중심의 중앙집권이 이루어져야 한다고 보았다. 일반적으로 성리학자들은 한(漢)나라와 당(唐)나라의 중앙집권보다는 삼대(三代)의 향촌자치제를 이상으로 여겼는데, 정도전은 지방 제도에 관한한 이들과 달리 중앙 정부가 모든 백성을 일원적으로 지배하는 것을 바람직하게 보았다.

---

5) 『三峯集』권10, 「經濟文鑑下」, <衛兵>, "庶事維新, 唯府衛之法因循舊習, 弊亦如前, 臣竊惜之."

특히 감사는 수령의 비행을 감독·규찰하고 수령의 치적을 평가하여 출척(黜陟)을 결정하는 임무를 가짐으로 감사의 자격으로 "반드시 마음이 굳세고 바르며 강어(强禦)를 두려워하지 않는 자라야 직분을 맡길 것이요, 풍채를 분발하여 사업이 웅위한 자라야 권위를 떨칠 수 있을 것이며, 반드시 청렴하고 곧으며 치우치지 않고 바른 자라야 천거할 수 있으며, 가혹하게 꼼꼼하며 과격한 자는 쓸 수 없다."[6]고 하였으며, 수령은 백성의 부모로서 백성과 국가를 위해서 적극적으로 봉사해야 하는데 수령이 맡아야 할 임무로서 토지 개간, 호구의 증식, 학교 진흥, 예속의 형성, 옥송(獄訟)의 공평, 도적의 근절, 차역(差役)의 균등, 부렴(賦斂)의 절약을 들었다.

이에 비해 『경제문감별집』은 군주의 직책에 대해 논한 것으로, 권근의 「서(序)」와 「군도(君道)」·「의논(議論)」으로 구성되어 있다. 이 책의 서문을 쓴 권근은, "삼봉 선생이 처음 『경제문감』을 편찬할 때 상업(相業)부터 시작하고, 군도(君道)에 대해 언급하지 않은 것은, 아마 정중히 여겨 감히 말하지 못한 것이리라."[7]라 하고, 이어 이 책의 의의를 정도전의 말을 빌어, "'임금의 마음은 정사를 해가는 근원인데, 경제(經濟)를 논하면서 임금의 마음을 근본삼지 않는다면 이야말로 물이 맑기를 바라면서 근원을 맑게 하지 않는 것과 마찬가지니 될 일인가?'하고, 이에 법 받을 만한 것과 경계 삼을 만한 것을 논하여 열거하되, 당·우(唐虞)로부터 송·원(宋元)에 이르기까지 하였다."[8]라고 하여, 정사(政事)의 근원을 임금의 마음에 두고 임금의 마

---

6) 『三峯集』권10, 「經濟文鑑下」, <監司>, "必精神剛正, 不畏强禦者, 可以任其職, 風采奮發, 事業雄偉者, 可以振其權, 必廉直中正者, 可以擧, 苛細矯激者, 不可用."

7) 『三峯集』권11, 「經濟文鑑別集上」, <序>, "三峯先生初編經濟文鑑, 自相業而始, 未及乎君道, 蓋鄭重而不敢言也."

8) 『三峯集』권11, 「經濟文鑑別集上」, <序>, "君心出治之源, 論經濟而不本於

음을 다스리는데 법 받을 만한 것과 경계 삼을 만한 것을 당·우(唐虞)로부터 송·원(宋元)에 이르기까지 중국 역대 제왕의 치적을 열거한 다음 고려 태조에서부터 공양왕에 이르는 고려 역대 왕들의 치적을 사찬(史贊) 형식으로 기술하고, 말미에 의론(議論)을 붙여서 군도(君道)를 역철학(易哲學)의 입장에서 부연하였다. 따라서 「군도」와 「의론」의 내용은 군주의 전제(專制)를 경계하고 신민(臣民)의 의견을 존중하며, 현자(賢者)를 등용하여 정치를 맡겨야 한다는 것이 『경제문감별집』이다. 그리고 정도전이 이 책을 지은 의도를,

> 이 책에 정성을 다한 것은 어찌 한때만 다스리는 데 스스로 만족하게 여기려 한 것이겠는가? 대개 장차 교훈을 세우고〔立言〕 규범을 남기어〔垂範〕 만세 자손에게 한없는 복이 되게 하려는 것이다. 그러므로 이미 『경국전(經國典)』을 저술하고 이 책을 편찬하였으니, 그의 충성은 크고 그의 생각은 원대하다 하겠다.9)

라고 하여, 자손만대에 교훈을 세우고〔立言〕 규범을 남기기〔垂範〕기 위해 「군도(君道)」편을 지었다고 하였다. 이어 "경전(經典)에 있는 성현(聖賢)들의 격언을 모아 뒤에 붙였는데, 임금의 마음을 바로잡고 임금의 덕을 바르게 하는 바와, 역대의 치란(治亂) 및 정사하는 본말이 거론되지 않은 것이 없어, 간략하면서 자세하고 간결하면서 절실하게 되었으니, 실로 인주의 귀감(龜鑑)이라 하겠다."10)고 하여, 「의

君心, 是猶望流之清而不澄其源也, 而可乎. 於是論列其可法可戒者, 自唐虞而迄宋元."
9) 『三峯集』 권11, 「經濟文鑑別集上」, <序>, "拳拳於是書者, 豈以一時之治, 爲自足哉. 蓋將立言垂範, 以爲子孫萬世無疆之休也, 故旣著經國之典, 又編是書, 其忠可謂大, 而其慮可謂遠矣."
10) 『三峯集』 권11, 「經濟文鑑別集上」, <序>, "又採經典聖賢之格言, 以附其後, 其所以格君心正君德, 與夫歷代之治亂, 爲政之本末, 靡所不擧, 略而

론(議論)」편에서 임금의 마음을 바로잡고 덕을 바르게 하는 바를 경전에 있는 성현의 격언을 모아 놓아 이를 통해 군주가 나아갈 방향을 제시하였다.

이처럼 정도전은 『경제문감』을 통해 『조선경국전』 치전(治典)의 내용을 보완하여 재상을 비롯한 신하의 직책을 설명하였는데, 그가 『경제문감』에서 인용한 서적은 『주례정의(周禮訂義)』, 『산당고색(山堂考索)』, 『서산독서기(西山讀書記)』, 『문헌통고(文獻通考)』로, 비중은 『주례정의』가 13.7%, 『산당고색』이 34.3%, 『서산독서기』가 3.4%, 『문헌통고(文獻通考)』가 3.5%를 차지한다고 한다.11) 특히 "『경제문감』의 재상(宰相)과 대간(臺諫) 가운데 20개는 『산당고색』에 있는 『주자대전(朱子大全)』(11개)과 『주자어류(朱子語類)』(9개)를 그대로 옮겨왔다."12)고 한다. 아울러 재상의 위상에 대해,

　　한 집안에는 집안의 기강이 있고, 한 나라에는 나라의 기강이 있다. 이에 향(鄕)은 현(縣)에 통솔되고, 현은 주(州)에 통솔되며, 주는 제로(諸路)에 통솔되고, 제로는 대성(臺省)에 통솔되며, 대성은 재상에게 통솔되고 재상은 중직(衆職)을 겸하여 통솔해서 천자와 더불어 가부를 살펴 정령(政令)을 내리니, 이것이 천하의 기강이다.13)

라고 하여, 재상이 정책의 결정과 집행에 최고의 실권을 가지고 백관

　　詳, 簡而切, 實可謂人主之龜鑑也."
11) 도현철, 「≪經濟文鑑≫의 引用典據로 본 鄭道傳의 政治思想」 『歷史學報』 제165집, 역사학회, 2000, 71쪽.
12) 도현철, 「정도전의 정치체제 구상과 재상정치론」 『한국사학보』 제8호, 고려사학회, 2000.9, 175쪽.
13) 『三峯集』 권9, 「經濟文鑑上」, <相業>, "一家則有一家之紀綱, 一國則有一國之紀綱. 若乃鄕總於縣, 縣總於州, 州總於諸路, 諸路總於臺省, 臺省總於宰相, 宰相兼總衆職, 以與天子相可否而出政令, 此則天下之紀綱也."

을 통솔하며 만민을 다스리는 실질적인 정치운영의 주체로서 천하의 기강이라고 하였다.14)

반면 임금의 도리를 논한 『경제문감별집』은 하·은·주(夏殷周) 삼대의 경우 주로 『서경(書經)』을 인용하였지만, 서경에 나오지 않은 군왕들의 경우 사마천(司馬遷)의 『사기(史記)』나 사마광(司馬光)의 『계고록(稽古錄)』 등을 인용하였다.15) 정도전은 이 책에서 삼대의 성왕(聖王)을 이성적인 모델로 제시하고, 군왕의 평가에 있어 "(漢 古祖는) 패도의 마음이 있어 삼대 성왕의 자취를 따르지 않았으니 안타까운 일이다."16)고 하여, 삼대 성왕을 기준으로 하였다.

아울러 역대 군왕의 정치를 기술하면서 정통(正統)을 존중하여 참칭(僭稱)한 나라와 분열(分裂)된 나라를 기술하지 않았으며,17) 또 "주나라의 쇠퇴하고 미약함이 이러하였는데도 오히려 또한 수백 년 길게 끌고 간 다음에 망한 것은 무엇 때문이었을까? 대개 문왕(文王)·무왕(武王)과 주공(周公)이 강령[經]을 세우고 기율(紀律)을 마련함과, 법령을 창건하고, 도(道)를 작정하기를 구비하지 않은 것이 없이 하되, 인(仁)으로써 굳게 결속(結束)하고 예(禮)로써 유지(維持)시켜, 근본이 단정하고 근원이 깊게 하여서 저절로 하늘과 더불어 한이 없을 수 있게 하였기 때문이다."18)고 하여, 한 왕조가 지속되기 위해서는 법과 제도

---

14) 도현철, 「정도전의 정치체제 구상과 재상정치론」 『한국사학보』 제8호, 고려사학회, 2000.9, 184쪽.
15) 송재혁, 「정도전의 군주론 : 『경제문감별집』을 중심으로」 『정치사상연구』 제22집 2호, 한국정치사상학회, 2016 가을, 90쪽.
16) 『三峯集』 권11, 「經濟文鑑別集上」, <君道-漢高祖>, "霸心之存, 不能追跡三代之聖王, 惜哉."
17) 『三峯集』 권11, 「經濟文鑑別集上」, <序>, "其僭僞分裂者略之, 尊正統也."
18) 『三峯集』 권11, 「經濟文鑑別集上」, <君道-周幽王>, "周之衰微至於如此, 尙且綿曆數百載而後亡, 何也. 蓋文武周公, 立經陳紀, 創法定制, 靡不備具, 而仁以固結之, 禮以維持之, 端本洪源, 自足與天無極."

의 완비도 중요하지만, 인(仁)과 예(禮)로 결속시키며 유지하는 것이 무엇보다 더 중요하다고 보았다.

아울러 정도전은 「군도」의 첫머리에, "그의 마음가짐으로 말하자면, '공경스럽고 통명하며 문채가 있고, 생각하되 자연스럽다.' 하겠고, 그의 몸가짐으로 말하자면 '참으로 공손하고, 능히 사양한다.' 하겠다. '능히 큰 덕을 밝혀 구족을 친해지게 했다.'고 한 것은, 몸이 닦아지매 집이 다스려진 것이요, '구족이 이미 화목하게 되자 백성을 골고루 계명시켰다.'고 한 것은 집이 다스려지매 나라가 다스려진 것이요, '백성이 밝아지며 만방을 합하여, 화목하게 했다.'고 한 것은, 나라가 다스려지매 천하가 태평해진 것이다. 대개 몸과 마음에서부터 시작하여, 가정과 나라 및 천하에 미루어나가 안팎이 다 양성되고 근본과 끝이 모두 다스려졌으니, 이로 본다면 성인으로서의 학문이 근본이 있고, 성인으로서의 다스림이 차서(次序)가 있었음을 볼 수 있다."[19]라고 하여, 군주수신(君主修身)을 근본으로 하는 임금의 직책에 대해 심도 있게 논함으로써 재상 중심의 정치론을 펼치고자 하였던 것이다.

2. 문감에 구현된 주례 이념

1) 재상정치론

정도전은 군주가 현명하고 재상까지 현명하면 가장 이상적인 정치가 구현되겠지만, 군주가 현명하지 않더라도 재상이 현명하다면

---

19) 『三峯集』 권11, 「經濟文鑑別集上」, <君道-唐堯>, "以言其心法, 則曰欽明文思安安, 以言其身法, 則曰允恭克讓. 其曰, 克明俊德, 以親九族者, 身修而家齊也, 九族旣睦, 平章百姓者, 家齊而國治也, 百姓昭明, 協和萬邦者, 國治而天下平也. 蓋自身心推, 而至於家國天下, 內外交養, 本末俱治, 可見聖學之有本, 而聖治之有序矣."

정치가 잘 운영될 수 있기 때문에 군주 한 명만 바라보는 군주정치론이 아닌 재상정치론을 주장하였다.

물론 정도전이 재상권 강화를 주장하는 것을 두고 현실적으로 자신이 실권을 가지려는 의도와 무관하지 않다고 비판적으로 바라보는 시각이 없지 않으나, 정도전은 어리석고 용렬한 임금이 나오더라도 현명한 재상이 나라를 다스림으로서 백성의 삶이 안정될 수 있는 민본주의의 입장에서 재상정치론을 주장하였다.

정도전은 『경제문감』 「재상(宰相)」조에서 재상 명칭 변화에 대해 다음과 같이 말했다.

> 재상의 명칭을 당·우(唐虞) 때는 백규(百揆)라 하였고, 하(夏) 대에도 그대로 하였다. 백규라 함은 서정(庶政)을 헤아려 처리하는 관직이다. 당(唐) 요(堯)가 순(舜)을 백규로 있게 하였다. 『서경(書經)』에는 다음과 같이 말하였다. "삼가 오전(五典)을 아름답게 하니 오전이 잘 따르게 되고, 백규에 앉혔더니 백규가 때로 펴지며, 사문(四門 : 제후들이 조회할 때 출입하는 문)에 빈례(賓禮)를 주장하게 하였더니 사문이 화평하고, 큰 숲〔大麓〕에 들게 하였더니 열풍(烈風)과 뇌우(雷雨)에도 혼미하지 않았다. 순(舜)이 우(禹)를 백규로 삼았다.[20]

재상의 명칭은 당·우(唐虞)는 물론 하(夏)에서도 백규(百揆)라 하였는데, 상(商)나라에 와서 "탕(湯)이 처음으로 좌·우(左右) 두 재상을 두었는데, 이윤을 우(右)로 삼고, 중훼(仲虺)를 좌(左)로 삼았다."[21]고 하여, 좌·우 두 재상을 두었다고 하였다. 그러다가 주(周)나에 와

---

20) 『三峯集』 권9, 「經濟文鑑上」, <宰相>, "宰相之名, 唐虞曰百揆, 夏仍之. 百揆者, 揆度庶政之官. 堯以舜宅百揆. 書曰, 愼徽五典, 五典克從, 納于百揆, 百揆時敍, 賓于四門, 四門穆穆, 納于大麓, 烈風雷雨不迷, 舜以禹宅百揆."
21) 『三峯集』 권9, 「經濟文鑑上」, <宰相>, "湯, 初置左右二相, 伊尹爲右, 仲虺爲左."

서 "주(周) 주공(周公)이 총재(冢宰)에 올라 백관을 거느렸다. 주공은 사(師)가 되고, 소공(召公)은 보(保)가 되어 성왕(成王)을 도왔다."22)고 하여, 주(周)나라에 와서 재상의 명칭이 총재(冢宰)가 되었으며, 총재가 백관을 거느렸다는 것이다. 이러한 재상의 역할에 대해 권근은 『경제문감』의 주석에서 다음과 같이 말했다.

> 재상의 업무[相業] 가운데 큰 것은 임금의 마음을 바르게 하는 것으로 근본을 삼는다. 당·우(唐虞) 때는 성인으로서 성인을 보필하여, 찬성과 반대의 의사표현[都兪吁咈]만으로 다스림이 하늘을 감동시켰으니, 만세에 이보다 더한 것이 없었다. 이윤과 부열이 은(殷)나라를 도운 것과, 주공과 소공이 주나라를 도움이 모두 정성으로 임금을 경계하여 아름다운 모훈(謨訓: 나라에서 세운 큰 계획)과 아름다운 계책이 서책(書冊)에 넘쳐 흘러 만세의 법도가 되었으니, 임금을 사랑하는 정성과 임금을 바르게 하는 도리가 이와 같이 지극하였다. 그러므로 태갑(太甲)과 성왕(成王)의 곤지(困知)로 마침내 착한 임금이 되어 지극한 다스림을 일으켰으니, 이른바, '대인(大人)이라야 임금의 그릇된 마음을 바르게 할 수 있다.' 한 것이 이것이다. 뒤에 임금과 보필하는 자가 거울삼지 않겠는가! 힘쓰지 않을 수 있겠는가!23)

즉, 권근은 재상의 업무를 임금의 마음을 바르게 하는 '격군심(格君心)'으로 보고, 애써서 깨우치는 태갑과 성왕의 곤지(困知)로 착한 임금이 되어 지극한 다스림을 일으킨 것은 이윤(伊尹)과 주공(周公)

---

22) 『三峯集』 권9, 「經濟文鑑上」, <宰相>, "周公位冢宰, 總百官. 又周公爲師, 召公爲保, 以相成王."
23) 『三峯集』 권9, 「經濟文鑑上」, <宰相>, "相業之大, 以格君心爲本. 唐虞之際, 以聖輔聖, 都兪吁咈, 治格于天, 萬世蔑以加矣. 伊傅之相殷, 周召之相周, 亦皆拳拳進戒於君, 嘉謨嘉猷, 溢於簡冊, 爲萬世法, 愛君之誠, 正君之道, 如此其至. 故雖以太甲成王之困知而卒爲令王, 以興至治, 所謂惟大人, 格君心之非, 是也. 後之爲君相者, 可不鑑哉, 可不勉哉."

같은 재상이 있었기 때문이라고 하였다. 이러한 재상의 역할에 대해 정도전은 "태재(大宰)의 직무는 나라의 육전(六典)을 관장하여 임금을 보좌함으로써 나라를 다스렸다."24)는 『주관(周官)』의 글을 인용하여, 재상인 태재의 책임 소재가 넓은 것을 말하고 있다. 그리고 재상의 직무 중 가장 중요한 것이 교화(敎化)라고 보았다.

> 순(舜)이 백규(百揆)를 먼저 있게 한 것은 오전(五典)을 아름답게 하기 위함이요, 주(周)에서 육전(六典)을 먼저 세움은 교전(敎典)을 위함이었으니, 교화를 급선무로 삼지 않음이 없었다. 이것이 우(虞)와 주(周)의 다스림이 성대해진 까닭이다. 후세에 사업의 공적에만 급급하여 교화를 여사(餘事)로 여긴 까닭에, 교전을 폐하여 이(理)에 합치고 사전(事典)을 나누어 호(戶)와 공(工)으로 하였으니, 후세의 다스림이 옛날과 같지 못한 것은 진실로 교화가 밝혀지지 못한 데서 비롯한 것이다. 뜻을 선치(善治)에 두는 사람이 교화를 우선으로 삼지 않을 수 있겠는가25)

즉, 정치를 함에 있어 무엇보다 교화가 가장 중요하다고 하였다. 그리고 이러한 교화의 중심에 재상이 자리하고 있다. 뿐만 아니라 재상은 하나에서 열까지 책임지는 고달픈 직책이다.

> 주(周)나라 총재의 직은 거느리지 않는 것이 없었다. 내조(內朝)에서 숙위(宿衛)하는 선비와, 외정(外庭)에서 도역(徒役)하는 사람은 직위가 낮은

---

24) 『三峯集』 권9, 「經濟文鑑上」, <宰相>, "周官大宰之職, 掌建邦之六典, 以佐王治邦國. 一曰 治典, 以經邦國, 以治官府, 以紀萬民. 二曰 敎典, 以安邦國, 以敎官府, 以擾萬民. 三曰 禮典, 以和邦國, 以統百官, 以諧萬民. 四曰 政典, 以平邦國, 以正百官, 以均萬民. 五曰 刑典, 以詰邦國, 以刑百官, 以糾萬民. 六曰 事典, 以富邦國, 以任百官, 以生萬民."
25) 『三峯集』 권9, 「經濟文鑑上」, <宰相>, "舜之宅百揆, 所先者徽五典, 周之建六典, 所先者亦敎典, 莫不以敎化爲急務. 此虞周之治所以爲盛. 後世急事功而以敎化爲餘事, 故敎典廢而合於理, 事典分而爲戶工, 後世之治不古若, 良由敎化之不明也. 有志於善治者, 可不以敎化爲先哉."

자들이지만 총재가 통솔하고 다스렸는데, 다른 날에 시어(侍御)하는 종복들이 모두 바른 사람인 것은 여기서 나온 것이 아니겠는가? …… 심부름하는 환관(熏腐)의 부류들과, 궁중 빈어(嬪御)의 일과, 음식을 받들어 공궤하는 역은 관원 가운데 지극히 용렬하고, 물건 중에 지극히 미미한 것임에도 총재가 주관하였은즉, 다른 날 집안이 가지런하고 몸이 닦이며, 마음이 화평하고 기운이 태평하여, 여자의 총애에 빠질 근심이 없게 된 것 또한 여기에서 나온 것이니, 총재의 존귀함으로서 통솔하는 것이 모두 사대부(士大夫)들이 대단치 않게 여기는 일들이라 비루한 것처럼 여겨진다. 아아, 이것이 도를 논하고 나라를 경륜하는 바의 직분이요, 이것이 인군의 마음을 바르게 하는 바의 사업인 것이다.26)

총재의 직책은 '사대부(士大夫)들이 대단치 않게 여기는 일들로 비루한 것처럼 보이지만, 이것이 도를 논하고 나라를 경륜하는 직분이며, 인군의 마음을 바르게 하는 사업'이라는 것이다. 특히 정도전은 「재상지직(宰相之職)」에서 재상의 직무를 다음과 같이 말했다.

위로 음양을 조화하고, 아래로 서민을 어루만져 편안하게 하며, 안으로 백성을 밝게 다스리고, 밖으로 사방의 오랑캐를 진정(鎭定)하고 무마하는 것이니, 국가의 작록과 포상(爵賞)과 형벌이 이에 관련이 있고, 천하의 정치와 덕화, 가르침과 명령이 이로 말미암아 나오는 것이다. 전폐(殿陛) 아래에서 치도(治道)를 논하여 군왕(一人)을 돕고, 묘당(廟堂)의 위에 서서 성인의 정사(陶甄)을 잡아 만물을 주재하니, 그의 직임(職任)이 어찌 가볍겠는가. 국가의 치란(治亂)과 천하의 안위(安危)가 항상 이에서 비롯될 것이니, 진실로 사람을 가볍게 고르지 못할 것이다.27)

---

26) 『三峯集』 권9, 「經濟文鑑上」, <總論>, "周家宰職, 無不統. 內朝宿衛之士, 外庭徒役之人, 職之卑者也, 而冢宰統攝之, 異時侍御僕從皆正人者, 非出於此乎. …… 奴僕熏腐之流, 宮閫嬪御之職, 供奉飮食之役, 員之至宂, 物之至微者也, 而冢宰得主之, 異時家齊身修心和氣平, 無女寵之患者, 亦皆出於此也. 以冢宰之尊, 其所統皆士大夫不屑爲之務, 宜若褻矣. 噫. 此其所以爲論道經邦之職, 此其所以爲格君心之事業也."

재상의 직무는 자연의 섭리로부터 서민의 일상은 물론 사방의 오랑캐를 진정시키는 일 등 천하의 정치와 덕화, 가르침과 명령이 모두 재상에게서 나온다 하여 유가의 전통적인 자연관인 천인합일(天人合一)의 관점에서 파악하고 있다. 아울러 재상의 업무로 "자기 몸을 바르게 한다〔正己〕·임금을 바르게 한다〔格君〕·인재를 안다〔知人〕·일을 잘 처리한다〔處事〕."고 하여, 이에 대해 다양한 전거를 들어 설명하고, 재상의 역할을 잘했던 인물로 "삼대(三代) 이래로 재상의 업을 능히 다할 수 있었던 사람으로 오로지 이윤(伊尹)·부열(傅說)·주공(周公)만이 그렇게 할 수 있었다."28)고 이윤·부열·주공을 들었다.

특히 정도전은 '임금의 직분은 재상을 논함에 있다.'고 한 항목에서, "임금은 재상을 논함으로써 직분을 삼고, 재상은 임금을 바르게 하는 것을 직분으로 삼으니, 두 사람이 각각 직분을 다해야만 체통이 바르게 되고 조정이 존엄하여져서, 천하의 다스림이 반드시 한곳에서 나오게 되어 여러 갈래에서 나오는 폐단이 없어진다."29)고 하고, 그렇지 않았을 때 폐단에 대해 다음과 같이 말했다.

> 진실로 임금이 재상을 논함에 제 뜻에 맞추는 것만 구하고 자기를 바르게 하는 것을 구하지 않으며, 사랑스러운 것만 취하고 두려워할 만한 것

---

27) 『三峯集』 권9, 「經濟文鑑上」, <宰相之職>, "上則調和陰陽, 下則撫安黎庶, 內以平章百姓, 外以鎭撫四夷, 國家之爵賞刑罰所由關也, 天下之政化敎令所由出也. 殿陛之下, 論道德而佐一人, 廟堂之上, 執陶甄而宰萬物, 其任豈輕哉. 國家之治亂, 天下之安危, 常必由之, 固不可易其人也."

28) 『三峯集』 권9, 「經濟文鑑上」, <相業>, "自三代以來, 能盡相業者, 惟伊尹傅說周公爲能然也."

29) 『三峯集』 권9, 「經濟文鑑上」, <相業>, "自三代以來, 能盡相業者, 惟伊尹傅說周公爲能然也." 人主以論相爲職, 宰相以正君爲職, 二者各得其職, 然後體統正, 朝廷尊, 天下之政, 必出於一而無多門之弊."

은 취하지 않으면 임금은 직분을 잃은 것이다. 의당 임금을 바르게 해야 할 자가 옳은 것을 드려 그른 것을 바꾸는 것을 일로 삼지 않고 임금의 뜻대로 좇아 화합하고 순종하는 것만 능사로 삼으며, 세상을 경륜하고 만물을 주재하는 일로 마음을 삼지 않고 몸이나 용납되어 은총을 굳히는 일로 술수를 삼는다면, 재상은 직분을 잃은 것이다.30)

즉, 정도전에 의하면, 임금이 자신의 비위나 맞추는 자를 재상을 삼거나, 임금을 바르게 하지 않고 임금의 뜻만 좇아 순종하는 것만 능사로 한다면 이는 임금과 재상 모두 자신의 직분을 잃은 것에 지나지 않는다고 하였다. 특히 재상의 업무를 논한 「상업(相業)」에 의하면 재상의 주된 업무는, "재상은 천하의 기강이다.", "나를 바르게 함으로써 남을 바르게 한다.", "마음을 바르게 함으로써 임금을 바로잡는다.", "재상은 마땅히 공심으로 어진 이를 써야 한다.", "마땅히 어진 이를 나오게 하고 간사함을 물리치는 것을 직분으로 삼는다." "옛날의 대신은 용퇴하는 절조가 있었다."31)고 하여 재상의 업무에 대해 말하고 있다. 특히 정도전은 '마음을 바르게 함으로써 임금을 바로잡는다.'고 한 항목에서,

    재상이 된 자는 깊이 성현(聖賢)의 전하는 바 정도(正道)를 상고하되, 공자·자사·맹자·정자의 글이 아니면 앞에 늘어놓지 않으며, 새벽에 보고 밤에 보아 뜻을 궁구하며, 몸에 돌이켜 천리(天理)의 소재를 구하여, 이미 스스로 그 마음을 바르게 하고 나면 미루어 임금을 바르게 하며, 다시 미루어 언어와 정사의 사이에 이르러서 천하의 마음을 바르게 하면, 재상의

---

30) 『三峯集』 권9, 「經濟文鑑上」, <相業>, "苟當論相, 求其適己, 而不求其正己, 取其可愛, 而不取其可畏, 則人主失其職矣. 當正君者, 不以獻可替否爲事, 而以趣和承意爲能, 不以經世宰物爲心, 而以容身固寵爲術, 則宰相失其職矣."
31) 『三峯集』 권9, 「經濟文鑑上」, <相業> 참조.

공명과 덕업이 삼대(三代)의 왕좌(王佐)와 비견해서 융성할 것인데, 근세에 이른바 명상(名相)은 규모가 대개 족히 말할 것이 못된다.32)

고 하여, 재상은 먼저 자신의 마음을 바르게 하고 나서 이를 미루어 임금을 바르게 하며, 다시 미루어 언어와 정사의 사이에 이르러서 천하의 마음을 바르게 하는 존재다. 아울러 임금과 재상은 물론 관리들이 자신의 직분을 다하지 못했을 때 견제 장치로 정도전은 대간 (臺諫)을 들었다.

　임금이 방탕하여 덕을 잃고, 패란하여 도를 잃었으며, 정사를 어지럽히고 간쟁을 받아들이지 않으며, 충성된 이를 폐하고 어진이 쓰기를 게을리 하면 어사가 이를 간책(諫責)할 수 있으며, 재상이 어긋나게 임금의 뜻만 순종하여, 위로 임금을 가리고 아래로 백성을 속이며, 총애를 탐하여 간할 것을 잊고 복을 오로지 하고 위세를 부리면, 어사부가 이를 규탄하여 바로잡을 수가 있으며, 장수가 흉한(兇悍)하여 명을 따르지 않고 무력을 믿고 함부로 해치거나, 군사를 자기 노리개로 삼고 전쟁하는 일은 버리고 폭리 (暴利)로 백성에게 해독을 끼치면, 어사부가 이를 탄핵할 수 있으니, 임금은 지극히 존귀하고 재상과 장수는 지극히 귀하나, 이들을 간하고 책하며 규찰하고 탄핵할 수 있으니, 나머지는 가히 알 수 있을 것이다.33)

정도전에 의하면, 지극히 존귀한 임금의 독재는 물론 지극히 귀한

---

32) 『三峯集』권9, 「經濟文鑑上」, <相業>, "爲宰相者, 深考聖賢所傳之正, 非孔子子思孟程之書, 不列於前, 晨覽夜觀, 窮其旨趣而反諸身, 以求天理之所在, 旣以自正其心, 而推之以正君心, 又推而至於言語政事之間, 以正天下之心, 則宰相之功名德業, 且將與三代王佐比隆, 而近世所謂名相, 其規模蓋不足道."

33) 『三峯集』권9, 「經濟文鑑上」, <臺諫·御史>, "君有佚豫失德, 悖亂亡道, 荒政咈諫, 廢忠慢賢, 御史府得以諫責之, 相有依違順旨, 蔽上罔下, 貪寵忘諫, 專福作威, 御史府得以糾繩之, 將有兇悍不順, 恃武肆害, 玩兵棄戰, 暴利毒民, 御史府得以彈劾之, 君至尊也, 相與將至貴也, 且得諫責糾劾之, 餘可知也."

재상을 비롯한 관료의 부정부패를 방지하고 탄핵하는 관리로 대관(臺官)인 어사(御使)의 책임이 막중하다 하였다.

> 어사의 영예는 재상보다 지나친다. 사환(仕宦)의 영예가 셋인데, 정권을 잡되 요직(要職)에 있어 백관을 관장하여 하늘의 일을 대신하고, 묘당에 앉아 백관을 나아가게 하고 물러나게 하는 것은 재상의 영예요, 영주(瀛洲)에서 뽑혀 금란전(金鑾殿 : 선비를 待詔하던 궁전)에 소대(召對)하여 천자의 조칙〔絲綸〕을 대행하는 것은 한림원(翰林苑)의 영예이며, 오부(烏府)의 심엄(深嚴)함과 법을 다스리는 자의 치관(豸冠)의 위엄과 엄숙함으로 기강을 진작시키고 풍채를 일깨움은 어사의 영예가 된다. 이 세 가지 영예의 경중(輕重)을 따져보면 어사의 영예가 더욱 심하니 어째서인가? 말이 임금〔乘輿〕에 관계되면 천자가 얼굴빛을 고치고, 일이 묘당(廟堂)에 관계되면 재상이 죄를 얻는다. 권세의 소재가 특히 백관을 진퇴시킬 뿐만 아니니, 비록 재상의 중함으로도 어찌 이에 미치겠는가. 적봉(赤棒)으로 가리키는바 존비(尊卑)를 묻지 않으며, 탄핵하여 아뢰는 글〔白簡〕이 앞에 서면 간사한 무리들이 기가 꺾인다. 천자의 이목이 미치는 바가 심히 넓어 그저 사륜의 명을 대행할 뿐만 아닌즉, 비록 한림원의 귀함으로 그 어찌 이에 미치겠는가.[34]

정도전에 의하면 벼슬아치로서 영예(榮譽)스러운 자리로 재상, 한림, 어사가 있는데, 어사는 '말이 임금에 관계되면 천자가 얼굴빛을 고치고, 일이 묘당(廟堂)에 관계되면 재상이 죄를 얻는다. 권세의 소재가 특히 백관을 진퇴시킬 뿐만 아니다고 하여, 재상은 물론 한림

---

34) 『三峯集』 권9, 「經濟文鑑上」, <臺諫·御史>, "御史過於宰相. 仕宦有三榮, 秉鈞當軸, 宅揆代工, 坐廟堂以進退百官, 爲宰相之榮, 瀛洲妙選, 金鑾召對, 代天子絲綸之命, 爲翰苑之榮, 烏府深嚴, 豸冠威肅, 得以振紀綱而警風采, 爲御史之榮. 就是三者而輕重之, 則御史之榮爲尤甚, 何者. 言關乘輿, 天子改容, 事屬廊廟, 宰相得罪. 則權之所在, 不特進退百官而已也, 雖宰相之重, 其何以及此 赤棒所指, 不問尊卑, 白簡前立, 姦回氣慴, 則天子耳目之所及者爲甚廣, 不止絲綸之代而已, 雖翰苑之貴, 其何以及此"

과 비교가 되지 않는 무겁고 영예스러운 직책이라는 것이다. 즉 "대간의 기능은 임금의 독재와 재상을 비롯한 관료의 부정부패를 방지하여 왕권과 신권이 조화를 이루는 민본정치를 효과적으로 운영하고자 하는데 본 뜻이 있다."35)고 하겠다. 그렇다면 재상을 비롯한 관리들이 자신의 직분을 다하지 못했을 때 어떻게 해야 할까? 정도전은 다음과 같이 말했다.

> 인재란, 어둡고 밝음과 강하고 약함이 같지 않고, 세도란 맑고 탁함과 낮고 높음이 다를 수 있으므로, 어리석고 불초한 자가 사이에 끼여들기도 하고, 어질고 지혜로운 이 또한 얻어 널리 펼치지 못하기도 하며, 직분이 닦여지지 못해 직무에 태만하다는 한탄이 일어나게 된다. 재상이 인재가 아니라면 속히 어진 이를 구하여 자리에 둘 것이며, 대간이 직분을 잃으면 또한 유능한 자를 구하여 직책을 맡길 것이니, 어찌 한 사람 때문에 보상(輔相)의 권위를 가벼이 여기고 풍기(風紀)를 맡은 소임을 폐할 것인가.36)

정도전은 재상을 비롯한 대간에 적합한 인재가 아니라면 한시라도 어질고 유능한 이에게 그 직책에 맡겨 소임을 다할 수 있도록 해야 한다고 하였다.

이처럼 정도전은 "『주례』의 천관총재가 육전(六典)을 총괄하는 것에 근거하여 재상인 문하시중으로 하여금 정책, 인사, 재정 및 군사의 모든 권한을 총괄한다. 군주는 재상과 더불어 국정을 의결하되,

---

35) 조항덕, 「「經濟文鑑」에 나타난 三峰 鄭道傳의 정치사상」 『漢文古典研究』 제14집, 한문고전학회, 2007, 29쪽.
36) 『三峯集』 권10, 「經濟文鑑下」, <識>, "人才有昏明强弱之不同, 世道有醇漓汚隆之或異, 故愚不肖者得廁於其間, 而賢智者亦不得而展布, 職有所不修, 而曠官之嘆興矣. 且宰相非其人, 當亟求賢者以置其位, 臺諫失其職, 亦當求能者以責其職, 豈可以一人之故而輕輔相之權, 廢風紀之任哉."

큰 일만 정하고 작은 일은 재상에게 맡긴다."37)는 재상정치론을 주장하였는데, 이는 전적으로 주희(朱熹)의 재상정치론과 맥을 같이 하는 것으로 주희는 『주례』를 위작으로 보지 않고 주공(周公)에 의한 주(周)나라의 이상이 담긴 저술로 보고, 군주권을 최정상에 두고 재상을 중심으로 하는 정치체제를 지향했던 것이다.

2) 군주수신론

『경제문감』이 재상을 비롯한 신하의 직책을 설명한 것이라면 『경제문감별집』은 '임금의 도리[君道]'를 밝힌 책으로, 비록 이상적(理想的)인 군주를 누구라고 꼭 집어 말하지는 않았지만 당우(唐虞)·삼대(三代)의 요(堯)·순(舜)·우(禹)·탕(湯)·무(武)를 비롯한 역대 왕조에서 몇몇 임금을 들고 있다.

무엇보다 정도전은 재상정치론을 주장하였던 만큼 『경제문감』의 핵심은 재상을 비롯한 신하에 있으며, 군주의 역할은 재상을 비롯한 인재를 알아보는 데 있다. 따라서 군주는 정대권력을 가진 통치자가 아니라, "임금 한 몸이 나와서 천지와 인물(人物)의 종주(宗主)가 됨은, 생민(生民)을 위하여 표준을 세움으로써, 보상(輔相)·재성(財成)하는 도리를 다하여 그 극진한 대로 밀고 감에 지나지 않는 것이니, 삼재(三才)의 구실을 다하게 되면, 성인의 할 일이 끝나는 것이다."38)고 한데서 알 수 있듯이, 하늘과 땅, 인간 세상의 표준이 되는 상징적인 존재로 이해하였다. 이는 다음의 문장에서 알 수 있다.

---

37) 도현철, 「여말선초 개혁사상의 전개와 『周禮』」, 연세대학교 국학연구원편, 『한국 중세의 정치사상과 周禮』, 혜안, 2005, 113쪽.
38) 『三峯集』 권11, 「經濟文鑑別集上」, <君道-唐>, "人君以一身出, 而爲天地人物之宗主, 不過爲生民立極, 盡其輔相財成之道, 以推其極, 三才之責旣盡, 則聖人之能事畢矣."

대개, 임금의 직책이란 사람 쓰기를 중요하게 여기고, 사람 알아보기를 어렵게 여기는 것인데, 첫번째 물어서 단주(丹朱: 요의 아들)의 완악함을 알았고, 두번째 물어서 공공(共公)이 가만히 있을 때 말은 잘하면서, 써주면 그르치는 것을 알았고, 세번째 물어서 곤(鯀)이 명령을 어기고 동족을 해치는 것을 알았고, 사악(四岳)에게 묻자 순(舜)을 천거함에 이르러서 천하를 위하여 사람을 얻었다.[39]

정도전은 임금의 직책이란 인재를 쓰는데 핵심이 있기 때문에 사람을 알아보는 것이 무엇보다 어렵다고 하였다. 이러한 예를 요(堯)임금을 들었으며, 아울러 순(舜)의 업적도 요(堯)와 다르지 않다고 하였다.

제(帝: 요임금)의 업적을 넓히고자 분발하는 사람이 있는가를 물어서 백우(伯禹)를 발탁하여 백규(百揆)를 맡도록 하였으며, 백성이 기아로 고생하는 것을 민망히 여겨 기(棄)를 후직(后稷)으로 삼았으며, 오륜이 순조롭지 못한 것을 걱정하여 설(契)을 사도(司徒)로 삼았고, 고요(皐陶)를 명하여 사사(士師)로 삼고, 수(垂)를 명하여 공공(共工)으로 삼았으며, 산천초목을 순조롭게 하는 일은 익(益)을 산천을 맡은 관원인 우(虞)로 삼았고, 삼례(三禮: 천지와 사람에게 제사하는 예)를 맡는 일은 백이(伯夷)를 질종(秩宗: 온 귀신을 서차하는 일을 맡은 관원)으로 삼았다.[40]

요(堯)를 이은 순(舜)도 자신의 요와 마찬가지로 인재를 알아보고 이를 적재적소(適材適所)에 쓰는데 치중하였지 절대 권력을 휘

---

39) 『三峯集』 권11, 「經濟文鑑別集上」, <君道-唐>, "蓋人主之職, 以用人爲重, 以知人爲難, 一咨而得丹朱之頑, 再咨而得共工之靜言庸違, 三咨而得鯀之方命圮族, 直至咨四岳擧舜, 爲天下得人."

40) 『三峯集』 권11, 「經濟文鑑別集上」, <君道-虞>, "咨奮庸熙帝之載, 則擧伯禹宅百揆, 閔黎民阻飢, 則以棄爲后稷, 憂五品不遜, 則以契爲司徒, 命皐陶而作士師, 命垂而作共工, 若上下草木, 則以益爲虞, 典三禮, 則以伯夷爲秩宗."

둘지 않았다는 것이다. 즉, 순(舜)은 모든 정치를 신하에게 맡기고 자신은 마음가짐과 몸가짐으로 효도함으로써 집안이 다스려지고 이어 나라가 다스려졌으며, 천하가 태평하게 되었다는 것이다.41) 이어 정도전은 우(禹)의 치적에 대해,

 홍수와 토지를 다스려 백성으로 하여금 살 곳을 얻게 하고, 직(稷)으로 하여금 백성이 농사짓도록 가르치게 하여 백성이 살아갈 수 있게 하고, 봉건(封建)과 정전(井田)의 경계(經界)를 세워 사람들이 다투지 않도록 하고, 구목(九牧)에게 쇠〔金〕를 바치도록 하여 구정(九鼎)을 부어 만들되 구주(九州)를 세우게 된 제도(制度)를 실었고, 인월(寅月)을 세수(歲首)로 삼아 천시(天時)와 인사(人事)가 합당한 길을 잃지 않게 하였으니, 이는 모두 만세의 공로다.42)

라고 하여, 우(禹)의 치적을 열거하였다. 특히 우(禹)는 아버지 곤(鯀)의 실패를 거울삼아 홍수를 다스릴 적에 8년 동안 자기 집 문 앞을 세 차례나 지나가면서 들리지 않고 오직 자신의 책무에 충실하였을 뿐만 아니라, 정전(井田)의 경계를 세워 천시(天時)와 인사(人事)를 합당하게 한 것은 만세의 공로라고 보았다. 그렇지만 우(禹)는 항상 자신의 덕(德)이 부족함을 여겼다고 한다.

 그의 마음은 오히려 부족하게 여기는 바가 있었다. 그러므로 종묘(宗廟)에 효성을 다하고, 제사에 아름다운 것을 다하고, 구혁(溝洫 : 농토의 배수

---

41) 『三峯集』권11, 「經濟文鑑別集上」, <君道-虞>, "自今觀之, 濬哲文明者, 卽舜之心法也, 溫恭允塞者, 卽舜之身法也, 其曰, 父頑母嚚象傲, 克諧以孝, 烝烝乂不格姦, 曰民協于中, 四方風動, 萬邦黎獻, 共惟帝臣, 則亦舜之家齊國治而天下平也."

42) 『三峯集』권11, 「經濟文鑑別集上」, <君道-夏>, "平治水土, 使民得其居, 曁稷奏庶艱食, 使民得其養, 立封建井田之經界, 使人不爭, 貢金九牧, 以鑄九鼎, 載所立九州之制度, 以建寅爲歲首, 使天時人事, 不失其正, 此皆萬世之功也."

로)을 다스리는 데 힘을 다하였으며, 음식이 박한 것과 의복이 나쁜 것이나 궁실(宮室)이 낮은 것에 있어서 모두 감히 돌볼 겨를이 없는 것은, 그의 마음이 하루도 천자의 상봉(常奉)에 편안할 수가 없었기 때문이다.43)

우임금은 조상을 잘 섬기고 민생과 밀접한 수로를 정비하면서 자신을 위한 음식이나 거처는 소박하게 하였다는 것이다. 그리고 은나라의 탕(湯)에 대해서 다음과 같이 말했다.

> 처음에 70리를 가진 제후(諸侯)로 방백(方伯)이 되었다. 갈백(葛伯)이 제사를 지내지 않자 탕이 비로소 이를 쳤고, 이윤(伊尹)을 맞아들여 그에게 배운 뒤에 신하를 삼아 나라의 정사를 맡겼다. 탕이 들에 나갔다 그물 쳐놓은 것을 보고 3면을 터놓았다. 제후들이 이 말을 듣고서, '탕의 덕이 지극하여 금수(禽獸)에까지 미쳤구나.' 하고 그에게 돌아온 자가 40여 나라나 되었다.44)

즉, 탕은 사방 70리 밖에 되지 않은 작은 나라로 이윤이라는 훌륭한 신하에게 정사를 맡겨 어진 정사를 베풀자 40여 나라가 귀속하였지만 이에 만족하지 않고, "비로소 사람의 기강(紀綱)을 닦아 간한 것을 거슬리지 않고 따르며, 덕이 있는 선배를 그대로 따르고, 위에 있어서 총명하게 하고, 아래가 되어서 충실하게 하였으며, 남에게 구비하기를 바라지 않고, 자신을 단속하는 것은 미치지 못한 듯이 하였다."45)고 하여, 자신을 낮추고 채찍질하며 스스로를 단속한 탕(湯)의 덕을 칭송

---

43) 『三峯集』 권11, 「經濟文鑑別集上」, <君道-夏>, "其心猶有所歉然. 故於宗廟則致其孝, 於祭祀則致其美, 於溝洫則盡其力, 寧飮食之菲, 衣服之惡, 宮室之卑, 皆不敢暇顧者, 其心不能一日安於天子之常奉也."
44) 『三峯集』 권11, 「經濟文鑑別集上」, <君道-殷>, "初以七十里, 諸侯爲方伯, 葛伯不祀, 湯始征之, 聘伊尹, 學焉而後臣之, 任以國政."
45) 『三峯集』 권11, 「經濟文鑑別集上」, <君道-殷>, "肇修人紀, 從諫弗咈, 先民時若, 居上克明, 爲下克忠, 與人不求備, 檢身若不及."

하고 있다. 또 주(周)나라 무왕(武王)에 대해 정도전은 다음과 같이 말했다.

> 관원을 임용함에는 어진 이로 하고, 일을 맡기는 데 유능한 사람으로 하며, 백성에게 오교(五敎)를 중히 여기되 먹는 것과 상사·제사를 더욱 신중히 여겼고, 신의를 두터이 하고, 의리를 밝히며 덕을 높이고 공을 보답하는 것을 겸하여 다하였다. 공수(拱手)하고 있으면서 천하가 다스려졌으니 무슨 어려운 일이 있었겠는가?[46]

무왕도 백성을 힘으로 다스리는 것이 아니라 어질고 능력 있는 신하에게 정사를 맡기고 자신은 백성에게 교화를 베푼 것에 지나지 않았다고 하였다.

이처럼 정도전은 「군도」에서 언급한 군주의 절대 권력을 휘두르는 것이 아니라 자신의 몸을 닦고 몸소 실천하는 것에 지나지 않았다고 하였다. 이는 송나라 태조를 평가한데서 알 수 있다.

> 그가 참란(僭亂)을 평정하고 유술(儒術)을 존중한 것이나, 병법을 제정하고 사졸을 돌본 것과, 재부(財賦)를 정리하고 형옥을 보살피고 사치를 억제하였던 것은, 인군으로서 도리를 갖춘 것으로서, 그가 그렇게 한 까닭을 따져 본다면 어찌 근본한 바가 없겠는가? 제(帝)는 일찍이 '도리가 가장 큰 것이다.'라는 말을 들었으니, 이 한 마디 말은 나라를 바로세우는 근본이 되고 남는 것인데, 그의 정심(正心)·수신(修身)하는 학문은 실로 다른 사람이 미치지 못할 바가 있었다.[47]

---

46) 『三峯集』 권11, 「經濟文鑑別集上」, <君道-周>, "其建官也惟賢, 其位事也惟能, 重民五敎, 而食喪祭之加謹, 惇信明義, 而崇德報功之兼盡, 此其所以垂拱而天下治, 尙何難之有."

47) 『三峯集』 권11, 「經濟文鑑別集下」, <君道-宋>, "其所以削平僭亂, 崇重儒術, 制兵法, 撫士卒, 理財賦, 恤刑獄, 抑奢侈者, 人君之道備矣, 究其所以然者, 豈無所本哉. 帝嘗聞道理最大, 此一言足以爲植國之根本, 而其正心

정도전은 「군도」에서 말하고자 한 것은 군주(君主)가 권력을 마음대로 휘두르는 것이 아니라 바른 마음으로 자신을 닦는 군주를 이상적인 군주로 보았던 것이다. 특히 정도전은,

주문공(朱文公)이 태조(太祖)를 칭찬하기를, '언어와 문자로 학문을 하지 않고 그의 마음의 정대하고 광명함이 바로 요・순(堯舜)의 마음과 합치된다.' 하였는데, 정말 옳은 말이다. 이 밖에 주태후(周太后)를 어머니처럼 섬긴 것과 소제(少帝)를 아들처럼 길러 명대로 살다 죽게 한 것, 공신들을 보호하여 모두 편히 살다 늙어 죽도록 한 것은 그 충후(忠厚)함이 지극하다고 말할 만하다. 모후(母后)의 유훈(遺訓)에 따라 천하를 아들에게 주지 않고 마침내 그의 아우에게 전수하였으니, 효도하고 우애하는 도리가 무엇이 이보다 더하겠는가? 아, 태조에게 나는 이의(異議)가 없다.48)

라고 하여, 송나라 태조가 학문으로서가 아닌 군주수신(君主修身)을 실현한 인물로 효순자애(孝順慈愛)한 태조야말로 유가의 가장 이상적인 성인군주(聖人君主)인 요・순(堯舜)에 비견된다고 극찬하였다.

이처럼 정도전은 「군도」에서 군주는 절대 권력자가 아닌 상징적인 것으로 군주는 다만 현능(賢能)한 재상의 발탁해서 그와 더불어 정사를 의논할 뿐이라는 것이다. 그리고 「의론」에서 『주역』 괘(卦)에 나오는 임금에 해당하는 다섯 번째 효(爻)에 대해 군주가 경계삼을 만한 내용을 정자(程子)가 지은 『역전(易傳)』에서 17항목으로 발췌하여 편집하였다. 그 내용은 다음과 같다.

修身之學, 實有非他人所能企及者."
48) 『三峯集』 권11, 「經濟文鑑別集下」, <君道-宋>, "朱文公稱太祖, 不爲言語文字之學, 而其方寸之地正大光明, 直與堯舜之心合, 誠哉, 是言也. 佗如事周太后如母, 養少帝如子, 逮以壽殂, 保全功臣, 俾皆老死牖下, 其忠厚之至, 有可言者矣. 至於遵母后遺敎, 不以天下私其子, 竟以授其母弟, 孝友之道, 又何以加於此哉. 吁. 太祖吾無間然矣."

01. 군덕은 만물 위에 뛰어나야 한다〔君德首出庶物〕.
02. 인군은 지성으로 어진 이를 임용하여 공을 이루어야 한다〔人君至誠 任賢以成其功〕.
03. 왕자가 친비하는 도리를 천명하면 천하가 저절로 와서 친비하게 된다〔王者顯明其比道 天下自然來比〕.
04. 성인은 일찍이 천하의 의논을 모두 들어보지 않은 적이 없다〔聖人未嘗不盡天下之議〕.
05. 천하의 비색을 휴지한다〔休息天下之否〕.
06. 인군은 믿음으로써 아랫사람을 접하고 위엄이 있어 두려워함이 있게 해야 한다〔人君孚信以接下又有威嚴 使之有畏〕.
07. 위엄과 덕이 아울러 드러나야 한다〔威德並著〕.
08. 자신의 지혜를 마음대로 부리지 않는다〔不自任其知〕.
09. 악을 방지하는 도리는 근본을 알고 요령을 얻음에 있을 뿐이다〔止惡之道在知其本得其要而已〕.
10. 사람들이 자신을 봉양하여 주는 것을 힘입어 천하를 구제한다〔賴人養己 以濟天下〕.
11. 천하의 뜻에 통하고, 다시 자신의 총명을 믿지 말아야 한다〔通天下之志 勿復自任其明〕.
12. 가정에서의 도리가 이미 지극하여지면 걱정하거나 수고하지 않아도 천하가 다스려지는 것이다〔有家之道旣至則不憂勞而天下治矣〕.
13. 천하의 곤란을 구제하되 성현의 신하가 보좌하지 않고서는 되지 않았다〔濟天下之蹇未有不由聖賢之臣爲之佐〕.
14. 인군은 속 마음을 비우고 스스로 낮추어 아래에 있는 어진 이에게 순응하여 따르는 것이다〔人君能虛中自損以順從在下之賢〕.
15. 지극한 정성으로 천하를 유익하게 하면 천하가 큰 복을 받게 된다〔至誠益於天下 天下受其大福〕.
16. 인군이 지성스럽게 몸을 낮추고 중정한 도리로 천하에 구하면 어진 사람이 불우하지는 않을 것이다〔人君至誠降屈 以中正之道求天下而賢未有不遇者也〕.
17. 천하 사람을 모으는 도리는 마땅히 자리를 바르게 하고 덕을 닦아야

한다〔萃天下之道 當正其位修其德〕.

위의 내용을 종합하면, 임금이 위엄을 갖추되, 먼저 덕을 지녀야 하고, 자신의 총명을 믿거나 지혜를 함부로 해서는 안되며, 자신을 낮추고 어진 이를 등용하여 그에게 정사를 맡겨 공을 이룰 수 있도록 해야 한다는 것이다.

이처럼 정도전은 『경제문감별집』 「군도」에서 말하고자 한 것은 임금은 절대 권력을 휘두르는 것이 아니라, 군주수신(君主修身)을 통해 마음을 바로잡고 덕(德)을 닦아 어질고 유능한 재상을 임명해 정치를 하게 하는 상징적인 존재로 보았다. 즉, 정치는 전적으로 재상에게 맡기고 임금의 정치적 임무는 천하의 기강이 될 강명정직(剛明正直)한 재상감을 찾아 임명하며, 인재등용에 있어서도 군주는 자신이 직접 나서기보다는 재상에게 일임해야 한다는 입장을 견지하였다.

3. 『경제문감·별집』의 법제사적 의의

이상에서 『경제문감』과 『경제문감별집』을 중심으로 정도전의 재상정치론과 군주수신론에 보이는 주례 이념을 살펴보았다.

정도전은 조선 왕조 개창에 있어 가장 공이 큰 사람으로 조선 왕조의 기틀을 기획하고 실행한 인물이다. 그는 새 왕조가 만세 동안 규범으로 삼아야 할 통치 조직을 확립하기 위하여 1394년(태조 3)에 통치이념과 통치 조직의 종합적인 체계를 제시한 『주례』 이념에 입각하여 육전(六典) 체제의 『조선경국전』을 찬하고, 이어 『경제문감』을 저술하여 『조선경국전』 치전(治典)의 내용을 보완하여 재상(宰相)과 대관(臺官)·간관(諫官)·위병(衛兵)·감사(監司)·주목(州牧)·군태수(郡太守)·현령(縣令)의 역할과 임무를 구체화하였다.

특히 정도전은 왕여지(王與之)가 당시 송(宋)의 위기상황을 『주례』에 입각한 정치 체제를 기초로 해결하려는 뜻으로 『주례정의(周禮訂義)』를 저술하였는데, 『경제문감』에 상당 부분 『주례정의』를 인용하여 자신의 논지로 삼았다. 말하자면 "정도전은 『주례』를 통하여 주례적 이상국가를 지향했지만, 구체적인 내용은 주례적 이상국가가 송(宋)에 활용되었던 역사적 경험이 기초가 되고 주희(朱熹)가 지향했던 중앙집권적 정치체제가 보다 많이 이용되었다."[49]고 보고, 송대의 정치체제를 참고하여 완벽한 중앙집권적 정치체제를 실현하려고 하였다.

특히 『경제문감』에서 그가 주장하는 재상정치론은 다분히 주희의 재상정치론을 이은 것으로, 주희는 "'군주의 임무는 오로지 재상만 임명할 뿐이다.', '재상은 어진 이를 나오게 하고 불초한 자를 물리쳐야 하고 공도를 다하여 일을 결단해야 한다.', '재상은 천하의 기강'으로서 '자신을 바르게 하고 마음을 바르게 하여 임금을 바로잡으며', '천하의 인재를 널리 구하고', '강명 정직한 사람을 가려 뽑아야 하며', '사방을 염려해야 한다.'"[50]고 한 것이 대부분 「상업(相業)」에 그대로 나온다. 정도전은 "『주례』의 육전과 이를 원론적으로 수용한 송의 정치체제에 근거해서 중앙정치조직을 개편하여 권력구조의 일원화와 효율화를 지향한 것으로, 정도전이 『주례』를 정치체제의 이론기반으로 하였지만 그것은 송의 정치체제와 정치사상으로 정리한 주자의 그것을 받아들인 것이다."[51] 이러한 정도전의 정치관에 입각

---

49) 도현철, 「정도전의 정치체제 구상과 재상정치론」 『한국사학보』 제8호, 고려사학회, 2000, 179-180쪽.
50) 도현철, 「정도전의 정치체제 구상과 재상정치론」 『한국사학보』 제8호, 고려사학회, 2000, 188쪽.

해 저술된 것이 『경제문감별집』으로, 이 책은 '임금의 도리를 논한' 「군도(君道)」와 이를 역철학(易哲學)의 입장에서 부연한 「의론」으로 구성되어 있다. 정도전은 이 책에서 군주의 위상을 직접적인 통치행위를 하지 않고 '무위통치'를 실현하는 상징적인 의미로 자리매김하고 있다고 하겠다.

---

51) 도현철, 「여말선초 개혁사상의 전개와 『周禮』」, 연세대학교 국학연구원편, 『한국 중세의 정치사상과 周禮』, 혜안, 2005, 113쪽.

제 6 장

『경제육전』의 편찬과 조준의 주례 인식

고려조에서 조선조의 체제 전환에는 나름의 명분이 있어야 하고, 새로운 왕조(王朝)의 근간을 다지기 위해 시대 변화에 걸맞는 제도 개혁과 새로운 질서의 확립이 필요한데, 이러한 목적을 이루기 위해서 국가 경영의 가장 중요한 기반이 되는 법전(法典)의 필요성이 제기되었다.[1]

특히 조선시대를 일관하는 두드러진 특징의 하나는 국가의 제도와 운영방식을 『경국대전』과 같은 하나의 종합법전으로 정리하고 이에 기초하여 국가를 경영했다는 사실로, 이같은 종합 법전의 편찬은 조선이 개국한 지 7년도 지나지 않아 『경제육전(經濟六典)』에 편찬되었으며, 이보다 앞서 비록 사찬(私撰)이긴 하지만 『조선경국전』이 태조 3년(1394)에 찬진(撰進)되었다.

『조선경국전』은 정도전이 신왕조의 문물제도를 정하는 일환으로 저술한 새로운 법전(法典)의 지침서(指針書)로, 신왕조의 지배 사상인 유교 이념에 바탕을 두고 있다. 그는 『주례』의 육전(六典) 체제를 이상적인 모델로 중앙행정 체제를 육전 체제로 설정하고 치전(治典)·예전(禮典)·정전(政典)은 『주례(周禮)』의 명칭을 그대로 따랐으나 교전(敎典)은 부전(賦典)으로, 형전(刑典)은 헌전(憲典)으로, 사전(事典)은 공

---
1) 정성식, 「『경국대전』의 성립 배경과 체제」 『동양문화연구』 제13집, 영산대학교 동양문화연구원, 2013, 37쪽.

전(工典)으로 당시 현실에 맞게 시행하고자 하였다.

이러한 『조선경국전』의 체제를 이은 최초의 성문법인 『경제육전』이 탄생하게 된다. 『경제육전』은 비록 단명하였지만, 조선 건국 당시 각종 개혁법령과 정책을 담고 있으며 조선시대 법전 편찬 원리나 법사상의 주요한 원칙의 일부가 『경제육전』의 편찬과정에서 만들어진다는 점에서 볼 때[2] 이 법전의 역사적, 법제사적 의미는 매우 크다고 생각된다.[3]

특히 『경제육전』의 편찬 책임자인 조준(趙浚)은 정도전(鄭道傳)과 함께 조선 초기 개혁파의 인물로 편찬에 함께 참여한 정도전은 이미 『조선경국전』을 편찬한 바 있으며, 『조선경국전』에 나타난 주례 이념이 반영되었다고 할 수 있다.

1. 『경제육전』의 편찬과정

조선시대 최초의 법전은 태조 3년 1394년에 정도전이 편찬한 『조선경국전』으로 편찬만 되었을 뿐 공간(公刊)되지 못했다. 따라서 공간된 최초의 법전은 태조 6년인 1397년 12월 26일 공포·시행된 『경제육전』으로, 우리는 이를 흔히 『경제원육전(經濟元六典)』 또는 『원육전(元六典)』이라고 한다. 편찬 책임자는 조준(趙浚, 1346~1405)이며, 도평의사사(都評議使司)의 부속기관인 검상조례사(檢詳條例司)에서 담당하였다. 조선왕조의 법을 제정함에 "국왕의 명령으로 국왕의 명령에는 국왕이 능동적으로 발설하여 법이 되는 능동적 적극적인

---

[2] 朴秉濠, 「朝鮮初期의 法源」『韓國法制史攷』, 法文社, 1974. ; 「조선초기의 법사상」『韓國法史學論叢』, 박영사, 1991.

[3] 林容漢, 「『經濟六典』의 편찬기구 - 檢詳條例司를 중심으로」『朝鮮時代史學報』 제23집, 조선시대사학회, 2002, 5쪽.

명령과 각사(各司)에서 소관사항에 관하여 입법하여 계문(啓聞)하고 왕이 왕의 판단을 받아서 법이 되는 수동적 소극적 명령의 두 가지가 있었다. 국왕의 능동적 명령은 교(敎)라 하였으며, 형식화된 것을 교지(敎旨), 전지(傳旨), 전교(傳敎) 등으로 불렀으며, 각사에서 법을 만들거나 개정하고 이를 계문하여 왕의 판단을 받아서 시행하는 것을 왕지(王旨) 또는 판지(判旨)라고 하였다."4) 그렇다고 하여 왕의 명령이 모두 법(受敎, 受判)이 되는 것은 아니었다. 수교(受敎)가 법이 되기 위해서 구두 명령이 아닌 문서로 표현되어야 하므로 문서인 수교가 법의 형식이었다. 또 수교 중에도 영구히 보존할 만한 근본적인 법규(法規)와 일시적 지엽적인 법규로 구분하였다.

　　원하건대, 이제부터 한결같이 『육전(六典)』의 제도를 준수(遵守)하여 만세(萬歲)토록 지킬 도구(道具)로 삼도록 하소서. 전하가 즉위한 이후 조령(條令)과 판지(判旨) 가운데 『육전』에 기재(記載)되지 못한 것이지만, 가히 만세의 법이 될 만한 것은 골라 뽑아서 책을 만들어 『속육전(續六典)』으로 판각(板刻)을 간행하여 시행하도록 하소서.'5)

　　만일 일시적으로 행할 만하나 영구한 법전이 되지 못한 것은 각각 따로 찬집(撰集)해서 이름을 『원전등록(元典謄錄)』이라 했습니다.6)

　　한때 권도(權道)로서 나온 것으로 영구성이 없는 법은 따로 편목(篇目)하여, 『육전등록(六典謄錄)』으로 강령(綱領)을 모으고, 중복(重複)된 것을 삭제하여 요점을 탄연 명백(坦然明白)하게 하고, 상고하고 징험하여 펴지

---

4) 전봉덕, 『經濟六典拾遺』(「경제육전해제」 vii.쪽), 아세아문화사, 1989.
5) 『太宗實錄』 권8, 태종 4년 9월 19일 丁巳 2번째기사, "願自今, 一遵六典之制, 爲萬世持守之具. 殿下卽位以後, 條令判旨, 六典所未載而可爲萬世法者, 簡擇成書, 以續六典, 刊板施行."
6) 『世宗實錄』 권34, 세종 8년 12월 3일 임술 4번째기사, "若一時可行, 而非永世之典, 則各別撰集, 名曰元典謄錄."

못했던 법전을 이루었으니 거의 후세에 전할 규범이 된 것입니다.[7]

즉, 법을 만세지법(萬世之法)과 일시가행지법(一時可行之法)으로 구분하고 만세지법은 원전(元典)에 일시가행지법은 등록(謄錄)에 편찬하였다. 즉, 수교(受敎)를 영구히 준행하여야 할 것은 '경구지법(經久之法)'과 임시적인 성질을 가지는 '권의지법(權宜之法)'으로 분류하였던 것이다. 그리고 "법을 세우는 소이(所以)는 반드시 이를 만세에 전하는 것이지만, 그러나 폐단이 없는 뒤라야 가히 법으로 삼을 수 있다."[8]고 하여, 만세에 전하는 것이지만 폐단이 없어야만 법이 될 수 있다고 하였다.

이러한 법전 편찬의 원칙하에 『경제육전』은 위화도 회군으로 실권을 잡고 있었던 1388년(우왕 14)부터 1397년(태조 6) 당시까지 모든 법령 중에서 현재까지 시행되고 있고 또 장차 준수해야 할 것을 골라 법전으로 편찬되었다.

『경제육전』은 오늘날 전해오지 않으므로 체재와 내용을 정확히 알 수 없지만 『조선왕조실록』에 직접 또는 간접으로 인용된 부분이 적지 않은 것으로 보아, 이전・호전・예전・병전・형전・공전의 육전(六典)과 각 전마다 여러 강목(綱目)으로 나누어져 있었음을 알 수 있다. 이를 복원한 책으로 전봉덕인 수습한 『경제육전습유(經濟六典拾遺)』(아세아문화사, 1989)와 연세대학교 국학연구원에서 편한 『경제육전집록(經濟六典輯錄)』(신서원, 2018)이 있다.

태조 이성계는 즉위 교서에서 "나라 이름은 그전대로 고려(高麗)

---

7) 『世宗實錄』 권42, 세종 10년 11월 29일 丁丑 2번째기사, "一時權宜, 非經久之法, 則別爲篇目, 以六典謄錄, 撮其綱領, 芟其重複, 要使坦然明白. 可考而徵, 勒成不刊之典, 庶爲垂世之規."

8) 『太宗實錄』 권8, 태종 4년 10월 28일 丙申 2번째기사, "凡所以立法者, 必傳之萬歲而無弊, 然後可以爲法也."

라 하고, 의장(儀章)과 법제(法制)는 한결같이 고려의 고사(故事)에 의거하게 한다."[9]라고 하여, 급격한 개혁이 아닌 의장과 법제는 고려의 것을 준수할 것과 대명률의 수용을 선언하였다.

이러한 창업주인 태조의 뜻을 좇아 정도전은 태조 3년(1394) 5월에 주례(周禮) 이념을 바탕으로 통치의 기본이념을 구체화하는 『조선경국전』을 태조에게 찬진(撰進)되었으며, 이어 조준에 의해 『경제육전』이 편찬 공표되었다.

특히 정종은 1399년 8월 8일에 "『경제육전』에 치국(治國)하는 요령을 갖춰 실었으니, 지금부터 중외에 반포하여 준수해 거행케 하고, 어기는 자의 경우 안에서는 헌사(憲司)가 밖에서는 감사(監司)가 엄하게 고찰하여 폐지하거나 해이하게 하지 말라."[10]고 하여, 이를 중외에 반포하고 준수 할 것을 명하였다.

그러나 이 법전은 시행된 지 얼마 되지 않아 곧 바로 개찬작업이 추진되었다. 정종 1년인 1399년 11월 조례상정도감(條例詳定都監)을 설치하여 경제육전의 개정·증보작업에 착수하였으나 결실을 보지 못했으며, 이어 태종 7년인 1407년 8월에 속육전수찬소(續六典修撰所)를 만들어 『경제육전』의 개수(改修)와 그 후에 공포된 법령을 수집하여 『속육전(續六典)』을 편찬하였다.

이어 태종은 하륜(河崙) 등에 명하여 『경제육전』 중의 이두문과 방언을 없애고 한문(漢文)으로 바꾸도록 하여, 1412년(태종 12) 4월에 『경제육전원집상절(經濟六典元集詳節)』 3권과 『속집상절(續集詳節)』 3권

---

9) 『太祖實錄』 권1, 태조 1년 7월 28일 정미 3번째기사, "國號仍舊爲高麗; 儀章法制, 一依前朝故事."
10) 『定宗實錄』 권2, 정종 1년 8월 8일 을사 2번째기사, "經濟六典備載治國之要, 自今頒布中外, 遵守擧行. 違者, 內而憲司, 外而監司, 嚴加考察, 毋致廢弛."

이 완성되었다. 이를 검토한 후 이듬해 2월에 『경제육전원전(經濟六典元典)』, 『경제육전속전(經濟六典續典)』으로 공포·시행하였다.

세종 역시 즉위 초부터 법전 편찬에 뜻을 두어 세종 4년인 1422년 8월에 육전수찬색(六典修撰色)이란 임시관청을 설치하여, 이직(李稷) 등이 태종이 정한 편찬원칙에 따라 속전을 개수·증보하였다. 그리하여 세종 8년인 1426년 12월에 『신속육전(新續六典)』 6책과 『등록(謄錄)』 1책을 완성하여 예조(禮曹)에서 법전을 800벌 인쇄·반포할 것과 아울러 영구히 준수할 법령이 아닌 등록은 10벌만 인쇄할 것을 청하였는데, 세종은 그대로 따르면서 등록도 100벌을 인쇄하도록 하였다. 세종 10년인 1428년 11월에는 상정소(詳定所) 제조(提調) 성산부원군 이직 등이 『육전(六典)』 5권과 『등록(謄錄)』 1권을 편찬하여 올렸다. 그러나 아직 미진한 점이 있어 다시 하연(河演) 등에게 『신속육전』 및 『등록』을 개수하도록 하여, 1429년 3월에 완료되어 일단 반포하여 관리에게 배포하였다.

그러나 1430년에는 법전의 문체(文體)가 문제로 대두 되었다. 이두(吏讀)로 된 조준의 『경제육전』은 알기 쉬우나, 한문(漢文)으로 된 하윤(河崙)의 『원육전』은 이해하기 어려웠다. 하연(河演)은 『속육전』이 한문으로 되었으므로 『원육전』도 한문으로 해야 한다고 주장하였으나, 세종은 내용의 이해를 위해 양자의 병용을 명하였다. 이에 따라 세종 13년인 1431년 5월에는 "이두(吏讀)로 된 『원육전(元六典)』은 태조 때 이미 이룩된 법전이며, 또 중외(中外)의 관리들의 견문(見聞)이 익어서 준행하기가 편하고 쉬우니, 그것이 있는 강원도로 하여금 각판(刻板)의 깨어진 곳을 기워 인쇄하여 중외에 반행(頒行)하게 하고, 『상정원육전(詳定元六典)』은 거두어서 쓰지 말게 하시기를 청하나이다."11)라고 하여, 이두로 된 『경제육전』을 강원도에서 인쇄·반포하고 『상정원육전』은 회수하도록 하였다. 여기서 법전의 형식이나 권위보다 실제적인 활용, 즉 이해와 적용을 우선하였음을 알 수 있다.

그리고 새로 편찬한 『원육전』을 경연에서 강론하여, 1431년 10월에 집현전의 학사들이 평소에 의심하지 않다가 진강하면서 정밀하게 읽으면 의심하여 개정할 곳을 찾았다고 하였으며,12) 이듬해 육전 가운데 개정할 곳을 인쇄하여 반포할 것을 명하면서도, 미진했던지 상정소(詳定所) 제조 황희에게 찬진(撰進)토록 하였다.

상정소 도제조(都提調) 황희(黃喜) 등이 새로 편찬한 『경제속육전』을 올렸다. 그 전(箋)에 이르기를, "그윽이 듣건대, 옛 제왕이 천하의 국가를 다스릴 적에 모두 글을 만들어 당시 전장법도(典章法度)를 기록하여 한 시대의 제도로 삼았습니다. 이전 삼모(二典三謨)는 당(唐)·우(虞)의 법이요, 『주관』·『주례』는 성주(成周)의 법이옵니다. 삼가 생각하옵건대, 태조 강헌대왕(康獻大王)께서 성덕(聖德)이 운수에 응하사 집을 화(化)하여 나라를 이루었는데, 상신(相臣) 조준(趙浚) 등이 교조(教條)를 모아서 이름을 『경제육전』이라 하고, 간행(刊行)하여 백성과 더불어 함께 이 법을 지켰고, 태종 공정대왕(恭定大王) 때는 정승 하윤(河崙) 등이 『속전(續典)』을 편찬하였으며, 우리 주상 전하께서 위(位)를 이음에 미쳐 의정(議政) 이직(李稷) 등이 하윤의 편찬한 바를 이어서 구문(舊文)을 수정하여 올리자, 이미 성상께서 열람하심을 더하사 오히려 미진함이 있다 하시고 신 등에게 명하여 다시 찾고 검토하기를 더하게 하시고, 하윤·이직 등의 글과

---

11) 『世宗實錄』 권52, 세종 13년 5월 13일 병자 5번째기사, "吏續元六典, 太祖時已成之典, 且中外官吏見聞習熟, 遵守便易. 請令所在江原道, 修補板子刓缺處印之, 頒行中外, 詳定元六典, 則收取勿用."
12) 『世宗實錄』 권54, 세종 13년 10월 28일 기미 1번째기사, "上謂左右曰: 新撰六典, 政府六曹, 今已畢見乎? 疑處幾何? 安崇善曰: 歷覽之際, 生疑固難. 上曰: 予與經筵官講論, 然後刊行. 集賢殿儒輩平日讀書, 或不生疑意, 至於進講之書, 則用力精察, 故生疑處蓋多. 今六典亦令進講, 則必有生疑改正之處."

이서(二書)에 실리지 않은 영갑조건(令甲條件)을 가지고 자세히 채택을 더하여, 중복된 것을 버리고 번잡한 것은 깎았는데, 버리고 취함은 일체 재결을 받고, 좋은 것을 모아 책을 이루어『정전(正典)』여섯 권을 만들고, 또 일시적으로 소용되고, 오래 경과하지 아니한 법을 골라서, 별도로『등록(謄錄)』여섯 권을 만들어 정사하여 올리옵니다. 엎드려 바라옵건대, 중외에 반포하여 자손만대로 하여금 지키게 하오면 실로 종묘 사직의 무궁한 아름다운 일이옵니다." 하니, 임금이 주자소(鑄字所)에서 인쇄하기를 명하였다.[13]

즉, 미진한 부분을 제조인 황희(黃喜)로 하여금 더욱 검토·수정하게 한 후 이를『신찬경제속육전(新撰經濟續六典)』을 공포하고, 주자소에서 인쇄하도록 하였다.

특히『경제육전』은 편찬 책임자에 따라 조준육전(趙浚六典)·하륜육전(河崙六典)·이직육전(李稷六典)·황희육전(黃喜六典) 등으로 불리기도 하며, 원육전(元六典)·속육전(續六典)·등록(謄錄)은 편찬 연대에 의해 붙여진 법전명이다. 또한 이두원육전(吏讀元六典)·상정원육전(詳定元六典)은 이두가 혼용된 것에 따라 구분한 것이다.

도평의사사(都評議使司)의 부속기관으로 법령의 정비와 법전 편찬 업무를 관장하던 검상조례사(檢詳條例司)에서 영의정 조준에 의해

---

13)『世宗實錄』권59, 세종 15년 1월 4일 무오 3번째기사, "詳定所都提調黃喜等, 進新撰經濟續六典. 其箋曰：竊聞古昔帝王之治天下國家也, 莫不有成書以記當時典章法度, 以爲一代之制. 二典三謨, 唐虞之法也; 周官周禮, 成周之法也. 恭惟太祖康獻大王聖德應運, 化家爲國. 相臣趙浚等, 裒集敎條, 目曰經濟六典, 刊板流行, 與民共守. 太宗恭定大王時, 政丞河崙等, 乃撰續典, 及我主上殿下嗣位, 議政李稷等繼河崙所撰, 刪述舊文以進. 旣加淸燕之覽, 以爲猶有未盡, 爰命臣等, 更加搜討. 將河崙李稷等書及二書所不載令甲條件, 詳加採擇, 去其重複, 芟其繁蕪, 其去取一受睿裁, 會稡成書, 爲正典六卷. 又擇其一時所用非經久之法, 別爲謄錄六卷, 繕寫投進. 伏望頒諸中外, 使子孫萬世有所持守, 實社稷宗廟無疆之休. 上命鑄字所印之."

1397년(태조 6)에 12월 26일 반포된 것은 『원육전』이자 『이두육전』이다. 하륜 육전은 1413년(태종 13) 반포된 것으로, 조준 육전에서 이두를 빼고 한문으로 상정(詳定)한 『원육전』, 즉 『상정원육전』과 1397년 이후 수교조례(受敎條例)를 모아 편찬한 『속육전(續六典)』으로 구성되었다. 즉, 1407년 8월 18일 속육전수찬소(續六典修撰所)를 설치해 하륜(河崙)이 『경제육전』을 검토, 수정하여 1412년 4월 『경제육전원집상절(經濟六典元集詳節)』 3권을 완성하였다.

2. 편찬자 조준의 『주례』 인식

주공(周公)에 의해 제정된 것으로 전해지는 『주례』는 사회질서와 사회통합의 이념을 제도화한 것으로 유교적 이상사회를 제시하고 있다. 무엇보다 『주례』는 국가 체제와 관리의 직무를 규정한 것으로, 국가 체제와 관련하여 중앙행정 조직을 천·지·춘·하·추·동(天地春夏秋冬)의 육상(六象)에 따라 직제를 크게 천관(天官)·지관(地官)·춘관(春官)·하관(夏官)·추관(秋官)·동관(冬官)의 육관(六官)으로 나누고, 아래에 각 관직과 직무를 서술하는 형태로 되어 있다.

먼저 『주례』 「천관총재(天官冢宰)」에, "왕이 나라를 세움에 사방의 위치를 분별하고 군주와 신하의 위치를 바르게 하여, 나라의 체제를 세우고 들[野]을 경영하며, 관청을 세우고 직분을 나누어 백성이 지켜야 할 표준으로 삼았다. 이에 천관인 총재를 세워서 모든 관원을 통솔하게 하고, 육관의 직책을 총괄해서 왕(王:天子)을 도와 방국(邦國)을 고르게 한다."[14]고 하였다. 즉 『주례』에서 관직을 계획한 것은,

---

14) 『周禮』 「天官冢宰第一」, "惟王建國, 辨方正位, 體國經野, 設官分職, 以爲民極. 乃立天官冢宰, 使帥其屬而掌邦治, 以佐王均邦國."

한쪽으로 천지자연에 대한 인간의 객관적인 규율의 답습을 강조하고 다른 한쪽으로 인간 주체성의 작용을 보여주는 것으로, 자연 질서 속에 인간의 주체적인 인식과 작용의 발휘를 반영할 뿐만 아니라, 동시에 백관(百官)의 직분으로 나라를 나누어 통치하고 민중의 삶을 편안케 하여 천하의 사람들로 하여금 적당함을 얻게 하고, 위치를 잃지 않게 한다는 것이다.15)

구체적인 내용을 살펴보면, 주왕(周王) 아래 천관(天官) 대총재(大冢宰), 지관(地官) 대사도(大司徒), 춘관(春官) 대종백(大宗伯), 하관(夏官) 대사마(大司馬), 추관(秋官) 대사구(大司寇), 동관(冬官) 대사공(大司空)의 육관(六官)이 있다. 천관의 수장인 태재(大宰)의 직책은 "나라를 세우는데 필요한 6가지 법전(法典)을 관장하고 왕을 보좌하여 큰 나라와 작은 나라를 다스린다."16)고 하였다. 그리고 6가지 법전은 치전(治典), 교전(教典), 예전(禮典), 정전(政典), 형전(刑典), 사전(事典)으로 되어 있으며, 각 관 아래 60인(人)의 속관(屬官)이 있으므로 형식상 360관직이 된다.

그러나 현행『주례』는, 천관편에 태재(大宰) 이하 63관직, 지관편에 대사도(大司徒) 이하 78관직, 춘관편에 대종백(大宗伯) 이하 69관직, 하관편에 대사마(大司馬) 이하 67관직, 추관편에 대사구(大司寇) 이하 64관직, 동관편에 수인(輪人) 이하 31관직 등 모두 372관직을 망라해 각기 직무의 성격과 관장 사항을 서술하고 있다. 이 가운데 관직의 이름만 있고 내용은 유실된 것이 모두 16항목이나 된다.17) 즉, 선진(先秦) 시기 정치적 이상의 원본으로,『주례』의 주제는 관직을 천지사시

---

15) 唐巎麗,「≪周禮≫惠民制度思想的当代認識価值」『甘肅理論學刊』第5期 總第219期, 2013年 9月. 184쪽.
16)『周禮』「天官'冢宰」, "大宰之職, 掌建邦之六典, 以佐王治邦國."
17)『한국민족문화대백과사전』주례편 참조.

(天地四時)에 따라 관직을 만들고 그 직분을 밝혔는데, 이는 다분히 천인합일(天人合一)의 철학적 인식에서 나온 것이라 하겠다.

아울러 지방행정 조직은 향수제(鄕遂制)를 근간으로 하고 있다. 향(鄕)은 국(國)과 교(郊)의 편제로 야(野)와 차이가 있다.『대사도(大司徒)』에 따르면, "다섯 가(家)를 비(比)로 삼아 서로 보호하게 하고, 다섯 비를 여(閭)로 삼아 서로 의탁하게 하고, 네 여를 족(族)으로 삼아 장례를 돕게 하고, 다섯 족을 당(黨)으로 삼아 서로 재앙을 구제하고, 다섯 당을 주(州)로 삼아 서로 진휼하게 하고, 다섯 주를 향(鄕)으로 삼아 서로 어진 현자를 접대하게 한다."[18]고 하였으며, 각각은 비장(比長), 여서(閭胥), 족사(族師), 당정(黨正), 주장(州長), 향대부(鄕大夫)를 수장(首長)으로 한다.

수(遂)는 야(野)의 편제로, 「수인(遂人)」에 "다섯 가(家)를 인(鄰)으로 삼고, 다섯 인을 리(里)로 삼고, 네 리를 찬(酇)으로 삼고, 다섯 찬을 비(鄙)로 삼고, 다섯 비를 현(縣)으로 삼고, 다섯 현을 수(遂)로 삼는다."[19]고 했으며, 수장을 인장(鄰長), 이재(里宰), 장장(酇長), 비사(鄙師), 현정(縣正), 수사(遂師)라고 하였다. 향과 수를 막론하고 지방관의 주요임무는 백성에 대한 호적, 토지, 부세, 요역, 금지령, 소송, 예의 풍속 등을 관리한다고 하였다.[20]

이처럼『주례』는 중국 고대 정치·행정상 가장 이상적인 법전으로 역대 행정과 정치제도에 지대한 영향을 미쳤을 뿐만 조선조

---

18) 『周禮』「地官·大司徒」, "令五家爲比, 使之相保. 五比爲閭, 使之相受. 四閭爲族, 使之相葬. 五族爲黨, 使之相救. 五黨爲州, 使之相賙. 五州爲鄕, 使之相賓."
19) 『周禮』「地官·遂人」, "五家爲鄰, 五鄰爲里, 四里爲酇, 五酇爲鄙, 五鄙爲縣, 五縣爲遂."
20) 장동우,「王權과 禮治에 대한『周禮』의 문제의식」『동방학지』제133집, 연세대학교 국학연구원, 2006, 355쪽 참조.

의 학자 관료에게 많은 영향을 끼쳤다. 새로운 국가를 기획한 정도전은 『주례』의 이념을 조선에 펴보고자 일찌감치 『조선경국전』을 저술하였던 것이다.

『주례』이념을 중요시하는 자세는 도덕적 사회의 수립을 목표로 하여 사회통합을 이루고자 하는 다양한 제도의 수립을 지향하는 것으로 연결된다. 정도전을 비롯한 조선 건국자들의 유교적인 국가구상은 인간의 도덕적 생활이 제도적 개혁을 통하여 달성되는 것이 효과적이라고 생각하였다. 그들이 윤리적 가치를 실현시킬 수 있는 도덕적 사회에 대한 유교적 이상을 궁극목표로 설정하고 있으면서도 실제로 정치제도의 개혁을 일차적 과제로서 추진한 것은 바로 이러한 이유에서이다.

조선 초기에 진행되었던 국가의 기틀 확립작업에서 빠뜨릴 수 없는 것이 통치법전의 마련이었다. 고려조가 여러 법규와 관례를 제정하면서도 그것을 종합하여 통치의 기본이 될 수 있는 법전을 마련하지 않은 것을 감안하면, 조선조가 적어도 출발점에서는 법치국가를 지향하였음을 의미한다. 이 작업은 구체적으로 태조 3년 3월에 정도전에 의한 『조선경국전』의 찬진과 태조 6년 12월에 조준(趙浚)에 의한 『경제육전』의 간행으로 나타났다.

먼저 정총(鄭摠)은 『조선경국전』, 후서(後序)에서 "예로부터 천하국가의 치란과 흥망은 뚜렷하게 상고할 수 있다. 다스려지고 일어나게 된 것은 육전(六典)에 밝았기 때문이고, 어지러워지고 망하게 된 것은 육전(六典)에 어두웠기 때문이다. 고려말기는 정치 교화가 무너지고 기강이 퇴폐하여 이른바 육전(六典)이란 것은 이름만 있고 실속은 없었다."[21]라고 하여, 예로부터 천하국가의 치란(治亂)과 흥망

---

21) 『三峯集』卷8, 24면, 「朝鮮經國典下」, <後序>, "自古以來 天下國家之治亂興亡 昭然可考 其所以治且興者 以明夫六典也 其所以亂且亡者 以昧於

(興亡)은 육전의 실현 여부에 달려 있다고 하였다. 『조선경국전』 육전(六典)의 기본원리는 바로 『주례』의 기본정신을 계승하였으나, 이를 그대로 따른 것은 아니고 명칭상 약간의 차이가 있다. 『조선경국전』은 『주례』와 중국 역대의 제도를 참고한 것으로 『주례』에서 총재제도(冢宰制度)·빈흥제도(賓興制度)·병농일치제(兵農一致制) 등을 한·당(漢唐)의 제도에서 중앙집권 및 부국강병과 관련되는 군현제도(郡縣制度)·군사제도(軍事制度)·부세제도(賦稅制度) 등의 장점을 취합한 것이다.22) 이와 같이 정도전이 찬진한 『조선경국전』은 그의 사회 및 정치사상, 그리고 통치체제를 체계적으로 제시하고 있는 저작인데 이것의 밑바탕은 『주례』였던 것이다.23)

한편 조준(趙浚)의 책임 아래 태조 6년인 1397년 12월 26일에 "도당(都堂)에서 검상조례사(檢詳條例司)로 하여금 무진년 이후에 합당히 행한 조례를 책으로 쓰게 하여 제목을 『경제육전(經濟六典)』이라 하여 임금께 아뢰고, 중외(中外)에 인쇄하여 발행하였다."24)라고 하여, 조선조를 통치하는데 필요한 공식법전인 『경제육전』이 간행 반포되었다. 법전의 내용은 1388년(우왕 14) 위화도 회군 이후 태조 6년까지 합당히 행한 조례(條例)와 앞으로 엄격히 지켜야 할 법령을 수집·분류하여 만든 것이었다.

이후 이 법전은 비록 방언(方言)이 많다는 이유로 태종(太宗) 13년 2월 하륜(河崙) 등에 의해 문어(文語)로 개찬되기는 했지만,25) 세종

六典也 高麗氏之季 政敎陵夷 紀綱頹敗 所謂六典者 名存實亡."
22) 한영우, 『정도전 사상의 연구』, 서울대출판부, 1989, 4쪽 참조.
23) 정성식, 「『경국대전』의 성립 배경과 체제」『동양문화연구』 제13집, 영산대학교 동양문화연구원, 2013, 42쪽.
24) 『太祖實錄』 권12, 6年 12月 26日(甲辰條), "都堂, 令檢詳條例司, 冊寫戊辰以後, 合行條例, 目曰經濟六典, 啓聞于上, 刊行中外."
25) 『太宗實錄』 권25, 13年 2月 己卯條.

(世宗)대 이를 수정·증보하여 만든 『경제육전』 편찬의 기본 방향이 되는 등 조선시대의 전시대를 통한 법전편찬의 모태가 되었다.[26] 이러한 점은 『경제육전』이 『경국대전』에 이르는 과도적 산물임을 말해 주는 것이라 하겠다.

따라서 『경제육전』의 법 정신을 살펴보는 데 있어 당시 편찬 책임자인 조준의 『주례』에 대한 기본 인식을 살펴보는 것도 한 방법이 될 것이다. 그는 『주례』에 대해 다음과 같이 인식하였다.

> 삼가 살펴보건대 『주례』의 천관총재(天官冢宰)는 경 가운데 한 사람으로서 나라의 육전(六典)을 맡아서 왕을 보좌하여 나라를 다스렸으며, 사도(司徒) 이하는 각기 자기 직분에 따라 총재에게 소속되었습니다. 육경(六卿)에 딸린 속관이 또한 360직위가 있었으니, 360직위는 육경에 통솔되었고, 육경은 또 총재에게 통솔되었습니다. 관직의 많고 적음과 명의(名義)의 연혁이 시대별로 같지 않으나 대의는 이 육부(六部)의 범주를 벗어나지 않았습니다.[27]

즉, 이는 『주례』「천관편」에 "태재의 직책은 나라를 세우는데 필요한 6가지 법전(法典)을 관장하고 왕을 보좌하여 큰 나라와 작은 나라를 다스린다."[28]고 하여, 천관의 수장인 태재(大宰)의 직책은 물론 사도 이하 직책에 대해 정확하게 인식하고 있다.

특히 조선이 건국하고 직제를 설치할 때 "우리 태조께서 나라를 개국한 초기에 관직을 창설하고 직무를 분장하면서 재상을 두어 육

---

26) 『世宗實錄』 권59, 15年, 正月 戊午條.
27) 『松堂集』 권3, 「陳時務疏」, "謹按周禮天官, 冢宰以卿一人掌邦之六典, 以佐王治邦國, 其司徒以下, 各以其職聽屬焉. 而六卿之屬, 又有三百六十, 是則三百六十之屬統於六卿, 而六卿又統於冢宰也. 官職之增損, 名義之沿革, 代有不同, 大義不出乎此六部也."
28) 『周禮』 「天官冢宰」, "大宰之職, 掌建邦之六典, 以佐王治邦國."

부를 통솔하게 하고, 감(監)·시(寺)·창(倉)·고(庫)를 두어 육부에 속하게 하였으니, 이는 매우 훌륭한 제도였습니다."29)라고 『주례』의 육전(六典)을 본 받아 육부(六部)로 하였음을 밝히고 있다. 그러나 법이라고 하는 것은 시간이 지나면 폐단이 생긴다고 하면서 백관의 근본이자 정사의 원천인 육부에 대해 업무 재조정을 건의하였다.

 육부는 백관의 근본이자 정사의 원천입니다. 근본이 어지러운데 지엽이 다스려지는 경우는 없습니다. 이렇게 되면 뭇 신료와 여러 관사(官司)가 어지러이 흩어져 통제가 없어지고, 각기 자기 업적에 대해 노력하지 않기 때문에 결국 헛된 이름만 남고 실상은 없게 됩니다. 따라서 비록 임금과 재상이 근심하고 수고하더라도 정사가 잘되어 성과를 올리기는 역시 기대하기 어려울 것입니다. 신들은 바라건대 육전의 사무를 육부에 귀속시키고 각 관사를 육부에 분속시켜 …… 각기 자기의 직분을 갖고서 아래에서 명령을 실행하게 하여 큰 사무는 육부의 낭관들이, 작은 일은 육색(六色)의 담당자가 시의적절하게 받들어 시행하게 하십시오.30)

이처럼 조준은 육부(六部)의 중요성에 대해 다시 한번 강조하고, 백관(百官)의 근본인 육부가 정사(政事)가 나오는 곳이기 때문에 육부가 제 기능을 제대로 발휘할 수 있도록 『주례』의 육전(六典)에 대한 사무를 육부에 귀속시킬 것을 주장하였다.

임금과 재상의 역할도 "임금의 직분은 재상을 논평하는 것 뿐이고, 재상의 직분은 군자를 추천하고 소인을 물리쳐 백관을 바로잡는 데 있을 뿐입니다. 재상을 제대로 얻으면 천하도 다스려질 것인데, 하물며 한 나라의 정치야 이를 것이 있겠습니까."31)라고 하여, 『주

---

29) 『松堂集』 권3, 「陳時務疏」, "洪惟我太祖開國之初, 設官分職, 置宰相以統六部, 置監寺倉庫以承六部, 甚盛制也."
30) 『松堂集』 권3, 「陳時務疏」, "人主之職, 論相而已, 宰相之職, 進君子退小人, 以正百官而已. 相得其人, 則天下理矣, 況一國之政乎."

례』의 육관(六官)제도를 재현시키고자 하였다. 뿐만 아니라 조준은 "왕[太宗]이 이르기를 대체로 인심은 인자(仁者)를 좋아하는 것인데 건문제(建文帝)는 인(仁)에 관대했음에도 망했고, 영락제(永樂帝)는 형벌과 살인을 많이 행했음에도 흥한 이유는 무엇인가? 이에 조준이 대답하기를 '다만 인(仁)에 관대함을 알았을 뿐 기강을 세우지 않았기 때문입니다.'라고 하였다."32)라고 하여, 태종이 명나라 제2대 황제인 건문제가 인정(仁政)을 베풀었어도 망했고, 3대 황제인 영락제는 형벌과 살인을 많이 했음에도 흥한 이유가 무엇인가에 대한 질문에 조준은 건문제가 망한 이유에 대해 기강을 바로 세우지 않았기 때문이라고 설명하고 있다. 즉, 이는 인정에 앞서 기강을 확립할 수 있는 법제(法制)가 우선되어야 함을 강조한 것이다.

    옛날에 나라를 다스리는 사람은 반드시 기강을 먼저 세웠으니, 나라에 기강이 있는 것은 몸에 혈맥이 있는 것과 같습니다. 몸에 혈맥이 없으면 기운이 통하지 않고, 나라에 기강이 없으면 법령이 행해지지 않으니, 법령이 행해지지 않으면 나라가 나라의 구실을 하지 못합니다. 전하께서 즉위하신 후 언로(言路)를 크게 열어 놓아 상신(相臣)과 헌신(憲臣)들이 각각 시무에 관한 의견을 진술하였습니다. 그러나 묵은 폐단은 겨우 고쳐졌으되 새 법은 아직 시행되지 않으니, 원성이 크게 일어나고 기강이 문란해져 병이 혈맥부터 고황(膏肓)까지 미친 것과 같아서, 비록 편작(扁鵲)이 있다 해도 갑자기 다스릴 수 없는 지경입니다. 원하건대 이제부터 판부(判付)한 법제를 간행하여 시행함으로써 금석처럼 견고하게 하고 백성이 사

---

31) 『松堂集』권3, 「陳時務疏」, "蓋六部, 百官之本, 而政事之所出也. 本亂而末治者, 未之有也. 於是百僚庶司, 渙散無統, 不務庶績, 名存而實亡. 雖君相憂勤, 而政事之修擧其亦難矣. 臣等願以六典之事, 歸之六部, 以各司分屬乎六部宰臣, (……) 各以其職聽命於下, 大事則六部郞, 小事則六色掌, 以時奉承行移."

32) 『太宗實錄』권8, 4年 9月 己酉條, "上曰大抵人心, 懷于有仁, 建文寬仁而亡, 永樂多行刑殺, 而興何也. 浚對曰, 徒知寬仁, 而紀綱不立故也."

시(四時)같이 믿을 수 있게 하여, 감히 법을 어기거나 금령에 저촉되는 자가 있으면 일체 헌사에 회부하여 다스리게 하십시오.33)

즉, 조준에 의하면 나라에 기강(紀綱)이 있는 것은 몸의 혈맥(血脈)과 같아 혈맥이 없으면 기운이 통하지 않은 것처럼 나라에 기강이 없으면 법치를 이룰 수 없고, 기강은 법령을 통한 법제에 의해서만 유지된다고 보았다.

이처럼 조준이 기강을 강조한 이유는 인정(仁政)을 궁극적인 목표로 하지만 좀더 구체적이고 현실적인 면에 치중함으로써 고려 말의 제 혼란을 수습하려고 했기 때문이다. 이처럼 조준은 법제를 중요시하였기 때문에 자연히 그의 개혁안도 현실지향적이라고 할 수 있다.34) 특히 조준은,

경(敬)이라는 한 글자는 제왕이 거룩하게 되는 기본이며, 공(公)이라는 한 글자는 제왕이 훌륭한 정치를 이루는 근본입니다. 원하건대 전하께서는 위로 황천이 굽어보심을 두려워하시고, 아래로 억조창생이 우러러보는 것을 두려워하십시오. 한 사람에게 상을 내릴 때는 상제께서 선한 이에게 복을 주는 마음에 맞지 않을까 두려워하며, 한 사람에게 벌을 내릴 때는 상제께서 악한 자에게 화를 내리는 뜻에 어긋날까 두려워하시어, 뭇사람이 기뻐하면 상을 내리고 뭇사람이 버리면 형벌에 처하되, 해진 바지라도 반드시 간직하고 한번의 웃음조차 반드시 아껴야 하며, 벼슬 하나를 제수

---

33) 『松堂集』 권4, 「陳時務第三疏」, "古之爲國者, 必先立紀綱, 國之有紀綱, 猶身之有血脈也. 身無血脈, 氣有所不通, 國無紀綱, 令有所不行, 法令不行, 國非其國矣. 殿下卽位, 大開言路, 相臣憲臣, 各陳時務. 然舊弊甫革, 新法不行, 怨讟方興, 紀綱紊亂, 病自血脈, 達于膏肓, 雖有扁鵲, 卒難治也. 願自令判付法制, 刊板施行, 堅如金石, 信如四時, 敢不犯法,觸禁者, 一委憲司治之."

34) 정성식, 「松堂 趙浚의 時務論 硏究」 『동양철학연구』 제22집, 동양철학연구회, 2000, 11-12쪽.

할 때는 '이 사람이 과연 군자로서 하늘이 부여한 직분을 다스리고 하늘이 맡긴 백성을 기를 수 있을까? 하늘이 나에게 죄를 내리지 않을까?' 하고 반성하여야 할 것입니다.35)

라고 하여, 왕의 마음 자세를 중시하였을 뿐 아니라 임금의 학문에 대한 태도도 중시하였다.

이제(二帝)·삼왕(三王)은 모두 학문을 통하여 훌륭한 정치를 이룩하였으니, 정(精)하게 하고 한결같이 하여 중도(中道)를 잡음은 요순의 학문이요, 중도를 세우고 표준을 세움은 탕왕(湯王)과 무왕(武王)의 학문입니다. 원하건대 전하께서는 경사(經史)에 정통하고 마음씨가 바른 큰 선비를 뽑아서 날을 번갈아 입직(入直)하게 하여, 경사를 강론하고 정치의 방도를 연구하여, 선왕의 빛나는 업적을 이어 밝히는 학문을 이룩하십시오.36)

특히 고려에서 조선으로 왕조 교체로 인해 새로운 국가 체제와 통치 이데올로기가 요청됨으로 조선조는 인정(仁政)을 표방하기 시작하였다. 인정(仁政)은 바로 신생 국가의 정치이념으로, 이는 조선조 최초의 사찬 법전인 『조선경국전』을 지은 정도전도 인정(仁政)은 다름 아닌 백성의 마음을 얻는 것으로 백성의 마음을 얻는 것은 힘이나 지혜로써가 아니라 덕(德)으로써 인정을 행하는 것 뿐이라고 하였다.37) 그리고 인정은 민생의 안정을 목표로 해야 하며, 민생을 안

---

35) 『松堂集』 권4, 「陳時務第二疏」, "二帝三王, 莫不由學, 精一執中, 堯舜之學, 建中建極, 湯武之學. 願殿下, 擇鴻儒之通經史正心術者, 更日入直, 討論經史, 商確治道, 以成緝熙光明之學."
36) 『松堂集』 권4, 「陳時務第二疏」, "敬之一字, 帝王所以作聖之基, 公之一字, 帝王所以致治之本. 願殿下上, 畏皇天之監臨, 下畏億兆之瞻仰. 賞一人, 則恐不合於上帝福善之心, 罰一人, 則恐不合於上帝禍淫之鑑, 衆悅而後賞, 衆棄而後刑, 弊袴必藏, 一笑必惜, 命一官則曰, 斯人也果君子, 而可以理天工, 可以養天民, 而天不罪我乎."

정시키기 위해선 무엇보다 토지제도의 균등이 요구된다. 조선 건국의 주요인물 가운데 한 사람인 조준은 인정(仁政)을 이루기 위한 방책으로 다음과 같이 말한다.

> 전제(田制)를 바로 세워 나라의 재용을 넉넉하게 하고 백성의 살림을 부유하게 하며, 인재를 가려 나라의 기강을 떨치고 정령을 시행되게 하는 것은 당장 해야 할 급선무입니다. 나라의 운수가 좋고 나쁜 것은 백성이 잘사는가 못사는가에서 비롯되는 것이요, 백성이 잘살고 못사는 것은 전제가 균등하게 적용되는지 여부에 달려 있는 것입니다. 문왕(文王)・무왕(武王)・주공(周公)이 정전제(井田制)를 실시하여 백성을 길렀기 때문에 주(周)나라는 800여 년간이나 천하를 통치할 수 있었고, 한(漢)나라는 전세(田稅)를 가볍게 거두었기 때문에 400여 년간 천하를 통치할 수 있었으며, 당(唐)나라는 백성에게 토지를 고르게 배분하였기 때문에 거의 300년 가까이 천하를 통치할 수 있었습니다. 진(秦)나라는 정전제를 없애고 천하를 얻었기 때문에 2세 만에 망하였고, 신라 말에는 토지를 고르게 배분하지 않고 부세를 무겁게 거두어 도적이 대거 일어났습니다.[38]

조준은 당시 급선무로 전제(田制) 개혁과 인재 선발을 들었다. 그는 주(周)나라는 정전제(井田制)로, 한(漢)나라는 부전세(薄田稅)로, 그리고 당(唐)나라는 균전제(均田制)로 성업을 이룬 반면 진(秦)은 정전제(井田制)를 무너뜨리고, 신라는 균전제(均田制)를 지키지 못

---

37) 『三峯集』 권7,「朝鮮經國典上」, <正寶位>, "得其心則服之, 不得其心則去之, 去就之間, 不容毫髮焉. 然所謂得其心者, 非以私意苟且而爲之也. 非以違道干譽而致之也, 亦曰仁而已矣. 人君, 以天地生物之心爲心, 行不忍人之政, 使天下四境之人, 皆悅而仰之若父母, 則長享安富尊榮之樂, 而無危亡覆墜之患矣. 守位以仁, 不亦宜乎."

38) 『松堂集』 권3,「論田制疏」, "正田制而足國用厚民生, 擇人材而振紀綱擧政令, 此當今之急務也. 國祚之長短, 出於民生之苦樂, 而民生之苦樂, 在於田制之均否. 文武周公, 井田以養民, 故周有天下八百餘年, 漢薄田稅而有天下四百餘年, 唐均民田, 而有天下幾三百年. 秦毀井田, 得天下二世而亡, 新羅之末, 田不均而賦稅重盜, 賊群起."

했기 때문에 망했다는 것이다. 요컨대 토지 제도를 바로잡아 백성의 삶이 안정되면 국가의 정사(政事)는 저절로 이루어진다는 것이다.39) 이러한 조준의 전제개혁은 다분히 『맹자』의 정전제(井田制)를 연상케 한다.

> 필전을 시켜서 정전법에 관해서 물어보게 하였는데, 맹자께서 말씀하시기를, "선생의 임금이 어진 정치를 행하려고 선생을 뽑아 보내셨으니, 선생은 반드시 노력하셔야 할 것입니다. 어진 정치는 반드시 경계를 정하는 것으로부터 시작됩니다. 경계가 바르지 않으면 정지가 고르지 않으며, 곡록이 고르지 않을 것이니, 이러므로 포악한 임금과 탐관오리들은 반드시 경계를 정하는 것을 소홀히 하니, 경계를 정하는 것이 바르면 밭을 나누고 녹을 제정하는 것은 앉아서 정할 수 있습니다.40)

즉, 맹자(孟子)에 의하면 "어진 정치는 반드시 경계(經界)를 정하는 것으로부터 시작되며, 경계가 바르지 않으면 정지(井地)가 고르지 않을 뿐 아니라 곡록(穀祿)도 고르지 못하게 된다."고 하였던 것이다. 이처럼 조준은 맹자의 인정(仁政)에 바탕한 개혁을 주장하였던 것이다. 이러한 조준의 국량(局量)에 대해 졸기(卒記)에는 다음과 같이 평가하였다.

> 준(浚)은 국량(局量)이 너그럽고 넓으며, 풍채(風采)가 늠연(凜然)하였으니, 선(善)을 좋아하고 악(惡)을 미워함은 그의 천성(天性)에서 나온 것이었다. 사람을 정성으로 대접하고 차별을 두지 아니하며 현재(賢才)를 장려 인도하고, 엄체(淹滯)를 올려 뽑되, 오직 미치지 못할까 두려워하며,

---

39) 정성식, 「『경국대전』의 성립 배경과 체제」 『동양문화연구』 제13집, 영산대학교 동양문화연구원, 2013, 43쪽.
40) 『孟子』 「滕文公上」, "使畢戰, 問井地. 孟子曰 子之君, 將行仁政, 選擇而使子, 子必勉之. 夫仁政, 必自經界始, 經界, 不正, 井地不均, 穀祿不平. 是故, 暴君汚吏, 必慢其經界, 經界旣正, 分田制祿, 可坐而定也."

조그만 장점(長點)이라도 반드시 취(取)하고, 작은 허물은 묻어두었다. 예위(禮闈: 禮曹)를 세 번이나 맡았는데, 적격자라는 이름을 들었다. 이미 귀(貴)하게 되어서도 같은 나이의 친구를 만나면, 문(門)에서 영접하여 관곡(款曲)히 대하고, 조용히 손을 잡으며 친절히 대하되, 포의(布衣) 때와 다름이 없이 하였다. 사학(史學)에 능하고, 시문(詩文)이 호탕(豪宕)하여, 사람됨과 같았다. 문집(文集) 약간 권(卷)이 있다. 일찍이 검상조례사(檢詳條例司)로 하여금 국조 헌장조례(國朝憲章條例)를 모아 이를 교정하여 책을 만들게 하고, 이름을 『경제육전(經濟六典)』이라 하여 중외(中外)에 간행(刊行)하였다.41)

조준은 국량(局量)이 너그럽고 넓으며, 풍채(風采)가 늠연(凜然)하였으니, 선(善)을 좋아하고 악(惡)을 미워함은 그의 천성(天性)에서 나왔다고 높이 평가하였다.

이상에서 고찰한 바와 같이 조준은 유학자로서 다 같이 도덕적 왕도정치를 이상으로 생각하면서도 법제를 적극적으로 수용하는 현실 지향적인 측면을 아울러 지니고 있었다. 즉 그들은 덕치를 최고의 통치로 여기는 바지만, 이것이 적절하게 구현되어지기 어려운 상황이라면, 법제의 완비를 통한 법치도 현실적으로 부정될 수 없다고 본 것이다. 이러한 그들의 사상적 입장을 '변통적 특성'으로 규정할 수 있을 것이다. 다만 그들이 긍정한 '형벌의 범위'는 '객관적 법제의 엄격성' 즉 『주례』의 정신에서 벗어난 것은 아니었다. 따라서 그들은 유교적 전장제도에 대해 많은 관심을 표명하였고, 이것의 현실적 구

---

41) 『太宗實錄』 권9, 태종 5년 6월 27일 신묘 1번째기사, "浚宇量寬弘, 風采凜然, 好善嫉惡, 出於天性, 待人以誠, 不設封畛, 獎引賢才, 振拔淹滯, 唯恐不及, 寸長必取, 而略其小過. 三掌禮闈, 號爲得人. 旣貴, 遇同年故舊, 迎門款曲, 握手從容, 無異布衣時. 長於史學, 爲詩文豪宕如其人. 有集若干卷. 嘗使檢詳條例司, 裒集國朝憲章條例, 檗括成書, 名曰經濟六典, 刊行中外."

현을 위해 다양한 변법개혁론을 주장하게 되었다.

3. 경제육전의 법제사적 의의

지금까지 『경제육전』의 편찬 과정과 조준의 『주례』 인식에 대해 살펴보았다. 『경제육전』은 도평의사사(都評議使司)의 부속기관인 검상조례사(檢詳條例司)에서 조준(趙浚)의 책임 하에 태조 6년인 1397년 12월 26일에 공포 시행된 조선 시대 최초의 법전으로, 흔히 『경제원육전(經濟元六典)』 또는 『원육전(元六典)』이라고도 한다.

그러나 이 법전은 시행된 지 얼마 되지 않아 곧 바로 개찬작업이 추진되어, 태종 7년인 1407년에 『속육전(續六典)』이 편찬되었으며, 1412년 4월에 『경제육전원집상절(經濟六典元集詳節)』 3권과 『속집상절(續集詳節)』 3권이 완성되었으나, 이를 검토한 후 이듬해 2월에 『경제육전원전(經濟六典元典)』, 『경제육전속전(經濟六典續典)』으로 공포·시행하였다.

또 세종 즉위 초부터 법전 편찬에 뜻을 두어 세종 4년인 1422년 8월에 육전수찬색(六典修撰色)이란 임시관청을 설치하여, 이직(李稷) 등이 태종이 정한 편찬원칙에 따라 속전을 개수·증보하였다. 이어 세종 8년인 1426년 12월에 『신속육전(新續六典)』 6책과 『등록(謄錄)』 1책을 완성하여 반포하였으며, 세종 10년인 1428년 11월에는 상정소(詳定所) 제조(提調) 성산부원군 이직(李稷) 등이 『육전(六典)』 5권과 『등록(謄錄)』 1권을 편찬하였다. 다시 하연(河演) 등에게 『신속육전』 및 『등록』을 개수하도록 하여, 1429년 3월에 완료되어 일단 반포하여 관리에게 배포하였다. 그러나 1430년에는 법전의 문체(文體)가 문제로 대두되었다. 이두(吏讀)로 된 조준의 『경제육전』은 알기 쉬우나, 한문

(漢文)으로 된 하륜(河崙)의 『원육전』은 이해하기 어려웠다. 하연(河演)은 『속육전』이 한문으로 되었으므로 『원육전』도 한문으로 해야 한다고 주장하였으나, 세종은 내용의 이해를 위해 양자의 병용을 명하였다. 세종은 또 황희(黃喜)에게 검토·수정하게 해 『신찬경제속육전(新撰經濟續六典)』을 공포하고, 주자소에서 인쇄하도록 하였다. 따라서 『경제육전』은 편찬 책임자에 따라 조준육전(趙浚六典)·하륜육전(河崙六典)·이직육전(李稷六典)·황희육전(黃喜六典) 등으로 부리기도 하였다.

특히 편찬 책임자인 조준은 <진시무소(陳時務疏)>에서 6부의 중요성에 대해 강조하고, 백관(百官)의 근본인 6부에서 정사(政事)가 나오는 곳이라 하여, 『주례』의 육관(六官)제도를 재현시키고자 노력하였다.

제 7 장

『경국대전』의 체제와 후대 법전에 끼친 영향

조선이라는 신왕조 건설에 참여한 인사는 크게 이성계를 중심으로 한 무인세력과 성리학을 이념적 바탕으로 한 신흥사대부들이다. 특히 신흥사대부를 대표하는 정도전은 『불씨잡변(佛氏雜辨)』을 지어 고려왕조의 지배 이념이었던 불교를 배척하고 당시 원(元)으로부터 수용된 주자(朱子) 성리학(性理學)을 지배 이념으로 하는 신왕조 건설에 박차를 가했다. 정도전은 "조선 건국의 이념은 물론 관료체제의 정비까지 그가 관여하지 않은 곳이 없을 정도로 조선이라는 한 국가가 온전이 그의 손에 의해 탄생되었다고 보아도 무방하다."[1]고 하겠다.

정도전은 "새 왕조가 만세 동안 규범으로 삼아야 할 통치 조직을 확립하기 위하여 1394년(태조 3)에 『조선경국전』을 찬진하였으며, 1395년(태조 4)에 『감사요약』과 『경제문감』을, 1397년(태조 6) 『경제문감별집』을 각각 저술"하였는데 "이들 저술은 조선 왕조 통치조직의 초석이 되었을 뿐 아니라 뒤에 『경제육전』 및 『경국대전』의 편찬에 지대한 영향을 끼쳤다고 하겠다."[2]

특히 조선은 건국초기부터 법전 편찬에 심혈을 기울였는데, 정도

---

1) 김인규, 「『朝鮮經國典』에 나타난 『周禮』 이념」 『온지논총』 제52집, 온지학회, 2017, 101쪽.
2) 김인규, 「『朝鮮經國典』에 나타난 『周禮』 이념」 『온지논총』 제52집, 온지학회, 2017, 102-103쪽.

전이 1394년(태조 3)에 편찬한 『조선경국전』이, 1397년(태조 6)에 조준이 주관 편찬한 『경제육전』, 1413년(태종 13)에 『경제속육전』, 1426년(세종 8)에 『경제신찬육전』의 편찬을 이어 1455년(세조 1)에 새로운 법전의 편찬을 위한 육전상정소(六典詳定所)를 설치하고 본격적인 편찬 작업에 들어 간지 11년 만에 『경국대전』이 완성되었지만, 바로 시행하지 않고 1485년(성종 16)에 전면적으로 시행되었다.

『경국대전』은 "국가를 경영하고 다스리는데 필요한 국가의 큰 법전"을 일컫는 말로,[3] 조선 건국 후 약 1세기 동안의 법령들을 정리한 법전이라는 뜻이다. 조선 초기 법전에 수록된 법조문은 "전형적인 행정 입법 과정의 결과물"이었다고 해도 과언이 아니다.[4]

따라서 조선은 "『경국대전』 편찬을 통해서 예와 법의 관계에 대한 유교적 이해와 판단을 조선의 관점에서 공식화하고자 했으며, 이 과정에서 조선은 예(禮)의 형식적 성문화(成文化)를 실현함으로써 유교이념의 합법적·합리적 실천을 추구했다. 특히 『경국대전』은 『주례』의 체제를 전반적으로 따르고 있다는 점에서, 『주례』를 통해 예의 성문화를 시도했던 중국의 경험을 조선 사회에 적용한 구체적인 실례였다."[5]고 하겠다.

그렇다면 『경국대전』에 담겨져 있는 주례 이념, 즉 유교적 정치 이념이란 과연 무엇인가? 조선을 건국한 핵심 세력인 신흥사대부들은 "정령으로 이끌고 형벌로 다스리면 백성은 형벌만 면하면 부

---

[3] 김재문, 『경국대전의 편찬과 법이론 및 법의 정신』, 아세아문화사, 2007, 20-24쪽.

[4] 정긍식, 「국가 경영의 원대한 기획 경국대전」 『한국의 고전을 읽는다』 4권(역사·정치), 휴머니스트, 2006, 186쪽 참조.

[5] 최연식·송경호, 「『경국대전』과 유교국가 조선의 예치(禮治) : 예(禮)의 형식화 과정을 중심으로」 『사회과학논집』 제38집 1호, 연세대학교 사회과학연구소, 2007년 봄, 55쪽.

끄러움이 없다. 덕(德)으로 이끌고 예(禮)로 다스리면 부끄러워할 줄 알고 또 바르게 된다."6)고 한 공자(孔子)의 말에 따라, 법치주의(法治主義)보다 이상적인 덕치주의(德治主義) 또는 예치주의(禮治主義)를 선호하였다. 그렇지만 현실 정치에서는 법치를 무시할 수 없었기 때문에 유교적 예치 이념의 법제화를 표방한 것이 바로『경제육전』과『경국대전』이었으며, 이후『속대전』,『대전통편』,『대전회통』의 편찬도 이러한 연유에 기인하였던 것이다. 즉,『경국대전』을 비롯한 조선조의 법전 편찬은 "유교적 예치국가를 건설하고자 한 조선 전기의 경세가(經世家)들에 의해 만들어 졌지만 외유내법적(外儒內法的)인『경국대전』의 체제의 특성을 말미암아 조선은 점차 예(禮)보다 치(治) 중심의 사회로 변질되어 간 것으로 판단된다."7)고 하였지만, 분명『경국대전』은 예치(禮治)를 강조했음 또한 간과할 수 없다 하겠다.

1. 조선조의 통치이념과 법전 편찬

'조선조 500년을 지속시킨 저력은 어디에 있을까?'라는 물음은 조선정치사 연구의 중요한 화두였으며, 이를 유교적 이념성에서 답을 찾으려는 논의가 주류를 이루었다. 이른바 "유교국가론으로 지칭되는 이 논리에 따르면, 유교를 국가 시책의 기본 이념으로 받아들인 조선 초기의 국가 정책에서 의례(儀禮)를 정비하고 보급하는 것이 창업자들의 시급한 정책 과제였다."8)는 것이다.

---

6) 『論語』「爲政」, 제3장, "子曰, 道之以政, 齊之以刑, 民免以無恥. 道之以德, 齊之以禮, 有恥且格."
7) 박현모, 「경국대전의 정치학 : 예치국가의 이념과 실제」『한국정치연구』제12집 제2호, 서울대학교 한국정치연구소, 2003, 127쪽.

특히 조선왕조의 정치체제는 중앙집권적 양반관료제로, 단순히 관제상의 문·무반을 뜻하던 고려시대의 양반제도와 달리, 조선시대에 관료가 될 수 있는 신분층, 곧 사대부 계층이 따로 생겼음을 의미한다. 조선 건국을 추진한 신진사대부의 학문은 성리학이었으며, 건국 후 국가의 장려 아래 크게 발달하였다. 주자하다시피 성리학은 인간의 본성을 선(善)한 것으로 파악하고, 이를 통해 유교적인 교화 정치의 이론적 근거를 찾는 학문이자 우주 만물의 원리를 밝혀내려는 이론 유학이기도 하다.

조선이 개국한 후 가장 먼저 관심을 가진 것은 법전편찬이었다. 조선이 출발한 지 2년 뒤에 정도전이 국가의 기본 틀을 규정한 지침서라고 할 수 있는 『조선경국전』을 찬진한 배경에 대해 "도승지 신 상경(尚敬)이 신을 위하여 구계(具啓)한 것을 받았사온데, 그것은 신에게 『조선경국전』을 지어 올리라는 것이어서, 교서를 받들고 지어 올리는 것입니다."9)라고 하여, 정도전이 『조선경국전』을 찬진한 것은 왕명에 의한 것임을 분명히 하고 있다. 아울러 내용도 "(태조가) 이에 부명(符命)을 잡고 도참(圖讖)을 받아 비로소 홍휴(鴻休 : 개국)의 운수를 열었으니, 강기(綱紀)를 세우고 베풀어 자손에 대한 계책을 해야 하므로, 주(周) 육관(六官)의 이름을 모방하여 조선 일대의 법전을 세우는 것입니다."10)라고 하여, 강기를 세우고 베풀어 자손에 대한 계책을 세우기 위해 『주례』를 모방하여 6전 체제로 했다."는 것이다.11)

---

8) 신복룡, 「『경국대전』을 통해서 본 조서왕조의 통치이념」『일감법학』제17호, 건국대학교 법학연구소, 2010, 99-100쪽 참조.
9) 『三峯集』권3, 「箋」, <撰進朝鮮經國典箋(甲戌)>, "伏承都承旨臣尙敬爲臣具啓, 令臣投進所撰朝鮮經國典奉敎投進者."
10) 『三峯集』권3, 「箋」, <撰進朝鮮經國典箋(甲戌)>, "秉錄膺圖, 肇啓鴻休之運, 立經陳紀, 以詒燕翼之謀, 倣成周六官之名, 建朝鮮一代之典."

이미 앞에서 설명한 바와 같이 정도전은 『주례』를 그대로 모방하지 않고 치전(治典)·예전(禮典)·정전(政典)은 그대로 수용했지만, 교전(敎典)은 부전(賦典), 형전(刑典)은 헌전(憲典), 사전(事典)은 공전(工典)으로 당시 현실에 맞게 바꾸었는데,12) 조문은 전하지 않고 육전(六典)마다 총서(摠序)와 항목별 개요라고 할 수 있는 소서(小序), 헌전의 후서, 정총(鄭摠)의 서문(序文)이 남아 있다.

특히 정총의 서문에 의하면, "이 책은 고려 말 개혁파 사류(士類)의 집권 이후 발표한 수교를 모으고, 여기에 정도전 자신이 수정하거나, 새로운 내용을 추가하여 편찬한 것으로 보인다. 정총은 "천하 국가의 치란과 흥망은 뚜렷하게 상고할 수 있다. 치흥(治興)하게 된 것은 육전에 밝았기 때문이고, 난망(亂亡)하게 된 것은 육전에 어두웠기 때문이다."13)라고 하면서, 고려의 패망을 "고려 말기는 정치 교화가 무너지고 기강이 퇴폐하여 이른바 육전이란 것은 이름만 있고 실속은 없었다."14)라고 하여, 육전의 명목만 있고 실속이 없기 때문이라고 하였다. 즉, 천하 국가의 치란과 흥망은 육전에 밝으냐 않느냐에 달려 있다는 것이다."15)

정도전은 『조선경국전』에서 "총재라는 것은 위로 군부를 받들고 밑으로 백관을 통솔하며 만민을 다스리는 것이니, 직책이 매우 큰

---

11) 김인규, 「『朝鮮經國典』에 나타난 『周禮』 이념」 『온지논총』 제52집, 온지학회, 2017, 103-104쪽.
12) 김인규, 「예 이념의 전개와 국가례 - 『주례』와 『조선경국전』을 중심으로」 『온지논총』 제38집, 온지학회, 2014, 23쪽.
13) 『三峯集』 권8, 「朝鮮經國典」, <序文(鄭摠)>, "天下國家之治亂興亡, 昭然可考. 其所以治且興者, 以明夫六典也. 其所以亂且亡者, 以昧於六典也."
14) 『삼봉집』 권8, 「조선경국전」, <序文(鄭摠)>, "高麗氏之季, 政敎陵夷, 紀綱頹敗, 所謂六典者, 名存實亡."
15) 김인규, 「『朝鮮經國典』에 나타난 『周禮』 이념」 『온지논총』 제52집, 온지학회, 2017, 105쪽.

것이다. 또 인주의 자질은 어리석은 자질도 있고 현명한 자질도 있고 강력한 자질도 있고 유약한 자질도 있어 한결같지 않으니, 총재는 인주의 아름다운 점은 순종하고 나쁜 점을 바로잡아, 옳은 일은 받들고 옳지 않은 것은 막아서, 인주로 하여금 대중(大中)의 지경에 들게 해야 한다. 그러므로 상(相)이라 하니, 보상(輔相) 한다는 뜻이다."16)라고 하여, 재상정치론을 피력하였다. 정도전이 "재상정치론을 편 이유는 인주(人主)의 자질에 혼명강약(昏明强弱)이 같지 않기 때문에 명군인 경우 문제가 없지만 혼군이 나올 때를 대비해 현명한 재상이 정치를 전적으로 담당해야 한다는 것이다."17)

특히 정도전은 태조 4년에 『감사요약』과 『경제문감』을, 그리고 6년에 『경제문감별집』을 지었는데, 『경제문감』은 『조선경국전』의 보유편으로 『조선경국전』이 통치이념과 통치 조직의 종합적인 체계를 제시한 것이라면, 『경제문감』은 『조선경국전』의 치전(治典) 내용을 보완한 것이다.

『경제문감』 상권은 「재상(宰相)」・「총론(總論)」・「재상의 직〔宰相之職〕」・「상업(相業)」이라는 항목을 두고, 주로 중국과 우리나라 역대 왕조의 재상 제도의 변천과 득실(得失)을 서술하고, 이어 재상의 직책과 진퇴의 자세를 상세히 기술하였으며, 하권은 「대관(臺官)」・「간관(諫官)」・「위병(衛兵)」・「감사(監司)」・「주목(州牧)」・「군태수(郡太守)」・「현령(縣令)」이라는 항목을 두고 이들의 직책을 차례로 논하고 있다. 정도전은 감사와 수령에 대한 통할권을 재상이 가짐으로써 재

---

16) 『三峯集』 권7, 「朝鮮經國典」, <治典摠序>, "上以承君父, 下以統百官治萬民, 厥職大矣. 且人主之材, 有昏明强弱之不同, 順其美而匡其惡, 獻其可而替其否, 以納於大中之域. 故曰相也, 輔相之義也."
17) 김인규, 「『朝鮮經國典』에 나타난 『周禮』 이념」 『온지논총』 제52집, 온지학회, 2017, 108쪽.

상 중심의 중앙집권이 이루어져야 한다고 보았다. 이에 비해 『경제문감별집』은 군주의 직책에 대해 논한 것으로, 권근의 「서(序)」와 「군도(君道)」·「의논(議論)」으로 구성되어 있다.18)

이러한 정도전의 『조선경국전』을 전범(典範)으로 삼아 편찬된 것이 조선시대 최초의 공식 법전인 『경제원육전』 또는 『원육전』으로 태조 6년인 1397년 12월 26일 공포 시행되었다.

『경제육전』은 도평의사사(都評議使司)의 부속기관으로서 법령의 정비와 법전 편찬업무를 관장하던 검상조례사(檢詳條例司)에서 영의정 조준(趙浚)의 책임 아래 편찬된 것으로, 고려 우왕 14년인 1388년부터 태조 6년 1397년까지의 법령과 장차 시행할 법령을 수집해 분류, 편집하였다. 그러나 『경제육전』은 현재 전해오지 않으므로 체재(體裁)와 내용(內容)은 정확히 알 수 없으나, 『조선왕조실록』에 직·간접으로 인용된 부분이 있는 것으로 보아, 이전·호전·예전·병전·형전·공전의 육전(六典)과 각 전마다 여러 강목(綱目)으로 나누어져 있음을 짐작할 수 있다. 건국 초에 갑자기 편찬된 것이어서 법조문이 추상화·일반화되어 있지 않고 이미 공포된 원문 형태 그대로 실었다. 다만 『경제육전』이 조준의 책임하에 이루어졌기 때문에 『주례』의 기본 이념을 바탕으로 국가의 통치 체제로 삼았을 것이라 여겨진다. 이는 조준이 1388년(우왕 14)에 올린 상소문을 통해 엿볼 수 있다.

> 『주례』「천관편(天官篇)」에 의하면, 총재는 경(卿) 한사람으로 나라의 육전(六典)을 관장하고 왕을 보좌함으로써 나라를 다스렸고, 사도(司徒) 이하는 각각 그 직책으로서 총재에 속하게 하였습니다. 육경(六卿)에 속한

---

18) 김인규, 「『經濟文鑑·別集』에 나타난 周禮 이념」 『동양고전연구』 제69집, 동양고전학회, 2017, 568쪽 참조.

것은 또 360명이었으니, 이것은 곧 360명의 속관(屬官)이 육경에 의해 통솔되었으며, 육경은 또 총재에 의해 통솔된 것입니다. 관직의 증감과 명의의 유래는 대(代)에 따라 같지 않으나, 대체로 6부(部)에 지나지 않았던 것입니다. 우리 태조께서 개국하던 처음에 관(官)을 설치하고 직책을 나눔에 재상(宰相)을 두어 6부를 통솔하고 감(監)·사(寺)·창(倉)·고(庫)를 두어 6부를 받들게 함은 매우 훌륭한 제도였습니다. 그러나 법이 오래되니 폐단이 생기어 정무(政務)를 담당한 자는 인물을 선발할 줄 몰라 관리등용에 무절제하였으며, 군부(軍簿)를 다스리는 자는 군대의 정원에 관한 규정을 준수하지 않아 군비가 해이해졌습니다. …… 6부는 백관의 근본이며 정사(政事)가 나오는 곳입니다. 근본이 어지러운데 말단이 다스려진 경우는 아직 없으니, 이렇게 되면 백료와 여러 기관들이 산만하여 통제가 없고 사업 성과를 위하여 노력하지 않기 때문에 결국 유명무실하게 됩니다. 그러므로 비록 임금과 재상이 힘써 부지런히 하여도 정치가 잘되어 성과를 올리기는 어려울 것입니다. 신등이 바라건대 육전(六典)의 일은 6부(部)로 돌리고 각 사(司)를 6부로 나누어 속하게 하소서.19)

즉, "조준은 정사의 근본이 되는 6부가 고려 말에 이르러서 유명무실하게 되었음을 하나하나 지적하고"20), 6부가 제 기능을 제대로 발휘하지 않으면 군왕과 재상이 아무리 힘쓰고 노력하여도 소용이 없기 때문에 『주례』의 육관(六官)제도를 재현시키고자 한 것이다.

---

19) 『松堂集』 권3, 「陳時務疏」, "謹按周禮天官, 冢宰以卿一人, 掌邦之六典, 佐王治邦國, 其司徒以下, 各以其職, 聽屬焉. 而六卿之屬, 又有三百六十, 是則三百六十之屬, 統於六卿, 而六卿又統於冢宰也. 官職之增損, 名義之沿革, 代有不同, 大義不出乎此六部也. 洪惟我太祖開國之初, 設官分職, 置宰相以統六部, 置監寺倉庫以承六部, 甚盛制也. 法久而弊, 爲典理者, 不知選擧, 而流品濫, 爲軍簿者, 不典兵額, 而武備弛 …… 蓋六部, 百官之本, 而政事之所出也. 本亂而末治者, 未之有也, 於是百僚庶司渙散無統, 不務庶績, 名存而實亡. 雖君相憂勤, 而政事之修擧其亦難矣. 臣等願以六典之事歸之六部, 以各司分屬乎六部."

20) 정성식, 「경국대전의 성립배경과 체제」 『동양문화연구』 제13집, 영산대학교 동양문화연구원, 2013, 43쪽.

조준의 책임하에 편찬된 『경제육전』이 태조 6년에 반포되었지만 여전히 확고한 성문법의 지위를 갖지 못했던 것 같다. 이는 『경제육전』이 수교모음집이었던 것과 무관하지 않다. 시간이 지남에 따라 『육전』의 내용을 위배하는 왕명(王命)이 쌓여 갔으며, 왕명과 『육전』에 명기된 법조문의 일부 내용이 서로 모순되는 상황이 일어나자 『육전』을 재정비하려는 논의가 제기되기도 했다. 특히 『경제육전』은 조문의 문장에 이두(吏讀)와 방언(方言)이 섞여 있으며, 시행 연월일이 붙어 있는 소박한 것이었으므로, 1407년 8월 18일 속육전수찬소(續六典修撰所)를 설치해 하륜(河崙)과 이직(李稷)이 『경제육전』을 검토·수정하여, 1412년 4월 『경제육전원집상절(經濟六典元集詳節)』 3권이 완성되었다. 이어 1413년(태종 13) 2월에 이를 다시 수정한 뒤, 원래의 것을 '이두원육전(吏讀元六典)' 또는 '방언육전(方言六典)'이라고 불렀다. 그 뒤 다시 법조문 가운데 중복된 것을 빼고 번잡한 것은 간결하게 고치고, 문장 중 이두를 빼고 방언은 문어(文語)로 바꾸어 『경제육전원전』이라 이름을 붙이고 1413년 2월 30일에 공포·시행하였다. 이를 '원육전(元六典)' 또는 '원전(元典)'이라고도 부른다.

『원육전』이 시행된 뒤로 관리들은 이두와 방언으로 되어 있어 알기 쉽고 익숙한 『경제육전』을 여전히 사용하였다. 이에 1431년(세종 13) 5월 강원도에 있는 『경제육전』의 인쇄 판자를 보수해 다시 인쇄하여 배포, 시행하고 『원육전』을 모두 회수한 일이 있었다. 그러나 『경제육전』과 『원육전』의 실재 내용은 거의 같은 것이어서 실제로 큰 지장은 없었던 것으로 보인다.

이들 『경제육전』은 조선 창업군주의 법치주의 이념이 담긴 '왕실의 선조대부터 지켜져 내려온 법'이라는 '조종성헌(祖宗成憲)'으로서 금석과 같은 절대적 가치가 부여되었으며, 뒤에 『경국대전』의 편찬에 크게 영향을 끼친 것으로 보인다.

2. 『경국대전』의 편찬과 체제

『경국대전』은 잘 알려진 바와 같이 세조 6년(1460)에 편찬되기 시작하여 성종 16년(1485)에 완성된 조선조 최고의 법전으로, 조선건국 초의 법전인 『경제육전』의 원전(原典)과 속전(續典) 및 그 뒤의 법령을 종합해 만든 조선시대 두 번째의 통일 법전이다.

세조는 1455년 즉위하자마자 새로운 법령이 계속 쌓이고, 이러한 법령들이 서로 모순되거나 미비해 결함이 발견될 때마다 속전을 간행하는 고식적 법전 편찬 방법을 지양하고, 당시 모든 법을 전체적으로 조화시키기 위해 육전상정소(六典詳定所)를 설치해 '만세성법(萬世成法)'을 만들고자 하는 열망에 새로이 통일 법전 편찬에 착수하여, 1460년(세조 6) 7월에 먼저 재정·경제의 기본이 되는 '호전(戶典)'과 '호전등록(戶典謄錄)'을 완성하고 이를 『경국대전』「호전」이라 이름하였다. 이듬해인 1461년 7월에 「형전(刑典)」을 완성해 공포·시행했으며, 1466년에 나머지 「이전(吏典)」·「예전(禮典)」·「병전(兵典)」·「공전(工典)」을 완성하였다. 그러나 이를 바로 시행하지 않고 거듭 검토하였다. 즉, 세조 11년(1465년) 5월 11일에 "임금이 재추(宰樞)·낭관(郞官) 각각 1인씩을 나누어 명하여 '육전(六典)'을 수교(讎校)하게 하니, 이조참판(吏曹參判) 강희맹(姜希孟), 호조좌랑(戶曹佐郞) 김유(金紐)는 '이전'을, 좌부승지(左副承旨) 이영은(李永垠), 사헌장령(司憲掌令) 이극기(李克基)는 '호전'을, 예문제학(藝文提學) 이승소(李承召), 사온주부(四醞注簿) 이평(李枰)은 '예전'을, 병조판서(兵曹判書) 김질(金礩), 성균직강(成均直講) 박숙진(朴叔蓁)은 '병전'을, 지중추원사(知中樞院事) 양성지(梁誠之), 공조좌랑(工曹佐郞) 어세공(魚世恭)은 '형전'을, 인순부윤(仁順府尹) 성임(成任), 병조정랑(兵曹正

郎) 정흔(鄭忻)은 '공전'을 수교하였다. 또 좌참찬(左參贊) 최항(崔恒), 동지중추원사(同知中樞院事) 김국광(金國光), 이조판서(吏曹判書) 한계희(韓繼禧), 호조판서(戶曹判書) 노사신(盧思愼), 성균주부(成均注簿) 유순(柳洵)을 도청(都廳)으로 삼았다."21)고 하였는데, 이는 법전의 간행에 있어 신중을 기해 반행(頒行)을 보류하고 보다 완비된 법전을 정비하기 위해서이다.

세조를 이은 예종도 육전상정소를 설치해 원년 9월에 매듭지어 2년 1월 1일부터 반포하기로 결정했으나, 예종이 갑자기 서거(逝去)함으로써 이를 시행하지 못했다. 이어 성종이 즉위하자, 곧 『경국대전』을 다시 수정해 드디어 성종 2년 1471년 1월 1일부터 시행하게 되었는데, 이를 『신묘대전(辛卯大典)』이라고 한다. 그러나 『신묘대전』도 누락된 조문이 많아 이를 다시 개수(改修)해 성종 5년 1474년 2월 1일부터 시행하게 되는데 이를 『갑오대전(甲午大典)』이라 하였으며, 이때 대전에 수록되지 않은 법령으로 시행할 필요가 있는 72개 조문을 속록(續錄)을 만들어 시행하였다.

『갑오대전』을 시행한지 7년이 지난 1481년 9월에 다시 재검토할 필요가 있다는 논의가 있어 감교청(勘校廳)을 설치하고, 대전(大典)과 속록(續錄)을 4년 동안 적지 않은 개수를 통해 1485년 1월 1일부터 시행하였는데 이를 『을사대전(乙巳大典)』이라고 하였다. 우리가 흔히 말하는 『경국대전』은 비로 이 『을사대전』을 이르는

---

21) 『世祖實錄』 권36, 세조 11년 5월 21일 정묘 1번째기사, "上分命宰樞郎官各一人, 讎校六典, "吏曹參判姜希孟・戶曹佐郎金紐吏典, 左副承旨李永垠・司憲掌令李克基戶典, 藝文提學李承召・司醞注簿李杯禮典, 兵曹判書金碩・成均直講朴叔蓁兵典, 知中樞院事梁誠之・工曹佐郎魚世恭刑典, 仁順府尹成任・兵曹正郎鄭忻工典. 又以左參贊崔恒・同知中樞院事金國光・吏曹判書韓繼禧・戶曹判書盧思愼・成均注簿柳洵爲都廳. 召致承政院, 命出宮醞饋之."

것으로, 이전의 법전은 전해지지 않고 오직 이『경국대전』만 전해지고 있으며, 또 이를 시행할 때 앞으로 다시 개수하지 않고 이를 최종적으로 확정된 것으로 규정해, 영세 불변의 조종성헌(祖宗成憲)으로서 통치의 기본법전으로 자리매김하게 되었다.

『경국대전』은 『경제육전』과 같이 6분 방식에 따라 '이전'·'호전'·'예전'·'병전'·'형전'·'공전'의 순서로 되어 있다. 또 각 전마다 필요한 항목으로 분류해 규정하고, 조문도 『경제육전』과 달리 일반화되어 있어 건국 후 90여 년에 걸친 연마의 결정답게 명실상부한 훌륭한 법전으로서 면모를 갖추었다.

먼저 육전에 대해 살펴보면, 일반적으로 "「이전」에는 통치의 기본이 되는 중앙과 지방의 관제, 관리의 종별, 관리의 임면·사령(辭令) 등에 관한 사항이 규정되어 있다. 「호전」에는 재정 경제와 그에 관련되는 사항으로서 호적제도·조세제도·녹봉·통화·부채·상업과 잡업·창고와 환곡(還穀)·조운(漕運)·어장(漁場)·염장(鹽場)에 관한 규정을 비롯, 토지·가옥·노비·우마의 매매와 오늘날의 등기제도에 해당하는 입안(立案)에 관한 것, 그리고 채무의 변제와 이자율에 관한 규정이 수록되어 있다. 「예전」에는 문과·무과·잡과 등의 과거와 관리의 의장(儀章) 및 외교·제례·상장(喪葬)·묘지·관인(官印), 그리고 여러 가지 공문서의 서식에 관한 규정을 비롯, 상복 제도·봉사(奉祀)·입후(立後)·혼인 등 친족법 규범이 수록되어 있다. 「병전」에는 군제와 군사에 관한 규정이, 「형전」에는 형벌·재판·공노비·사노비에 관한 규정과 재산 상속법에 관한 규정이, 「공전」에는 도로·교량·도량형·식산(殖産)에 관한 규정이 수록되어 있다."[22] 즉, '이전'은 통치의 기본이 되는 중앙과 지방의 관제, 관리의 종별, 관리의 임

---

22) http://encykorea.aks.ac.kr/Contents(『한국민족문화대백과사전』<경국대전> 조 참조).

면·사령(辭令) 등에 관한 사항이 29개 항목으로 규정되어 있으며, '호전'은 재정 경제와 그에 관련되는 사항으로서 호적제도·조세제도·녹봉·통화·부채·상업과 잡업·창고와 환곡(還穀)·조운(漕運)·어장(漁場)·염장(鹽場)에 관한 규정을 비롯, 토지·가옥·노비·우마의 매매와 오늘날 등기제도에 해당하는 입안(立案)에 관한 것, 그리고 채무의 변제와 이자율에 관한 규정이 30개 항목으로 수록되어 있다. '예전'은 문과·무과·잡과 등의 과거와 관리의 의장(儀章) 및 외교·제례·상장(喪葬)·묘지·관인(官印), 공문서의 서식에 관한 규정, 상복 제도·봉사(奉祀)·입후(立後)·혼인 등 친족법 규범이 61개 항목으로 수록되어 있다. '병전'은 군사 조직과 무반직, 급보(急報)·교열(敎閱)·성곽·입직(入直)·역마·병선(兵船)·봉수(烽燧)·군기(軍器)·면역(免役) 등 51개 항목으로 규정되어 있으며, '형전'은 형벌·재판·공사노비에 관한 규정, 재산 상속법에 관한 규정이 28개 항목으로 규정되어 있다. 그리고 '공전'은 도로·교량·도량형·식산(殖産)에 관한 규정이 14개 항목으로 수록되어 있다.

특히 『경국대전』 육조의 항목에 '예전'이 가장 많은 61개 항목으로 되어 있는데, 이는 달리 말해 조선조가 예치(禮治)에 치중하였음을 반증한다 하겠다.

『경국대전』의 편찬 동기와 체제 및 그 성격에 대해 호조판서 겸 예문관 대제학인 서거정(徐居正)이 1469년(예종 1년) 9월에 쓴 서문에 보면 알 수 있다.

> 예로부터 제왕(帝王)들이 천하 국가를 다스린 것을 보면, 창업한 군주는 경륜(經綸)이 초매(草昧)하여 전고(典故)를 살필 겨를이 없었고, 수성(守成)한 군주는 선왕이 이루어 놓은 법도만 지키며 예악(禮樂)을 만드는 일이 없었다. 비록 한(漢)나라 고조(高祖)가 계책이 주밀하여 실수가 없었다 하지만 삼장(三章)의 법은 규모만 대략 둔 것일 뿐이고, 역사가들이 당(唐)나

라는 빈틈없이 모든 제도가 갖추어졌었다 일컫지만 『육전(六典)』이 만들어진 것은 오히려 중엽에 가서야 가능했다. 하물며 한나라나 당나라만 못한 나라들이야 말할 것이 있겠는가.23)

서거정에 의하면, 한 나라가 창업을 하면 창업초기는 전고를 살필 겨를이 없고, 수성한 군주는 선왕이 이루어 놓은 법도만 지킬 뿐 새로 예악(禮樂)을 만들지 않는다는 것이다. 이는 한(漢)나라 뿐 아니라 당(唐)나라의 경우도 겨우 중기에 들어야 『당육전』이 만들어졌다. 그러나 조선조는 비록 사찬(私撰)이기는 하지만 1392년 신왕조 개창 후 2년 만에 정도전에 의해 『조선경국전』이 찬진되었으며, 1397년(태조 6)에 『경제육전』이 조선의 공식법전으로 공포 시행되었던 것이다. 그러나 이 『경제육전』이 수교집의 성격을 띠고 있었기 때문에 새로운 수교(受敎)가 계속 추가되다 보니 수교 사이에 서로 모순되는 점이 드러나고, 또 관료들도 이를 잘못 봉행하는 일이 발생하게된 것이다. 따라서 세조는 '만세토록 사용할 수 있는 법'을 만들고자 하는 취지에서 영성부원군(寧城府院君) 최항(崔恒), 우의정 김국광(金國光), 서평군(西平君) 한계희(韓繼禧), 우찬성 노사신(盧思愼), 형조 판서 강희맹(姜希孟), 좌참찬 임원준(任元濬), 우참찬 홍응(洪應), 중추부 동지사 성임(成任) 및 서거정 등에게 명하여, 기존의 법전을 상세히 살펴 번잡하고 쓸데없는 것은 산삭(刪削)하고 정간(精簡)하게 만들어진 것이 『경국대전』이라는 것이다.

삼가 생각건대, 세조께서 천명을 받아 군주의 자리에 올라 나라를 중흥

---

23) 『四佳文集』 권4, 「序」 <經國大典序>, "自古帝王之有天下國家也, 創業之主, 經綸草昧, 而未遑древ故, 守文之君, 遵守成法, 而無事於制作. 雖曰 漢高箠無遺策, 而三章之法, 略存規摸, 史稱唐家萬目俱張, 而六典之作, 猶竢中葉, 況下於漢唐者乎."

하였으니 창업과 수성의 공적을 겸하였다. 문덕(文德)이 빛나고 무위(武威)가 확고하며 예법이 갖추어지고 음악이 흥기하였다. 그런데도 부지런히 훌륭한 정치를 도모하고 널리 예악의 제도를 정비하였다. 일찍이 좌우 신하들에게 말씀하기를, "우리 조종(祖宗)의 깊고 두터운 인택과 크고 아름다운 규범이 실려 있는 법령으로 『원육전(元六典)』, 『속육전(續六典)』, 『육전등록(六典謄錄)』이 있고, 또 누차 내린 교지(教旨)도 있으니, 법이 아름답지 않은 것이 아니다. 그런데 관리들이 용렬하고 어리석어 봉행하는 데 어두우니, 참으로 과조(科條)가 번잡하고 앞뒤로 법조문이 모순되어 하나로 크게 정해지지 않을 뿐이다. 이제 조정하여 증감하고 산정(刪定)하고 회통(會通)하여 만세토록 사용할 수 있는 법을 만들고자 한다." 하셨다. …… 책이 이루어지자 여섯 권으로 만들어 올리니, 『경국대전』이라는 이름을 내리셨다.24)

즉, 『원육전(元六典)』, 『속육전(續六典)』, 『육전등록(六典謄錄)』은 물론 각종 수교집을 망라해 번잡하고 쓸모없는 것은 산삭(刪削)해서 만세 성법으로서 새로운 법전을 만들어 이미 형전(刑典)과 호전(戶典)은 이미 반포하여 시행하고 있었으나, 나머지 네 개의 법전은 미처 교정 보지 못한 상태에서 세조가 승하함으로 반포되지 못하다가 1469년(예종 1) 8월에 반포하기에 이르렀다. 그러나 이 법전이 본격적으로 시행되기에는 더 많은 시간을 기다려야 했던 것이다.

특히 이 『경국대전』은 『주례』를 전범으로 하였다고 분명히 밝히고 있다. 서거정은 "천지의 광대함은 모든 만물을 덮어 주고 실어 주며, 사시의 운행함은 모든 만물을 생육하며, 성인이 예악을 제작함은

---

24) 『四佳文集』 권4, 「序」 <經國大典序>, "恭惟世祖, 握符中興, 功兼創守. 文昭武定, 禮備樂興. 猶孜孜圖理. 恢弘制作. 嘗謂左右曰, 我祖宗深仁厚澤, 宏規懿範, 播在令章者, 曰元續六典謄錄, 又有累降教旨, 法非不美. 官史庸愚, 眩於奉行, 良由科條浩繁, 前後牴牾, 不一大定耳. 今欲甚酌損益, 刪定會通, 爲萬世成法. …… 旣成, 釐爲六卷以進, 賜名曰 經國大典."

모든 만물이 기쁘게 그것을 보게 된다. 그러니 참으로 성인이 예악을 제작함이 천지와 같고 사시와 같은 것이다."25) 하고 이어 다음과 같이 말했다.

> 예로부터 예악의 제작이 성대하기로는 주나라만한 나라가 없었는데, 『주관(周官)』에 육경(六卿)을 천지와 사시에 배치하였으니, 육경의 직책은 하나라도 빠뜨려서는 안 된다. …… 육전(六典)이라 한 것은 곧 주나라의 육경(六卿)이다. 훌륭한 법과 아름다운 뜻은 곧 주나라의 「관저(關雎)」와 「인지(麟趾)」의 뜻이다. 문(文)과 질(質)이 적절히 조화되어 환히 빛나니, 누가 『경국대전』을 만든 것이 『주관』과 『주례』와 서로 표리가 되지 않는다고 하겠는가. 천지(天地)와 사시(四時)에 견주어도 어그러짐이 없고 이전의 성인에 상고해도 오류가 없으니, 백세토록 성인을 기다려도 의혹되지 아니할 것임을 예측할 수 있다. 지금부터 이어갈 성자신손(聖子神孫) 모두 이 성헌(成憲 : 경국대전)을 준수하며 어기지 않고 잊지 않는다면, 우리 국가의 문명(文明)의 정치가 어찌 오직 주나라보다 융성할 뿐이겠는가. 억만년 무궁한 왕업이 응당 더욱 장구하게 이어질 것이다.26)

서거정은 『경국대전』이 『주관』, 『주례』와 표리가 됨은 물론 천지와 사시에 견주어도 어그러짐이 없고 성인에 상고해도 오류가 없다고 자신하고 있다. 그리고 자자손손 모두 이 『경국대전』을 준수해서 어기지 않는다면 문명의 정치가 주나라보다 융성해 무궁한 왕업이

---

25) 『經國大典』, 「經國大典序」, "臣竊念天地之廣大也 萬物無不覆載, 四時之運行也, 萬物無不生育, 聖人之制作也, 萬物無不欣覿焉. 信乎聖人之制作, 猶天地與四時也."
26) 『經國大典』, 「經國大典序」, "自古制作之隆, 莫如成周, 周官以六卿,配之天地四時, 六卿之職闕一, 不可也. …… 其曰六典, 卽周之六卿. 其良法美意, 卽周之關雎麟趾. 文質損益之宜彬彬郁郁, 孰謂大典之作, 不與周官周禮而相爲表裏乎. 建諸天地四時而不悖, 考諸前聖而不謬, 百世以俟聖人, 而不惑者, 可知矣. 繼自今聖子神孫, 率由成憲, 不愆不忘, 則我國家文明之治, 豈唯比隆於成周而已乎. 億萬世無疆之業, 當益悠久而悠長矣."

억만년 이어질 것이라고 자신하였다. 아울러 최항(崔恒)이 지은 전문(箋文)에서는 『경국대전』이 민심에 따라 시속(時俗)과 실용(實用)에 알맞도록 편찬되었다고 다음과 같이 말했다.

가만히 생각하건대 성인(聖人)이 천하를 경륜하자면 반드시 덕을 쌓으며 백 년을 기다리는 것이옵고, 왕자(王者)는 시의(時宜)를 참작하여 대개 모범을 만세에 남길 계획을 하옵나니, 이에 대전(大典)을 제정하는 것은 진실로 창성한 시대에 속하기 때문입니다. 그윽이 생각하오면, 도(道)로써 다스리는 것은 언제나 같으나 정사는 습속으로써 변혁되는 것이니, 나라를 형성하고 전야(田野)를 경영함에 있어 주(周)나라는 육경(六卿)의 관을 나누었고, 번거로움을 없애고 까다로움을 버리기 위하여 한(漢)나라는 삼장(三章)의 법을 약속하였으니, 모두 알맞은 것을 실시하여 능히 영구히 전할 수 있었던 것입니다. …… 친히 만기(萬機)의 시초에 임하시어 으뜸으로 육전(六典)의 편수를 급히 하여, 그 요강(要綱)을 뽑아 선왕의 뜻을 이어나가고 시용(時用)에 적당하게 하여 깊이 여론에 부합되게 하였으니, 실로 나라를 경륜하는 헌장(憲章)이라 어찌 백성을 바른 법도로 인도할 뿐이겠습니까?27)

주나라가 육경으로 관을 나누고 한나라가 삼장의 법으로 시속(時俗)에 알맞게 했듯이 『경국대전』도 시속에 맞게 이전(吏典)·호전(戶典)·예전(禮典)·병전(兵典)·형전(刑典)·공전(工典)의 육전(六典) 체제로 했다는 것이다.

특히 『경국대전』은 '조선조라는 거대한 관료제를 유지시키기 위한 각종 사항들이 종합적으로 들어 있다. 즉 인재를 선발하고 파견하는

---

27) 『經國大典』, 「進經國大典箋」, "竊以聖人經綸天下, 必待積德百年之期, 王者, 損益時宜, 爲垂範萬世之計, 玆定大典, 允屬昌辰, 竊惟治以道同, 政由俗革, 體國經野, 周分六卿之官, 除煩去苛, 漢約三章之法, 皆得設施之當, 能爲永久之傳. …… 躬涖萬機之始, 首急六典之修, 撮其要提其綱, 遹紹先志, 宜於時適於用, 深協輿情, 實乃經國之彝章, 豈惟納民於軌物."

과정, 국가재정의 운영, 형벌 및 재판규정, 국가의 대내외적 의식(儀式)과 행정절차, 노비와 토지 등 각종 재산의 관리 및 운영규칙 등에 관한 사항으로,『경국대전』은 제도와 형벌의 현실적 필요성을 인정한 바탕에서 덕(德)과 예(禮)의 정치를 지향한 체제적 특성을 명료하게 보여주고 있다고 하겠다.[28]

3.『경국대전』에 나타난 주례 이념

서주시대(西周時代) 주공(周公)에 의해 제정된 것으로 전해지는『주례』는 사회질서와 사회통합의 이념을 제도화한 것으로 유교적 이상사회를 제시하고 있다. "주(周)나라 시대를 이상적 사회로 찬양한『주례』는 백성의 일상생활 전반을 질서지우기 위하여 정치·경제·사회·제도의 완비를 통한 적극적인 국가의 지도력을 강조하였다. 이런 완전한 질서의 이상화된 모습이야말로 기존제도를 변혁하여 새로운 제도를 수립하려는 정책입안자들에게 이론적 정당성을 제공하였다."[29] 그 단적인 예로 조선초기의 정도전은 조선조의 통치 규범의 대강을 서술한『조선경국전』에서『주례』의 육전(六典) 체제를 수용하여 찬진(撰進)한 것이다. 정도전을 비롯한 조선의 건국자들은 국가 구성에 있어서 건국이념을 유교에 둔 것은 "인간의 도덕적 생활이 제도적 개혁을 통하여 달성되는 것이 효과적이라고 생각하였다. 그들이 윤리적 가치를 실현시킬 수 있는 도덕적 사회에 대한 유교적 이상을 궁극목표로 설정하고 있으면서도 실제로 정치

---

28) 박현모,「경국대전의 정치학 : 예치(禮治)국가의 이념과 실제」『한국정치연구』제12집, 2003, 116쪽 참조.
29) 정성식,「경국대전의 성립배경과 체제」『동양문화연구』제13집, 영산대학교 동양문화연구원, 2013, 39쪽.

제도의 개혁을 일차적 과제로서 추진한 것은 바로 이러한 이유에서였던 것이다."30)

주지하다시피 "『주례』는 국가 체제와 관리의 직무를 규정한 것으로, 국가 체제와 관련하여 중앙행정 조직을 천·지·춘·하·추·동(天地春夏秋冬)의 육상(六象)에 따라 직제를 크게 천관(天官)·지관(地官)·춘관(春官)·하관(夏官)·추관(秋官)·동관(冬官)의 육관(六官)으로 나누고, 아래에 각 관직과 직무를 서술하는 형태로 되어 있다. 이에 따라 전체가 「천관총재(天官冢宰)」, 「지관사도(地官司徒)」, 「춘관종백(春官宗伯)」, 「하관사마(夏官司馬)」, 「추관사구(秋官司寇)」, 「동관고공기(冬官考工記)」의 여섯 편으로 구성되어 있으며, 「동관고공기」는 유실된 「동관사공(冬官司空)」 대신 한대(漢代)에 보충해 넣은 것이다. 각 편마다 첫머리에 경문(經文)을 두어 해당 관직과 관장하는 직무의 요점을 총괄 서술, 그 아래에 관직과 직무를 등급에 따라 차례로 배열하였다."31)

아울러 지방행정 조직은 향수제(鄕遂制)를 근간으로 하고 있다. 향(鄕)은 국(國)과 교(郊)의 편제로 야(野)와 차이가 있다. 『대사도(大司徒)』에 따르면, "다섯 가(家)를 비(比)로 삼아 서로 보호하게 하고, 다섯 비를 여(閭)로 삼아 서로 의탁하게 하고, 네 여를 족(族)으로 삼아 장례를 돕게 하고, 다섯 족을 당(黨)으로 삼아 서로 재앙을 구제하고, 다섯 당을 주(州)로 삼아 서로 진휼하게 하고, 다섯 주를 향(鄕)으로 삼아 서로 어진 현자를 접대하게 한다."32)고 하였으며, 각각은 비장

---

30) 정성식, 「경국대전의 성립배경과 체제」 『동양문화연구』 제13집, 영산대학교 동양문화연구원, 2013, 39쪽.
31) 김인규, 「『주례』의 체제와 유교이념」 『退溪學論叢』 第28輯, 사단법인 퇴계학부산연구원, 2016, 168쪽.
32) 『周禮』 「地官·大司徒」, "令五家爲比, 使之相保. 五比爲閭, 使之相受. 四閭爲族, 使之相葬. 五族爲黨, 使之相救. 五黨爲州, 使之相賙. 五州

(比長), 여서(閭胥), 족사(族師), 당정(黨正), 주장(州長), 향대부(鄕大夫)를 수장(首長)으로 한다. 수(遂)는 야(野)의 편제로, 「수인(遂人)」에 "다섯 가(家)를 인(鄰)으로 삼고, 다섯 인을 리(里)로 삼고, 네 리를 찬(酇)으로 삼고, 다섯 찬을 비(鄙)로 삼고, 다섯 비를 현(縣)으로 삼고, 다섯 현을 수(遂)로 삼는다."33)고 했으며, 수장을 인장(鄰長), 이재(里宰), 장장(酇長), 비사(鄙師), 현정(縣正), 수사(遂師)라고 하였다. 향과 수를 막론하고 지방관의 주요임무는 백성에 대한 호적, 토지, 부세, 요역, 금지령, 소송, 예의 풍속 등을 관리한다고 하였다.34)

이처럼 『주례』는 중국고대 정치·행정상 가장 이상적인 법전으로 역대의 행정과 정치제도에 동아시의 법전 형성에 지대한 영향을 미쳤다. 특히 조선조에 들어와 정도전이 지은 『조선경국전』은 물론 『경제육전』 및 『경국대전』 모두 『주례』의 영향 아래에서 이루어진 것이다. 특히 『경국대전』 「예전(禮典)」의 편찬은 예치이념의 성문화(成文化)에 한 획을 그은 획기적인 사건으로 볼 수 있다. 이는 서거정이 쓴 『경국대전』 「서문」에 잘 나타나 있다.

이미 앞에서 언급한 바와 같이 서거정의 서문에 의하면, '세조는 부지런히 훌륭한 정치를 도모하고 널리 예악의 제도를 정비'하였을 뿐만 아니라 '만세토록 사용할 수 있는 법을 만들고자 하였다고 『경국대전』의 편찬배경에 대해 이야기 하고, 이어 "『경국대전』이 『주관』 『주례』와 표리가 됨은 물론 천지와 사시에 견주어도 어그러짐이 없고 성인에 상고해도 오류가 없다."고 자신하였다.

爲鄕, 使之相賓."
33) 『周禮』「地官·遂人」, "五家爲鄰, 五鄰爲里, 四里爲酇, 五酇爲鄙, 五鄙爲縣, 五縣爲遂."
34) 장동우, 「王權과 禮治에 대한 『周禮』의 문제의식」 『동방학지』 제133집, 연세대학교 국학연구원, 2006, 355쪽 참조.

『경국대전』의 구성에 나타난 '주례적 세계관'을 살펴보면, 『경국대전』은 천지(天地)와 사시(四時)로 비유되는 주례의 자연관과 유기적 세계관을 지향하고 있는데, 이는 서거정이 언급한 "예로부터 예악의 제작이 성대하기로 주나라만한 나라가 없었는데, 『주관』에 육경(六卿)을 천지와 사시에 배치하였으니, 육경의 직책은 하나라도 빠뜨려서는 안 된다."고 한 것과 "국정의 총괄자로서의 재상의 위상과 역할에 대해 확고하게 말하지 않았지만 "의정부는 백관(百官)을 통솔하고 온갖 정사(庶政)를 공평히 하며, 음양을 고르게 하며, 나라를 운영해 간다."35)고 한 표현에서 알 수 있듯이 『경국대전』이 천지사시(天地四時)에 짝하여 만들어진 주관(周官)의 육경(六卿)을 모델로 삼아 구성되었으며, 인재의 선발과 파견으로부터 사회기간산업의 관리에 이르기까지 국가경영을 총괄자로서 재상의 역할을 고려한 가운데 만들어진 종합법전이라는 것이다.36)

이는 『주례』「천관총재(天官冢宰)」에, "왕이 나라를 세움에 사방의 위치를 분별하고 군주와 신하의 위치를 바르게 하여, 나라의 체제를 세우고 들(野)을 경영하며, 관청을 세우고 직분을 나누어 백성이 지켜야 할 표준으로 삼았다. 이에 천관인 총재를 세워서 모든 관원을 통솔하게 하고, 육관의 직책을 총괄해서 왕(王:天子)을 도와 방국(邦國)을 고르게 한다."37)고 한 것과 일맥상통하다 하겠다.

아울러 『경국대전』이 주대(周代)의 예에 따라서 6분 방식을 취했다는 점에서 고려시대의 육전체제와 같으나 『경국대전』이 고려시대

---

35) 『經國大典』「吏典」<京官職 - 議政府>.
36) 박현모, 「경국대전의 정치학」『한국정치연구』제12집 제2호, 서울대학교 한국정치연구소, 2003. 111-112쪽 참조.
37) 『周禮』「天官冢宰第一」, "惟王建國, 辨方正位, 體國經野, 設官分職, 以爲民極. 乃立天官冢宰, 使帥其屬而掌邦治, 以佐王均邦國."

법전의 이(吏)·병(兵)·호(戶)·형(刑)·예(禮)·공(工)의 순서를 변경하여 이(吏)·호(戶)·예(禮)·병(兵)·형(刑)·공(工)으로 한 것은 다분이『주례』의 치전(治典), 교전(敎典), 예전(禮典), 정전(政典), 형전(刑典), 사전(事典)의 순서와 일치시켰던 것이다.

특히 "『경국대전』전체의 체제에서 예와 예치의 문제를 가장 직접적으로 다루고 있는 부분은 교육·문화·외교 등 모두 61항목으로 구성되어 있는「예전」으로 예치사회를 구현하기 위한 신유학자들의 생각이 녹아들어 있다. "『경국대전』「서문」에서 서거정이 지적한 바와 같이『경국대전』은『주례』의 육전체제(六典體制)를 기초로 성립되었으며, 따라서『경국대전』「예전」은『주례』의「춘관종백(春官宗伯)」에 해당한다."[38]『주례』「춘관종백」에 언급된 춘관의 역할은 다음과 같다.

> 왕이 제국을 건설하여 국가의 방위를 분별하고 제왕과 군신간의 지위를 바르게 하여 도시를 확정하고 읍(邑)과 리(里)를 구획한 뒤에 관청을 설치하고 관직을 분배하여 백성이 지켜야 할 표준을 제정한다. 이에 춘관종백을 세워 그 무리들을 인솔하고 국가의 예를 관장하며 왕을 보좌하여 큰 나라와 작은 나라들을 화목하게 한다.[39]

즉,『주례』「춘관」은 예관(禮官)으로 천자로부터 백성에 이르기까지 모든 예를 관장할 뿐 아니라 제후국 사이의 정치적 안정을 담보하는 역할까지 관장한다는 것이다. 아울러 춘관의 수장인 대종백(大宗伯)의 역할에 대해, "천신(天神)과 인귀(人鬼)와 지시(地示)에 관한

---

38) 최연식·송경호,「『경국대전』과 유교국가 조선의 예치(禮治) : 예(禮)의 형식화 과정을 중심으로」『사회과학논집』제38집 1호, 연세대학교 사회과학연구소, 2007년 봄, 58쪽.
39)『周禮』,「春官宗伯」, "惟王建國, 辨方正位, 體國經野, 設官分職, 以爲民極. 乃立春官宗伯, 使帥其屬而掌邦禮, 以佐王和邦國."

예를 관장하고 왕을 보좌하여 국가를 편안하게 하는 일"40)이라고 규정한 바와 같이, "춘관은 길례(吉禮), 혈제(血祭), 헌관(獻祼), 흉례(凶禮), 군례(軍禮), 가례(嘉禮) 등 국가의 각종 전례(典禮)를 관장하여 자연의 질서에 부합하는 유교적 사회질서를 구축하는 책임을 맡았다."41)던 것이다.

『경국대전』의「예전」역시『주례』와 마찬가지로 과거와 관리의 의장, 외교, 제례, 상장, 묘지, 상복제도, 봉사, 입후, 혼인 등의 의례, 공문서 서식과 봉사, 입후 등 국가는 물론 사회 전반에 대한 전례를 규정하고 있다. 무엇보다 "『경국대전』의「예전」이『주례』의「춘관종백」과 구분되는 점은 양자가 모두 국가적 전례들에 대한 내용을 포괄하고 있음에도 불구하고『경국대전』「예전」은 품계에 따른 관리의 선발과 운용, 종법적 가족관계 확립 등에 대한 내용들이 상대적으로 비중 있게 다루어지고 있다는 점이다."고 하고, 이어 "『경국대전』「예전」은『주례』보다 형식적 측면에서 예를 성문화하는 문제에 더 깊은 관심을 기울이고 있었음을 확인할 수 있다."고 하였다.42)

『경국대전』「예전」의 제일 첫 항목은 각종 관리 선발시험에 대한 내용을 담고 있는 '제과(諸科)' 규정으로, 유교입국을 표방한 조선의 국가 운영에서 관료제도와 가족제도가 차지하는 비중을 알 수 있다. 제과(制科) 규정에서 각종 선발제도는 물론 응시자격과 시험과목,

---

40) 『周禮』,「春官宗伯」, "大宗伯之職 掌建邦之天神人鬼地示之禮, 以佐王建保邦國."
41) 최연식·송경호,「『경국대전』과 유교국가 조선의 예치(禮治) : 예禮)의 형식화 과정을 중심으로」『사회과학논집』제38집 1호, 연세대학교 사회과학연구소, 2007년 봄, 58쪽.
42) 최연식·송경호,「『경국대전』과 유교국가 조선의 예치(禮治) : 예禮)의 형식화 과정을 중심으로」『사회과학논집』제38집 1호, 연세대학교 사회과학연구소, 2007년 봄, 58쪽.

선발과정과 방법, 선발인원 등을 세세하게 나열하고 있다. 특히 응시자격에서 "죄를 범한 탓으로 영영 등용되지 못하는 자, 탐관오리〔贓吏〕의 아들, 두 번 시집갔거나 행실이 방정치 못한 여인의 아들과 손자, 첩 소생의 자녀에게는 문과시험과 생원 및 진사시험에 응시하는 것을 허락하지 않는다."43)고 하여 과거시험을 사회제도와 가족제도를 공고화시키는데 연계시키고 있다. 시험방법에 있어서 사서(四書)와 오경(五經) 등 유교경전에 대한 학문적 소양이 관리를 선발하는 데 있어 가장 중요한 기준이라는 점을 『경국대전』에 명시함으로써 유교적 예 관념을 내용적 측면에서 성문화하는 효과도 거둘 수 있었다. 뿐만 아니라 '제과' 규정에 앞에서 인용한바와 같이 유교적 예(禮) 관념에 위배되는 반윤리적 행위를 범죄 행위로 규정함으로써 유교윤리를 실정법으로 전환하는데 성공했다.44)

특히 「예전」은 각종 회의 때 관원들의 품계에 따라 요구되는 의관(衣冠)·복식(服飾)·승여(乘輿)·마구(馬具) 등을 차별화하여 규정하고 있다. 뿐만 아니라 경외(京外)의 관리들을 관아에서 맞이하고 전송하는 예법 및 관리 상호간의 상견례, 새로 당상관직에 제수된 관원이 의정부·이조·소속 아문에 인사하는 법, 관인 사용 법, 서류보관, 공문서 작성법 등 관료로서의 직무에 관한 것은 물론, 유교적 종법사회에서 혈연의 친소 관계에 따라 복제(服制)를 "아들이 아버지에 대해서 참최(斬衰) 3년의 복을 입고, 어머니에 대해서 자최(齊衰) 3년의 복을 입는다. 조부모는 자최 지팡이〔杖〕를 짚지 않아도 되는 부장기(不杖期)다. 며느리가 시아버지에게 참최 3년, 시어머

---

43) 『경국대전』 권3, 「예전」 <제과>.
44) 최연식·송경호, 「『경국대전』과 유교국가 조선의 예치(禮治) : 예(禮)의 형식화 과정을 중심으로」 『사회과학논집』 제38집 1호, 연세대학교 사회과학연구소, 2007년 봄, 58쪽.

니에게 자최 3년이다. 남편이 아내에게 기년복을 입고, 아내가 남편에 대해서 참최 3년을 입는다. 출가한 딸로서 친정(親庭)에 대한 복은 시가(媤家)에 대한 복에서 한 등급씩 감한다. 시부모가 맏며느리에게 기년복을, 다른 며느리에게 대공복(9개월) 입는다. 조부모가 맏손자에게 기년복, 다른 손자에게 대공복을 입는다."45)고 하여, 참최(斬衰, 3년), 자최(齊衰, 3년), 대공(大功, 9개월), 소공(小功, 5개월), 시마(緦麻, 3개월)로 구별한 '오복(五服)', 의식절차[儀註], 연회[宴享], 조회의식, 사대(事大), 사신접대, 각종 제사의식, 입후(立後), 혼가(婚嫁), 상장(喪葬) 등이 모두 규정되어 있다. 특히 '봉사(奉祀)' 조에 "문·무관 육품(六品) 이상은 부모·조부모·증조부모의 삼대(三代)를 제사하고 칠품(七品)이하는 2대를 제사하며, 서인(庶人)은 단지 자신의 부모만 제사한다."46)는 규정하는 등 신분적 차별 질서를 종법 질서로 법제화하고자 했다.

무엇보다 「예전」은 예치사회의 구현를 위한 '학업과 선행을 권장하는 사항[獎勸]'으로, '효도·우애·절의 등의 선행을 한 자'에 대한 포상 조항도 주목되는 대목이다. 즉, "부모에세 효성스럽고 형제간에 우애가 있는 사람[효성스러운 아들·공손한 손·절개 있는 부인·나라를 위해 몸 바친 사람의 자손·친족 간에 화목하거나 환난을 구제한 사람]은 해마다 연말에 예조에서 정기적으로 기록하여 왕에게 보고하고 장려해 준다."고 하고, 그 부상으로 "벼슬이나 물건을 상으로 주되, 더욱 특이한 자는 정문(旌門)을 세워주

---

45) 『經國大典』, 「禮典」, <五服>, "父斬衰三年, 母齊衰三年, 祖父母齊衰不杖期, 舅斬衰三年, 姑齊衰三年, 妻期年, 夫斬衰三年, 爲出嫁女, 降本服一等, 長子妻期年 衆子妻大功, 嫡孫期年, 衆孫大功."

46) 『經國大典』, 「禮典」, <奉祀>, "文武官六品以上, 祭三代, 七品以下, 祭二代, 庶人則祭考妣."

고 요역을 면제해 준다〔復戶〕"47)고 하였다. 특히 학업의 권장을 위해 과거급제자를 많이 배출한 부모와 스승에게 포상할 뿐만 아니라 성균관·사부학당·향교 등 주요 학교에 대한 입학 자격과 정원수, 배울 교과목 등 아주 세세하게 규정하였는데, 이는 유교의 예치사회를 이루기 위해서 개개인의 선행에 바탕한 사회질서가 중요했던 것이다.

4. 『경국대전』의 영향

이상에서 살펴본 바와 같이 조선왕조는 주자학을 바탕으로 한 유교의 정치 이념에 따라 건국되었으며, 조선 건국자들은 유교의 예제(禮制)를 바탕으로 유교적 이상국가(理想國家)를 건설하려 하였고, 그 전범(典範)으로 『주례(周禮)』에 주목하였다. 이에 정도전은 주례의 육전체제를 따라 『조선경국전』을 찬진하였으며, 태조 6년에 조준 책임 하에 『경제육전』을, 이어 『경국대전』으로 이어지는 법전의 시행과 정비과정을 거치면서 유교의 정교이념에 맞는 통치구조가 점차 자리를 잡아 『경국대전』은 조선조 최고의 법전으로 조선왕조 400년을 지탱시킨 원동력이 되었다.

『경국대전』은 세조 원년인 1455년에 '육전상정소(六典詳定所)'를 설치하고, 통일 법전 편찬에 착수하여 5년 만에 호전(戶典)이, 그 다음해에 형전(刑典)을 완성해 시행하였으며, 1466년에는 나머지 4전(典)이 완성되었지만 바로 시행하지 않고 예종·성종의 3대 20여년의 긴 기간 동안 수정·보완을 거쳐 성종 16년 1월 1일에 전면 시행하였다.

---

47) 『經國大典』, 「禮典」, <獎勸>.

특히 『경국대전』의 주례 이념은 예치사회의 구현에 있으며, 예치사회를 구현하고자 하는 신유학자들의 생각이 「예전」에 녹아 있다. 즉, 「예전」은 교육과 과거제도, 국가행사와 관련된 의식과 예복, 가정의례 규정, 외교관계 등으로 교육과 과거제도에 있어 문과·무과·잡과에 대한 규정, 성균관과 사학 유생의 교육과정에 대한 사항이 그것이다. 그리고 국가행상와 관련된 예 의식은 『국조오례의(國朝五禮儀)』에 준용함을 명시하고 있으며, 관혼상제를 비롯한 가정의례, 사대자소(事大字小)에 관한 외교규정, 음악·불교·각종 인장 및 공문서 작성 양식 등 실로 예치사회의 구현을 위한 예제(禮制)가 총 망라되어 있다고 해도 과언이 아니다.

『경국대전』은 "조선조의 기틀을 규정한 행정법이라는 점과 『주례』적 육전 체제라는 중국법의 활용을 통해 조선의 사회풍속에 적합한 성문법을 확립한 점, 그리고 유교의 정교이념이 반영된 통치법전이라는 점에서 그 법제사적 의의는 적지 않은 것이라 하겠다."[48]

---

48) 정성식, 「경국대전의 성립배경과 체제」 『동양문화연구』 제13집, 영산대학교 동양문화연구원, 2013.2, 59쪽.

제 8 장

백호 윤휴의 『주례』 이해

　백호(白湖) 윤휴(尹鑴)는 1617년(광해군 9)에 태어나 1680년(숙종 6)에 생을 마감한 조선 후기의 문신이자 학자로 그가 활동했던 17세기는 한편에서 주자학의 독존주의가 심화됨과 동시에 다른 한편으로 주자학적 세계관을 부정하고 새로운 사유체계를 수립하려는 움직임이 공존했던 시대로, 흔히 주자학에 대한 비판과 이를 극복하기 위한 일련의 활동은 국정 교학으로서 주자학의 현실지배력을 정면에서 거부한 것으로, 이를 학계에서 반주자학(反朱子學) 혹은 탈주자학(脫朱子學)의 모색이라 규정하였다. 즉, 양란을 계기로 증폭되는 국가 사회적 모순과 『경국대전』 체제의 붕괴 국면에 직면하여 '국가 재조'를 위한 노력이 활발히 이루어지고 있었다.1)

　윤휴의 경전 해석도 이러한 국가 재조를 위한 정치 사상적 작업의 일환으로 진행되고 있었다. 그런 점에서 윤휴의 경서 해석은 이 시기의 과제를 반영하고 있었다고 하겠다.2)

　특히 윤휴는 성리설(性理說)·의리설(義理說)·예학(禮學)을 중심으로 도학(道學) 전통의 이론에 정밀한 인식을 지니면서, 다른 한편으로 주자(朱子)의 경학적 이론을 근원적으로 성찰함으로써 주자를 정통의

---
1) 정호훈, 「윤휴의 『대학』 해석과 그 정치적 성격」 『다산학』 제7집, 연세대 강진다산학술원, 2014, 333쪽 참조.
2) 정호훈, 「尹鑴의 經學思想과 國家權力 強化論」 『韓國史研究』 제89집, 한국사연구회 1995.

기준으로 고착시킨 도학이념(道學理念)을 근본적으로 허물 수 있는 새로운 경전(經典) 해석의 체계를 탐색하였던 인물이다. 이로 인해 우암(尤庵) 송시열(宋時烈, 1608-1689)로부터 '사문난적(斯文亂賊)'으로 배척당하기도 하였지만, 성호(星湖) 이익(李瀷)에서 다산(茶山) 정약용(丁若鏞)에 이르는 근기 남인 학맥에 깊은 영향을 주었다.

윤휴의 본관은 남원(南原), 초명은 갱(鎤), 자는 희중(希仲), 호는 백호(白湖)·하헌(夏軒)으로, 아버지는 대사헌 윤효전(尹孝全)이며, 어머니는 첨지중추부사 김덕민(金德民)의 딸이다. 그는 어린 시절 외조부의 훈도가 있었을 뿐 일정한 스승 없이 독학하였다고 한다. 그러나 그의 학문은 19세 때(1635년, 인조 13)에 이미 10년 연장자로 당대 석학이던 송시열과 속리산 복천사(福泉寺)에서 만나, 3일간의 토론 끝에 송시열이 "30년 간의 나의 독서가 참으로 가소롭다."고 자탄할 정도로 높은 경지에 이르렀다고 하였으며, 그는 남인(南人)임에도 불구하고 송시열·송준길(宋浚吉)·이유태(李惟泰)·유계(俞棨)·윤문거(尹文擧)·윤선거(尹宣擧) 등 서인 계열의 명유들과 교분을 나누었으며, 민정중(閔鼎重)·민유중(閔維重) 형제와 매우 가까운 사이였다고 한다.

특히 윤휴는 대사헌으로 있을 때, 유명무실해진 국초의 오위제(五衛制)를 회복하고 오위도총부를 강화하며, 양반 역시 임금의 보살핌을 받는 국가의 백성임으로 병역을 부과하고 호포를 거둘 것을 주장하는 등 사실상 국민개병제(國民皆兵制) 실시를 주장하였다. 또 무사(武士) 양성과 병력(兵力) 자원을 확보하기 위해 만인과(萬人科)를 설치하고 북벌(北伐)을 위한 정예부대로 도체찰사부(都體察使府)를 설치하고 본격적인 북벌 지휘부를 구성할 것과 병거(兵車)를 제조할 것을 건의하였으며, 서얼허통을 통해 인재확보의 폭을 넓혀야 한다고 주장하였다.

그의 일생은 관료보다 학자로 더 많은 업적을 남겼다. 1638년 「사단칠정인심도심설(四端七情人心道心說)」을 지어 이기(理氣)·심성(心性)의 문제에 대해 일가견을 이루었을 뿐 아니라, 20대에 이미 「홍범설(洪範說)」·「주례설(周禮說)」·「중용설(中庸說)」 등을 위시해, 「효경장구고이(孝經章句攷異)」·「대학설(大學說)」·「중용장구보록서(中庸章句補錄序)」·「중용대학후설(中庸大學後說)」, 「현종대왕행장(顯宗大王行狀)」·「가어주수설해(家語舟水說解)」·「어제주수도설후지(御製舟水圖說後識)」·「전례사의(典禮私儀)」·「제진공고직장도설(製進公孤職掌圖說)」·「만필(漫筆)」·「통제사이충무공유사(統制使李忠武公遺事)」·「중간화담집서(重刊花潭集序)」 등을 지었으며, 『중용』·『대학』·『효경』·『상서』·『주례』·『예기』·『춘추』 등 여러 경서에 대한 자신의 분장(分章)·분구(分句)·해석을 가한 『독서기』라는 저술을 통해 자신의 경학관과 경세관을 잘 보여주고 있다.

따라서 장에서는 윤휴의 경학관은 물론 「독주례(讀周禮)」와 「만필(漫筆)」을 중심으로 그의 『주례』 이해와 함께 『주례』 이념에 바탕한 정치관을 살펴볼 것이다.

1. 윤휴의 경학관

윤휴는 26세 때 「홍범설」, 27세 때 「주례설」, 28세 때 「중용설」 등을 저술했다고 하니, 그의 경학관이 형성된 시기는 20대 후반이라고 할 수 있다. 비록 "이 저술들이 현재 문집에 남아 있지 않지만 그의 경학적 관심이 사서(四書)의 독서 순서에 따른 것이 아니라, 『서경』 '홍범' 편과 『주례』로 시작하는 것은 경학을 통해 치도(治道)를 추구하는 경세론적 관심의 표현이며, 『중용』이 초기의 관심의 대상이 되고 있는 것은 그의 경학이 지닌 독자적 성격을 예시한 것이라 할 수 있다."3) 그리고 40대 중반인 46세 때 「효경장구고이」, 51세 때 「대학설」, 52세 때 「중용장구보록서」, 55세 때 「중용대학후설」, 「대학고본별록(大學古本別錄)」, 59세 때 「진효경주해(進孝經誅解)」, 「무일입정도(無逸立政圖)」, 「진가어주수설해(進加魚舟水說解)」, 63세 때 「진공고직장도설(進公孤職掌圖說)」 등을 비롯해 『독서기(讀書記)』에 수록된 저술 가운데, 「효경외전(孝經外傳)」, 「고시경고(古詩經攷)」, 「독상서(讀尙書)」, 「홍범경전통의(洪範經傳通義)」, 「독주례」, 「독예기(讀禮記)」, 「독춘추(讀春秋)」, 「내칙외기(內則外記)」를 비롯하여 「제순인심도심지도(帝舜人心道心之圖)」, 「고요서질지도(皐陶敍秩之圖)」 등 대체로 40대 후반에서 60대 초반 사이에 경학 관련 저술이 활발하게 이루어진 것으로 짐작할 수 있다.

윤휴 경학관의 특징에 대해 "첫째는 사서(四書)·오경(五經) 체제를 탈피하고 있다는 사실이다. 둘째는 삼경(三經)에 속하는 『시(詩)』·『서(書)』·『역(易)』 가운데 도학(道學)의 경학정통에서 비중이 매우 큰 『역』을 다루지 않는 반면에, 오경에도 들어있지 않는 『효경』·『주례』를 주목한 점이나, 『예기』에서도 「내칙(內則)」편을 부각시키고 있는 것은 경학(經學)을 통한 실천규범의 정립과 사회제도의 이상형을 탐색함으로써 현실 속에 실천적 관심을 추구하고 있는 것이다. 셋째는 특히 「효경외전(孝經外傳)」과 「내칙외기(內則外記)」의 저술을 통하여 경학적 문제의식에 따라 다양한 경전으로부터 추출하여 독립된 체계로서 새롭게 구성하고 있는 사실을 들 수 있다."4)고 하여, 세 가지로 특징지어 분류하였다.

---

3) 금장태, 「백호(白湖) 윤휴(尹鑴)의 성리설(性理說)과 경학(經學)」『인문논총』 제39집, 서울대학교 인문학연구원, 1998, 240쪽.

4) 금장태, 「백호 윤휴의 성리설과 경학」『인문논총』 제39집, 서울대학교 인문학연구원, 1998, 241쪽.

윤휴의 경학관을 엿볼 수 있는 자료로「독서기」를 들 수 있다. 그는 <독서기서(讀書記序)>에서 독서의 목적을 "성현들이 도를 닦고 언론을 내서 법도를 정립하여 천하 후세에 교훈으로 만들어 놓았으니, 학자들은 성인의 말을 외우면서 의의를 사색하는 데 있어, 울분을 토하고 번민하여 생각을 좌충우돌한 다음에 얻어지는 것이다. 이미 얻고 나서 또 반드시 그것을 기록하는 것은, 본디 장차 도를 전하고 말을 기술함으로써 식견과 사려를 조장하고 언행을 통달하게 해서 띠풀이 가득 차듯 하는 폐단이 없게 하려는 것 뿐이다."5)라고 하여, 성현의 말을 그대로 받아들이는 것이 아니라, 의의를 사색하고 얻은 것이 있으면 기록해서 식견과 사려를 조장하고 언행을 통달하게 해서 도를 전하는 데 있다고 하였다. 즉, '성인의 말을 외우면서 의의를 사색하는 데 있어, 울분을 토하고 번민하여 생각을 좌충우돌한 다음에 얻어지는 것'이라는 윤휴의 말은 성인의 말씀을 맹목적으로 따를 것이 아니라 근원적으로 성찰해야 한다는 것으로, 이는 당시 주자(朱子)를 정통의 기준으로 고착시킨 도학이념을 근본적으로 허물 수 있는 새로운 경전해석의 체계를 탐색한 것이라 할 수 있다. 아울러 사람들이 독서하는 가장 큰 이유를 "천하의 이치가 한 사람의 지혜로 두루 알 수 있는 것이 아니므로 그 얻은 것을 미뤄나가고 소유한 것을 발휘하여 말을 가려하고 생각을 깊이 해서 선왕(先王)의 도를 밝혀 이것을 천하와 함께 하는 것이 어찌 성현의 마음이며 학자의 일이 아니겠는가."6)라고 하여, 천하만사가 한 사람의 지

---

5) 『白湖集』 권22, 「序」 <讀書記序>, "聖賢修道立言, 立規矩準繩, 以爲天下後世敎也, 學者誦聖人之言, 思索其意義, 發憤悱, 困心衡慮而得之. 旣得之而又必記之, 固將以傳道述言, 爲長識慮達言行, 勿之有茅塞而已矣."

6) 『白湖集』 권22, 「序」 <讀書記序>, "天下之理, 非一人之知所能周也, 則推其得發其有, 擇言深思, 明先王之道, 以與天下共之, 又豈非聖賢之心, 學者之事哉."

혜로 알 수 없기 때문에 다양한 독서가 필요하며, 독서를 통해 얻은 바를 미루어 나가고 이를 발휘해 선왕의 도를 천하와 함께 공유해야 한다는 공공성(公共性)을 주장하였다. 특히 윤휴는 주희(朱熹)가 경전 주석의 태도를 자신의 롤모델로 삼고 있다.

> 회옹(晦翁)도 경서(經書)를 주석할 적에 여러 사람들의 학설을 모아 절충하여 비로소 결론을 지었다. 그러나 그렇게 하고도 늘 문인들과 강습하고 또 직접 몸으로 체험도 해 보다가 혹시 설명이 투철하지 못하거나, 견해가 아직 미흡하거나, 실행이 안 된다고 여겨지는 곳이 있으면 반드시 다시 수정하고 또 토론을 거쳐 다시 수정하고 임종할 때까지 그렇게 계속하였다. 항상 말하기를, "요즘 붕우들과 변론하고 질정하던 차에 나의 전설(前說)이 온당치 못한 점이 있음을 비로소 알게 됐다."고 하였으니, 이렇게 고친 것이 한두 번이 아니었다. 취선구시(取善求是)를 위하여 잘못을 고치기를 꺼려하지 않음이 이와 같았으니, 바로 이 점이 내가 본받을 바로서 그렇게 하고자 노력하는 것이다.7)

즉, 윤휴는 주희(朱熹)를 끊임없이 수정해가는 진리탐구의 과정에 있는 인물로 받아들이고, 이를 본받아 자신도 성인의 도를 밝혀 가겠다는 다짐하였다. 따라서 그는 주희의 경전 주석이 지닌 권위에 구속되지 않고 경전(經典) 자체로 돌아가 해석하는 경학 태도로 인해 윤휴는 송시열(宋時烈)에 의해 사문난적(斯文亂賊)으로 비판을 받았다.

특히 윤휴는 과거제도의 명경(明經) 과목에 대해 "명경(明經)의 학문은 애초에 자신을 닦고 실상을 힘쓰며 옛것을 배우고 가정에서 효

---

7) 『白湖全書』 권36, 「讀書記」, <中庸>, "晦翁之釋諸經書也, 旣集衆說而折衷之, 有成說矣. 然猶每與門人講習, 而身體驗之, 或有說未透見未到行未得處, 又必爲之討論更定, 不住修改, 至于屬纊而末已焉. 常曰比因朋友辨質, 始覺某前說有未安者, 如是者, 不一不再. 其取善求是, 不憚遷徙, 又如此, 此又余之所則效而思勉焉者也."

도하는 뜻이 없는데도 듣고 말하고 외우고 익히는 데 정신과 정력을 다 써야 하는 것으로서 늙어 죽을 때까지 전심치지(專心致知)하지 않을 경우 잘할 수 없는 것인데, 어느 겨를에 효제(孝悌)와 충신(忠信)을 수행하고 심신(心身)을 수양하여 천하의 정당한 도리를 강구할 수 있겠는가."[8]라고 하여, 경학의 본래 정신인 '주체적 자각(爲己)'과 '실지에 힘쓸 것(務實)', '옛 도를 배우는 것(學古)', '집에서 효도하는 것(入孝)'을 상실한 것에 대해 비판하였다. 즉, 윤휴는 주체적 자각을 통해 사회적 책무와 가정의 법도를 지키고 이를 실천하는 경학의 본래정신에 투철하고자 하였다.

2. 「독주례」에 나타난 『주례』 이해

이미 언급한 바와 같이 윤휴는 주희와 다른 독자적인 경학관을 보여 주고 있다. 이는 『주례』 이해에 있어서도 마찬가지다. 그는,

> 『주례』 한 책에 대하여 혹 주공(周公)이 미처 완성하지 못한 책이라 하고, 혹 동관(冬官) 일편(一編)이 빠졌다고 하기도 한다. 그러나 가만히 그 책을 살펴보건대, 육관(六官)이 각기 관장하는 바가 있어서 지관(地官)은 교도(敎導)를 관장하고 동관(冬官)은 수토(水土)를 관장하는데, 지관 한 편에 실로 교도와 수토의 일이 섞여 있다. 교도는 사도(司徒)의 일이고 토지는 사공(司空)의 일인데, 향당(鄕黨)·현수(縣遂)의 관속이 하나는 교도를 주관하고 하나는 수토를 주관하여 이관(二官)의 좌려(佐旅)가 되니, 곧 지관의 간편(簡編)이 동관에 아울러 들어갔음을 명백하게 볼 수 있다.[9]

---

8) 『白湖全書』 권27, 「雜著」, <漫筆上>, "明經之學, 則初無爲己務實學古入孝之意, 而其弊精勞神, 抽肝擢腎於口耳之間誦習之際者, 而沒世窮年專心致知, 則不能也, 固何暇日修孝悌忠信, 淬礪操養, 講求天下正理."
9) 『白湖全書』 권42, 「讀書記」 <讀周禮>, 68쪽.

라고 하여, 이전의 학자들이 『주례』를 미완성의 저작으로 본 것에 비해 윤휴는 "주(周)나라 말기에 제후들이 자신의 참람한 죄를 은폐하기 위해 경적(經籍)을 제거하고 진시황(秦始皇)이 전적을 불태워 없애버린 나머지 차례가 착란 되었을 따름이며, 자못 그 와중에 없어진 간편이 있어 모두 완전하지 못할 뿐이지, 대체(大體)는 대략 볼 수 있다."[10]고 하였다. 즉 윤휴는 『주례』는 성인이 제작한 경서며, 작자는 주공(周公)으로 미완성이 아니라 다만 주나라 말기와 제후들이 자신의 참람한 죄를 은폐하기 위해 경적을 제거하고, 진시황이 전적을 불태워 없애 버린 나머지 차례가 착란되고 자못 그 와중에 없어진 간편이 있을 뿐이지 대체는 볼 수 있다는 것이다.

윤휴는 「독주례」 첫 문장에 "하늘이 백성을 낳아 직분을 주었는데 다음의 구직(九職)이 있으니, 위에서 도를 논하는 이도 있으며, 조정에서 제도를 의논하는 이도 있으며, 상서(庠序)에서 가송(歌誦)하는 이도 있으며, 전야(田野)에서 농사를 짓는 이도 있으며, 공장에서 물건을 만드는 이도 있으며, 저자에서 교역하는 이도 있으며, 관부(官府)에서 분주하게 움직이는 이도 있으며, 집에서 복역(服役)하는 이도 있으며, 사방에서 침략을 방어하는 이도 있다."[11]고 하고, 이어 구체적으로 구직을 '도를 논하는 왕공(王公)', '조정에서 제도를 의논하는 경대부(卿大夫)', '상서에서 가송하는 학사(學士)', '전야에서 농사를 짓는 농부(農夫)', '공장에서 물건을 만드는 백공(百工)', '저자에서 교역하는 상고(商賈)', '관부에서 분주하게 움직이는 부사의 관리', '집에서 복역(服役)하는 조예(皂隷)', '사방에서 침략을 방어하는 병역(兵役)의 백성'을 들었는데, 구직은 하늘이 백성에게 부여한 것으로, 이 구직으로 구성된 인간 사회를

---

10) 『白湖全書』 권42, 「讀書記」 <讀周禮>, 68쪽.
11) 『白湖全書』 권42, 「讀書記」 <讀周禮>, 65쪽.

규율하는 규범 또는 도(道)로 십륜(十倫)을 들었다.

> 도(道)가 되는 소이(所以)는 '십륜(十倫)'이 있으니, 부자(父子), 군신(君臣), 부부(夫婦), 형제(兄弟), 붕우(朋友), 친소(親疎), 귀천(貴賤), 남녀(男女), 장유(長幼), 빈주(賓主)다. 부자는 친(親)이 있고 군신은 의(義)가 있으며, 부부는 별(別)이 있고 형제는 윤(倫)이 있으며, 붕우는 신(信)이 있고 친소는 체(體)가 있으며, 귀천은 등급(等給)이 있고 남녀는 예(禮)가 있으며, 장유는 서(序)가 있고 빈주는 경(敬)이 있으니, 이것을 '천하의 달도(達道)'라 한다. 지(智)로써 이것을 알고 인(仁)으로 이것을 행하고 용(勇)으로 이것을 이루고 경(敬)을 위주로 하여 이것을 보존하고 성(誠)을 위주로 체득하니, 이것을 '천하의 달덕(達德)'이라 한다.12)

즉, 윤휴에 의하면 십륜은 부자(父子), 군신(君臣), 부부(夫婦), 형제(兄弟), 붕우(朋友), 친소(親疎), 귀천(貴賤), 남녀(男女), 장유(長幼), 빈주(賓主)로 그에 해당의 덕목은 '친(親), 의(義), 별(別), 윤(倫), 신(信), 체(體), 등(等), 예(禮), 서(序), 경(敬)'이 있다는 것이다.

그리고 이 십륜을 실현하는 데, 필요한 직책으로 육경(六卿)과 삼공(三公), 삼고(三孤)를 들었는데, 구체적인 업무 분장은 "나라를 다스림을 관장하여 육전(六典)을 세우고 구경(九經)을 총리함으로써 백관(百官)의 직분을 통괄하는 총재(冢宰:太宰), 교화를 관장하여 오전(五典)을 베풀고 구훈(九訓)을 시행함으로써 구덕(九德)의 교화를 이루는 사도(司徒), 예를 관장하여 오질(五秩)을 밝히고 구의(九儀)를 폄으로써 삼재(三才)의 자리를 차례로 정하는 종백(宗伯), 군정(軍

---

12) 『白湖全書』 권42, 「雜著」 <讀書記·讀周禮>, 65-66쪽, "其所以爲道者, 有十倫焉, 父子也君臣也夫婦也兄弟也朋友也親疎也貴賤也男女也長幼也賓主也. 父子則有親也. 君臣則有義也, 夫婦則有也有別也, 兄弟則有倫也, 朋友則有信也, 親疎則有體也, 貴賤則有等也, 男女則有禮也, 長幼則有序也, 賓主則有敬也. 此所謂天下之達道. 智以知之, 仁以行之, 勇以致之, 主敬以存之, 存誠而體之, 此所謂天下之達德也."

政)을 맡아 천자의 군대인 육사(六師)를 감독하고 구법(九法)을 바르게 함으로써 구벌(九伐)의 융(戎)의 위력을 크게 나타내는 군정(軍政)을 관장하는 사마(司馬), 형벌을 관장하여 삼전(三典)을 쓰고 구금(九禁)을 관장하여 단속함으로써 육극(六極)의 토벌을 이루는 사구(司寇), 토지를 관장하여 이제(二制)를 잡고 구사(九事)를 가지런하게 함으로써 구공(九功)을 다스리는 사공(司空)을 '육경(六卿)'이라 하니, 육직(六職)을 관장하고 육속(六屬)을 거느려서 면려(勉勵)하여 억조의 백성을 부유하게 이룬다. 태사(太師), 태부(太傅), 태보(太保)를 '삼공(三公)'이라고 하니, 도를 논하고 나라의 계획을 세워 다스리며 왕의 몸을 보필하여 돕는다. 소사(少師), 소부(少傅), 소보(少保)를 '삼고(三孤)'라고 하니, 삼공을 도와 교화를 크게 하여 좌우에서 받들어 보필한다."13)고 하고, 이러한 체계가 잡혀있는 것을 두고, "이것을 왕제(王制)라고 하는데, 오직 성인(聖人)이 도(道)를 다하고 오직 왕(王)이 제도를 다하니, 제도를 다하는 사람을 성인이라 하고 도를 다하는 사람을 왕이라고 한다."14)고 하였다.

특히 윤휴는 성인과 왕의 제도와 도(道)를 실행하는데 있어 15가지의 예(禮)가 근거가 된다고 보았다. 그리고 15가지 예는 '하늘을 섬기는 도를 밝히는 교사례(郊社禮)', '부자의 친함을 밝히는 종묘례(宗廟禮)', '군신의 의리를 밝히는 조정례(朝廷禮)', '제후의 정사를 베푸는 방악례(方岳禮)', '사방의 난을 평정하는 사역례(師役禮)', '천하의 우환에 대비하는 전수례(田狩禮)', '농사를 권장하고 효성을 돈독하게 하는 경적례(耕籍禮)', '덕을 높이고 풍속을 변화시키는 학교례(學校禮)', '현인(賢人)을 숭상하고 군중을 힘쓰게 하는 빈흥례(賓興禮)', '남녀를 이루고 부부를 바르게 하는 관혼례(冠婚禮)', '종족(宗族)간의 의

---

13) 『白湖全書』 권42, 「讀書記」 <讀周禮>, 66쪽.
14) 『白湖全書』 권42, 「讀書記」 <讀周禮>, 67쪽.

를 도탑게 하고 형제가 한덩어리가 되게 하는 음식례(飮食禮)', '붕우 간에 은혜롭게 하고 빈객을 친애하는 사향례(射饗禮)', '사망과 흉사를 슬퍼하여 행하는 상황례(喪荒禮)', '화란과 재앙을 분담하는 여휼례(予恤禮)', '복과 기쁨을 함께하는 하경례(賀慶禮)'가 그것이다. 아울러 이러한 15가지 예(禮)를 시행하는데 있어 이를 담당할 관서로 육전(六典)에 여섯 관속을 두어 모두 36관(官)을 들고 있다.

첫째, '도화(道化)를 주재하고 재용(財用)을 절약하는' 치관(治官)으로 '왕궁(王宮)의 관속', '내치(內治)의 관속', '전법(典法)의 관속', '부장(府藏)의 관속', '선복(膳服)의 관속', '회계(會計)의 관속'이 있다.

둘째, '만민(萬民)을 편안하게 하고 현능(賢能)을 예우하는' 교관(敎官)으로 '향당(鄕黨)의 관속', '국자(國子)의 관속', '전악(典樂)의 관속', '사시(司市)의 관속', '창적(倉積)의 관속', '축목(畜牧)의 관속'이 있다.

셋째, '신인(神人)을 다스리고 상하를 화합하게 하는' 예관(禮官)으로 '향사(享祀)의 관속', '상장(喪葬)의 관속', '빈려(賓旅)의 관속', '전사(典祀)의 관속', '복서(卜筮)의 관속', '관상(觀象)의 관속'이 있다.

넷째, '백관(百官)을 바르게 하고 화란(禍亂)을 평정하는' 정관(政官)으로 '복어(僕馭)의 관속', '시위(侍衛)의 관속', '수금(守禁)의 관속', '순경(巡警)의 관속', '선갑(繕甲)의 관속', '목마(牧馬)의 관속'이 있다.

다섯째, '만민을 살펴 단속하고 도적을 제거하는' 형관(刑官)으로 '청송(聽訟)의 관속', '금포(禁暴)의 관속', '기간(幾奸)의 관속', '행인(行人)의 관속', '형륙(刑戮)의 관속', '물해(物害)의 관속'이 있다.

여섯째, '백물을 기르고 만민을 살리는' 사관(事官)으로 '현수(縣遂)의 관속', '부공(賦貢)의 관속', '산택(山澤)의 관속', '원유(園囿)의 관속', '징렴(徵斂)의 관속', '공사(工事)의 관속'이 있다.

이처럼 윤휴는 『주례』의 체계를 구직(九職), 십륜(十倫), 육경(六卿), 삼공(三公), 삼고(三孤), 십오례(十五禮), 삼십육관(三十六官)이 모두 갖추어져 있는 왕제(王制)로 파악하였던 것이다. 그러나 이러한 윤휴의 『주례』 이해는 천관(天官), 지관(地官), 춘관(春官), 하관(夏官), 추관(秋官), 동관(冬官)이라는 『주례』 6편의 체제를 따른 것은 아니라, 구직(九職), 십륜(十倫), 육경(六卿), 삼공(三公), 삼고(三孤), 십오례(十五禮), 삼십육관(三十六官)이라는 자신의 관점에서 『주례』의 핵심을 끌어내고자 하였다.15)

무엇보다 윤휴는 『주례』에서 주목한 것은 한 나라의 제도는 군주(君主)의 덕(德)에 달려 있다고 보고, 덕(德)·도(道)·교(敎)·예(禮)의 관계를 다음과 같이 말했다.

> 선왕은 덕(德)을 근본으로 하고 도(道)를 체득하여 나아가며 도를 닦고 제도를 행하니, 덕(德)은 도를 체득하여 나아가는 데 있어 바탕이 되는 것이고 교(敎)는 제도를 행하는 데 있어 바탕이 되는 것이다. 그러므로 덕이 닦이면 도가 이루어지고 도가 이루어지면 제도가 밝아지고 제도가 밝아지면 예(禮)에 상경(常經)이 있게 되고 예에 경이 있게 되면 도에 윤상(倫常)이 있게 되고 도에 윤상이 있게 되면 관(官)에 질서가 있게 되고 관에 질서가 있게 되면 제도가 완비됨이 있으니, 제도를 완비한 것을 덕이 성대하다고 한다. 덕이 성대하면 교가 높아지고 교가 높아지면 백성의 직분이 닦이고 백성의 직분이 닦이면 천하가 다스려지고 천하가 다스려지면 왕도(王道)가 얻어지니, 왕도가 얻어진 이는 성덕(聖德)이 순수하다. 이것을 '천하의 대기(大紀)'라고 한다.16)

즉, 윤휴는 '덕(德)은 도를 체득하여 나아가는 데 있어 바탕이 되는 것이고 교(敎)는 제도를 행하는 데 있어 바탕이 된다.'고 하여, 예제(禮制)의 제정에 있어 덕이 근본이 되며, '덕이 성대하면 교가 높아지

---

15) 정호훈, 「17세기 體制 改革論의 전개와 『周禮』」『한국실학연구』 제10집, 한국실학회, 2005, 175쪽 참조.
16) 『白湖全書』 권42, 「讀書記」 <讀周禮>, 68쪽.

고 교가 높아지면 백성의 직분이 닦이고 백성의 직분이 닦이면 천하가 다스려지는 왕도(王道)가 실현된다.'고 보았다. 즉 윤휴는 선왕이 제도를 갖춘 것은 선왕이 덕(德)을 근본으로 해 도(道)를 체득하고, 이를 바탕으로 제도(制度)를 정비함으로서 예(禮)의 상경(常經)이 있게 된다는 것이다. 따라서 "윤휴에게 있어서 『주례』는 천하를 다스리고 왕정(王政)을 실현하는데 제반 원리와 방법이 수록된 완전한 경전"17)이었다고 하겠다.

3. 주례 이념에 바탕한 정치관

이미 언급한 바와 같이 『주례』를 정리하고 이해한 윤휴는 그의 학문적 관심이 하·은·주 삼대(三代)의 정치(政治)와 예제(禮制)에 있었다. 윤휴는 요·순·우·탕·문·무의 훌륭했던 다스림을 구현하기 위해서 당시 제도들 밝혀 오늘날 접목시켜야 한다고 생각했다.

> 옛날 선왕(先王)들이 천하를 다스리는 대요(大要)는 제후들의 나라를 봉하는 것, 육관(六官)을 설치하는 것, 사민(四民)의 직업을 분리시키는 것, 농지를 정리하는 것, 오형(五刑)을 밝히는 것, 군사의 제도를 다스리는 것이니, 이 여섯 가지는 큰 기강이 되었다. 그런데 진(秦) 나라 때 서적을 불태워 학문을 없앤 이후로 여섯 가지가 모두 없어져 오늘날에 이르기까지 역대 임금들이 시대에 따라 제도를 설치하여 시대의 구차스러운 정치를 시행했을 뿐이고, 학사(學士) 및 대부(大夫)들도 이 여섯 가지를 강론하거나 전습(傳習)하여 후대에 전하는 사람이 없었다. 또 어떤 사람은 말하기를 "법이 반드시 옛 것[제도]이 아니더라도 다스림은 옛 것[정치]를 회복할 수 있다."고 하는데, 만약 그렇다면 옛날 선왕들이 천하를 다스렸던 제

---

17) 정호훈, 「17세기 體制 改革論의 전개와 『周禮』」 『한국실학연구』 제10집, 한국실학회, 2005, 175쪽.

도가 애초에 국가의 치란(治亂)과 흥망(興亡)의 운수에 아무런 관계가 없고 군자(君子)가 학문을 수행하는 데 있어 세도(世道)를 부지하고 인심을 선하게 하는 일에 급급히 할 필요가 없다는 것인가? 공자(孔子)께서 이르기를 "임금이 옛날 제도를 따르기를 힘쓰지 않고 후대까지 태평하기를 바라는 것은 마치 뒷걸음을 치면서 앞사람을 따라가려는 것과 같은 것이다." 하였는데, 어찌 그러한 것이 아니겠는가.18)

즉, 윤휴는 삼대(三代) 정치의 대요를 건방(建邦), 설관(設官), 분민(分民), 경야(經野), 명형(明刑), 제군(制軍)으로 보고, 이러한 옛 제도는 "진(秦)나라가 주(周)나라의 국운을 개혁시킨 이후로 선왕의 예제(禮制)에 대해서 토지제도 및 제사의 법도와 군현(郡縣), 형정(刑政), 관작(官爵)의 반열과 남녀의 의상(衣裳) 제도에 이르기까지 모두 옛 제도를 바꾸었는데 후대 임금들이 개정하지 못했고 사람들도 습관이 되어 편안하게 여기고 있으니, 이것이야말로 정자(程子)가 이른바 '영명한 임금, 충실한 재신(宰臣)이 아니면 실제로 이러한 형세를 만회시킬 수 없다.'고 한 것"19)이라 하여, 진(秦) 이후로 선왕의 예제가 무너졌기 때문에 이를 회복시켜야 한다는 것이다.

그렇다면 윤휴가 말하는 선왕의 예제란 구체적으로 무엇을 의미

---

18) 『白湖集』 권24, 「漫筆上」, "古先王, 經理天下之大者, 曰建邦, 曰設官, 曰分民, 曰經野, 曰明刑, 曰制軍, 此六者, 其大綱大紀也. 自秦滅學之後, 六者皆壞陵夷, 以至于今日, 世主旣因仍設置, 以趨一時苟簡之治, 學士大夫, 亦無有講明傳習以遺來世者. 又有謂法不必古而治可復古者. 若然則先王所以經理天下者, 初不足有無於理亂興亡之數, 而君子之學, 有不必汲汲於扶世道淑人心之事歟. 孔子曰, 人主不務襲迹於往古, 而求所以安存於後者, 是猶却行而求及前人也, 豈不然乎."

19) 『白湖集』 권24, 「漫筆中」, "自嬴秦變革之後, 凡先王之禮, 田畝之法, 祭祀之度, 郡國之政, 刑爵之列, 以至男女衣裳之制, 一切反古而不能改, 人亦習而安之. 此程子所謂非英烈之主, 忠信之輔, 固不能挽此勢而回之也."

하는가? 이는 그가 숙종(肅宗)에게 올린 사직소(辭職疏)을 통해 알 수 있다. 그는 사직소에서 "신은 삼가 생각건대, 성상께서 등극하시어 동방(東方)의 군주로서 선왕의 후사를 이으시자, 온나라 백성이 모두 우러러 보게 되었습니다. 성상(聖上)께서 스스로 기대 하시는 것이 어찌 요·순(堯舜)의 도(道)가 아니겠으며, 여러 신하와 백성이 성상(聖上)을 받드는데 있어도 또한 어찌 요·순의 도를 우리 임금에게 기대하지 않겠습니까."20)라고 하여, 선왕의 예제란 요·순 삼대의 제도를 의미한다고 하겠다.

윤휴에 의하면 선왕의 정치는 위에서 아래로 흐르는 정치가 아래에서 위로 올라가는 하이상(下而上)의 정치 형태였다는 것이다.

> 옛날 선왕(先王)의 정치는 향(鄕)과 수(遂)에서 시작되어 조정에 통하여 천하에 미쳤는데 진(秦) 나라 때 상앙(商鞅)이 옛 제도를 변경하고 학문을 폐지하고 간편한 정치를 하자 향정(鄕政)이 먼저 무너지게 되었다. 한(漢) 나라, 당(唐)나라 때 당시 임금과 재상들이 세도(世道)를 정돈하려는 뜻을 갖기도 하였으나 그들 또한 옛날 제도를 회복시키는 도리가 향정에 근본해야 함임을 알지 못했다. 이리하여 인륜이 상실되고 백성이 곤궁해지며 뛰어난 인재가 기용되지 못하여 옛날 선왕의 정치가 천하에 시행되는 것을 끝내 다시 보지 못하게 되었다.21)

즉, 선왕의 정치는 향과 수라는 지방행정에서 시작하여 중앙의 정치에 미치고, 다시 이러한 정치가 제후에게 미쳤다는 것이다. 이러한

---

20) 『白湖集』 권6, 「引嫌辭職疏(七月十五日)」, "臣竊念聖上御極, 出宸繼明, 萬民咸仰. 聖上之所以自期者, 曷嘗不以堯舜之道也. 惟群臣百姓之所欣戴於聖上者, 又曷嘗不以堯舜之道望吾君也."
21) 『白湖集』 권24, 「漫筆上」, "先王之政, 始於鄕遂而達於朝廷, 以及於天下, 及秦鞅變古滅學, 爲一切苟簡之治而鄕政先壞. 漢唐之興, 雖一時君相有意整頓世道, 而亦不知反本修古之道, 必本於鄕政也. 是以, 人倫斁壞, 百姓困窮, 俊民不興, 而先古之治, 卒不可復見於天下."

지방행정의 실현은 인재선발과도 밀접한 연관이 있다.

> 주(周)나라 때 사자(士子)를 뽑는 데 있어서 향(鄕), 당(黨)에서 양성하여 세 가지 일〔三物〕로 나라에 천거하였는데 대체로 덕행(德行)과 기예(技藝)를 모두 살펴서 했던 것이다. 그리고 한(漢)나라 때 향, 당에서 양성하여 천거하는 일이 없었으나 효렴(孝廉)으로 선발하고 천벽(薦辟)을 거행하여 천하의 훌륭한 인재와 뛰어난 덕행을 지닌 사람들을 벼슬시킬 수 있었고 온 천하에 무언(無言)의 가르침이 없지 않았다. 그런데 후대에 와서 학교를 통합시키고 과거(科擧)로써 뽑으며, 자격 제한을 두고 선부(選部)에서 주관하게 하였으므로 천하에 폐단이 있게 되어 날로 쇠퇴해져서 온 세상에 훌륭한 인재가 없다는 탄식이 있게 되었다. …… 이에 본말(本末)과 경중(輕重)이 모두 상실되는 것이니, 이러한 것이 실로 고금의 인재가 차등이 있고 대도(大道)가 쇠퇴하고 융성해지는 이유다.22)

윤휴에 의하면 인재를 선발할 적에 천거제(薦擧制)일 때는 '훌륭한 인재와 뛰어난 덕행을 지닌 사람이 벼슬할 수 있어서 대도가 융성하였는데, 과거(科擧)의 시행으로 인해 훌륭한 인재가 숨어버리고 대도가 쇠퇴하였다는 것이다. 이어 천거제의 장점과 과거제의 단점에 대해 윤휴는 주희의 말을 이끌어 다음과 같이 말했다.

> 어떤 사람이 주자에게 묻기를 "선생께서 정사를 하신다면 무슨 일을 제일 먼저 하시겠습니까?" 하자, 주자가 이르기를 "육부(六部)의 장관들로 하여금 자기 부하를 스스로 천거하도록 할 것이니, 이 일을 제일 먼저 할 것이다." 하였는데 이는 참으로 좋은 말이다. 대체로 천하의 법이 과거(科擧)보다 더 큰 폐단이 있는 것이 없고 전조(銓曹)에서 선발하는 것보다 더

---

22) 『白湖集』 권24, 「漫筆上」, "周人取士, 養之於鄕黨, 賓之以三物, 蓋本末兼擧也. 漢氏雖無鄕黨之政, 拔之以孝廉, 行之以薦辟, 天下之俊民逸德, 猶可得以官使. 及乎後世, 合之以學校, 取之以科擧, 限之以資格, 主之以選部, 天下始弊弊焉, 日入於衰壞, 而有擧一世無人之歎矣. …… 本末交喪, 輕重俱失, 此實古今之所以升降, 大道之所以汚隆也."

구애되는 것이 없는 것이니, 과거를 설치함으로써 뛰어난 인재가 미천한 자리에 있게 되고 문묵(文墨)의 선비가 쓰임을 받게 되며, 전조의 관리를 둠으로 인하여 한 사람의 총명이 한계가 있어 사방의 문이 열리지 못하는 것이다. 따라서 과거를 폐지하고 효렴(孝廉)의 선비를 천거해야만 실제의 덕을 지닌 사람이 조정에 오르게 되고, 전조(銓曹)의 선발을 폐지하고 천거하는 부서를 개설해야만 공정한 도리가 드러나고 훌륭한 인재들이 높은 자리에 있게 될 것이니, 이 두 가지가 제대로 되어야 천하의 정치가 시행될 수 있는 것이다.23)

특히 윤휴는 과거제의 폐단을 세 가지 들었다. 첫째는 천하의 학자들로 하여금 시첩(試牒)을 제출해 서로 경쟁하게 함으로써 학자들의 심술(心術)을 그르치고 예의와 염치가 어떠한 것인지 모르게 하는 것, 둘째는 천하의 학자들로 하여금 붓 끝으로 재주나 다투고 말을 만드는 데 정신을 소모시키고, 선왕(先王)의 경적(經籍)에 실린 훈계와 성현의 시서(詩書)를 표절하여 문서나 꾸미고 담론(談論)으로 인해 인심(人心)을 날로 잃어버리고 대도(大道)는 더욱 어두워져 몸을 닦고 시무(時務)를 아는 것이 어떠한 일인가를 모르게 하는 것, 셋째는 이러한 일을 잘 하는 자는 진출하고 못하는 자는 물러나게 되며, 합격한 자들은 대부분 홍도(鴻都)의 악송(樂松), 가호(賈護)와 같은 무리들이고, 뛰어난 재주와 기량을 가진 훌륭한 인재들은 늙어 죽을 때까지 수용되지 못하는 것이라고 하였다.24)

---

23) 『白湖集』 권24, 「漫筆上」, "或問於晦翁曰, 使子爲政, 當何先 曰惟使六部長官, 自辟其屬, 此最爲先, 美哉言乎. 蓋天下之法, 莫弊於科擧, 莫拘於銓吏, 科擧設俊民微, 而文墨之士用矣, 銓吏設, 一人之聰明有限, 而四門不闢矣. 廢科擧取孝廉, 而實德升矣, 廢銓吏開辟署, 而公道章衆明高翼矣, 二端得而天下之治擧矣."

24) 『白湖集』 권24, 「漫筆上」, "科擧之制, 其弊源何在, 令天下學者, 投牒自應而售於有司, 開天下分競之門, 壞學者心術, 不識禮義廉恥爲何物, 此其弊一也. 令天下學者, 鬪巧於筆端, 弊精於口頭, 視先王經訓聖賢詩書, 只爲

이처럼 윤휴는 인재 선발의 중요성을 역설하였는데, 이는 재상제도와 깊은 연관이 있다. 그는 "임금의 총명이 아무리 뛰어나다 하더라도 하루에 수만 가지의 기무(機務)를 혼자 처리할 수 없고, 그의 총명과 정신을 대신 맡아야 할 사람이 있어야 하는데, 이것이 바로 천하를 다스리는 데 있어 보상(輔相)을 폐지할 수 없는 이유다. 재상을 폐지했을 경우 임금 곁에서 가까이 모시는 신하들이 대신 권병(權柄)을 차지하여 갖게 되는 것인데, 권병을 하찮은 신하에게 몰래 주어 멋대로 농락하게 하는 것보다, 아예 천하 사람이 모두 훌륭하게 여기는 사람을 버젓이 선택하여 그를 재상의 자리에 오르도록 하여, 그와 함께 천하를 다스리는 것이 낫지 않겠는가."25)라고 하여, 임금을 보필할 수 있는 재상이 필요하다고 하였으며, 재상의 주 임무는 "주나라 때 육관을 설치하고 총재(冢宰)가 우두머리가 되어 인재를 기용하고 재물을 관리하며, 관리들을 출척(黜陟)하고 헌법을 시행하며, 궁중 및 관부(官府)의 정사를 관장하였는데, 이것이 바로 재상의 직무인 것이다."26)라고 하여 인재기용, 재물관리, 관리출척, 헌법시행, 궁중 및 관부(官府)의 정사를 관장한다고 하였다. 그러나 후세에 재상이 역할을 제대로 하지 못했기 때문에 나라가 어지러워졌다는 것이다.

 주(周)나라의 태재(大宰)와 한(漢)나라의 승상은 임금을 보좌하는 관원으로서 재상의 임무를 수행했던 것이고, 시중(侍中)·복야(僕射)·상서(尙

 剽竊之資, 文書稠濁, 口舌淆亂, 人心日喪, 大道益晦, 不識修身識務爲何物, 此其弊二也. 能是者進, 不能是者退, 所得者率皆鴻都樂賈之流, 雖有角犀髦彦長才大器, 至老死不收, 此其弊三也."

25) 『白湖全書』 권27, 「漫筆上」, 88쪽.
26) 『白湖全書』 권27, 「漫筆上」, 89쪽, "周人設六官而冢宰爲之長, 掌用人理財黜陟憲法及宮內官府之政, 此爲宰相之事也."

書・중서(中書) 등의 관원은 단지 진(秦)・한(漢) 시대에 어전(御前)에서 분주히 시중드는 직책 낮은 신하의 명칭이었다. 그런데 후대에 시중, 상서 등의 관원이 끝내 진짜 재상의 임무를 수행하고 태위(太尉), 승상 등은 오히려 외조(外朝)의 공신에게 내리는 품계가 된 것은 무슨 까닭인가? 이것은 임금이 대신들을 멀리하고 근신들을 친근히 하였기 때문이다. …… 임금 곁에 있으면서 아침저녁으로 국가의 중대한 일을 함께 모의하는 사람이 재상이 아니고 무엇이겠는가. 이것이 바로 삼성 장관(三省長官) 등의 명칭은 보잘것없지만 직책은 실로 무거운 것이며, 태위・승상 등의 명칭은 무겁지만 직임은 실제로 가벼운 것이니, 당(唐)나라 때 설치된 관직인 동삼품(同三品)의 평장사(平章事)가 끝내 재상의 직책을 수행하였고, 송(宋) 나라 때 명칭을 바로잡은 좌복야(左僕射)・우복야(右僕射)가 끝내 백관의 장관이 되었다. 그러나 동삼품, 좌우복야의 명칭이 어떻게 천관총재 및 태재(太宰)의 호칭이 될 수 있으며 선왕(先王)이 백관을 다스리게 하고 명칭을 바르게 한 뜻에 맞는 것이겠는가.27)

윤휴에 의하면 주(周)나라의 태재와 한(漢)나라의 승상은 임금을 보좌하는 관원으로서 재상의 임무를 수행했던 것에 비해 진・한 시대의 시중・복야・상서・중서 등의 관원은 어전에서 시중드는 낮은 신하에 불과하였는데, 임금과 가까이 있다는 이유로 오히려 재상의 직무를 맡게 되어 태위와 승상이 실질적인 재상이 직책에서 밀려나는 현상이 벌어지게 된 근본적인 원인이 대신을 멀리하고 근신을 가까이 하였기 때문이라는 것이다. 따라서 실적적인 명칭의 회복과

---

27) 『白湖全書』 권27, 「漫筆上」, 90쪽, "周之太宰, 漢之丞相, 職佐人主, 爲宰相之任, 侍中僕射尙書中書等員, 只是秦漢奉供御前趨走小臣之名也. 及後侍中尙書等官, 遂爲眞宰相之任, 而太尉丞相, 反爲外朝勳階, 何也. 此由人主疏外大臣, 狎近小臣之故. …… 在人主左右, 朝夕與圖議國家大事, 非宰相而何. 此三省長官等名雖褻, 而職實重, 太尉丞相等名雖重, 而任實輕, 所以唐之建官三品平章, 遂爲輔相之職, 宋之正名左右僕射, 遂爲百僚之長也. 然同三品僕射等名, 豈足爲天官元輔之號, 而與於先王董官正名之義."

함께 그에 걸맞은 책임도 부여해야 한다는 것이 윤휴의 생각이었다. 이러한 재상의 역할에 대해 일찍이 삼봉 정도전도 다음과 같이 말한 바 있다.

> (총재라는 것은) 위로 군부(君父)를 받들고 밑으로 백관을 통솔하며 만민을 다스리는 것이니, 직책이 매우 큰 것이다. 인주(人主)의 자질은 어리석은 자질도 있고 현명한 자질도 있으며 강력한 자질도 있고 유약한 자질도 있어 한결같지 않으니, 총재는 인주의 아름다운 점은 순종하고 나쁜 점을 바로잡으며, 옳은 일은 받들고 옳지 않은 것은 막아서, 인주로 하여금 대중(大中)의 지경에 들게 해야 한다. 그러므로 상(相)이라 하니, 보상(輔相) 한다는 뜻이다.28)

정도전에 의하면 총재는 위로 군부를 받들고 아래로 백관을 다스리고 만민을 통솔하는 매우 중대한 직책이라는 것이다. 그가 재상정치론을 편 이유는 인주(人主)의 자질에 혼명강약(昏明强弱)이 같지 않기 때문에 명군인 경우 문제가 없지만 혼군이 나올 때를 대비해 현명한 재상이 정치를 전적으로 담당해야 한다는 것이다.29)

아울러 윤휴는 『주례』의 육전 체제에 대해 "옛날에 성왕(聖王)들이 태어나 천지(天地)와 사시(四時)를 법받아 관직을 설치하여 세상을 다스리는 큰 도리로 삼았다. 우(虞)·하(夏)·상(商)·주(周)의 시대를 거치면서 때에 따라 관직을 인습하고 개혁하기도 하였으나 원칙은 전혀 바뀐 적이 없었고, 진(秦)나라와 한(漢)나라 때 관직을 설치함에 있어 옛날과 전혀 다르고 명칭도 뒤섞였으나 그래도 옛날의

---

28) 『三峯集』 권7, 「朝鮮經國典」, <治典摠序>, "上以承君父, 下以統百官治萬民, 厥職大矣. 且人主之材, 有昏明强弱之不同, 順其美而匡其惡, 獻其可而替其否, 以納於大中之域. 故曰相也, 輔相之義也."

29) 김인규, 「『조선경국전』에 나타난 주례 이념」『온지논총』 제52집, 온지학회, 2017, 108쪽.

제도가 남아 있었다. 후주(後周) 때에 이르러 바로잡으려는 뜻을 갖고서 주(周)나라의 관직을 모방하였으나 실제로 옛날 사람이 제정한 뜻을 잃었던 것이다. 당(唐)·송(宋) 시대에 와서 여러 번 제작하는 데 있어 주·진의 관직을 같이 설치하고 고금의 제도를 서로 혼용하기도 하며, 때로는 하나의 관직을 둘로 나누기도 하고 또는 명칭은 다르지만 직무가 같기도 하며 한산직(閑散職)으로서 쓸모가 없기도 하고 직책이 뒤섞여 서로 침범하여 여러 관사가 기강이 없고 관제(官制)가 매우 문란해졌다. 관직이야말로 치란(治亂)의 근본이 되고 안위(安危)의 기틀이 되는 것이니, 천하와 국가를 소유한 임금은 한 가지 일을 정돈해야만 천하 국가의 일을 경륜하여 다스리는 것을 논할 수 있는 것이다."30)라고 하여, 관직의 설치에 있어서 『주례』의 본의를 잃었다고 하였다.

이처럼 윤휴는 『주례』의 이념에 입각한 과거제보다는 추천제에 의한 인재선발, 재상정치의 부활, 관직의 재정비를 통한 요·순 삼대의 정치를 회복하고자 하였던 것이다.

특히 송시열은 도통론(道統論)적 입장에서 요순·삼대 정치의 근본인 '요(堯)와 순(舜), 순(舜)과 우(禹)가 서로 전한 심법(心法)의 대략이 공자(孔子)에게 이어지고 맹자(孟子)까지 이르렀다가 끊어졌지만 송대(宋代) 정명도(程明道)·정이천(程伊川)에게 다시 전해졌다고 하여, 송대 성리학의 학통(學統)을 규정하고, 송대(宋代)를 매개로 삼대

---

30) 『白湖全書』 권27, 「漫筆上」, 89-90쪽, "古昔聖神旣作, 法天則地, 建官設職, 爲經世之大猷. 歷虞夏商周, 雖時有因革, 而未之或易, 及秦漢, 設置始與古異, 名號踦駁, 而猶存古制. 及後周, 有意矯正, 模倣周官, 而實失古人之意. 下至唐宋, 紛紛制作, 周秦幷建, 古今相混, 或一體而分裂, 或異名而同職, 或宂散而無用, 或侵瀆而相犯, 百官庶司, 散無友紀而官制大亂矣. 此實治亂之本, 安危之幾也, 有志爲天下國家者, 要須整頓此一着, 然後可以論經綸燮理之事矣."

(三代)를 지향하려는 태도를 보여 주었다고 한다면, 윤휴의 경우 도통에 대한 언급이 없을 뿐 아니라 예학(禮學)에 대한 평가에서 송대(宋代)보다 한대(漢代)를 더 높이 평가하고 송대를 상정하지 않고 요순·삼대에 접근하려 했던 것으로 보인다. 이러한 요순·삼대에 대한 원칙적 지향은 요·순·우·탕·문·무의 덕(德)과 의리(義理)에 대한 지향뿐만 아니라, 천하(天下)를 다스렸던 제도·방법에 대해서 관심을 갖게 만들었다.31)

4. 「독주례」가 남인학자에 미친 영향

이상에서 살펴 본 바와 같이 17세기는 두 차례의 전란을 격고 난 뒤, 시대 이념적 반응은 두 가지 방향으로 나타났다. 하나는 대부분의 유학자들을 포함하는 정통적 입장으로서 흩어진 민심과 사회질서를 안정시키기 위해 성리학의 이론적 정당성을 강화시키며 동시에 밖으로 배청의리론(排淸義理論)과 안으로 예학(禮學) 질서를 강화함으로써 사회체제에 합당한 행동절차와 엄밀하게 규정하는 조선후기 도학(道學)이다. 다른 하나는 도학정통의 이념이 교조화(敎條化)되고 권위적 지배질서로 굳어져 있는데 반발하여 민생(民生)과 국가경영의 효율성에 주목하여, 제도개혁과 생산기술의 합리화를 추구하는 사유로서 조선후기 실학(實學)이라고 하겠다.

특히 조선사회의 전면적 개혁과 변화를 생각하는 사람들은 『주례』로부터 새로운 이념과 제도의 원형을 찾고자 한 부류가 남인(南人)을 중심으로 활발하게 연구되었는데 선봉에 있는 인물이 바로 윤휴

---

31) 김현수, 「白湖 尹鑴의 禮敎思想 硏究」 『동양철학연구』 제54집, 동양철학연구회, 2008, 19-20쪽 참조.

라고 하겠다.

　윤휴는 『주례』를 주공(周公)의 작품으로서, 이는 성인이 세상을 경륜(經綸)하기 위해 만든 경전으로 주나라 말기 제후들이 자신의 참람한 죄를 은폐하기 위해 경적을 제거하고, 진시황이 전적을 불태워 없애 버린 나머지 비록 차례가 착란(錯亂)되고 없어진 간편(簡篇)이 있을 뿐이지 대체는 볼 수 있는 완비된 책이라는 것이다. 따라서 윤휴는 『주례』의 전 내용을 구직(九職), 십윤(十倫), 육경(六卿), 삼공(三公), 삼고(三孤), 십오례(十五禮), 삼십육관(三十六官) 등의 주제로 압축하여 「독주례」를 저술하였다. 그는 이 저술에서 『주례』에서 제시하는 군주정치의 핵심을 옛 군왕의 '수덕(修德)'과 '수도(修道)'를 근본으로 해 제도(制度)를 완비하였다는 것이다. 다시말해 제도(制度)의 완비는 덕성(德性)을 풍성하게 하고 왕정(王政)을 이루게 하는 근거가 되는 것으로, 그에게서 『주례』란, 군주가 덕성을 갖추는 일과 제도를 갖추는 일이 동시에 같은 차원에서 이루어져야 함을 제시하는 경전이었던 것이다.

　무엇보다 윤휴는 『주례』의 정치이념을 중시하고 정치개혁론의 근거로 활용하고 있지만 『주례』의 가치를 전면에 내세우지는 못했다. 『주례』가 가진 의미를 새로운 국가론의 근거로까지 끌어올린 이는 반계(磻溪) 유형원(柳馨遠)과 다산(茶山) 정약용(丁若鏞)이라고 하겠다.

제 9 장

『반계수록』에 수용된 주례 이념

　반계(磻溪) 유형원(柳馨遠, 1622~1673)은 실학의 비조(鼻祖)로, 그가 살았던 시기는 임진왜란과 병자호란이라는 전대미문의 병란으로 인해 조선 사회의 제모순이 극명하게 드러난 시점이다. 그는 이러한 조선사회의 현실을 직시하고 폐단을 바로잡고자 고례(古禮)인『주례(周禮)』의 이념에 바탕하여 삼대(三代)의 지치(至治)를 조선에 실현하고자『반계수록(磻溪隧錄)』을 저술하였다.
　반계 유형원에 대해 본격적으로 연구한 인물로 언론인이자 재야 사학자인 천관우(千寬宇, 1925~1991) 선생을 들 수 있다. 천관우 선생은 1952년「반계 유형원 연구(상・하)」를 발표하여, 유형원 연구의 선구자로 알려져 있다. 선생에 이어 정구복 선생이 1970년에「반계 유형원의 사회개혁사상」을 발표하였으며, 1985년 김무진의「반계 유형원의 군현제론」을, 1990년에 전정희의「반계 유형원의 제도론 연구」, 1998년 서정상의「반계 유형원의 국가인식에 관한 고찰」등 주로 1990년대까지 역사학계에서 반계 유형원의 사회 개혁사상에 초점을 맞추어 연구가 이루어져 왔다. 이에 비해 철학계에서는 1983년 안재순의「유반계 실학사상의 철학적 기초」와 1990년대 김낙진의「유형원의 성리사상」, 정병련의「유반계의 이기, 심성론」・「반계 유형원의 철학사상」등이 발표되었다.
　근래에 주목할 만한 연구가 역사학계에서 발표되고 있는데,

2000년에 김선경이 「반계 유형원의 이상국가 기획론」, 2005년 정호훈의 「17세기 體制 改革論의 전개와 周禮」, 2011년 나종현의 「17세기 반계(磻溪) 유형원(柳馨遠)의 실리(實理) 개념과 고례(古禮) 추구」, 2013년에 송양섭의 「반계 유형원의 '公'이념과 이상국가론」·「반계 유형원의 公田制論과 그 이념적 지향」, 최윤오의 「반계 유형원의 봉건, 군현론과 공전제」 등이 발표된 바 있으나, 철학계는 2000년 정도원이 발표한 「반계 유형원 실학의 철학적 기저」, 2011년 추제엽의 「반계(磻溪) 유형원(柳馨遠)의 리기심성설(理氣心性說)과 그 실학적 단초」가 있을 뿐 『반계수록』을 철학적인 관점에서 분석한 글은 전무하다.

이미 언급한 바와 같이 유형원은 고례(古禮)인 『주례』의 이념에 바탕하여 하·은·주(夏殷周) 삼대(三代)의 지치(至治)를 조선에 실현하고자 하였으나, 삼대는 봉건제(封建制)고, 조선은 군현제(郡縣制)임으로 가장 이상적인 토지제도인 정전제(井田制)를 조선에서 실현시키는 것은 사실상 불가능하다고 판단하였다. 따라서 그는 『주례』의 이념을 수용하되 정전제의 효과를 거둘 수 있는 공전제(公田制)를 주장하였다.

아울러 정전제와 더불어 이상사회 실현을 위해 반드시 시행되어야 할 제도로 유형원은 향당제(鄕黨制)와 공거제(貢擧制)를 들었는데, 이들 제도 역시 삼대는 봉건제라는 정치제체 속에서 실현되었기 때문에 유형원의 고민은 이들 제도의 본지(本旨)를 군현제 하에서 어떻게 살려낼 것인가에 있었다.

따라서 이 장에서는 『반계수록』의 저술 배경과 간행에서 유형원이 『반계수록』을 저술하게 된 사회·경제적 배경과 간행에 대해 기술할 것이며, 이어 『반계수록』의 체제와 국가례에서 『반계수록』의 체제와 유형원이 '이상적인 국가 건설을 위한 국가례를 정전제, 군현제, 공거제를 중심으로 살펴보고, 마지막으로 '국가례의 『주례』의 이념과 철학적 배경'에 대해 살펴보기로 한다.

1. 『반계수록』의 저술 배경과 간행

『반계수록』은 원래 저자가 학문 연구의 과정에서 생각나는 것을 그때그때 기록하여 모은 것으로 책명도 원래 '수록(隨錄)'이라고 붙인 것을 1770년 책을 출간할 때 저자의 호 '반계'를 붙여 『반계수록』이라고 하였다. 그러나 이 책은 단순한 학문 연구 과정의 '수록'이 아니라, 조선시대 실학의 비조라고 일컬어지는 저자가 당시 정치, 경제, 문화에 대한 제반 개혁안을 26권이나 되는 방대한 규모로 체계적으로 정연하게 서술한 명저로, 『주례』의 이념을 바탕으로 그가 꿈꾸었던 '이상국가'를 기획한 것이다.

유형원이 꿈꾸던 이상사회는 '백성은 항산(恒産)이 있고 인심(人心)은 안정되고 풍속은 돈후(敦厚)하고 교화가 행해져서 예악(禮樂)이 일어나는 사회'였다. 그러므로 유형원은 "삼대(三代)의 제도는 모두 자연의 이치와 사람의 도리에 순응하게 만들어 놓은 것으로 요점이 만물로 하여금 각각 자기 살길을 찾게 하고 온갖 상서가 나타나게 하였다. 그런데 후세의 제도는 모두 인욕에 의해 불철저하게 만들어 놓은 것으로 요점이 인류로 하여금 썩어 문드러져 천하가 꽉 막히게 되었으니 옛날 제도와 완전히 반대된다."[1]고 하여, 삼대를 이상적인 제도로 인식하였다. 그가 『반계수록』을 집필하게 된 동기를,

---

1) 『磻溪隨錄』 권26, 「續篇下」, <書隨錄後>, "三代之制, 皆是循天理, 順人道 而爲之制度者, 其要使萬物, 無不得其所而四靈畢至. 後世之制 皆是因人欲 圖苟便而爲之制度者 其要使人類, 至於糜爛而天地閉塞, 與古正相反也."

진(秦) 나라의 멸망과 함께 전장 제도도 흔적조차 없어져서 옛날 성인들이 실행하였던 정치와 교육에 관한 절목이 하나도 세상에 남은 것이 없다. 온 세상의 눈과 귀도 후세의 사의(私意)에서 나온 제도에 국한되어 다시는 선왕의 문물제도를 알지 못하였다. …… 내가 이에 대해 걱정한 나머지 외람된 일임에도 불구하고 옛날 제도의 본의를 연구하고 지금의 사정을 참작하여 이를 실행할 세칙까지 상세히 말하였다. 이는 대개 성현의 경전에 있는 원칙들을 적용하면 이 사업을 반드시 후세에도 실행할 수 있다는 것을 증명하려는 것이다. 아아! 한갓 아무리 좋은 법을 제정했다 하더라도 그 법이 저절로 실행되지 않고, 한갓 아무리 한 사람이 일을 한다 하더라도 한 사람만으로 사업을 구현시킬 수 없는 것이다. 진실로 이 방면에 뜻을 둔 사람이 성심으로 연구하여 실험해 본다면 또한 반드시 내가 이렇게 세칙까지 말한 이유를 알게 될 것이다.2)

라고 하여, 진(秦) 멸망 후 선왕의 문물제도를 알지 못할 것을 염려해서 저술했다 했으며, 구체적인 이유를 두 가지를 들었다.

첫째, 진한(秦漢) 이후의 법제가 "왕도(王道)가 폐새(廢塞)하고 만사(萬事)가 실기하자 처음에 사심(私心)에 따라 법을 만드니 끝내 융적(戎狄)이 중국을 어지럽히게 되었다. 우리나라의 경우 고루한 것을 그대로 이어 변화시키지 못한 것이 많고 여기에 더하여 쇠약함이 계속되어 끝내 치욕을 당했으니 대개 천하 국가가 이 지경에 이른 것이다."3)라고 하여, 개인적인 욕구를 채우기 위해 제정됨으로써 모순

---

2) 『磻溪隨錄』 권26, 「書隨錄後」, "亡秦以來, 幷與其典章制度而蕩滅之. 凡古聖人行政布敎之節, 一無存於世者. 天下耳目, 膠固於後世私意之制, 不復知有先王之典章. …… 余爲是懼, 不避僭越, 究古意揆今事, 幷與其節目而詳焉. 蓋將以推經傳之用, 明此道之必可行於世也. 嗚呼! 徒法不能以自行, 徒善不足以爲政. 苟有有志者, 誠思以驗焉, 則亦必有以知此矣."

3) 『磻溪隨錄』 권26, 「書隨錄後」, "念自王道廢塞, 萬事失紀, 始焉因私爲法, 終至戎狄淪夏. 至如本國則因陋未變者多, 而加以積衰, 卒蒙大恥, 天下國家, 蓋至於此矣."

이 고쳐지지 않고 폐단이 쌓여, 중국이 오랑캐에 멸망되고, 우리나라는 외침을 받아 천하의 수치를 당하였다는 것이다. 따라서 나쁜 법을 개혁하지 않고 옳은 정치를 할 수 없기 때문에 진한 이래 사욕(私欲)에 바탕을 둔 법제를 천리(天理)에 바탕을 둔 법제로 개혁해야 한다고 하였다.

특히 유형원이 말한 왕도는 다름 아닌 정전법(井田法)를 의미하는데, 정전법이라는 옛 제도가 무너짐으로써 공전(公田)은 사라지고 사전(私田)만 남게 되었다는데서 출발한다고 보았다.

> 고제(古制)가 이미 없어진 후에 토지가 공(公)에 있지 않고 민에 있어서 부자(富者)는 천맥(阡陌)을 잇고 빈자(貧者)는 송곳을 꽂을 땅도 없으니 이 때문에 부자는 더욱 부자가 되고 가난한 자는 점점 더욱 가난해진다. 이러한 제도가 오래됨에 따라 모리배(牟利輩)가 토지를 모두 소유하고 양민은 서로 이리저리 옮겨 다녀 용작인(傭作人)이 되니 폐해가 미치는 곳을 이루 말로 다할 수 없다. 그러나 지금 모든 토지가 사유(私有)가 되어 사람마다 이를 세전(世傳)의 물건으로 간주한다.[4]

즉, 사전의 확대는 토지겸병을 심화시키고 결국 농민의 몰락을 가속화시켜 국가의 위기를 초래했다고 본 것이다. 따라서 유형원은 『반계수록』에서 공전제을 통해 국가의 토지에 대한 지배권을 강화시킴과 동시에 일정한 비율로 토지를 나누어주는 수전권(收田權) 분급을 통해 농민을 보호하고자 하였다.

둘째, 당시 학자와 관료들의 학문 태도와 세태에 대한 불만이었다. 그는 당시의 학문태도에 대해,

---

4) 『磻溪隨錄』 권2, 「田制下」 <田制雜議附>, "古制旣廢之後, 田不在公而在民, 富者, 連絡阡陌, 貧者, 無立錐之地. 是以, 富者, 漸益富, 貧者, 漸益貧. 及其久也, 則牟利之輩, 盡有土地, 而良民相率流移, 爲其傭作之人, 其害所至, 不可勝言. 然今率土, 皆爲私有, 人各視爲世傳之物."

관직에 있는 자는 이미 과거를 통해 나아가 오직 세상의 습속을 따르는 것을 편안히 여기고, 초야에 있는 선비는 비록 스스로 수양하는데 뜻을 두지만 경세의 방안에 대해 뜻을 기울이지 않는다. 이렇게 되면 세상을 바로잡을 날이 없게 되고 백성에게 미치는 참화는 극에 달할 것이다.5)

라고 하여, 과거시험에 몰두하는 자는 오로지 과거시험에 유용한 문장만 익혀 백성을 다스리는 경세(經世) 공부가 결여되어 있고, 재야에 묻혀 있는 학자는 자신의 수양에 전념한다는 핑계로 경세에 아무 관심도 기울이지 않는 것을 비판한 것이다. 그는 내면적 도덕적 수양만 강조하던 성리학에서 외적 행동을 규제하는 법제 개혁을 통해 천리(天理)가 구현되는 사회를 이루는 것이 학자의 사회적 의무임을 강조한 것이다.

이러한 동기로 유형원은 『주례(周禮)』・『의례(儀禮)』・『예기(禮記)』・『서경(書經)』・『춘추(春秋)』 등 유가의 경전과 『통전』・『문헌비고』 등 중국의 정법서(政法書)는 물론 장재(張載)・호굉(胡宏)・주희(朱熹)・이이(李珥)・조헌(趙憲)・한백겸(韓百謙) 등 선유(先儒)의 글을 읽으면서 현실 문제를 해결할 수 있는 방책을 기록하고 정리하여 현실에 적용시킬 가능성을 심사숙고해 체계적으로 개혁안을 제시한 것이 바로 『반계수록』이다. 그가 전라도 부안군 우반동으로 이거하기 1년 전인 31세부터 집필을 시작하여 무려 19년이라는 긴 세월이 걸려 1670년에 완성된 『반계수록』은 유형원의 이상과 국가 개조안이 담긴 거작이었으나 서인(西人)들이 집권하고 있던 그의 생존 시에는 거의 알려지지 않았다.

『반계수록』이 세간의 관심을 끈 것은 그의 사후(死後) 5년이 지난

---

5) 『磻溪隨錄』 권26, 「書隨錄後」, "在位者, 旣由科目而進, 唯知徇俗之爲便, 草野之士, 雖或有志於自修, 而於經世之用, 一作施措之方. 則或未之致意. 是則斯世無可治之日, 而生民之禍, 無有極矣."

1678년 그의 친구인 배상유(裵尙瑜, 1610~1686)가 숙종(肅宗)에게 추천하면서부터다.6) 그는 숙종뿐만 아니라 갈암(葛庵) 이현일(李玄逸, 1627~1704)에게 초서(草書)로 된 『반계수록』 일부를 보여 주고, 이후 『반계수록』 전체를 정사하여 보내주었다. 이에 이현일은 『반계수록』을 읽고, "세상에 다시 이런 사람이 있겠는가. 이 사람은 없으나 책은 있으니 그래도 뜻한 바를 조금이나마 볼 수 있구나."7)라고 말하고, 이어 『반계수록』의 가치를, "이 책은 규모가 매우 크고 증거가 지극히 넓어 언뜻 보면 눈이 어지러워 쉽게 엿볼 수 없으나, 세상을 경륜하고 사물을 다스리는 의론을 보면 실로 옛날을 끌어다가 오늘날에 적용시키는 사의(事宜)에 합당하여 사람으로 하여금 개연히 삼대(三代)를 회복하고 싶은 뜻을 두게 하니 매우 성대합니다. 이 사람이 높은 지위에 올라 정치를 하였다면 사업을 어찌 헤아릴 수 있겠습니까."8)라고 하여, 가치를 높이 평가하였을 뿐만 아니라 『반계수록』을 구체적으로 다음과 같이 평가하였다.

　이 책은 학교를 세워 사람을 가르치는 법부터 전지(田地) 소유를 고르게 하여 부세(賦稅)를 바르게 하는 것, 화폐를 제조하여 재화를 유통시키는 것, 관직을 설치하여 직분을 나누는 것, 무비(武備)와 군대를 정비하는 것 등 요체에 이르기까지 고금을 통해 고증하지 않은 것이 없어 실제로 시행할 만하였으니, 규모가 넓고 심원하며 조리가 치밀하였다.9)

---

6) 『肅宗實錄』, 숙종 4년(1678) 6월 20일(기축).
7) 『葛庵集』 권20, 「遁庵柳公隨錄序」, "世復有斯人邪, 無是人而有是書, 猶或可以少見其志之所存焉."
8) 『葛庵集』 권10, 「答裵公瑾」, "此書, 規模甚大, 證據極博, 乍見眩惑, 未易窺測, 然竊觀其經世宰物之論, 實合援古酌今之宜, 使人慨然有挽回三代之志, 甚盛甚盛. 使斯人也位通顯而得進爲, 則其事業烏可量."
9) 『葛庵集』 부록 권1, 「年譜」 <64세>, "其書自立學敎人之法, 以至均田正賦造幣通貨設官分職經武制軍之要, 靡不考古驗今, 可底於用, 其規摸宏遠,

이처럼 이현일은 『반계수록』을 높이 평가하고 유형원의 아들인 유하(柳昰)가 서문을 부탁하자 사양하지 않고 『반계수록』의 서문을 써주기도 하였다.10)

『반계수록』에 대한 가치 평가는 남인계뿐만 아니라 소론계인 명재(明齋) 윤증(尹拯, 1629~1714)에서도 확인된다. 그는 유형원보다 7세 연하로 유형원이 타계하고 38년이 지난 그의 나이 83세인 1711년에 『반계수록』을 읽고 크게 감동받아 유형원의 사촌 동생인 유재원(柳載遠)의 부탁으로 발문을 써주기도 하였다. 그는 발문에서,

> 수록은 처사(處士)인 고 유군(柳君) 형원(馨遠)의 저술이다. 이 책을 통하여 그의 큰 규모와 높은 식견을 상상해 볼 수 있다. 유독 애석한 점은 당대에 조금이라도 인정 받아 자신의 뜻을 펼칠 수 있는 인물임에도 자취를 감추고 살다가 일생을 마침으로써 결국 그대로 뜻을 품은 채 땅속에 묻혔다는 점이다. …… 그와 같은 세상을 살면서 평생 일면식도 없이 지냈다는 것이다. 진실로 선(善)을 좋아하는 마음이 있으면 아무리 멀리 떨어져 있어도 정신적인 교유를 나눌 수 있는 법인데, 더구나 우리는 사는 곳이 가까웠으니 말해 무엇 하겠는가. 바로 이런 점이 나도 모르게 책을 덮으며 탄식하게 한다. 그러나 그 사람은 죽었어도 책은 아직 남아 있다. 세상일에 뜻있는 자가 혹여 거기에서 취하여 행하는 경우가 생긴다면 군(君)의 저술이 끼친 공이 이로 인해 더욱 드러나게 될 것이니, 어찌 끝내 사라질리가 있겠는가.11)

條理縝密."
10) 『葛庵集』 권20, 「遁庵柳公隨錄序」.
11) 『明齋遺稿』 권32, 「跋隨錄」, "隨錄者, 故處士柳君馨遠之所述也. 觀於此錄, 其規模之大, 才識之高, 可以想見矣. 獨惜夫不得少見於時, 以展其志, 而沈冥歿身, 齎以入地也. …… 旣與之並世, 而平生不識其面. 苟有好善之誠, 雖千里之遠, 猶可以神交, 況所居又壤地相比者耶. 令人不覺掩卷而歎也. 然其人雖歿, 其書猶存. 有意於世務者, 或能取而行之, 則君之著述之功, 於是乎著矣."

라고 높이 평가하고, '세상일에 뜻 있는 자가 이 책에서 취하여 실행한다면 저술이 끼친 공이 더욱 드러나게 될 것'이라고 말하였다.

『반계수록』은 영조 17년인 1741년 윤증의 제자인 양득중(梁得中)의 간행을 청하는 상소12)와 10년이 지난 영조 26년 1750년 좌참찬 권적(權蹢)이 유형원(柳馨遠)이 지은『반계수록』은 삼대(三代) 이후에 제일가는 경국책(經國策)이라 하고 간행하여 중외에 반포를 청하는 상소13)를 올렸지만 무산되고, 결국 유형원이 서거하고 96년이 지난 뒤 1769년에 영조의 지시로 "유형원의『반계수록』을 간행하되, 단지 3부만 인쇄하여 바치도록 명하였다. 그리고 1부는 남한산성에 보내어 판본을 새기게 하고, 다섯 군데 사고(史庫)에 간직할 것도 남한산성에서 인쇄해 가지고 오게 하였다."14)고 하여, 교서관(校書館)에서 우선 활자로 3부를 인쇄하여 올리고, 그 중 한 부는 남한산성으로 보내 거기서 다시 목판으로 여러 벌 인쇄하도록 하였다. 그러나 어떤 연유인지 실록에 기재된 것과 같이 목판본이 남한산성에서 인쇄되지 못하고 이듬해인 영조 46년 1770년에 경상도 관찰사영(觀察使營)에서 목판으로 출판되었다. 현존『반계수록』에 실려 있는 당시 경상도 관찰사 이미(李瀰)의 서문에서 보는 바와 같이 출판 역시 왕명에 의한 것이었다. 그 뒤 정조 5년 1781년에 경상도 관찰사 조시준(趙時俊)이 유형원의 원저였던「군현지제(郡縣之制)」를 후손인 유명위(柳明渭)의 발문을 붙여 '보유(補遺)' 1권을 간행하였으니, 수록(隨錄)과 보유(補遺)를 합하면 모두 27권이나 되는 거질(巨帙)이라 하겠다.

---

12)『英祖實錄』영조17년(1741) 2월 23일(무오).

13)『英祖實錄』권71, 영조 26년 6월 19일 경인 3번째기사, "又請故徵士柳馨遠所著隨錄, 卽三代後第一經國之謨, 刊行中外, 恐不可已."

14)『英祖實錄』권113, 영조 45년 11월 11일 기축 7번째기사. "命刊柳馨遠磻溪隨錄, 只印三件以進, 一件印送南漢, 使之刊板, 五處史庫所藏者, 亦令南漢印來."

특히 『반계수록』은 남인계 학자는 물론 소론계 및 노론계 학자에게 높이 평가받은 경세서(經世書)로, 노론 낙론계 학자인 홍계희(洪啓禧, 1730~1771)는 유형원의 사상을 존숭하여 영조에게 『반계수록』의 간행을 건의하였을 뿐 아니라 영조의 명으로 「반계전(磻溪傳)」을 지었다.15) 『반계수록』은 홍대용(洪大容)·박지원(朴趾源)·이덕무(李德懋) 등 북학파에 영향을 끼쳤으며,16) 정조(正祖)는 수원성 조성과 관련하여 "유형원의 『반계수록보유(磻溪隨錄補遺)』에 수원의 읍치를 북평(北坪)으로 옮기고 성지(城池)를 건축해야 한다는 논설이 있는데 1백 년 전에 마치 오늘의 역사를 본 것처럼 미리 이런 논설을 쓴 것은 참으로 기이한 일이다."17)라고 하고, 수원성을 축성할 때 다산(茶山) 정약용(丁若鏞)이 유형원의 축성 이론을 적용한 것은 너무나 유명하다 하겠다. 뿐만 아니라 이익(李瀷)과 정약용은 경세서를 쓰면서 『반계수록』을 항상 참조하고 비교 검토하였던 것이다.18)

2. 『반계수록』의 체제와 국가례

『반계수록』은 모두 26권으로 이루어져 있는데, 유형원이 심혈을 기울어 제시한 개혁안은 3분의 1을 차지하고 있는 전제(田制)라고

---

15) 『磻溪隧錄』「傳」, "或謂治國之道, 當論大體, 何必屑屑於瑣細節目之間. 臣以爲不然也. 唯其所論者大宜乎俗見之以爲迂矣."
16) 『湛軒書』外集附錄,「從兄湛軒先生遺事」『燕巖集』「許生傳」및 『雅亭遺稿』卷6,「與李洛瑞書九書」참조.
17) 『正祖實錄』정조 17년(1793) 12월 8일(정묘), "'柳馨遠磻溪隨錄補遺, 有移水原邑治于北坪, 建築城池之論. 百年之前, 預爲此論, 若覩今日事者, 誠亦異矣."
18) 『星湖塞說』권10,「人事門」<瓦屋> 및 『牧民心書』,「工典」<川澤> 참조(정성희,「近畿實學과 磻溪 柳馨遠」『온지논총』제50집, 온지학회, 2017, 305-307쪽 참조).

할 수 있다. 이를 구체적으로 살펴보면, 현행 전제에 대한 저자의 개혁안인「전제(田制)」2권과 전제와 직접 연관된 호적, 조운(조세·운수), 경상비, 수리, 화폐, 시장 등등에 대한 저자의 개혁안인「전제후록(田制後錄)」2권, 중국 및 본국 각 왕조의 전제에 대한 역사적 고찰인「전제고설(田制攷說)」2권,「전제후록」기재 항목들에 대한 역사적 고찰인「전제후록고설(田制後錄攷說)」2권이 이에 해당한다.

 학교 및 과거 제도에 대한 개혁안으로「교선지제(敎選之制)」2권과「교선고설(敎選攷說)」2권 등 4권으로 되어있으며, 관리 임면과 상벌 등에 관한 개혁안은「임관지제(任官之制)」1권과「임관고설(任官攷說)」1권 등 2권으로 되어있다. 또 관제에 대한 개혁안으로「직관지제(職官之制)」2권과「직관고설(職官攷說)」2권 등 4권으로 되어있고, 녹봉 제도에 대한 개혁안으로「녹제(祿制)」1권과「녹제고설(祿制攷說)」1권 등 2권으로 구성되어 있다. 아울러 군대 제도에 대한 개혁안으로「병제(兵制)」1권과 병제와 직접 관련되는 축성, 전차(戰車), 군마, 우역(郵驛) 제도 등에 대한 개혁안인「병제후록(兵制後錄)」1권 및 역사적 고찰인「병제고설(兵制攷說)」1권과「병제후록고설(兵制後錄攷說)」1권 등 4권으로 이루어져 있다. 이 외 예의 제도, 풍속, 노비제도 등에 관한 개혁안인 2권의「속편(續篇)」등 모두 26권으로 되어있고, 여기에「부록」과『수록보유』1권의「군현제」로 구성되어 있다.

 유형원은『반계수록』에서 먼저 제도개혁안을 제시하고 그에 상응하는 역사적 고찰인 '고설(攷說)'을 붙여 자신의 개혁안에 대한 타당성과 실현 가능성에 대해 논증하려 하였다. 유형원이『반계수록』에서 구현하고자 한 것은 하·은·주 삼대의 이상(理想) 정치의 실현이었다. 일찍이『경국대전』의 편찬이 완성되자 서거정(徐居正)은 서문에서,

신이 가만히 생각해보건대 천지가 광대(廣大)함에 만물을 하늘이 덮고 땅이 싣지 않은 것이 없으며, 사시(四時)가 운행함에 만물이 생육(生育)하지 않은 것이 없으며, 성인(聖人)이 법을 정함에 만물이 혼쾌히 보지 않은 것이 없으니, 진실로 성인이 제정한 법은 천지와 사시의 운행 법칙과 같다. 옛날부터 제정한 법이 융성함은 주나라 때 이루어진 만한 것이 없는데 주관(周官)은 육경(六卿)으로 천지와 사시에 짝 맞추었으므로 육경의 직관(職官)은 하나라도 빠뜨려서는 안 된다. …… 육전(六典)이라 함은 주(周)나라의 육경(六卿)의 제도를 계수한 것이요, 좋은 법과 아름다운 뜻은 주나라의 관저(關雎)와 인지(麟趾)로 문화(文華)와 질박(質朴)을 알맞게 조화시켜 찬란하게 빛나게 되었으니, 누가 『경국대전』의 제정이 『주관』·『주례』와 더불어 표리(表裏)가 되지 않는다고 하겠는가. 천지사시(天地四時)에 견주어도 어긋나지 않고 전대의 성현에 비추어 생각해도 그릇되지 않으며 백세(百世) 이후의 성인(聖人)에게 갖다 주어도 의혹되지 않을 것임을 알 수 있다.[19]

라고 하여, 『경국대전』이 『주례』와 표리의 관계에 있으므로 천지사시(天地四時)에 견주어 어긋나지 않고 전대의 성현(聖賢)에 비추어 생각해도 그릇되지 않을 뿐 아니라 백세(百世) 이후 성인(聖人)에게 갖다 주어도 의혹되지 않을 것이라고 높이 평가하였지만, 유형원은 조선 체제의 근간인 『경국대전』에 대해서 비판적인 견지에서 수용할 것은 수용하였다.

상고하여 보면 토지 측량〔量田〕은 민간의 번요(煩擾)를 면키 어려우므로 『대전(大典)』에 20년 만에 한 번씩 정기적으로 정리할 것을 규정하였

---

[19] 『經國大典』「序」, "臣竊念, 天地之廣大也, 萬物無不覆載, 四時之運行也, 萬物無不生育, 聖人之制作也, 萬物無不欣覩焉, 信乎聖人之制作, 猶天地與四時也. 自古制作之隆 莫如成周 周官以六卿, 配之天地四時, 六卿之職, 闕一不可也. …… 其曰六典, 卽周之六卿 其良法美意, 卽周之關雎麟趾, 文質損益之宜, 彬彬郁郁, 孰謂大典之作, 不與周官周禮, 而相爲表裏乎. 建諸天地四時, 而不悖考諸前聖而不謬, 百世以俟聖人, 而不惑者, 可知矣."

으나 오늘날 대장은 다만 세를 받기 위한 자료로 만들었기 때문에 불명한 점이 많을 뿐 아니라 그에 따를 폐해도 많다. 더욱이 공전제(公田制)는 모든 일이 경지에 기초를 두므로 대장이 명확치 않으면 모든 일은 두서가 없게 될 것이니 반드시 3년 만에 한 번씩 수정해야 한다. 또 토지를 정리하고 대장을 작성하는 사업은 머리를 빗는 것과 같아서 흐트러지기 전에 미리 정리하면 번잡한 폐단도 적을 것이다. 송나라 때 주자(朱子)의 경계(經界)에 관한 상소를 보면 진·술·축·미년으로 대장을 정리하는 정기적 기간을 정하였으니 공전제를 실행하지 않은 중국도 대장 정리를 이렇게 한 것을 알 수 있다.[20]

즉, 유형원은 공전제를 확립하기 위해 『경국대전』에서 20년 주기로 되어있는 토지대장 정리를 3년마다 해야 할 뿐만 아니라, 후대의 토지제도〔田制〕가 제대로 운영되지 못한 이유가 토지를 근본으로 하지 않고 사람〔人丁〕을 중심으로 하기 때문이라고 하였다.

이처럼 유형원이 공전제를 주장한 것은 지나치게 군현제를 바탕으로 지주전호제(地主佃戶制)로 인한 사전(私田) 확대로 인해 농민이 농토에서 멀어지는 현상을 회복하지 않고서 당시 사회문제를 해결할 수 없다는 것이다. 따라서 유형원은,

> 공전의 법은 지극히 순조롭고 안정적이며, 지극히 간단하고 요령이 있는 것이거늘 무엇을 꺼려 시행하지 않을 것인가? 제왕(帝王)이 천하·국가를 다스림에 있어 이밖에 다른 좋은 법이 없다. 후세에 만약 이 법을 시행하지 않는다면 좋은 정치의 성과를 기대할 수 없을 것이다.[21]

---

20) 『磻溪隨錄』 권1, 「田制上」 <分田定稅節目>, "按量田, 未免煩擾民間, 故大典以二十年爲式. 然卽今田籍, 只爲收稅之資, 而不明之弊, 其害無窮. 況公田之法, 萬事皆本於田, 田籍不明, 萬事無紀矣. 不可不三年修正也. 且籍田有如理髮 及其未紊而修之, 則亦少煩擾矣. 朱子經界狀, 以辰戌丑未年爲改籍之式 然則中國雖不行公田 猶如此也."

21) 『磻溪隨錄』 권2, 「田制下」 <田制雜議附>, "公田之法, 至順至安, 至簡至要,

고 하여, 토지의 사적 소유인 사전(私田)를 없애고 이를 국가에 귀속시켜 공평하게 분배하는 공전제(公田制)를 기획하였다. 특히 유형원이 『반계수록』에서 제정하고자 한 국가례는 삼대 제도의 핵심인 정전제(井田制)였으며, 정전제의 이상에 대해 다음과 같이 말했다.

> 옛날의 정전법은 지극한 것이었다. 토지의 경계가 한번 바로잡히면 만사가 모두 바로 서서 백성은 항구한 생업을 튼튼히 가지게 되고, 병사를 수괄(搜括)하는 폐단이 없고 귀천(貴賤)과 상하(上下)가 각기 직분을 얻지 못함이 없으니 이 때문에 인심(人心)이 안정되고 풍속(風俗)이 도타워졌다. 옛날 수백 수천년 동안 나라가 튼튼하게 유지되었던 것은 이 같은 근본 바탕이 있었기 때문이다.22)

즉, '토지의 경계가 한번 바로잡히면 만사가 모두 바로 서게 된다.'고 하여, 주(周)나라의 정전제가 이상적인 토지 제도였다는 것이다. 그러나 유형원은 정전제는 봉건제라는 정치체제 속에서 온전히 제 기능을 하는 것으로 파악하였다. 그에 의하면 정전제와 봉건제는 상호 긴밀한 관계를 맺으면서 하나의 체제가 형성되었으나 조선의 정치체제는 군현제임으로 삼대의 정전제로 회귀할 수 없다고 본 것이다. 따라서 그는 정전제를 포기하고 정전제의 효과를 거둘 수 있는 공전제(公田制)로 변형시키지 않을 수 없었던 것이다.

특히 유형원은 후대의 토지제도가 제대로 운영되지 못한 이유가 토지가 아닌 사람을 기본으로 했기 때문이라고 파악하고, 중국의 역

何憚而莫之行乎. 帝王治天下國家, 此外更無他法. 若後世終不得行, 則終無望治矣."

22) 『磻溪隨錄』 권3, 「田制上」 <分田定稅節目>, "古井田法, 至矣. 經界一正, 而萬事畢擧. 民有恒業之固, 兵無搜括之弊, 貴賤上下, 無不各得其職. 是以人心底定, 風俗敦厚, 古之所以鞏固維持數百千年, 禮樂興行者, 以有此根基故也."

대 토지제도를 살피면서 사람이 아닌 토지 중심의 전제(田制)가 가진 장점을 다음과 같이 정리했다.

> 대개 사람은 땅이 없으면 살 수 없고 땅은 사람이 아니면 개간되지 않는다. 땅은 일정하여 옮기지 않는 것이고 사람은 동정(動靜)과 존망(存亡)이 일정하지 않다. 그러므로 토지를 근본으로 하여 분수를 밝히면 사람이 그 속에 있어 스스로 균등해지지 않음이 없고 토지를 근본으로 하지 않고 사람을 살피고자 하면 차이와 누락을 알아낼 도리가 없을 것이니, 이는 다스려짐과 어지러움의 나누어지는 관건이자 모든 일의 근본이다.[23]

이처럼 유형원은 동정(動靜)과 존망(存亡)이 일정하지 않은 사람을 기준으로 하는 것보다 일정하여 옮기지 않는 토지를 근본으로 개혁해야 한다는 '이전위본(以田爲本)'을 역설하였다.

아울러 유형원은 정전제와 더불어 이상사회 실현을 위해 반드시 시행되어야 할 제도로 향당제와 공거제를 들었다. 이들 제도 역시 삼대는 봉건제라는 정치체제 속에서 실현되었기 때문에 유형원의 고민은 이들 제도의 본 취지를 군현제하에서 어떻게 살려낼 것인가에 있었다. 그가 기획한 '이상국가'의 공간은 국가(國家)와 향당(鄕黨)으로, 중앙정부보다 지방사회에 초점이 있었다. 지방사회는 국가의 하부단위인 군현(郡縣)과 자치적 성격을 지닌 향당이 중첩되는 공간으로, 향당은 봉건제하에서 실질적으로 양민(養民), 교화(敎化), 정령(政令), 군려(軍旅), 형벌(刑罰) 등을 담당한 지방 조직으로서 향당이 담당한 역할을 군현제하에서 어떻게 구현할 것인가가 기획의

---

23) 『磻溪隨錄』 권6, 「田制攷說下」, "蓋人非土不生 土非人不墾. 然而土者 一定而不遷者也. 人者 動靜存亡之不可常者也. 是故 本乎田而明其分 則人在其中 而自無不均. 不本乎田 而欲察於人 則參差漏脫 無由可察矣. 此理亂之所由分 而百事之本也."

관건이었다.

특히 향당은 봉건제에서 자율성을 누렸던 조직인데, 이제 군현제에서 "국가〔郡縣〕과 향당은 어떤 관계를 맺어야 향당 본래의 제 역할을 다할 것인가?"라는 문제에 봉착하게 된다. 따라서 유형원은 인보(隣保)나 교화는 향당의 자율성이 어느 정도 행사되는 가운데 실행되도록 하고, 정령(政令)은 기본적으로 군현의 수령이 관할하고 향당은 하부에서 그의 지휘를 받아 보조하거나 수행하는 역할을 맡도록 설정했다. 인재를 양성하고 천거하는 양사(養士)와 공거(貢擧)의 영역은 학교제도를 통해 수령이 주도하되 향당을 존중하여 행하도록 배려했다. 즉, 그는 국가와 향당의 관계에 대해 현재의 정치체제에 크게 어긋나지 않는 범위 내에서 국가가 향당의 자율성을 인정해 주는 대신 국가는 군현의 수령 주도권 아래 향당을 포섭하도록 구상했던 것이다.

유형원은 이이(李珥)가 "향약(鄕約)은 옛날에 우물을 함께하던 사람들이 수직할 때 서로 도와주며 병들었을 때 서로 구원해주며 출입할 때 서로 호위해주었다. 또 자제들로 하여금 동리 서당〔家塾〕이나 기타 상급 학교〔黨庠·州序〕에서 교육을 받게 하여 효도와 우애 등의 일에 힘쓰게 하였으니 삼대의 정치가 잘되고 풍속이 선량하게 된 원인이 참으로 여기에 있었다."[24])는 말을 인용하여, 향당을 상호부조와 교화의 단위로 하였음을 알 수 있다. 아울러 이를 바탕으로 '군현(郡縣) → 도(道) → 중앙(中央)'으로 이어지는 교육기관을 통해 교육시킨 후 현명하고 능력있는 자를 천거하는 공거제(貢擧制)를 주장하였다. 이는 당시의 과거제가 문벌 중심의 폐단으로 인해 우수한 인

---

24) 『磻溪隨錄』 권9, 「敎選之制上」, <鄕約事目>, "鄕約, 古也同井之人, 守望相助, 疾病相救, 出入相扶. 且使子弟受敎於家塾·黨庠·州序, 以惇孝悌之義, 三代之治隆俗美, 良由是焉."

재가 배출되지 못한다고 보았기 때문이다.

우리나라는 다만 문벌만 숭상하고 관습이 두서없게 되어 오직 문벌이 혁혁한 것만 생각할 뿐이요, 사람의 현명 여부는 따지지 않는다. 그리하여 만일 문벌이 대대로 혁혁한 집의 자손이면 아무리 용렬하고 비루한 자라도 고관대작까지 올라갈 수 있지만, 집안이 한미하면 비록 도덕이 훌륭하고 학식이 우수하더라도 선비 축에 들지 못하니 세상을 올바르게 다스리는 도리가 발전하지 못하고 인재가 배출되지 못하며 정치와 법률이 문란해진 것이 모두 다 여기에 기인한다.25)

따라서 이러한 폐단을 없애고 우수한 인재를 선발할 수 있는 방법이 바로 공거제(貢擧制)였다. 그는 공거제의 장점에 대해 다음과 같이 말했다.

모든 세상일은 여럿이 함께 관리하면 사욕을 부리기 곤란하나 혼자 하는 일은 사욕을 부리기 쉬우며, 실적을 따지게 되면 사사로이 꾀를 부리기 어려우나 거짓으로 하면 사사로이 꾀를 부리기 쉽다. 밝은 데는 사욕을 부리기 어려우나 음침한 데는 사욕을 부리기 쉬우며, 장기간을 두고 보는 데는 제 마음대로 하기 어려우나 짧은 기간에 해치우는 데는 저의 마음대로 하기 쉬운 것이다. 그런데 추천에 의해 인재를 선발하는 제도는 향당에서 공정한 여론을 널리 탐문하고, 사람의 평소 착하고 나쁜 행동을 조사한 뒤에 추천할 것을 심사하고, 여러 사람을 모아 존경하는 범절로써 대우하고 보증을 정하여 오랜 기간에 걸쳐 책임지게 한다. 그러나 과거법은 모두 이와 반대다. 이것으로 보면 인재를 추천하는 것이 사욕을 부리기 쉬운가? 과거가 사욕을 부리기 쉬운가?26)

---

25) 『磻溪隨錄』 권9, 「敎選之制上」, <鄕約事目>, "本國, 徒尙門地, 俗成苟且, 唯論族世之華楚, 不問行義之修否. 若世閥子孫, 則雖庸才鄙夫, 分通於卿相, 門係寒素, 則雖碩德茂學, 不齒於士類. 世道之不升, 人才之不興, 政刑之紊亂, 皆以此也."

26) 『磻溪隨錄』 권10, 「敎選之制下」, <貢約事目>, "凡天下之事, 衆共則難私,

즉, 유형원에 의하면 한 번의 시험을 통해 인재를 선발하는 과거제보다 공정한 여론과 여러 사람의 보증을 담보로 사적(私的)인 요소를 배제한 최적의 인재 선발이 바로 공거제라 하였으며, 만일 사람을 잘못 추천한 자가 있다면 벼슬을 면직시키고, 개인적 정실 관계로 사람을 추천한 자는 기만죄로 다스림으로써, 사사로운 정으로 사람을 천거하지 못하도록 해 이를 원천적으로 봉쇄하고자 하였다.

이러한 유형원의 '이상사회'의 기획에 대해 오광운(吳光運)은 "전제(田制)로써 기본을 삼아 정자(井字)형을 구획하지 않고도 정전(井田)의 알맹이를 얻었고, 선비 양성, 인재 선발, 관리 임명, 군사 제도, 예교(禮敎), 정법(政法)의 규모와 절목이 서로 막힘이 없이 구비되어, 찬연히 천리(天理)에 합치되었다."27)라고 평가했던 것이다.

3. 국가례의 『주례』 이념과 철학적 배경

유형원이 『주례』의 이념을 수용하여 그의 개혁안을 밝힌 저서가 『반계수록』으로 이미 앞에서도 언급한 바와 같이 전제(田制)에 많은 비중을 두고 있다. 이는 양란 이후 피폐된 백성의 삶을 개선하기 위해 전제 개혁 없이 불가능하다고 보았기 때문이다.

유형원은 가장 이상적인 토지제도를 정전제(井田制)로 여겼지만, 이는 현실적으로 실현 불가능하다고 보고, 정전제의 효과를 거둘

獨見則易私, 責實則難私, 以僞則易私, 陽明則難私, 暗秘則易私, 經久則難私, 間暫則易私. 貢擧之法 博採鄕黨公共之論, 覈以平日善惡之實, 明擧而會衆禮興, 保任而徵於久遠. 科擧之法, 一切反是. 據此觀之, 貢擧, 易以容私乎. 科擧, 易以容私乎."

27) 『磻溪隨錄』 「序文」, "其書以田制爲本, 不畫井形, 而得井田之實. 然後養士選賢 任官制軍, 禮敎政法, 規模節目, 不泥不礙, 沛然皆合於天理."

수 있는 제도로 공전제를 들었다. 그는 옛 제도가 없어진 후에 토지가 공(公)에 있지 않고, 사유(私有)가 되어 세전(世傳)의 물건으로 간주하고 있으므로, 『주례』의 공(公)의 이념을 『반계수록』에서 구현하고자 하였다. 그는 공(公)과 사(私)에 대해,

> 대개 처음 법을 제정하는 자가 약간이라도 이기주의적 생각을 가지게 된다면 만사가 잘못될 것이다. 대체로 공(公)과 사(私) 두 글자는 천리(天理)와 인욕(人欲)이 갈리는 길목이다. 나라를 경영하고 법을 제정할 때 털 끝만한 사(私)도 용납해서는 안 된다.28)

고 하여, 공과 사를 천리와 인욕으로 구분하고, 이를 국가 경영과 제도 수립에 적용하고자 하였다. 즉, 유형원은 삼대의 법은 모두 천리에 바탕을 두어 제정된 반면 후대의 법은 모두 인욕에 바탕을 두고 제정되었기 때문에 폐단이 발생하였다는 것이다. 그러므로 그는 "인욕으로 만든 제도를 행하면서 국가가 제대로 다스려지기를 바란다면 천하에 어찌 이러한 이치가 있겠는가?"라고 오히려 반문하였다.29) 따라서 유형원은 국가가 온전히 운영되기 위해서 위정자의 사심 없는 국가운영이 필요하다고 보았던 것이다.

> 천도(天道)는 사사로운 거짓이 섞이지 않았기 때문에 오기(五氣)가 순포(順布)하고 백물(百物)이 살아난다. 위정자(爲政者)가 성실하여 사사로움이 없어서 기강(紀綱)과 법도(法度)가 정연(整然)한 다음에 사람을 사랑하고 사물을 이롭게 하는 혜택이 행해진다.30)

---

28) 『磻溪隨錄』 권19, 「祿制」, <外方官祿磨鍊_縣>, "大凡作法者, 一毫私字意思帶來, 則萬事皆失其正. 蓋公私二字, 天理人欲分辨路頭, 經國立制, 但不可容得分毫私字."
29) 송양섭, 「반계 유형원의 '公' 이념과 이상국가론」 『조선시대사학보』 제64집, 조선시대사학회, 2013, 57쪽 참조.

유형원에 의하면 위정자의 사심 없는 국가운영이 요구되며, 사심 없는 국가운영이야말로 자신이 추구하는 '공'을 실현하는 지름길로 보았으며, 이러한 공의 이념은 『반계수록』 전편에서 일관되게 흐르고 있다.

> 다만 공전(公田)이라면 공평(公平)하고 균일(均一)하지만 사전(私田)이라면 사사롭고 편벽된다. 공(公)이라면 민에게 항산(恒産)이 있고 인심(人心)에 안정됨이 있어서 교화(敎化)를 이룰 수 있고, 풍속을 도탑게 할 수 있어서 만사가 각기 분수를 얻지 못함이 없지만 사(私)라면 일체 이와 반대 된다.31)

유형원은 토지의 사적 소유를 반대하고 국가에 귀속시켜 백성에게 나누어 주는 공전제야말로 유형원이 구상한 '공(公)' 이념의 물적 토대로 철저히 공(公)에 바탕하고 있음을 알 수 있다. 그리고 이 공(公)의 이념은 그의 철학에 연유하는데, 유형원은 먼저 공사의 개념을 심성론적 차원에서 다음과 같이 말한 바 있다.

> 인심도심(人心道心)의 설에서 일찍이 성명(性命)에 근원한 것이 도심(道心)이며, 형기(形氣)에서 나오는 것을 인심(人心)이라고 하였는데, 이 때문에 공사(公私)의 구분이 없을 수 없으니, 도심은 진실로 순선하고 인심도 좋지 않은 것은 아니지만 욕심에 빠지면 선하지 않게 된다.32)

---

30) 『磻溪雜藁』「政敎」(여강출판사, 1990), "天道無私僞之雜, 故五氣順布, 百物生焉. 爲政者誠實無私, 而紀綱法度, 整然然後, 愛人利物之澤行焉."
31) 『磻溪隨錄』권2, 「田制下」<田制雜議附>, "只公田則公而均, 私田則私而偏. 公則民産有恒, 人心有定, 敎化可成, 風俗可厚, 萬事無不各得其分, 私則一切反是耳."
32) 『磻溪雜藁』「又論人心道心書」, "人心道心之說, 嘗以爲原於性命者道心也, 生於形氣者人心也. 是以不無公私之分, 道心固純善, 人心亦未是不好, 流於欲則不善也."

이처럼 유형원은 "사(私) → 인심(人心 : 人欲) → 불선(不善)'에 대비되는 '공(公) → 도심(道心) → 순선(純善)의 구도로 공(公)・사(私)를 파악"하였다.33) 그리고 인심과 도심도 "인심(人心)과 도심(道心)은 단지 리(理)와 기(氣)일 뿐이다. 마음에 있으면 지각(知覺)에 드러나기 때문에 '인심'과 '도심'이라고 하는 것이다."34)라고 하여, 도심을 리(理), 인심을 기(氣)로 파악하고, 임심과 도심은 인간이 지각할 때 드러나는 것이라 하였다. 이미 앞에서 밝힌 바와 같이 유형원은 '천리(天理) = 공(公)', '인욕(人欲) = 사(私)'의 관념적 공사관을 국가 경영과 제도 수립이라는 영역에 적용해야 한다고 하였을 뿐 아니라 "성인(聖人)이 주장하는 바는 한가지로 천리(天理)일 뿐이다. 천리가 소재하는 바에는 비록 형벌과 토벌의 괴로움이 따르더라도 이를 사양하지 않을 것"35)이라 하였다.

이러한 유형원의 공(公) 이념은 그의 철학적 관점과 밀접한 관련이 있다. 그는 먼저 "무릇 배움은 모름지기 현상을 좇아서 공부해야 하는 것이니, 정미(精微)한 것 또한 이 속에서 얻는 것이다. 어째서인가? 이른바 도(道)라는 것은 사물의 마땅히 해야 할 이치[理]니, 따라서 사물 밖에서 이치[理]를 구하는 것은 될 수 없다."36)고 하여, '리(理)를 물지리(物之理)'로 파악하였으며, '물지리'를 곧 실리(實理)라 하였다. 그리고 이러한 천리를 잘 따랐던 시대가 바로 삼

---

33) 송양섭, 「반계 유형원의 '公' 이념과 이상국가론」『조선시대사학보』제64집, 조선시대사학회, 2013, 55쪽.
34) 『磻溪雜藁』 p.95. "人心道心, 只是理氣而已. 以其在心而發於知覺, 故曰人心道心."
35) 『磻溪隨錄』 권2, 「田制下」 <田制雜儀附>, "聖人所主, 一於天理而已. 天理所在, 雖有誅殖討伐之勞. 亦所不辭."
36) 『磻溪雜藁』 「答梁退叔」, "大抵爲學, 須從有形據上做工夫, 其精微處, 亦只在這裡而得之 何則, 所謂道者, 皆是事物當行之理, 故外事物求理不得也."

대라고 하였다.

　　삼대의 제도는 모두 천리(天理)를 좇고 인도(人道)에 따라 제도를 만든 것이어서, 요체가 만물로 하여금 있어야 할 곳을 얻지 못함이 없고 사령(四靈 : 龍, 麒麟, 龜, 鳳凰)이 모두 이르도록 하였는데, 후세의 제도는 모두 인욕에 의해 구차하고 편함을 도모하여 제도로 만든 것이어서 요체가 인류로 하여금 미란(靡爛)에 이르게 하고 천지가 막히도록 하니, 옛날의 제도와 완전히 서로 반대가 된다.37)

　이처럼 유형원은 『주례』의 공(公) 이념에 입각해서 『반계수록』을 저술하였으며, 공의 관념은 그의 철학 체계인 도심설(道心說)에 닿아 있다. 그리고 도심은 천리(天理)로서 그의 이기(理氣) 철학에서 리(理)를 물지리(物之理)로서 실리(實理)로 보았으며, 이러한 철학체계가 『반계수록』의 근간이었다. 즉, 유형원은 "자신의 철학적 입장을 통해 공전(公田)의 확립과 정전법의 시행을 주장하고 있는데, 이는 바로 리(理)의 존엄성(尊嚴性)과 실(實)함을 현실 속에서 찾는 사상적 특성이 반영되어 있다고 하겠다. 다시 말해, 당시 현실〔物〕 속에서 개혁을 위해 객관적인 표준〔理〕이 확립되어야 하며, 이 표준은 사회 현실과 유리되거나 대립적인 것이 아니라 구체적인 생업의 문제 속에서 주재성을 드러내야 하며, 바로 표준이 유형원은 "토지를 근본으로 한다(以田爲本)"는 것이다."38) 이러한 유형원의 주장은 『주례』에 보이는 "왕이 제국을 세워 동서남북의 방위를 분별하고 천자와 군신간의 지위를 바르게 하여 도시를 정비하고 읍(邑)이나 리(里)를

---

37) 『磻溪隨錄』 권26, 「書隨錄後」, "三代之制, 皆是循天理, 順人道, 而爲之制度者, 其要使萬物, 無不得其所, 而四靈畢至. 後世之制, 皆是因人欲圖苟便, 而爲之制度者, 其要使人類至於靡爛, 而天地閉塞, 與古正相反也."
38) 정도원, 「반계 유형원 실학의 철학적 기저」『韓國思想과 文化』 제7집, 한국사상문화학회, 2000. 259쪽.

구획하고, 관직을 설치하고 직분을 나누어 백성의 표준을 만들어 준다."39)와 "토지를 경영하여 전야(田野)를 정(井)과 목(牧)으로 정하여 구부(九夫)로써 정(井)을 만들고 …… 땅의 일을 맡겨 공물을 부과하고 세금어 거둬들이도록 명령을 한다."40)고 한 것에서도 알 수 있듯이 표준[民極]을 세우는 일과 정전(井田) 논의의 이념을 수용한 것이라고 하겠다.

특히 유형원은 후대(後代)의 전제(田制)가 제대로 운영되지 못한 이유가 토지(土地)가 아닌 인정(人丁)을 기본으로 했기 때문이라고 파악하고, 중국의 역대 토지제도를 살피면서 토지 중심의 전제(田制)가 가진 장점은 동정과 존망이 일정하지 않아 파악하기 어려운 사람을 기준으로 하기보다 일정하여 옮기지 않는 토지를 근본으로 사람을 결부시키는 형태야말로 자신이 생각한 개혁의 가장 중요한 점이라고 강조하였다. 유형원은 이를 '유정제동지의(由靜制動之義)'41)라고 하면서 주정론(主靜論)으로 뒷받침하였다. '주정(主靜)'은 주돈이의 「태극도설(太極圖說)」에서 유래한 것을 주자(朱子)가 정(靜)은 체(體), 동(動)은 용(用)이라고 하면서 하나의 논리로 발전하였다.42) 유형원은 주희(朱熹)의 주정론을 활용하여 자신의 전제구상에 설득력을 불어넣었던 것이다.

---

39) 『周禮』 권1, 「天官冢宰上」, "惟王建國, 辨方正位, 體國經野, 設官分職, 以爲民極."
40) 『周禮』 권3, 「地官司徒上」 <小司徒>, "乃經土地, 而井牧其田野, 九夫爲井 …… 以任地事, 而令貢賦, 凡稅斂之事."
41) 『磻溪雜藁』 「政敎」, "井田之法, 本地而均人, 由靜禦動之義也. 聖人體天理, 故其制事皆如此, 後世以人丁爲本, 則人無由可均矣."
42) 李佑成, 「初期 實學과 性理學과의 關係 磻溪 柳馨遠의 경우」 『東方學志』 제58집, 연세대학교 국학연구원, 1988. 19~20쪽 ; 송양섭, 「반계 유형원의 공전제론(公田制論)과 그 이념적 지향」 『민족문화연구』 제58집, 고려대학교 민족문화연구원, 2013. 455쪽 참조.

4. 『반계수록』의 영향

이상에서 살펴본 바와 같이 유형원은 『주례』의 이념을 수용하여 『반계수록』를 저술하였다.

유형원은 공전제야말로 모든 제도의 바탕으로서 빈부의 균등은 물론 호구파악, 군대정비 등을 기할 수 있으며, 이는 결국 교화의 바탕이 되는 핵심 제도라고 하였다.43) 그는 군역의 운영과 관련해 토지로 사람을 고르게 하고 토지를 계산하여 병사를 내니 토지를 가진 자는 반드시 역(役)이 있고 역이 있는 자는 반드시 토지를 가지게 되어 토지와 사람이 합일하는 병농일치(兵農一致)를 추구하였다. 이에 대해 홍계희는 공전제야말로 정전제를 시행하지 않으면서 정전의 장점을 잘 살린 것으로 이를 바탕으로 국가와 사회 전반에 대한 제도개혁의 토대가 될 수 있다고 극찬하였으며, 오광운도 "공전제가 전제(田制)를 기본으로 삼아 정자형(井字形)을 구획하지 않고도 정전의 알맹이를 얻었고, 양사(養士)·선현(選賢)·임관(任官)·군제(軍制)·예교(禮敎)·정법(政法)의 규모와 절목이 서로 막힘 없이 구비되어 패연히 천리(天理)에 합치되었다."고 하였다.

아울러 유형원은 공전제와 더불어 이상사회 실현을 위해 반드시 시행되어야 할 제도로 향당제와 공거제를 들었는데, 그가 기획한 '이상국가'의 공간은 국가(國家)와 향당(鄕黨)으로, 중앙정부보다 지방사회에 초점이 두어졌다. 향당은 봉건제하에서 실질적으로 양민(養民)·교화(敎化)·정령(政令)·군려(軍旅)·형벌(刑罰) 등을 담

---

43) 『磻溪雜藁』「政敎」, "公田一行而百度擧矣. 貧富自均, 分數自定, 戶口自明, 軍伍自整, 唯如此而後敎化可行."

당한 지방 조직으로서 향당이 담당한 역할을 군현제하에서 어떻게 구현할 것인가가 그의 기획의 또 하나의 관건이었다. 유형원에 의하면 국가가 향당의 자율성을 인정해 주는 대신에 국가는 군현의 수령 주도권 아래 향당을 포섭하도록 구상하였으며, 아울러 이를 바탕으로 '군현(郡縣) → 도(道) → 중앙(中央)'으로 이어지는 교육기관을 통해 교육시킨 후 현명하고 능력 있는 자를 천거하는 공거제(貢擧制)를 주장하였다.

특히 유형원은 유가(儒家)에서 이상적인 시대로 여겼던 하·은·주 삼대의 제도는 모두 천리(天理)를 좇고 인도(人道)에 따라 제도를 만든 것인데 비해, 후세의 제도는 모두 인욕(人欲)으로 만들어져 옛날의 제도와 완전히 상반되기 때문에 하·은·주 삼대의 제도를 복원하기 위해서 공(公)에 기반한 주례의 이념이 필수적이었다. 이러한 이념을 충실히 반영하여 저술된 것이 바로 『반계수록』이다. 그는 '천리(天理)=공(公), 인욕(人欲)=사(私)', '사(私)→인심(人心), 공(公)→도심(道心)'으로 파악하였는데, 이는 이기(理氣) 철학에서 리(理)를 물지리(物之理)로 실리(實理)로 보았던 철학사상과 일맥상통하다고 하겠다.

이러한 유형원의 사상에 대해 일찍이 성호(星湖) 이익(李瀷)은 "조선 건국 이래 수백 년간 시무(時務)를 아는 자는 오직 율곡(栗谷)과 반계(磻溪)뿐이다"라고 하였으며, 연암(燕巖) 박지원(朴趾源)도 그의 『허생전(許生傳)』에서 주인공인 허생의 입을 빌어 "반계는 일국의 군정(軍政)을 맡을 수 있는 인물이었지만 속절없이 처사로서 끝마쳤다"고 말한 것은 이미 잘 알려진 사실이다. 특히 다산(茶山) 정약용(丁若鏞)은 『반계수록』이 『주례』 이념을 잘 구현한 모범으로 삼아 『경세유표』를 저작하여 당시 조선의 국가례를 일신하고자 하였던 것이다.

제 10 장

『경세유표』에 구현된 국가례

실학의 집대성자로 알려진 다산(茶山) 정약용(丁若鏞, 1762~1836)에 대해서 더 이상 재언(再言)이 필요치 않을 정도로 많은 연구가 이루어져 왔지만, 『경세유표(經世遺表)』로 대표되는 국가례(國家禮)에 대한 연구는 아직 미진한 부분이 있다. 정약용의 국가례에 대한 연구는 김현수의 논문 「다산 정약용의 국가례 고찰-『경세유표』를 중심으로」[1]가 유일하다. 정약용은 일찍이 다음과 같이 말했다.

> 여기 논하는 것은 법(法)이다. 법인데 이름하여 예(禮)라고 한 것은 무슨 까닭인가. 선왕은 예로써 나라를 다스리고 백성을 인도하였다. 그런데 예가 쇠퇴하게 되자 법이라는 명칭이 생겼다. …… 선왕은 예로써 법을 삼았으나, 뒷날 임금들은 법으로써 법을 삼았으니 이것이 같지 않은 바이다.[2]

즉, 정약용은 법(法)이 아닌 예(禮)로써 전장(典章)·법도(法度)를 삼고자 하였으며, 그 전범(典範)으로『주례』를 주목하였던 것이다.

조선조에 있어서『주례』에 관심을 가졌던 최초의 인물은 삼봉(三

---

1) 김현수, 「다산 정약용의 국가례 고찰-『경세유표』를 중심으로」『한국철학논집』제12집, 한국철학사연구회, 2003년.
2) 『經世遺表』권1, 「經世遺表引」, "兹所論者, 法也. 法而名之曰禮, 何也. 先王以禮而爲國, 以禮而道民. 至禮之衰而法之名起焉. …… 先王以禮而爲法, 後王以法而爲法, 斯其所不同也."

峰) 정도전(鄭道傳)이다. 정도전은 조선의 개국과 더불어 국가례(國家禮)의 제정에 관심을 가지고 조선 태조 3년(1394)에 『조선경국전』을 찬진(撰進)했으나 공식 법전으로 채택되지는 못했다. 정도전은 『조선경국전』을 『주례』를 전범으로 하여 중앙 행정 체제를 육전(六典) 체제로 설정했으나, 이를 그대로 따르지 않고 당시 현실에 맞게 바꾸었다. 따라서 치전(治典)·예전(禮典)·정전(政典)은 『주례』의 명칭을 그대로 따랐으나, 교전(敎典)은 부전(賦典)으로, 형전(刑典)은 헌전(憲典)으로, 사전(事典)은 공전(工典)으로 바꾸었던 것이다.

『조선경국전』은 3년 뒤 조준(趙浚, 1346-1405)이 책임자로 편찬한 『경제육전』에 지대한 영향을 끼쳤으며, 『경제육전』은 성종(成宗)대에 완비된 『경국대전』의 전신이라 할 수 있다. 『경국대전』 이후 긴 시간을 두고 『속대전』, 『대전통편』, 『대전회통』 등 여러 번 법전이 편찬·제정되었지만, 기본적으로 그 틀은 유지된 채 새로운 법령을 추가하는 형식을 빌어 편찬되었다. 즉, 『주례』의 영향하에 『조선경국전』이 편찬되고, 『조선경국전』은 『경제육전』, 『경국대전』을 비롯한 후대 법전 편찬의 모범이 되었던 것이다.

그러나 조선 후기에 접어들어 인구가 증가하고 사회가 점점 복잡해져 사회를 안정시키고 백성을 보다 효율적으로 통제할 수 있는 새로운 예제(禮制)가 요구되었다.[3] 이러한 요구에 부응하여 저술된 것이 유형원의 『반계수록』과 정약용의 『경세유표』라고 하겠다. 주지하다시피 정약용은 일찍이 자신의 학문체계를 "육경사서(六經四書)로써 몸을 닦고[修己] 일표이서(一表二書)로써 천하 국가를 다스리니 본말이 갖추어졌다"라고 한 바 있다. 그의 학문관은 첫째, 육경과 사서에 대한 새롭고 독창적인 주석을 통해 실학의 이론적 근거를 제시하였으

---

3) 김현수, 「다산 정약용의 국가례 고찰 - 『경세유표』를 중심으로」 『한국철학논집』 제12집, 한국철학사연구회, 2003년, 149쪽.

며, 둘째, 일표이서를 비롯한 수많은 논·책을 통해 목민관의 자세 및 현실 제도에 대한 개혁 방안들을 제시한 점이다. 이를 통해 당시 사회를 새롭게 개혁하여 부국안민(富國安民)하려는 의지를 여러 표출한 것으로서 그의 개혁사상은 일관되게 『주례』를 표준으로 삼고 있다는 것이다. 이러한 그의 저술들을 12년 동안 현실정치에 참여했던 관료로서의 책임의식과 18년 동안 유배과정에서 백성의 고충을 직면하면서 느낀 개혁안으로써, 이는 일관되게 주장한 수기(修己)의 학문과 치인(治人)의 학문이라는 그의 학문관에 기초하고 있음을 알 수 있다.4)

1. 다산의 『주례』 이해

유가의 예(禮)를 집성해 놓은 책을 흔히 삼례서(三禮書)라 한다. 삼례(三禮)라는 명칭은 한대(漢代) 말에 등장했는데 특징을 개괄해 보면, 『의례(儀禮)』 또는 『예경(禮經)』은 귀족 계층의 사회생활 규범으로, 서한(西漢) 초기 노(魯)나라의 고당생(高堂生)이 전한 것으로 사례(士禮) 17편이 남아 있다. 이 17편은 성년 의식인 관례(冠禮), 남녀 결혼을 의미하는 씨례(氏禮), 초상에 관한 상례(喪禮), 선조의 제사에 관한 제례(祭禮), 향리에서 화합과 관련된 향례(鄕禮), 손님 접대와 관련된 사례(射禮), 군신 상하의 의식인 조례(朝禮), 타국과의 외교 의식에 관한 빙례(聘禮)로, 이 여덟 가지의 '예(禮)'는 국가 조정으로부터 이웃나라와 민간의 인간관계에 이르기까지 모두 적용할 수 있다. 또 예제(禮制)의 정신과 가치에 대한 기록은 『예기』에서 찾을 수 있다. 애초 『예기』는 『예경』의 일부였던 것으로 보이는데, 이는 『의례』

---

4) 김인규, 「茶山 丁若鏞의 學問觀 - 「五學論」을 中心으로」 『동양고전연구』 제17집, 동양고전학회, 2004, 8쪽.

제11편 끝에 『예기』 기록의 흔적이 남아 있기 때문이다. 그러나 『예기』는 단시간에 이루어지거나 한 사람이 이룬 저작이 아니라, 내용상 공자(孔子) 문하 계열의 저술에다 한대 유가의 저술이 더해져 성립된 책으로,5) 서한(西漢) 선제(宣帝) 때 대덕(戴德)과 대성(戴聖)의 예가 대표적이다. 대덕은 85편을 수록하여 세칭 『대대예기(大戴禮記)』라 하고, 대성은 49편을 선취하여 『소대예기(小戴禮記)』라 하였는데, 동한(東漢) 때 정현(鄭玄)이 『소대예기』에 대해 주석한 이후 이 책이 칠경(七經)의 하나로 중시되어 현재 통용되는 『예기』는 『소대예기』 49편을 일컫는다. 즉 『예기』는 '예(禮)'의 의의와 이치를 통괄 서술하고, 각종 예제를 기록하여 '예'의 원의를 체득하고 『의례』와 『주례』의 의의도 함께 드러내고 있다.6) 아울러 『주례(周禮)』의 원래 명칭은 『주관(周官)』으로, 주(周)의 관직제도가 기술된 행정조직 법규(法規)이다.

특히 『주례』는 주(周)의 관직제도를 서술한 가장 오래되고 완비된 행정조직 법규이다. 『주례』 「천관총재(天官冢宰)」에, "왕이 나라를 세움에 사방의 위치를 분별하고 군주와 신하의 위치를 바르게 하여, 나라의 체제를 세우고 전답을 경영하며, 관청을 세우고 직분을 나누어 백성이 지켜야 할 표준으로 삼았다. 이에 천관인 총재를 세워 모든 관원을 통솔하게 하고 육관의 직책을 총괄해서 왕(王)을 도와 방국(邦國)을 고르게 한다."7)고 하였다. 즉, 『주례』에서 관직을 계획한 것은, 한편으로 천지자연에 대한 인간의 객관적인 규율의 답습을 강조하고 다른 한편으로 인간의 주체성의 작용을 보여주는 것으로, 자

---

5) 徐喜辰, 「禮記的成書年代及其史料價值」 『史學史研究』 1984年, 北京師範大學史學研究所 編輯, 12-13쪽.

6) 최경옥, 「禮 理念의 전개」 『인문과학논총』 제4집, 경성대 인문과학연구소, 2001, 9쪽 참조.

7) 『周禮』 「天官冢宰第一」, "惟王建國, 辨方正位, 體國經野, 設官分職, 以爲民極. 乃立天官冢宰, 使帥其屬而掌邦治, 以佐王均邦國."

연 질서 속에 인간의 주체적인 인식과 그 작용의 발휘를 반영할 뿐만 아니라, 동시에 백관(百官)의 직분 작용으로 나라를 나누어 통치하고 민중의 삶을 편안하게 하여 천하의 사람들로 하여금 그 적당함을 얻게 하고, 위치를 잃지 않게 한다는 것이다.8) 따라서 중앙의 관직을 크게 6부서인 천·지·춘·하·추·동(天地春夏秋冬)의 육관(六官)으로 나누어 배속시키고 있다.

구체적인 내용을 살펴보면, 주왕(周王) 아래에 천관(天官) 대총재(大冢宰), 지관(地官) 대사도(大司徒), 춘관(春官) 대종백(大宗伯), 하관(夏官) 대사마(大司馬), 추관(秋官) 대사구(大司寇), 동관(冬官) 대사공(大司空)의 육관(六官)이 있다. 천관의 수장인 태재(大宰)의 직책은 "나라를 세우는데 필요한 6가지 법전(法典)을 관장하고 왕을 보좌하여 큰 나라와 작은 나라를 다스린다."9)고 하였다. 그리고 6가지 법전은 치전(治典), 교전(敎典), 예전(禮典), 정전(政典), 형전(刑典), 사전(事典)으로 되어 있으며, 각 관 아래 60인(人)의 속관(屬官)이 있었음으로 형식상 360관직이 된다.

그러나 현행 『주례』에는 천관에 태재(大宰) 이하 63관직, 지관에 대사도(大司徒) 이하 78관직, 춘관에 대종백(大宗伯) 이하 69관직, 하관에 대사마(大司馬) 이하 67관직, 추관에 대사구(大司寇) 이하 64관직, 동관에 수인(輪人) 이하 31관직 등 모두 372관직을 망라해 각기 그 직무의 성격과 관장 사항을 서술하고 있다. 이 가운데 관직의 이름만 있고 내용이 유실된 것도 16항목이나 된다.10) 즉, 선진(先秦) 시기 정치적 이상의 원본으로써, 『주례』의 주제(主題)는 관직을 계획

---

8) 唐帼丽, 「≪周礼≫惠民制度思想的当代认识价值」 『甘肃理论学刊』 第5期 总第219期, 2013年 9月. 184쪽.
9) 『周禮』 권1, 「天官冢宰」, "掌建邦之六典, 以佐王, 治邦國."
10) 『한국민족문화대백과사전』 주례편 참조.

하고 나라를 건설하는 것으로 천지사시(天地四時)에 따라 관직을 설치하고 직분을 밝혔는데, 이는 다분히 천인합일(天人合一)의 철학적 인식에서 나온 것이다. 특히 『상서(尙書)』 「주관(周官)편에,

> 당(唐)과 우(虞)가 옛날 제도를 상고하여 관리를 세우되 백(百)으로 하였으니, 안에는 백규(百揆)와 사악(四岳)이 있고 밖에는 주목(州牧)과 후백(侯伯)이 있어 모든 정사가 조화롭고 온 나라가 다 편안하였다. 하(夏)와 상(商)은 관리가 배로 늘어났으나 다스려졌으니, 밝은 임금이 정사를 세움은 오직 관리를 많게 하려는 것이 아니고, 오로지 훌륭한 인물을 얻을 뿐이다.11)

라고 하여, 「주관」은 상고(上古) 시기 천지자연의 질서 존재 속의 인간의 주체성을 반영한 것으로, 이는 '정치를 세우고 현자를 뽑고자 하는[立政選賢]' 사상은 바로 천인사상과 '벼슬을 설치하여 나라를 다스리고자 하는[設官建邦]' 사상을 융합한 것이다.12) 이로 미루어 보면 『주례』의 기본정신이 사회의 발전과 분화·확대에 따라 새로운 보편적 질서원리를 추구하는 데 있음을 상기한다면, '친친(親親)에서 존존(尊尊)으로의 확대·발전'은 더 나아가 혈연적 세습의 범위를 뛰어 넘어 현능(賢能)을 우선하는 '존현(尊賢)' 또는 '존현사능(尊賢使能)' 정신으로서 관료 선발제도를 이끌어낼 수 있는 이념적 특성도 함께 있다고 하겠다.13)

이처럼 『주례』는 중국고대 정치·행정상 가장 이상적인 법전으로

---

11) 『書經』 권9, 「周官」, "唐虞稽古, 建官惟百, 內有百揆四岳, 外有州牧侯伯, 庶政惟和, 萬國咸寧. 夏商官倍, 亦克用乂, 明王立政, 不惟其官, 惟其人."
12) 唐帼丽, 「≪周礼≫惠民制度思想的当代认识价值」 『甘肃理论学刊』 第5期 总第219期, 2013年 9月. 184쪽.
13) 정성식, 「경국대전의 성립배경과 체제」 『동양문화연구』 제13집, 영산대학교 동양문화연구원, 2013, 38-39쪽.

역대 행정과 정치제도에 지대한 영향을 미쳤다. 즉, 정부조직에 있어서 북주(北周)의 육관(六官)으로부터 비롯하여 수(隋)·당(唐)에서 청말(淸末)에 이르는 육부(六部) 제도가 바로 『주례』의 체제를 따르고 있다. 국가 행정조직의 체계적인 국가례(國家禮)는 당(唐) 현종(玄宗) 20년(732)에 편찬된 『대당개원례(大唐開元禮)』이다. 이 책은 서견(徐堅)·이예(李銳)·시경본(施敬本) 등이 현종의 명으로 15년간에 걸쳐 150권 분량으로 내용이나 형식이 고례(古禮)보다 풍부하고 체계적이며, 완성도도 높아 후대 국가례의 모범으로 여겨졌다. 이 법전은 황제·국가 중심의 국가례에 지방관의 제의와 사가(私家)에서의 관·혼·상·제까지 포괄한 예서(禮書)로, 『개원례』의 면모는 두우(杜佑)의 『통전(通典)』에서 확인된다. 이처럼 『주례』는 행정 체제 뿐 아니라 율령(律令)에 있어서 한(漢)으로부터 청(淸)에 이르기까지 『당육전(唐六典)』과 명·청의 『회전(會典)』 등 모두 『주례』를 모방하여 이루어진 책이다. 더욱이 역사상 '변법(變法)'이라 불리는 수차례 중대한 정치개혁시기에 모두 『주례』를 근거로 하여 개혁을 실행했다. 신(新) 왕망(王莽)의 제도개혁과 남북조시대 말 북주(北周) 소작(蘇綽)의 호적법 등 제도정립은 물론이고 북송(北宋) 왕안석(王安石)의 변법(變法)이 모두 그러했다.[14]

이미 언급한 바와 같이 조선의 건국과 더불어 이상적인 국가례로 『주례』를 주목하고 이를 전범으로 『조선경국전』 『경제육전』 『조선경국전』 등 정법서가 제정되었다. 그러나 조선 후기로 접어들면서 인구가 증가하고 사회가 복잡해져 기존의 정법서로는 문제 해결에 한계가 있었다. 이에 유형원은 전면적인 국가개혁론으로 『반계수록』을, 정약용은 『경세유표』를 저술하였다.

---

14) 최경옥, 「禮 理念의 전개」 『인문과학논총』 제4집, 경성대 인문과학연구소, 2001, 9-10쪽 참조.

예(禮)에 대한 인식에 있어서 남인은 고례(古禮)를 노론은 『주자가례(朱子家禮)』을 선호하였다. 즉, 우암(尤庵) 송시열(宋時烈)이 "예라는 것은 천리에 근본하여 사람된 도리를 펼치는 큰 실마리"15)라고 한데 대해, 백호(白湖) 윤휴(尹鑴)는 일찍이 「독주례(讀周禮)」라는 글을 남길 정도로 고례(古禮)에 관심을 기울였으며, 정약용은 『주자가례(朱子家禮)』에 대해 "가례(家禮)라는 것은 결국 일가(一家)의 예를 밝힌 것이지 천하만국(天下萬國)의 예는 아니다. 그런데 지금 예를 말하는 사람은 대부분 가례(家禮)를 예가(禮家)의 조종(祖宗)으로 여기고 있다."16)고 비판하고, "예라는 것은 한 나라의 전장·법도."17)라는 인식하에 치세(治世)의 근본으로서 예(禮)의 모델을 『주례』에서 구하고, 그 『주례』를 중심으로 경서체계를 수립하기에 이르렀던 것이다.18)

특히 정약용은 당시 학문 풍토에 대해 사서(四書)·삼경(三經)으로 대표되는 주자학 일변도의 학풍으로 인해 사서·삼경 외의 학문에 관심이 없는 당시 학문풍토에 대해 다음과 같이 비판한 바 있다.

> 지금 학자들은 칠서대전(七書大全)이 있는 줄만 알지, 십삼경주소(十三經注疏)가 있는 줄은 알지 못하고 있습니다. 『춘추(春秋)』와 삼례(三禮) 등 천지에 빛나는 글도 칠서(七書) 목록에 배열되지 않았다 해서 그 글들을 폐기하여 강론하지 않으며 도외시하여 들여놓지 않고 있으니, 이는 참으

---

15) 『宋子大全』 권139, 「序」, <家禮輯覽後序>, "禮者, 本乎天理, 而紀綱人道之大端."
16) 『與猶堂全書』 卷20, 「序」 <羅氏家禮輯語序>, "天下有道, 非天子不議禮, 道旣衰. 禮在一家, 此朱子所以名其禮曰家禮. 家禮也者, 明一家之禮, 而非天下萬國之禮也. 然今之言禮者, 率以家禮爲禮家之祖宗."
17) 『論語古今注』 권一1, 「爲政」 下, "禮者, 一王之典章法度."
18) 문철영, 「다산 정약용의 『주례』 수용과 그 성격」 『사학지』 제19집, 단국사학회, 1985, 69쪽.

로 사문(斯文)의 큰 걱정거리이며, 세교(世敎)에 시급한 문제입니다.19)

즉, 다산은『춘추』와 삼례(三禮)인『의례(儀禮)』·『주례(周禮)』·『예기(禮記)』등으로 대표되는 십삼경(十三經)을 도외시하는 학문 풍토에 대해 신랄히 비판하고, 십삼경(十三經)이야말로 세교(世敎)의 시급한 문제라고 하였다. 정약용은 "주공(周公)이 예(禮)를 제정할 때 만민을 가르치고 만민을 규찰하여 현인을 올려서 쓰고 악인을 쫓아내고 부렴(賦斂)을 공평하게 하고 정역(征役)을 고르게 하고 군려(軍旅)를 다스리고 예기(禮器)를 바르게 하는 등 큰 규모(規模)와 큰 절목(節目)을 모두 육향(六鄕)의 정사에 매여 있게 하였다."20)라고 하여,『주례』를 천하를 다스리는 대경대법(大經大法)으로 인식하고 왕자(王者)가 일어나게 되면 반드시『주례』를 따라야 할 것이라고 하였다.21) 이처럼『주례』를 이상적인 국가례로 인식한 정약용은 "내가 만약 병 없이 오래 산다면,『주례』전체에 대해 주를 내고 싶은데 아침 이슬과 같은 목숨이라 어느 때 죽을지 알지 못하니 감히 마음을 낼 수가 없습니다. 그러나 마음속으로는 삼대(三代)의 다스림을 진정 회복하고자 한다면, 이『주례』가 아니고는 착수(著手)할 수가 없다."22)

---

19)『與猶堂全書』권8,「對策」<十三經策>, " 今之學者, 徒知有七書大全, 不知有十三經注疏. 雖以春秋三禮之照耀天地, 而不列乎七書之目, 則廢之而不講, 外之而不內. 此誠斯文之大患, 世敎之急務也."

20)『與猶堂全書』권20,「書」<答申在中>, "周公制禮, 其敎萬民糾萬民, 登賢黜惡, 平賦斂均征役, 治軍旅正禮器. 凡大規模大節目, 都在六鄕之政, 故鄕師歲終, 則攷六鄕之治."

21)『論語古今註』卷1,「爲政下」, "夏禮未盡善, 故殷雖因之, 而有所損益. 殷禮猶未盡善, 故周雖因之, 而又有所損益. 典章法度, 至周而大備, 盡善盡美, 無可損益. 有王者興, 必一遵周禮, 百世不變, 故曰 '其或繼周者, 雖百世可知也."

22)『與猶堂全書』권20,「書」<答仲氏>, "我若無病久生, 則欲全注周禮, 而朝露之命, 不知何時歸化, 不敢生意. 然心以爲三代之治, 苟欲復之, 非此書

고 하여, 주례전석(周禮全釋)의 의지를 보이기도 하였다.23)

정약용이 생각하기에 왕정(王政)이 제도적으로 구비되어 있는 전형적인 고경(古經)은 『주례』로, "전장(典章)과 법도(法度)는 주(周)에 이르러서 크게 완비되었으니, 진선(盡善)에 진미(盡美)라 할 수 있어, 더 손익(損益)할 수 없다. 왕자(王者)가 일어나게 된다면 반드시 『주례』를 따를 것이다."24)라고 하여, 주나라의 전장(典章)·법도(法度)를 기록한 『주례』는 진선·진미하기 때문에 왕자가 다시 일어난다 하더라도 『주례』를 준수할 것이라고 하였다. 뿐만 아니라 『주례』는 백세(百世)가 지나도 변함이 없을 뿐만 아니라 삼대(三代)의 치세를 회복하고자 한다면 『주례』가 아니고서는 불가다고 하고, 『주례』를 전범으로 하여 정사를 시행해야 한다고 천명하였다.

특히 정약용이 주공의 『주례』 제정의 의의에 대해, "주공(周公)이 예(禮)를 제정하여 그것으로 만민(萬民)을 교화하고 다스릴 때 현인(賢人)을 등용하고 악인(惡人)을 내쫓고, 부렴(賦斂)을 고르게 하고 정역(征役)을 균등하게 하고, 군려(軍旅)를 다스리고 예기(禮器)를 바르게 하였다."25)고 하여, 주공이 당시 천하 만민을 다스리는 대경(大經) 대법(大法)으로서 『주례』에 근거하여 정치를 실행했음을 밝히고 있다.26) 따라서 정약용은 나라를 경영하는 모든 제도에 대해 현재의

無可著手."
23) 장병한, 「丁若鏞의 『周禮』 全釋 企劃의 背景과 展開-理學에서 上帝學 중심의 內聖外王論의 파악 관점에서」 『한문학보』 제19집, 우리한문학회, 2008, 257쪽.
24) 『論語古今注』 권1, 「爲政下」, "典章法度, 至周而大備, 盡善盡美, 無可損益, 有王者興, 必一遵周禮."
25) 『與猶堂全書』 권20, 「書」 <答申在中>, "周公制禮, 其敎萬民, 主萬民, 登黜賢惡, 平賦斂, 均征役, 治軍派, 正禮器."
26) 장병한, 「丁若鏞의 『周禮』 全釋 企劃의 背景과 展開-理學에서 上帝學 중심의 內聖外王論의 파악 관점에서」 『한문학보』 제19집, 우리한문학회,

운용에 구애받음 없이 기본 골격을 세우고 요목(要目)을 베풀어 그것으로써 우리 구방(舊邦)을 새롭게 해보겠다는 기획 아래 국가체제 전반적 개혁안으로서 『주례』를 전형으로 『방례초본(邦禮草本)』을 저술한 것은 필연적인 일이라고 하겠다.27)

2. 『경국대전』에 대한 다산의 견해

태조 3년(1394) 삼봉(三峰) 정도전(鄭道傳)이 『조선경국전』을 지은 이후, 태조 6(1397)년 조준(趙浚)이 태조의 명을 받들어 고려 우왕(禑王) 14(1388)년 이후부터 시행되어온 수판(受判)28) 내지 정령조격(政令條格) 중에서 앞으로 준행되어야 할 조례들을, 육전(六典)으로 분류·편찬한 것이 조선의 최초 법전인 『경제육전』이다.

그러나 『경제육전』의 내용이 방만하고 서로 상치되는 규정들이 산재하여 세조(世祖) 원년에 원전(元典)·속전(續典)·등록(謄錄) 등 각 법전의 편찬·제정을 어명(御命)하여 성종(成宗) 16년(1484)에 『경국대전(經國大典)』이 완성되었다. 『경국대전』의 편찬을 주도했던 서거정(徐居正)은 「서문」에서 세조의 입을 빌어 『경국대전』 편찬의 의미를 다음과 같이 강조했다.

2008, 248쪽.
27) 『茶山詩文集』 제16권 「墓誌銘」 <自撰墓誌銘(集中本)>.
28) 조선왕조에 있어 制定法의 기본은 왕의 命令이다. 高麗 때부터 왕의 명령을 敎·判·制 등으로 기술하였으며, 그 내용이나 문서를 王旨·上旨·判旨·敎旨라 불렀고, 傳旨란 王旨를 奉傳한다는 뜻을 담고 있다. 王旨나 敎旨의 下達을 下旨·下敎라 하고, 하달된 判旨나 敎旨를 받들어 시행한다는 뜻에서 受判·受敎라 한다. 그리고 受敎의 法條文化된 것을 條例·條令·條件·條畵 등으로 일컫게 됐다.(韓㳓劤, 「解題」 『譯註 經國大典』, 한국정신문화연구원, 1995, 6쪽 참조).

우리 조종의 심후하신 인덕(仁德)과 크고 아름다운 규범(規範)이 훌륭한 전장(典章)에 펼쳐 있으니, 이는 『경제육전(經濟六典)·『원전(元典)』·『속전(續典)』·『등록(謄錄)』이 이것이다. 또한 여러 번 내리신 교지(敎旨)가 있어 법이 아름답지 않은 것이 아니었지만 관리들이 용렬하고 어리석어 제대로 받들어 행하지 못했다. 이는 진실로 법의 과목이 너무 호번하고 앞뒤가 서로 모순되어 하나로 크게 정해지지 않았기 때문이다. 이제 손익을 헤아리고 회통할 것을 산정(刪定)하여 만대의 성법을 만들고자 한다.29)

즉, 『경국대전』의 편찬에 대한 세조의 문제의식에서 첫번째 주목할 것은 인덕과 규범을 전장(典章)의 기본 골격으로 생각하고 있다는 점이다. 『경국대전』이 만대의 성법이 되기 위해서 예(禮) 또는 유교이념의 윤리적 측면과 형식적 측면이 모두 고려되어야 한다고 판단했으며, 이러한 점에서 세조가 강조한 인덕과 규범의 관계는 도덕과 제도의 관계 혹은 덕치와 법치의 관계로 이해할 수 있으며, 두번째 주목할 것은 『경국대전』이 조종성헌주의(祖宗成憲主義)에 기초하여 성립되었다는 점이다. 즉 『경국대전』은 『경제육전』, 『원전』·『속전』·『등록』뿐만 아니라 역대 군주들의 교지에 의해 전해진 유교전통을 이은 것이라는 것이다.30)

『경국대전』의 체제와 성격은 서거정(徐居正)이 쓴 서문에서 오롯이 드러나 있다.

신이 가만히 생각하건대 천지가 광대(廣大)하여 만물 가운데 하늘이 덮고 땅이 싣지 않은 것이 없으며, 사시(四時)의 운행으로 만물이 생육(生

---

29) 『經國大典』, 「序」, "祖宗深仁厚澤, 宏規懿範, 播在令章者曰 元續六典謄錄. 又有累降敎旨, 法非不美, 官吏庸愚, 眩於奉行, 良由科條浩繁, 前後牴牾, 不一大定耳今欲斟酌損益, 刪定會通, 爲萬世成法."
30) 최연식, 「『경국대전』과 유교국가 조선의 예치(禮治) - 예의 형식화 과정을 중심으로」 『사회과학논집』 제38집 1호, 연세대학교 사회과학연구소, 2007, 55쪽.

育)하지 않은 것이 없고, 성인이 법제를 지으심에 만물이 흔쾌히 보지 않은 것이 없으니 참으로 성인이 지으신 법제도는 천지와 사시의 운행법칙과 같은 것이다. …… 그 육전(六典)이라 함은 주(周)나라 육경(六卿)의 제도를 계수한 것이요, 그 좋은 법과 아름다운 법의 뜻은 주나라 시(詩)인 관저(關雎)와 인지(麟趾)편에서 나온 것으로 문화(文華)와 질박(質朴)을 알맞게 조화시켜 찬란하게 빛나니, 누가 『경국대전』의 제작이 『주관(周官)』・『주례(周禮)』와 더불어 표리(表裏)가 되지 않는다고 하겠는가? 천지사시(天地四時)에 견주어 어긋나지 않고 전대의 성인에 비추어 생각해도 그릇되지 않으며 백세(百世) 이후 성인(聖人)에게 갖다 주어도 의혹되지 않을 것임을 알 수 있다.31)

서거정은 『경국대전』이 『주관』, 『주례』와 서로 표리가 되고 있다고 언급하고 사시사철 만물을 낳고 기르는 것처럼 성인이 법도(法度)를 마련하는 것도 천지와 사시의 운행법칙과 같은 것이라고 하여,32) 『경국대전』의 편찬 이념이 천지와 사시의 자연법칙에 기초한 『주례』 육관제도의 원리를 충실히 따르고 있음을 밝힘으로써 『경국대전』의 자연법적 보편성을 강조하고 있다. 이는 『경국대전』의 편찬이 지향했던 목표가 '순천응인(順天應人)'이라는 성리학적 자연관과 사회관에 기초하고 있음을 분명히 밝히고 있는 것이다.33)

---

31) 『經國大典』 권1, 「序」, "臣竊念天地之廣大也, 萬物無不覆載, 四時之運行也, 萬物無不生育, 聖人之制作也, 萬物無不欣覩焉, 信乎聖人之制作, 猶天地與四時也. …… 其曰六典, 卽周之六卿, 其良法美意, 卽周之關雎麟趾, 文質損益之宜彬彬郁郁, 孰謂大典之作, 不與周官周禮而相爲表裏乎. 建諸天地四時而不悖, 考諸前聖而不謬, 百世以俟聖人, 而不惑者可知矣."
32) 정성식, 「경국대전의 성립배경과 체제」 『동양문화연구』 제13집, 영산대학교 동양문화연구원, 2013, 57쪽 참조.
33) 최연식, 「『경국대전』과 유교국가 조선의 예치(禮治) - 예의 형식화 과정을 중심으로」 『사회과학논집』 제38집 1호, 연세대학교 사회과학연구소, 2007, 56쪽 참조.

아울러 최항(崔恒)이 지은 『경국대전』 전문(箋文)에서는 유교의 이상정치인 덕치에 바탕을 두고, 민심에 따라 시속(時俗)과 실용(實用)에 알맞도록 편찬되었음을 말하고 있다.

> 가만히 생각하면 성인(聖人)이 천하를 경륜하는 데 반드시 덕(德)을 쌓아 백 년 동안 기다려야 하는 것이고, 왕자가 때에 맞추어 법조문(法條文)을 가감함은 대개 법 규범을 만대(萬代)에 물려주려는 계책을 위해서입니다. 이제 대전(大典)을 제정하는 좋은 때에 가만히 생각해보면 나라를 다스림은 천도(天道)와 같이 하되 정사(政事)는 시속(時俗)에 따라 변혁해야 하는 것입니다. …… 시속에 맞고 실용하기에 적합하게 하여 백성의 심정에 합치시켰으니 실로 이는 국가를 경영하는 훌륭한 장전(章典)이오, 어찌 오로지 백성을 법도에만 얽어 매어두는 것이 될 뿐이겠습니까.[34]

위에서 알 수 있듯이, 최항은 유교정치의 이상은 덕치(德治)에 있다고 단정하고, 나라 다스림은 천도(天道)에 바탕을 두되, 정사(政事)는 시속에 맞고 실용하기에 적합하게 해서 백성의 마음에 합치시키는 것이 중요하다고 하였다. 이렇게 해야만 국가를 경영하고 세상을 다스리는 데 훌륭한 제도와 문물이 된다는 것이다.

그러나 『경국대전』 이후 긴 시간을 두고, 영조(英祖) 때 『속대전(續大典)』이, 정조(正祖) 때 『경국대전』과 『속대전』을 모아 『대전통편(大典通編)』을 편찬·제정했고, 고종(高宗) 때 『대전회통(大典會通)』이 만들어지는 등 여러 번 법전이 편찬·제정되었지만, 기본적으로 그 틀은 유지된 채 새로운 법령을 추가하는 형식을 빌어 편찬되었는데, 이는 조종성헌(祖宗成憲)으로, 선대에 만든 법을 함부로 후대 왕

---

34) 『經國大典』 권1, 「進經國大典箋」, "竊以聖人經綸天下, 必待積德百年之期, 王者, 損益時宜, 蓋爲垂範萬世之計. 玆定大典允屬昌辰竊, 惟治以道同, 政由俗革 …… 宜於時適於用, 深愜輿情實, 迺經國之彝章, 豈唯納民於軌物."

이 고치지 못하게 하는 원칙이었다.35)

　주지하다시피 『경국대전』의 기본적 체계는 『주례』의 육전(六典) 체계로, 이전(吏典)・호전(戶典)・예전(禮典)・병전(兵典)・형전(刑典)・공전(工典)으로 되어 있다. 이전은 행정조직・관리인사 등을 담당하는데, 이전에는 의정부를 정점으로 하는 6조 중심의 관료체계와 각각의 부속관청의 역할과 관원 수, 그리고 직함의 기록법 등을 규정하고 있다. 호전은 호적・재정・세제・토지제도 등을 담당한다. 즉 호전은 재정과 정부물품 조달과 관련된 사항 및 화폐 등에 관한 규정을 담고 있다. 예전은 관리임용・학교・의례・외교・행정입법 과정 관리에 관한 규정을 담고 있다. 병전은 군사와 관계된 군제, 직업군인, 군역의무, 국방과 관련된 교통과 통신, 궁궐의 보위 등에 관한 내용이 기록되어 있다. 형전은 몇몇 헌법적 요소와 형사법규, 노비문제, 상속문제 등으로 구성되어 있다. 공전은 사회기간산업의 건설, 유지, 관리에 관한 규정으로 도로와 다리, 배와 수레에 관한 규정 등으로 구성되어 있다. 그리고 육전(六典)을 담당할 수 있는 육조(六曹 : 이조・호조・예조・병조・형조・공조)를 구성하였으며, 그 행정조직 및 행정직무도 자세히 규정되어 있다.36)

　이처럼 『경국대전』은 조선조라는 거대한 관료제를 유지시키기 위한 각종 사항들이 종합적으로 들어 있다. 즉 인재를 선발하고 파견하는 과정(인사행정), 국가재정의 운영(재무행정), 형벌 및 재판규정(형법), 국가의 대내외적 의식(儀式)과 행정절차사항(행정법), 노비와 토지 등 각종 재산의 관리 및 운영규칙(민법) 등에 관한 사항이 그

---

35) 진희권, 「조선시대 법제도를 통해 본 공사관」 『동아시아 문화와 사상』 9호, 열화당, 2002.
36) 정성식, 「경국대전의 성립배경과 체제」 『동양문화연구』 제13집, 영산대학교 동양문화연구원, 2013, 58쪽 참조.

것이다. 『경국대전』은 제도와 형벌의 현실적 필요성을 인정한 바탕에서 덕(德)과 예(禮)의 정치를 지향한 체제적 특성을 명료하게 보여주고 있다 하겠다.37)

비록 『경국대전』이 『주례』를 모방하여 육조(六曹)라는 명칭을 사용하였지만 속관(屬官) 계통은 완전히 달랐다. 직관(職官)을 동반(東班)과 서반(西班)으로 나뉘었으며, 각 반은 또다시 경관(京官)과 외관(外官)으로 나누어 놓았다. 의정부(議政府)가 육조(六曹)를 통할하지만 이른바 '오상사(五上司)'라는 종친부(宗親府)·충훈부(忠勳府)·엄보부(嚴寶府)·교녕부(敎寧府)·중추부(中樞府)는 통할하지 않았다. 이는 왕권을 강화하려는 의지의 일환으로 보이며, 관원(官員)의 수도 일정치 않아 경관(京官)인 경우 110명이나 될 만큼 많았다. 각 조(曹) 예하의 각 사(司)의 인원 또한 일정한 정원이 없었던 관계로 "부서지고 망가지듯이 산만하였고(破陣散漫)", "실마리조차 찾을 수 없는(端績莫尋)" 지경이라고 정약용은 말한 바 있다.

> 대개 터럭 하나만큼 병통 아닌 것이 없을 뿐이니, 지금이라도 고치지 않으면 반드시 나라가 망할 뿐이다. 이러하니 어찌 충신지사가 팔짱만 끼고 방관할 수 있겠는가?38)

즉, 정약용은 시급히 방례(邦禮)를 개혁해야 함을 강조하였던 것이다. 시대와 상황에 따라 국가 경영의 제도를 그에 맞게 시행함으로써 만백성을 편안하게 하는 것이 충신(忠臣)의 일이며 성군(聖君)의 일이었거늘, 조선의 상황은 '무위이치(無爲而治)' '조종성헌(祖宗成

---

37) 박현모, 「경국대전의 정치학 : 예치(禮治)국가의 이념과 실제」 『한국정치연구』 제12집, 2003, 116쪽 참조.
38) 『經世遺表』 권1, 「邦禮艸本引」, "蓋一毛一髮無非病耳 及今不改 其必亡國而後已 斯其忠臣之士所能袖手而傍觀者哉."

憲)'만 외치고 국가경영의 예(禮)는 돌보지 않아 백성은 시달리고 결국 나라가 망하게 될 것이라는 것이다. 비록 조선조가 '조종성헌' 원칙으로 인해 법적 안정성을 가져왔다 하지만, 원전(元典)은 그대로 두고 새로운 법령만 추가하는 형식은 또 다른 문제를 야기시켰다. 원전(元典) 이후 수교(受敎)가 쌓여 앞뒤 수교가 모순되어 속전(續典)을 증보하는 것은 결국 편찬이 거듭될수록 원전과 속전을 통합할 수 있는 통일된 법전의 편찬이 요청되었던 것이다.

정약용은 『경국대전』에서 담고 있는 국정 전반의 문제를 『경세유표』의 각조 '수제(修制)'라는 조목으로 상세히 다뤘다. 예를 들어 「천관수제(天官修制)」에서는 동반관계(東班官階), 서반관계(西班官階), 종친훈척(宗親勳戚), 외명부(外命婦), 외관지품(外官之品), 삼반관제(三班官制), 군현분예(郡縣分隷), 군현분등(郡縣分等), 고적지법(考績之法)을, 「지관수제」에서는 전제(田制), 부공제(賦貢制), 창름지저(倉廩之儲), 호적법(戶籍法), 교민지법(敎民之法) 등을, 「춘관수제」에서는 과거지규(科擧之規), 선과거지규(選科擧之規) 등을, 「하관수제」에서는 무과(武科), 진보지제(鎭堡之制)와 같은 항목들이 '왜 정약용이 『경세유표』를 저술하게 되었는가?' 하는 배경을 엿볼 수 있는 자료라 하겠다.[39]

3. 『경세유표』에 나타난 국가례

정약용의 『시문집(詩文集)』 권12에 <방례초본서(邦禮艸本序)>가 실려 있는데, 이는 『경세유표』의 「인(引)」의 내용과 온전히 동일한 문

---

39) 김현수, 「다산 정약용의 국가례 고찰-『경세유표』를 중심으로」, 『한국철학논집』 제12집, 한국철학사연구회, 2003년, 154쪽 참조.

장으로 되어 있다. 이는 『경세유표』의 원제목이 『방례초본』이었음을 증명해 준다. 그는 서문에서 다음과 같이 말했다.

> 여기 논하는 것은 법(法)이다. 법인데 이름하여 예(禮)라고 한 것은 무슨 까닭인가. 선왕은 예로써 나라를 다스리고 백성을 인도하였다. 그런데 예가 쇠퇴하자 법이라는 명칭이 생겼다. 법은 나라를 다스리는 것이 아니며 백성을 인도하지 못한다. 천리(天理)에 비추어보아 합당하고 인정(人情)에 시행해도 화합한 것을 예라 하며, 위엄으로 두렵게 하고 협박으로 비통하게 함으로써 백성으로 하여금 벌벌 떨게 하며 감히 범하지 못하도록 하는 것을 법이라 이른다. 선왕은 예로써 법을 삼았으나, 뒷날 임금들은 법으로써 법을 삼았으니 이것이 같지 않은 바이다. 주공(周公)이 주나라를 경영할 때 낙읍에 있으면서 법(法) 육편을 제정하고 이름하여 예[周禮]라 하였다. 그것이 예가 아니었다면 주공이 어찌 예라고 하였을 것인가.[40]

즉, 정약용은 『방례초본』에서 법(法)을 논하면서 예(禮)라 한 이유를 선왕이 예로써 나라를 다스리고 백성을 인도한 것에 기인한다 하였다. 그리고 법과 예의 차이를 천리에 합당하고 인정에 화합하는 것이 예라면, 위엄과 협박으로 백성으로 하여금 벌벌 떨게 하며 감히 범하지 못하도록 하는 것을 법이라 하였다. 따라서 정약용이 자신의 저서를 방례(邦禮)라고 한 것은 선왕의 뜻을 이은 주공(周公)의 『주례』 정신을 계승하려는 의지가 엿보인다. 즉 정약용은 옛날 주공이 주나라를 경영하기 위해 제정한 『주례』를 궁극의 이념으로 하면서 우리나라를 새로이 경영하기 위한 '방례(邦禮)'를 논한다 밝히고,

---

[40] 『經世遺表』 권1, 「邦禮艸本序」, "玆所論者, 法也. 法而名之曰禮, 何也. 先王以禮而爲國, 以禮而道民. 至禮之衰而法之名起焉. 法非所以爲國, 非所以道民也. 揆諸天理而合, 錯諸人情而協者, 謂之禮. 威之以所恐, 迫之以所悲, 使斯民兢兢然莫之敢干者, 謂之法. 先王以禮而爲法, 後王以法而爲法, 斯其所不同也. 周公營周, 居于洛邑, 制法六篇, 名之曰禮, 豈其非禮而周公謂之禮哉".

"주례는 천자의 예인데, 우리나라는 제후국이니 제도를 모름지기 작게 만들어야 한다."고 하여, '주례'와 대조되는 '방례'를 저술하고 있음을 명백히 하였다. '방례'를 저술하면서 '초본(艸本)'이라 한 이유를 다음과 같다.

> 초본이라 한 것은 무엇 때문인가. 초(艸)라는 것은 수정과 윤색을 기다린다는 것이다. 식견이 얕고 지혜가 짧으며, 이력이 적고 견문이 고루하며, 거처가 궁벽하고 참고할 서적이 모자라니, 비록 성인이 지었다 하더라도 불가불 뒷사람에게 수정 윤색하도록 하지 않을 수 없을 것이다. 수정하고 윤색하지 않을 수 없으니 어찌 초가 아닌가. …… 어찌 감히 내 소견을 고집하여 한 글자도 변동할 수 없다 하겠는가. 고루한 것은 용서하고, 편협한 것은 공평하게 하여서 수정하고 윤색할 것이다. …… 왕자가 법을 세워 세상을 이끌어나가는 것이 이것과 무엇이 다르겠는가. 이것이 초본이라 이름하는 까닭이다. 아아, 이것이 어찌 초본이 아니겠는가.[41]

정약용이 자신의 저서를 『방례초본』이라 한 것은 『주례』의 이념에 입각해서 우리나라를 새로이 경영할 국가제도를 초해 놓음으로 뒷날 현인의 수정과 윤색을 거쳐 길이 운용될 수 있는 기틀을 다진다는 의미에서 서명을 『방례초본』이라 하였던 것이다. 『방례초본』의 저술은 그가 강진에 유배 중인 1817년(순조 17)에 미완으로 일단 끝냈는데, 1822년(순조 22) 환갑을 맞아 지은 <자찬묘지명(自撰墓誌銘〔集中本〕)>에, "『경세유표』 48권은 미졸업(未卒業)이요, 『목민심서』는 48권이며 『흠흠신서』는 30권이다."라고 하여 『방례초본』을 『경세

---

41) 『經世遺表』 권1,「邦禮艸本序」, "其謂之艸本者, 何也. 艸之也者, 有待乎修潤之也. 識淺焉智短焉, 踐歷少焉, 聞見陋焉, 居處僻焉, 書籍闕焉, 雖聖人擇焉, 不能不使后者, 修潤之也. 不能不修潤之者, 豈非艸乎. …… 顧何敢膠守己見, 謂不可易其一字乎. 其有孤陋者, 恕之焉, 其有固滯者, 平之焉, 修之焉潤之焉. …… 王者之立法馭世, 何以異是. 此草本之所以名也. 嗟乎, 斯豈非艸本哉."

유표』로 서명을 바꾸어 기록해 두고 있다. 즉, 『방례초본』이 5년 사이에 『경세유표』로 서명이 바뀌었으며, 『경세유표』의 뜻도 아울러 함께 기록하고 있다. 그는 "경세라는 것은 무엇을 말함인가. 관제(官制)・군현제(郡縣制)・전제(田制)・부역(賦役)・공시(貢市)・창저(倉儲)・군제(軍制)・과거제(科擧制)・해세(海稅)・상세(商稅)・마정(馬政)・선법(船法) 등 나라를 경영하는 모든 제도에 대해 현재의 운용에 구애받음 없이 기본 골격을 세우고 요목을 베풀어 그것으로 우리 구방(舊邦)을 새롭게 하는 것."42)이라고 하여, 국가의 전면적인 행정 제도를 포괄하는 개념이었다. 그리고 '유표(遺表)'의 '유(遺)'는 죽으면서 남긴다는 뜻 그대로이며, '표(表)'라는 것은 신하가 임금에게 올리는 글을 일컫는 말이다. 따라서 '경세유표'의 의미는 국가의 행정 체제에 대한 전면적인 개혁안을 죽음을 무릅쓰고 임금에게 올려 나라를 일대 개혁하고자 하는 강한 의지의 표현이라고 하겠다. 정약용은 법령의 개정 필요성에 다음과 같이 말한 바 있다.

    우리나라가 창건되어 대통(大統)을 전해온 지 400여 년에 기강(紀綱)이 해이해져 모든 일이 부진하니, 마땅히 법령을 개정하고 관직(官職)을 정리하여 조종(祖宗)의 공덕을 빛나게 해야 한다. 이리하여 3공(公)・3고(孤)에게 명하여 6전(典)을 널리 선포해서 6관(官)을 가르치게 하고, 6관에게 명하여 그 직무를 다스리며, 소속된 관청을 갈라 맡아서 왕을 돕고 나라를 다스리기를 청한다.43)

---

42) 『與猶堂全書』 권16, 「墓誌銘」 <自撰墓誌銘・集中本>, "經世者 何也. 官制・郡縣之制・田制・賦役・貢市・倉儲・軍制・科制・海稅・商稅・馬政・船法・營國之制, 不拘時用, 立經陳紀, 思以新我之舊邦也."
43) 『經世遺表』 권1, 「天官吏曹」, "唯我國家, 創業垂統餘四百年, 綱弛紐解, 庶事不振, 宜改法修官, 以昭祖烈, 請命三公・三孤, 弘敷六典, 以詔六官. 乃命六官, 修厥職事, 分其屬司, 以佐王平邦國."

즉, 조선이 개국(開國)한지 400년이 지나 기강(紀綱)의 해이해져 모든 일이 부진하니 이를 바로 잡기 위해서 법령을 개정하고 관직 정비가 필요하다고 여겼다. 따라서 정약용은 『경국대전』에서 규정한 직관을 "경우에 따라 세분하기도 하고, 하나로 통합해서 정원을 늘리기도 하였다. 그리하여 고대 법전을 고찰하여 각각 그 유형별로 여섯 가지 조(曹)로 구분하고, 각 조(曹) 산하에 20사(司)를 두게 하였으니, 그 수는 총 120에 달하였다. 이 또한 천지도수의 형상인 것이다."44)하여, 『주례』에서 규정한 규모를 그대로 답습하지 아니하고 우리나라 실정에 맞게 1/3로 축소시켰으며, 그 이유로 "『주례』는 천자의 예(禮)를 규정한 것인데, 우리나라는 변두리 나라니 제도의 규모가 마땅히 그보다 적어야 한다."45)고 여겼다.

특히 정약용은 『주례』의 6부서인 천·지·춘·하·추·동(天地春夏秋冬)의 육관(六官)의 이념을 계승하여 천·지·춘·하·추·동의 육조(六曹) 체제로 개편하고, 그 관장 업무가 우리의 실정에 맞게 소속기관을 배치하고 있다.

천관(天官) 이조(吏曹)로 소속기관은 20개며, 나라의 다스림을 관장한다. 지관(地官) 호조(戶曹)로 소속기관은 20개며, 나라의 교육을 관장한다. 춘관(春官) 예조(禮曹)로 소속기관은 20개며, 나라의 예(禮)를 관장한다. 하관(夏官) 병조(兵曹)로 소속기관은 20개며, 나라의 군정(軍政)을 관장한다. 추관(秋官) 형조(刑曹)로 소속기관은 20개며, 나라의 형벌을 관장한다. 동관(冬官) 공조(工曹)로 소속기관은 20개며, 나라의 공사(工事)를 관장한다. 무릇 6조(曹)에 소속된 관장은 큰일은 해당 조에 아뢰

---

44) 『經世遺表』 권1, 「天官吏曹」, "且考舊典, 京官職司之數, 百有一十, 或分而析之, 或聚而合之, 或增而補之, 於是溯考古典, 各以其類, 分于六曹. 六曹之屬各爲二十, 則其數一百二十. 一百二十, 亦天地度數之象也."

45) 『經世遺表』 권1, 「天官吏曹」, "臣竊伏念, 周禮, 天子之禮, 我國家, 藩國也. 制度宜小."

어 처리하고 작은 일은 전결한다.46)

위에서 알 수 있듯이 기존의 『경국대전』 체제하에서 교육은 예조 (禮曹)가 담당했으나, 정약용은 『주례』의 이념을 이어 받아 호조에서 교육을 관장해야 한다는 것이다.

『주례』・『경국대전』・『경세유표』 등 모두 육전(六典) 체제를 유지하고 있지만 약간의 차이를 보이고 있는 것도 사실이다. 이를 비교하면 다음의 도표와 같다.

<표 1> 『주례』, 『경국대전』, 『경세유표』의 행정기관 비교

『周禮』	『經國大典』	『경세유표』
天官冢宰	吏典	天官吏曹
地官司徒	戶典	地官戶曹
春官宗伯	禮典	春官禮曹
夏官司馬	兵典	夏官兵曹
秋官司寇	刑典	秋官刑曹
冬官司空	工典	冬官工曹

정약용이 내놓은 대안은 기존 행정조직의 개혁과 백성의 생존 조건을 안정적으로 만들고 효과적으로 백성을 교육하는 개혁안이다. 먼저 의정부는 『주례』의 삼공(三公)・육경(六卿)의 체계를 본떠 영의정, 좌・우의정을 삼공으로 삼고, 도찬성 1명과 좌참찬・우참찬을 삼

---

46) 『經世遺表』 권1, 「天官吏曹」, "一曰 天官吏曹, 其屬二十掌邦治. 二曰 地官戶曹, 其屬二十掌邦教. 三曰 春官禮曹, 其屬二十掌邦禮. 四曰 夏官兵曹, 其屬二十掌邦政. 五曰 秋官刑曹, 其屬二十掌邦刑. 六曰 冬官工曹, 其屬二十掌邦事. 凡六屬之官, 大事關于曹, 小事專決之"

고(三孤)로 삼았으며, 육조판서 위의 품계로 놓았다.47) 또한 기존의 의정부를 유명무실하게 한 비변사(備邊司)를 중추부(中樞府)에 편입시키고 중추부는 다시 하관병조(夏官兵曹)에 이속시켰다.48) 그리고 기존 행정조직들이 현실적 필요성에 의해 방만하게 신설·운영되어 『경국대전』에 일목요연하지 않은 면에 대해서 모든 관직들을 육조(六曹) 소속으로 정리하고 직무도 확립했다. 그리고 전체 관직의 수를 120으로 제한했으며, 동안 독립 관서인 종친부(宗親府)·의빈부(儀賓府)··돈녕부(敦寧府)를 '천관 이조'에, 의금부(義禁府)·사헌부(司憲府)를 '추관 형조'에, 사간원(司諫院)을 '춘관 예조'에, 충훈부(忠勳府)·중추부(中樞府)·오아도총부(五衙都摠府)를 '하관 병조'에 이속시켜 육조를 통해서만 왕에게 보고되는 체계로 만들었다.49) 위와 같이 육조에 각각 20개의 소속 관서(官署)를 설정하여, 『경국대전』의 전체 조직틀을 개혁하고자 했던 것이다.

무엇보다 정약용에 있어서 개혁 기준은 오직 부국강병에 있었다. 그는 "이용감(利用監)을 개설하고 북학(北學) 할 방법을 의논하여 부국강병하도록 도모하는 것은 변동할 수 없다."50)고 하여, 이전에 없었던 이용감 설치를 주장하기도 하였다. 그리고 『경국대전』에서 예조(禮曹)에 소속되어 있던 관상감(觀象監)을 천관 이조에 소속시켜야

---

47) 『經世遺表』 권1, 「天官吏曹」, '三公之職', "三公之職, 論道經邦, 寅亮天工, 議政府領議政公一人, 左議政右議政公二人, 都贊成孤一人, 左贊成右贊成孤二人, 舍人上士一人, 檢詳中士二人, 司錄下士二人."
48) 『經世遺表』 권2, 「夏官兵曹」, '中樞府', "中樞府有其名而無其實, 備邊司有其實而無其名, 兩失其宜也. 中樞府全無所事, 而游閒人作食祿之地, 備邊司總察萬務, 而議政府爲長閉之門, 制度之毀壞散漫, 一至是矣."
49) 김현수, 「다산 정약용의 국가례 고찰-『경세유표』를 중심으로」, 『한국철학논집』 제12집, 한국철학사연구회, 2003, 159쪽.
50) 『經世遺表』 권1, 「引」, "開利用之監, 議北學之法, 以圖其富國强兵, 斯不可易也."

한다고 하면서 다음과 같이 말한다.

 살피건대, 원편에는 관상감에 영사(領事) 1원이 있는데, 영의정(領議政)이 예겸(例兼)했다. 대개 3공에게는 음양(陰陽)을 조화시키고 사시(四時)를 순하게 하는 책임이 있다는 것이나, 이 말을 나는 일찍이 의심했다. 내 생각에 영사 1원은 줄이는 것이 마땅할 듯하다.
 또 생각건대, 『주례』에 풍상씨(馮相氏)는 세월일성(歲月日星)의 차례를 관장하고 보장씨(保章氏)는 성신일월(星辰日月)의 변동을 관장하는데, 춘관 종백(春官宗伯)의 소속으로 되어 있으니 관상감은 예조에 소속됨이 당연하다. 그러나 5제(帝) 때에 책력(冊曆)을 만들던 모든 관직이 천관 소속으로 되어있다. 그러므로 사마천(司馬遷)이 천문역법(天文曆法)에 대해 서술하면서 바로 천관서(天官書)라 이름하였다. 그러므로 책력을 만들어 시각을 밝히는 것은 천관의 본직이다. 풍상씨와 보장씨는 오직 기후를 살피고 요이(妖異)와 상서를 분별할 뿐이며, 책력을 만드는 관직은 아니다. 『주례』에 천관 소속이 60도 못되니, 아마 이런 관직의 명칭이 탈락된 것도 없지 않으리라. 나는 이런 이유로 관상감을 천관에 예속시켰다.[51]

 정약용에 의하면, 『경국대전』은 물론『주례』에서도 관상감은 춘관 예조에 소속시켜야 하나, 책력을 만들어 시각을 밝히는 것은 천관의 본직임으로 천관 이조에 소속시켜야 한다는 것이다. 『경세유표』의 육조와 소속기관을 도표로 나타내면 다음과 같다.[52]

---

51) 『經世遺表』 권1, 「天官吏曹」 <觀象監>, "臣謹案, 原編觀象監有領事一員, 領議政例兼. 蓋謂三公有理陰陽, 順四時之責也, 此說臣嘗疑之. 臣謂領事一員, 減之似宜. 又按, 周禮馮相氏, 掌歲月日星之序事, 保章氏掌星辰日月之變動, 爲春官宗伯之所屬, 則觀像監當屬禮曹. 然五帝之時, 凡治曆之官, 皆爲天官. 故司馬遷序天文曆法, 而直名曰天官書. 治曆明時者. 天官之本職也. 馮相氏, 保章氏, 唯察其氣候, 辨其妖祥, 非治曆之官也. 周禮天官, 未滿六十, 或者此等官名, 不無脫落也. 臣故以觀象監, 屬之於天官."

제10장 『경세유표』에 구현된 국가례 283

<표 2> 『경세유표』 六曹 및 所屬 官署

天官吏曹	地官戶曹	春官禮曹	夏官兵曹	秋官刑曹	冬官工曹
承政院	漢城府	太常寺	中樞府	義禁府	山虞寺
宗親府	六 部	通禮院	司勳府	司憲府	林衡寺
儀賓府	六 學	典壇司	武擧院	監察院	澤虞寺
敦寧府	典圜署	典廟司	太馭寺	禁制司	川衡寺
司饗院	典牲署	守陵司	乘輿司	掌理署	繕工監
司䆃寺	司畜署	齊禮監	牧圉司	討捕營	利用監
內資寺	平市署	司諫院	翊獼司	巡警司	司兵寺
內贍寺	司祿倉	弘文館	左掖司	路鼓院	修城司
司膳監	司䬸倉	侍講院	右掖司	禮賓寺	典園署
義盈庫	司餉倉	太史院	中衛司	行人司	典堵司
凌人署	職貢司	校書監	宣敎局	綏遠司	典軌司
宗簿寺	常平倉	國子監	儀仗局	司譯院	典艦司
觀象監	平賦司	掌樂院	守禦局	掌胥院	甄瓦署
內醫院	版籍司	承文監	龍驤衛	掌隸院	燔瓷監
典醫監	經田司	貢擧院	虎賁衛	量衡司	織染局
惠民署	漕運司	尙衣院	羽林衛	券契司	典設司
命婦司	司圃署	尙瑞院	都統營	津關司	掌苑署
內需司	司礦署	養老司	左禦營	織金署	司筵署
內侍府	六保署	養賢庫	右衛營	掌域署	造紙署
掖庭署	算學署	哀榮署	管城衛	律學署	圖畫署

특히 정약용은 자신이 당론의 희생자이기도 해서인지 당론(黨論)의 온상이 된다고 파악되는 간관(諫官)·옥당(玉堂)·한림(翰林)같은 청요직에 대해 다음과 같이 비판적인 입장을 견지하고 있다.

오직 당론을 날카롭게 격하게 만들어 무엄하게 하는 것이요, 오직 인재 등용을 방해하고 막아 그 순을 눌러버리고 싹을 잘라버리는 것이요, 오직

---
52) 도표는 김현수의 논문 160쪽에서 인용하였음.

남의 비밀을 폭로하여 각박하고 잔독한 논의를 하는 것이요, 오직 남의 과오를 자세히 살펴 때에 편승해서 참소하여 이간질한다. 이것이 곧 청직(淸職)에 있는 사람의 직무일 따름이다.53)

정약용에 의하면 청요직에 있는 자들이 하는 짓거리는 당론을 격하게 만들어 남의 비밀이나 과오를 폭로해서 이간질만 부추기는 것으로 파악하였다. 따라서 청요직에 대한 대대적인 개혁책으로 사간원(司諫院)에 대해, "간원의 직이 처음에는 깨끗하고 능히 그 직책을 수행했으나, 근세에 들어오면서 나날이 어지러워졌다."54)고 하고, 따라서 폐하고자 하나 "간원을 없애 남의 말을 받아들이지 않으려 한다는 말을 듣기 싫어서 그대로 남겨두고자 한다."55)고 하고, 그 대신 승정원・홍문관・시강원・태사원・국자감・사헌부・육조의 경대부가 모두 간쟁할 수 있도록 했다.56) 아울러 한림(翰林)이라 불리는 예문관(藝文館)을 폐지하고 홍문관(弘文館)에 합치시켰으며, 자신을 아껴주었던 정조(正祖)가 규장각(奎章閣)을 설치하여 홍문관 및 청요직을 대신했던 것에 대해 잘못을 지적하고 초계문신제(抄啓文臣制)를 비판하기도 했다.57)

정약용이 가장 심혈을 기울린 것은 민생과 관련된 '지관 호조'의 개혁안이라 하겠다. 그는 지관 호조를 "나라의 교육을 관장하는 기관"으로 규정하였다는 것이다.

---

53) 『與猶堂全書』 卷11, 「職官論」 二, "唯黨論之能, 峻激無嚴也. 唯枳塞人材, 能壓其笋, 折其萌也., 唯發人陰私, 爲刻迫殘毒之論也, 唯深剌人過誤, 而乘時讒間也, 是乃淸職者之職耳."
54) 『經世遺表』 권1, 「春官禮曹」, <司諫院>.
55) 『經世遺表』 권1, 「春官禮曹」, <司諫院>, "但云 罷去司諫 訑訑而拒人 其言可畏 姑此存之."
56) 『經世遺表』 권1, 「春官禮曹」, <司諫院>.
57) 『經世遺表』 권1, 「春官禮曹」, <弘文館>.

생각건대, 옛적에 대사도의 직무는 전적으로 인민의 교육을 관장하였다. 이른바 "향삼물(鄕三物)로써 만민을 가르친다."는 것이다. 후세의 호부(戶部)는 오로지 재부(財賦)만 관장하여, 거두어들이는 것만 직무로 삼았으므로 백관(百官)이 별처럼 많이 있어도 사람을 가르치는 관직은 한 사람도 없었다. 이러므로 윤기(倫紀)가 끊어지고 풍속이 무너져버렸다. ……『주례』에 향로(鄕老)·향대부(鄕大夫)·주장(州長)·당정(黨正)·족사(族師)라는 등속은 모두 사람을 가르치는 관직이므로, 이제 육부(六部)·육학(六學)을 오로지 사람을 가르치는 것을 직무로 삼아 단지 사송(詞訟)만 듣는 것에 그치지 않도록 한다. 그러므로 도사(都事)를 고쳐서 교관(敎官)이라 하였다.58)

『경국대전』에서 교육은 예조(禮曹)가 담당했지만, 정약용은 『주례』와 마찬가지로 '지관 호조'로 하여금 나라의 교육을 관장하게 하고 있다. 모름지기 교육이라는 것도 경제적인 뒷받침이 있어야 가능하다. 공자도 일찍이 '백성이 많으면, 백성을 부유(富裕)하게 해주고, 백성이 부유하면 가르쳐야 한다.'59)고 하였듯이, 정약용도 지관 호조의 고유 직무인 만민(萬民)을 교육하기 위해선 먼저 민생(民生)을 안정시키는 것이 무엇보다 중요하다 하였다. 따라서 정약용은 『경세유표』 15권 가운데 「지관수제(地官修制)」가 9권이나 차지하고 있으며, 내용도 전제(田制)가 5권, 부공제(賦貢制)가 2권, 창름지제(倉廩之制) 1권, 호적법(戶籍法)과 교민지법(敎民之法)이 1권으로 이루어져

---

58) 『經世遺表』 권1, 「地官戶曹」 <敎官之屬>, "臣謹按, 古者, 大司徒之職, 專掌敎人. 所謂鄕三物, 敎萬民也. 後世, 戶部專掌財賦, 唯以聚斂爲職事, 於是百官星羅, 而敎人之職, 無一人焉. 於是倫常斁絶, 風俗壞敗. 後世之治, 雖漢文帝, 唐太宗, 終不能得三古之髣髴者, 凡以是也. 周禮鄕老, 鄕大夫, 州長, 黨正, 族師之等, 皆敎人之官也. 今擬六部六學, 專以敎人爲職, 不唯詞訟是聽也. 故都事, 改之曰敎官."
59) 『論語』 「子路」, "子曰 庶矣哉. 冉有曰 旣庶矣, 又何加焉. 曰富之. 曰旣富矣, 又何加焉. 曰敎之."

있다. 이는 그만큼 정약용이 민생 안정과 관련이 있는 전제(田制)에 많은 노력을 기울였으며, 지관 호조가 재부(財富)만 관장하는 것이 아니라 전적으로 나라의 교육을 관장함으로 먼저 육부(六部)·육학(六學)을 들었다.

> 생각건대 옛적 왕국의 제도에 국도를 정전(井田) 꼴같이 아홉으로 나눴고, 왕궁이 한 복판에 위치했다. 모든 관공서가 앞 쪽 한 구역에 있고 모든 저자 가게는 뒤쪽 한 구역에 있으며 좌우 육향(六鄕)이 서로 마주한 것이 선왕의 법이다. 우리나라도 창건한 당초부터 비록 이와 같지 않았으나 부(部)를 가르는 수효는 여섯으로 하는 것이 마땅하고 다섯으로 하는 것은 적당하지 못하다. …… 육부로써 육향에 맞춰 선왕의 법을 따르는 것을 그만둘 수 없다.60)

> 살피건대, 옛적에 당(黨)에는 상(庠)이 있고, 주(州)에는 서(序)가 있으며, 향(鄕)에는 교(校)가 있고, 국(國)에는 학(學)이 있는데, 이것이 맹자(孟子)가 말한 상·서·학·교라는 것이었다. 그런즉 지금 사학(四學)은 곧 옛날에 향교(鄕校)라 이른 것이다. 따라서 마땅히 여섯으로 할 것이고 넷으로 함은 마땅하지 않으며, 옛적 향로·향대부·주장·당정의 직무를 상고하여 힘써 시행함이 마땅하고, 다만 시부(詩賦) 따위로 유희(遊戲) 삼아 책임을 메우는 것은 불가하다. 그런즉 의당 명위(名位)를 높여야 할 것이다.61)

정약용은 왕성(王城)을 9등분해서 그 가운데 중앙과 중앙의 위·아

---

60) 『經世遺表』 권1, 「地官戶曹」, '六部', "臣謹按 古者王國之制 九分其國 如井田之形 王宮居中 百官公署在前一區 百肆市廛在後一區 左右六鄕兩兩相向 先王之法也 …… 今擬五部分之爲六部 …… 以六部當六鄕 以遵先王之法未可已也."

61) 『經世遺表』 권1, 「地官戶曹」, '六學', "謹案, 古者, 黨有庠, 州有序, 鄕有校, 國有學, 此孟子所謂庠序學校也. 然則今之四學, 卽古之所謂鄕校. 則宜六而不宜四也, 則宜考古鄕老, 鄕大夫, 州長, 黨正之職, 勉而行之, 不可但以詩賦爲戲, 以塞其職也. 然則其名位宜尊."

래 지역을 왕궁·관공서·시장으로 나누고 나머지 지역을 육부(六部)을 육향(六鄕)으로 하고, 이 육향에 맞춰 사학(四學)이 아닌 육학(六學)을 설치하고자 하였던 것이다.

육향과 더불어 정약용이 가장 많이 공을 들인 것이 「지관수제」에 나오는 전제(田制)라고 하겠다. 그는 "정전(井田)이란 성인의 상법(常法)이다. 상법이라면 예나 지금이나 통할 수 있는 것인데, 예전에는 시행하기 편리했지만 지금은 불편하다는 것은, 필시 법을 밝히지 못해서 그런 것이지 천하의 이치가 예와 지금에 다름이 있어서 그런 것은 아니다."62)라고 하여 정전법을 이상적인 토지제도로 보았다. 그런데 정전을 시행할 수 없는 것은 지세(地勢)가 정전을 하기에 부족하기 때문이라는 것이다. 따라서 굳이 땅을 정자(井字)로 구획 할 필요 없이 전세(田稅)로써 하면 된다고 보았다.

> 우리나라 지세는 산림이 많고 원야가 적으니 정전은 진실로 할 수 없다. 그러나 한 가지 방법이 있는데, 정전 모양은 없으면서 정전 같은 실효를 거둘 수 있게 되니 어찌 좋지 않겠는가. 전지 10결마다 그 중 한 결은 공전으로 만들고 나머지 아홉 결은 사전으로 만든 다음, 아홉 결을 받은 농부에게 공전 한 결을 함께 가꾸어서 국세에 충당하도록 하고, 사전 아홉 결에는 부세를 없애서 모두 자기 집에 들이도록 하면 이것이 바로 정전이다.63)

즉, 정약용은 중국 고대의 가장 이상적인 토지제도인 정전법은 우리

---

62) 『經世遺表』 권5, 「地官修制」 <田論1>, "井田者, 聖人之經法也. 經法, 可通於古今, 利行於古而不便於今者, 必其法有所不明而然. 非天下之理, 有古今之殊也."

63) 『經世遺表』 권1, 「地官戶曹」, '經田司', "又我邦地勢 山密多而原濕少 井田誠不可爲也 然有一法焉 無井田之形而有井田之實 不亦善乎 每田十結 以其一結爲公田 以附近九結爲私田 令九結佃夫 同治公田一結 以當王稅 其私田九結不稅不賦 悉入其家 則於是乎井田也."

의 현실과 맞지 않음으로 이를 액면 그대로 시행할 수 없음으로 전지 10결에 그 중 한 결은 공전으로 하고 나머지 아홉 결은 사전으로 해서 아홉 결을 받은 농부들이 합심해서 공전 한 결의 수익을 부세로 납부하게 하면 정전의 효과를 낼 수 있다고 보았다. 즉, 토지에 의한 정전이 아니라 부세에 의한 정전의 효과를 기대했던 것이다. 그러나 모든 백성에게 토지를 나누어 주자는 것은 아니다. 농사를 할 수 있는 자에게만 농토를 나눠주어야 한다고 생각했다. 이러한 주장은 「여전제(閭田制)」에서 더욱 명확하게 제시되고 있다. 여전제에서 구상하고 있는 토지소유는 개인의 사적 소유를 부정하고 마을 단위의 생산공동체를 설정함으로써 실질적인 농민의 코지 소유를 보장하고자 한 것이다. 즉, 정약용은 '농사 짓는 사람만 밭을 얻고 농사짓지 않는 사람은 밭을 얻지 못하게 한다(農者得田, 不爲農者不得田)'고 하여, 농사를 짓지 않는 사·공·상(士工商)의 토지 소유를 반대하였다. 『경세유표』 「지관수제」에 보이는 <정전의(井田議)>에서는 국가에서 재정을 마련하여 그 돈으로 사유 농지를 유상 매입하여 전체 농지의 9분의 1을 공전(公田)으로 할 것을 제안하고, 이 공전을 백성의 노동력으로 경작하여 그 수확을 전세에 충당하면 국가재정이 넉넉해 질 것이라고 하였다.

이미 앞에서 언급한 바와 같이 『경세유표』의 본래 제명을 『방례초본』으로 '초(艸)'인 까닭은 곧 '수정과 윤색'을 기다리기 때문이라고 하였다. 그러면서 정약용은 다음의 15가지 원칙에 대해서 결코 '변동할 수 없는 것(不可易論)'이라고 그 서문에 못 박아 두었다. 즉 첫째 중앙 기구를 120으로 한정하고 육조에 각기 20씩 소속시키는 것, 둘째 관계(官階)를 9품계로 정하고 정(正)·종(從)의 구분을 없애되 오직 1·2품에만 구분을 두는 것, 셋째 호조를 교관(敎官)으로 하고 교민(敎民)의 직무를 수행하도록 하는 일, 넷째 고적(考績)의 법을 엄하게 하고 고적의 조목을 상세히 하여 당우(唐虞) 3대의 옛 제도를 회복하는 것, 다섯째 삼관삼천(三館三薦)의 법을 혁파함으로써 신진 관원의 문벌의 귀천을 구분하지 말도록 하는 것, 여섯째 남발되고 있는 능(陵) 수호직(守護職)을 통하여 요행스럽게 관직 취득하는 문을 막는 것, 일곱째 별시(別試)를 없애고 3년마다 대·소과를 통일하며 인재를 선발하는 일, 여덟째 문·무과의 정원을 동등히 하고 급제자는 모두 관직에 보임하는 일, 아홉째 전지(田地) 10결마다 1결을 취해서 공전(公田)으로 하고 조법(助法)을 쓰되 세를 별도로 거두지 않는 것, 열째 군포(軍布)를 없애고 9부(賦)의 제도를 써서 민역(民役)을 균평히 하는 일, 열한째 둔전(屯田)을 정비하여 왕도(王都)와 군현을 호위하는 지반으로 삼는 일, 열둘째 사창(社倉)과 상평창(常平倉) 제도를 정비하여 중간 농단을 막고 민생에 도움 되도록 하는 일, 열셋째 금(金)·은전(銀錢)의 사용 등 화폐제도를 정비·활용하여 귀금속이 중국으로 빠져나가는 것을 막는 일, 열넷째 향리의 정원을 제한하고 그 세습을 금해서 간활한 자가 발붙이지 못하도록 하는 일, 열다섯째 이용감을 개설하고 북학(北學)할 방법을 논의하여 부국강병하도록 하는 것 등으로 변동해서는 안되는 최소한의 원칙선을 제시한 것이라 하겠다.[64]

---

64) 『經世遺表』권1, 「引」, "唯限官於一百二十, 使六曹, 各領二十. 定官於九品, 無正從之別, 唯一品二品, 乃有正從. 以戶曹爲敎官, 以六部爲六卿, 以存鄕三物, 敎萬民之面目. 嚴考績之法, 詳考績之條, 以復唐虞之舊. 革三館三薦之法, 使新進勿分貴賤. 守陵之官, 勿爲初仕, 以塞僥倖之門. 合大小科, 以爲一取及第三十六人, 三年大比, 罷增廣庭試節製之法, 使取人有限. 文科武科, 其額相同, 使登科者, 悉得補官. 於田十結, 取一結以爲公田, 使農夫助而不稅. 罷軍布之法, 修九賦之制, 使民役大均. 立屯田之法, 使京城數十里之內, 皆作三軍之田, 以衛王都, 以減經費, 使邑城數里之內, 皆作牙兵之田, 以護郡縣. 定社倉之限, 立常平之法, 以杜奸濫. 鑄中錢大錢, 鑄銀錢金錢, 辨九圜之等, 以塞走燕之路. 定卿史之額, 禁世襲之法, 以杜其奸猾. 開利用

4. 『경세유표』의 법제사적 의의

이상에서 살펴본 바와 같이 『주례』의 원래 명칭은 『주관(周官)』으로, 주나라의 관직제도를 서술한 가장 오래된 완비된 행정조직 법규로, 이 책은 중국고대 정치・행정상 가장 이상적인 법전으로 역대 행정과 정치제도에 지대한 영향을 미쳤다.

조선의 최초 법전은 『경제육전(經濟六典)』으로, 조선 창업군주의 법치주의 이념이 담긴 조종성헌(祖宗成憲)으로서 절대적 가치가 부여되었으나, 그 후 내용이 방만하고 서로 상치되는 규정들이 산재하여 세조 원년에 원전・속전・등록 등 각 법전의 편찬・제정을 명하여 성종 16년에 『경국대전』이 완성되었다. 『경국대전』이후 긴 시간을 두고, 영조 때 『속대전』이, 정조(正祖) 때 『경국대전』과 『속대전』을 모아 『대전통편』을 편찬・제정했고, 고종(高宗) 때 와서 『대전회통』이 만들어지는 등 여러 번 법전이 편찬・제정되었지만, 기본적으로 틀은 유지된 채 새로운 법령을 추가하는 형식을 빌어 편찬되었다. 이는 '조종성헌(祖宗成憲)'으로, 선대에 만든 법을 함부로 후대 왕이 고치지 못하게 하는 원칙을 따랐기 때문이다.

특히 정약용은 일찍이 자신의 학문 체계를 수기(修己)과 경세(經世)의 관점에서 본말(本末)이 갖추어져 있다고 하였는데, 경세적 측면에서 저술된 『경세유포』는 『주례』를 개혁의 정당성 및 준거로 삼는 한편, 국가 경영을 효율적으로 실현할 수 있도록 현실적 유용성도 담아내고 있다. 정약용이 생각하기에 주나라의 전장(典章)・법도(法度)는 진선(盡善)・진미(盡美)하기 때문에 왕자(王者)가 다시 일어난다 하더라도 『주례』를 준수하여 백세가 지나도 변함 없을 것이라

之監, 議北學之法, 以圖其富國强兵, 斯不可易也."

고 하였으며, 3대의 치세를 회복시키고자 하려면 『주례』가 아니고서는 안된다고 하였다. 정약용은 기존의 행정조직들이 현실적 필요성에 의해 방만하게 신설·운영되어 『경국대전』에 일목요연하지 않은 면에 대해서 모든 관직을 육조(六曹) 소속으로 정리하고 직무도 확립하고자 했다. 즉, 정약용은 『주례』를 근거로 행정조직을 6조로 확립했으며, 육조에 각각 20개의 소속 관서(官署)를 설정하여, 『경국대전』의 전체 조직틀을 개혁하고자 했던 것이다.

이처럼 『경세유표』는 전근대 우리나라 국가체제의 개혁론으로서는 최후의 원형에 해당하는 문헌이라고 할 수 있으며, 그 자신 "성인의 경전에 근본을 두고 시의(時宜)에 알맞도록 힘써 서술해 두었으니, 없어져 버리지 않는다면 혹 이를 취해 쓸 자가 있을 것이다."라고 하여, 언젠가 세상에 널리 쓰여 지기를 기대했던 것이다.

비록 『경세유표』가 그가 살아생전은 물론 그의 사후(死後)에도 정법서로 쓰여지지 않았지만, 그가 『주례』의 이념을 바탕으로 백성의 삶을 윤택하게 하고자 했던 애민정신은 길이 빛날 것이며, 이런 의미에서 『경세유표』는 여전히 의미가 있다고 하겠다.

<맺음말>

『주례』와 조선의 국가례

이미 앞에서 살펴본 바와 같이 "예라는 것은 천리의 절문이요, 인사의 의칙이다"[1]고 하여, '자연의 섭리'와 '인간의 행위규범'이라는 두 측면에서 설명할 수 있다. 글자의 기원을 밝힌 『설문해자』에서 예(禮)를 "禮는 행하는 것으로 신을 섬겨 복을 받으려는 것이다. 示와 豊의 합자로 豊은 또한 소리이다."[2]고 하였으며, 『예기』에서는 "예의 시초는 음식에서 비롯되었다. 곡식을 불사르고 고기를 자르며, 술을 붓고 악기를 두드려 연주해서 귀신을 공경하기에 힘썼다."[3]라고 하여, 예의 기원은 제사(祭祀) 의식에서 유래했고, 조상 숭배를 특징으로 하는 종족의 습속과 관련되어 있다. 아울러 '예'의 기원이 제사에서 비롯된 것은 "이는 효자의 뜻이요, 인정의 실제요, 예의의 기준이다. 하늘에서 떨어진 것도 아니고, 땅에서 나온 것도 아니며, 인정일 뿐이다."[4], "인정(人情)으로 말미암아 예(禮)가 제정되고, 인성(人性)에 의거하여 형식화 되었다."[5]라고 하여, 인간의 보편적인 인

---

1) 『論語』「學而」제12장 朱子註, "禮者, 天理之節文, 人事之儀則也."
2) 『說文解字』 <禮部>, "禮, 履也. 所以事神致福也. 從示從豊, 豊亦聲."
3) 『禮記』「禮運」, "夫禮之初, 始諸飮食, 其燔黍捭豚, 汚尊而杯飮, 蕢桴而土鼓, 猶若可以致其敬於鬼神."
4) 『禮記』「問喪」, "此孝子之志也, 人情之實也, 禮義之經也. 非從天降也, 非從地出也, 人情而已矣."
5) 『史記』「禮書」, "緣人情而制禮, 依人性而作儀."

성에 따른 것으로 보았다.

이처럼 예의 관념은 신에 제사 지내는 의식절차에서 비롯된 예가 인간생활 행위와 사회생활의 규범을 포함하더니 더 나아가 정치제도까지 포괄하는 의미로 확대되었다.『논어』및『예기』·『의례』·『주례』의 삼례(三禮)는 물론『사기』나『춘추』등에 의하면 예는 고대부터 중국 전통의 전반적인 생활규범으로 일상생활의 예의 형식, 풍속, 습관, 연중 대사, 종교상의 의례, 국가사회의 제도와 법률을 내포하고 있으므로, 예의 기능은 크게 '개인의 자율성에 기반 한 예', '타인과의 윤리성에 바탕한 의례', '사회의 제도적인 측면을 다룬 전례', '국가의 통치 구조와 관련된 법제'로 구분할 수 있다.

춘추시대는 '예(禮)'에 대한 각종 확대된 새 해석들이 등장했고, 도덕(道德)과 윤리(倫理)의 의미가 더욱 가중되었으며, 아울러 개인 행위 규범과 도덕 표준의 의미 이외에 통치 질서와 사회 규범의 의미가 덧붙여졌다. 당시 사람들은 윤리·도덕적 문제에 봉착할 때면 대다수가 '예'와의 합치 여부를 따져 판단했으며,『좌전』에서 "예(禮)로 그 나라를 지키고, 정령(政令)을 시행하면, 그 백성을 잃지 않는다."[6]고 하여, 예를 통치 질서의 원리로 이해하였다.

특히 공자(孔子)는『주례』로 불리는 서주(西周) 시대의 통치 질서를 이상화하여 정치상 예적 통치 질서의 회복과 유지를 주장하였다. 그는 "주례를 중시하는 것은 주례가 근본이기 때문이다. …… 노나라는 주례를 버리지 않아 동요하지 않았다."[7]고 하였다. 아울러 공자는 예악(禮樂)이 무너지는 시대에 살았지만, "주(周)나라가 이대(二代)에서 예(禮)를 본받았으니, 빛나도다. 문채여! 나는 주나라를 따르

---

6)『左傳』<昭公 5年>, "禮所以守其國, 行其政令, 無失其民者也."
7)『左傳』<閔公 元年>, "猶秉周禮, 周禮所以本也. …… 魯不棄周禮, 未可動也."

겠다."8)고 하여, 하(夏)나라와 은(殷)나라의 예제를 재정비한 주나라의 예제(禮制)를 따르고자 하였으며, 맹자(孟子)와 순자(荀子)에 이르러 '예'의 정치질서의 기능이 더욱 강조되었다. 무엇보다 진·한(秦漢) 이후 전개된 '예'는 주로 왕권과 국가경영에 집중되어 전개되었다. 『사기』의 '예'에 대한 시각은 『순자』와 같이 국가경영과 결부된 규범체계로 이해하였으며, 이후 『한서』·『구당서』·『당서』·『송사』·『명사』에서 '예'를 국가경영에 관련하여 오례(五禮) 형식으로 서술되어 있다.

이처럼 여러 집단의 통합체인 국가(國家)라는 거대한 조직에 있어서 그 집단 구성원 사이의 원활한 관계를 위해서 '예'는 꼭 필요한 기제라 할 수 있다. 그러나 역대 왕조의 통치자들은 '예'를 집단과 국가의 안정을 위한 기제로서 부각시켰을 뿐만 아니라 통치자의 권익을 보호하는 도구로써 전개했다.

'예'가 통치 수단으로 인식되어 통치자의 권익을 보호하려는 전제 왕권의 예제로 굳어지자 이에 대한 비판들이 쏟아져 실용성과 간이성을 겸비한 가례(家禮)가 새로 부상하게 된다. 흔히 관·혼·상·제(冠婚喪祭)로 일컬어지는 가례는 사람의 품성을 교육하고 행위를 규범화하여 사회공동체를 이루려는 특징을 가지고 있다. 즉, 가례가 내재적인 교육과 감화를 중시하여 자율적인 도덕 준칙으로써 '예'를 정립하려 했던 것에 비해, 국가례는 더욱더 법(法)과 형벌(刑罰) 같은 외재적인 제재를 강조하는 예제(禮制)로 나아갔다. 그러나 제제를 강요하는 것은 일정한 한계가 있다. 이미 공자가 말한 바와 같이 "어떻게 하면 다수의 대중으로 하여금 강제가 아닌, 스스로 사회적 덕을 실행하여 국가가 안정적으로 유지될 수 있느냐?"9)가 이상적 국가례

---

8) 『論語』「八佾』, "子曰 周監於二代, 郁郁乎文哉. 吾從周."

의 핵심과제라 할 수 있다.10)

　그렇다면 '법의 시대에 왜 주례인가?'에 대한 의문이 든다. 일찍이 다산 정약용은 「방례초본인」에서 "여기에 논한 것은 법이다. 법이면서 명칭을 예라 한 것은 무엇인가?"라고 자문하면서 법을 예라고 한 이유를 백성을 다스림에 있어 "위엄으로 겁나게 하고 협박으로 시름하게 하여 백성이 벌벌 떨며 감히 범하지 못하도록 하는 법(法)보다 예(禮)로써 나라를 다스렸고, 백성을 지도하는 것이 더욱 좋다."는 것이다.11) 그러나 현실에서는 그렇지 않다. 여전히 법이 우선되는 시대에 살고 있는 것이 현실이기도 하다. 정약용은 『방례초본〔경세유표〕』을 저술한 이유도 법(法)이라는 강제성보다 예(禮)라는 자발성에 기대를 걸었던 것이다. 이러한 문제의식에서 출발하여 저술된 것이 이 책이다.

　제1장에서는 국가례의 전형인 『주례』에 대해 『주례』의 철학적 특성과 정치 제도 및 사료적 가치에 대해 살펴보았다. 『주례』의 철학적 특성으로 음양사상을 들 수 있는데, 팽림은 『주례』의 음양사상적 특징을 "첫째, 왕국의 구조는 음양을 강(綱)으로 삼았다. 둘째, 왕(王)과 후(后)라는 두 개의 궁궐 시스템이 출현하였다. 셋째, 자연신(自然神) 중에도 음양 대립이 있다."고 하여 세 가지를 들었다.

---

9) 『論語』「爲政」, "子曰 道之以政, 齊之以刑, 民免而無恥. 道之以德, 齊之以禮,有恥且格."
10) 김현수, 「다산 정약용의 국가례 고찰」 『한국철학논집』 제12집, 한국철학사연구회, 2003, 149쪽 참조.
11) 經世遺表』「邦禮艸本引」, "玆所論者, 法也. 法而名之曰禮, 何也. 先王以禮而爲國, 以禮而道民. 至禮之衰而法之名起焉. 法非所以爲國, 非所以道民也. 揆諸天理而合, 錯諸人情而協者, 謂之禮, 威之以所恐, 迫之以所悲, 使斯民兢兢然莫之敢干者, 謂之法. 先王以禮而爲法, 後王以法而爲法, 斯其所不同也."

『주례』의 정치 제도에 있어서『주례』중의 최고 통치자는 왕(王)이고, 정부 속의 관제(官制)는 이른바 천관(天官)・지관(地官)・춘관(春官)・하관(夏官)・추관(秋官)・동관(冬官)의 육관(六官) 체제로, 육관의 수장(首長)으로는 천관 총재(冢宰)・지관 사도(司徒)・춘관 종백(宗伯)・하관 사마(司馬)・추관 사구(司寇)・동관 사공(司空)이라 하였다.

『주례』의 사료적 가치로는『주례』는「천관총재」・「지관사도」・「춘관종백」・「하관사마」・「추관사구」・「동관사공」등 각 관직에 인원수・직무 등의 내용을 상세히 기재하고 있을 뿐만 아니라 정치・법률・문화・교육・경제・군사・과학기술 등 각 분야의 전장 제도를 총망라 하고 있으므로 뒤중한 사료를 귀중한 사료를 제공하고 있다.『주례』에 반영된 정치제도는 이후 중국 봉건사회에서 미치는 영향이 매우 컸는데,『주례』에 설치한 천관・지관・춘관・하관・추관・동관 등 육관(六官)은 후대의 모든 나라에서 기본적으로 실시되었던 것이다.

이에 제2장에서『주례』의 성립과 체제와 유교이념 및 경학사적 의의에 대해 살펴보았다. 먼저.『주례』의 저자와 성립시기에 대해서 의견이 분부하나, 대체로 전국시대 말기 혹은 서한(西漢) 시대 초기로, 이 책은 당시 학자들이 선진(先秦) 시대의 구제도에 관한 자료를 수집하고 거기에다 자신들의 생각을 보태서 만든 이상국(理想國)의 청사진이라고 하겠다.『주례』체제는 앞에서도 언급한 바와 같이 중앙관직을 크게 6부서인 천・지・춘・하・추・동(天地春夏秋冬)의 육관(六官)으로 나누고, 각 관 아래 60인(人)의 속관(屬官)이 있었음으로 형식상 360관이 되나, 현행『주례』에는 의하면 천관편에 태재(大宰) 이하 63관직, 지관편에 대사도(大司徒) 이하 78관직, 춘관편에 대종백(大宗伯) 이하 69관직, 하관편에 대사마(大司馬) 이하 67관직, 추관편에 대사구(大司寇) 이하 64관직, 동관편에 수인(輸人) 이하 31관직 등 모두 372관직을 망라해 각기 그 직무의 성격과 관장 사항을 서술하고 있다.

『주례』의 유교 이념으로는 천인합일관을 들 수 있다. 이는 육관(六官)이 천지・사시(天地四時)에 따라 관직을 배분하고 직분을 밝혔는데, 이러한 사상적 배경은 천인합일(天人合一)에 기초하고 있기 때문이다. 특히『주례』는 유교의 이념인 예치(禮治)와 인(仁)을 강조하는데, 백성을 거느린다는 '팔통(八統)'은 인(仁)과 예(禮)에 근본하며, "백성이 기거하는 일상에 따라 12가지로 교육한다."[12]는 것은 예교(禮敎)에 바탕을 둔 예치(禮治)라 하겠다. 예치는 유가 정치에 있어서 핵심으로, 백성에게 욕망의 한계를 설정함으로써 각자의 본분(本分)을 지키고 겸양(謙讓)을 발휘하도록 하기 위한 것이다. 무엇보다『주례』에 있어서 인(仁)에 바탕한 혜민(惠民) 정신은 흉년이 들었을 때 백성을 구휼하기를 12가지로써 하였으며,[13] 백성의 삶을 편안하게 보살펴 주는 것으로 "첫째 어린아이를 사랑하는 일, 둘째 노인을 봉양하는 일, 셋째 궁색한 백성을 구제하는 일, 넷째 빈민을 구휼하는 일, 다섯째 장애인을 보살펴 주는 일, 여섯째 부역을 공평하게 하는 일"[14]로 6가지를 들었다. 이는 오늘날 복지정책과 비교해도 하나도 손색이 없다고 하겠다.

그리고 제3장에서는 우리나라에 가장 영향을 많이 끼친 당(唐)과 명(明)의『주례』에 바탕한 국가례 편찬 경위에 대해 살펴보았다. 후한(後漢) 멸망 이후 성립된 남북조시대(南北朝時代)에는 예(禮)의 내

---

12) 『周禮』「地官司徒」, <大司徒>, "民之常, 而施十有二敎焉."
13) 『周禮』「地官」<大司徒>, "以荒政十有二聚萬民 一曰, 散利. 二曰, 薄征. 三曰, 緩刑. 四曰, 弛力. 五曰, 舍禁. 六曰, 去幾. 七曰, 眚禮. 八曰, 殺哀. 九曰, 蕃樂 十曰, 多昏. 十有一曰, 索鬼神, 十有二曰, 除盜賊."
14) 『周禮』「地官」<大司徒>, "以保息六養萬民 一曰, 慈幼. 二曰, 養老. 三曰, 振窮. 四曰, 恤貧. 五曰, 寬疾. 六曰, 安富."

용을 담은 예제(禮制)의 해석에서 남학(南學)과 북학(北學)으로 나뉘어 남조·북조의 예제의 제정과 시행에서 많은 차이를 낳았고, 남북조를 통일한 수(隋)와 그 뒤를 이은 통일제국 당(唐)의 예제에 많은 영향을 끼쳤다.

당(唐) 현종(玄宗)이 치세했던 개원년간(開元年間)은 당 최고의 전성기로 불린다. '개원년간'은 국가의 안정을 바탕으로 문화의 번영기를 맞이한 시기였다. 현종은 문인학사들에 의지하여 도서정리 작업과 전적편찬 작업을 활발하게 행하였고, 이러한 과정에서 예제에 대한 논쟁과 정비가 행해졌다. 현종 시기의 예제 논쟁은 개원 10년(722) 원행충(元行沖)에 의해 편찬된 『예기의소(禮記義疏)』를 헌상(獻上)하자, 이에 장열(張說)은 『예기』가 이미 경전의 지위를 가지고 있고, 아울러 『예기의소』는 선유(先儒)의 뜻에 괴리되고 장구(章句)가 격절되어 사용할 수 없음을 주장하였다. 이후 개원 14년(726) 왕암(王嵒)의 시의(時宜)에 맞지 않는 『예기』 개정에 대한 상소가 있자, 현종은 집현원학사(集賢院學士)에게 상의(詳議)하라고 하자, 장열은 예경(禮經)인 『예기』를 함부로 개정할 수 없지만, 오례(五禮)의 의주(儀註)는 개정한 적이 있으므로 『정관례(貞觀禮)』·『현경례(顯慶禮)』를 산정(刪定)하여 사용하자는 수정안을 내놓았다. 이에 따라 『정관례』와 『현경례』를 적절히 반영한 새로운 예제(禮制)를 만들기로 하여, 개원 20년(732) 집현원 관원들의 주관하에 150권으로 구성된 『대당개원례』가 편찬되었다. 『대당개원례』는 무측천(武則天)으로 인해 혼란해진 예제(禮制)의 정비와 구례(舊禮: 『정관례』)와 신례(新禮: 『현경례』)가 병용되는 것에서 나타나는 예제상의 혼란을 막기 위해서 편찬된 것이다. 따라서 『대당개원례』는 국가 주도로 편찬된 현존하는 중요한 국가의례서 가운데 하나다.

특히 『대당개원례』에서 예(禮)를 행하는 주체는 주로 황실과 관인 등 황실과 조정에서의 예(禮)를 다룬 책으로, 당(唐) 이전 남·북조 시대에 제각기 행해지고 있었던 국가의례를 통일하였다는 점에서 큰 의미를 가질 수 있지만, 엄밀한 의미에서 국가의 통치 구조를 다룬 정법서(政法書)로서의 국가례(國家禮)로 볼 수는 없고, 『당육전(唐六典)』에 와서야 비로소 국가례의 지위를 갖게 된다. 『당육전』은 개원 10년(722년) 당(唐) 현종(玄宗)의 칙명으로 『주례』의 육관(六官) 체제에 따라 관직(官職)과 직장(職掌)을 함께 편찬한 30권 분량으로 구성된 정법서(政法書)로, 삼사(三師)·삼공(三公)·삼성(三省)·육부(六部)·구시(九寺)·오감(五監)·십육위(十六衛) 등으로 구성되어 있다.

아울러 『대명률(大明律)』은 당(唐)·송(宋)의 법률(法律)을 계승하여 홍무(洪武) 년간(年間)에 편찬된 법률서로, 편찬에 착수한 것은 명나라 태조 주원장(朱元璋)이 아직 오왕(吳王)으로 호칭되던 1367년으로, 좌승상(左丞相) 이선장(李善長)을 총재관(總裁官)으로 임명, 당률(唐律)을 손질하여 이율(吏律) 18조, 호율 63조, 예율 14조, 병률 32조, 형률 150조, 공률(工律) 8조로 도합 285조로 된 율(律) 및 145조의 영(令)을 완성, 『율령직해(律令直解)』라 이름하여 공포하였다. 편별(篇別)은 당률을 따르지 않고 주(周)나라의 6분 주의를 택하였다. 이어 주원장이 명나라 황제로 즉위한 뒤인 1373년 형부상서 유유겸(劉惟謙)에게 명해 편찬하게 하여 이듬해 완성하였다. 당률의 편제를 따라 명례(名例)·위금(衛禁)·직제(職制)·호혼(戶婚)·구고(廄庫)·천흥(擅興)·도적·투송(鬪訟)·사위(詐僞)·잡범(雜犯)·포망(捕亡)·단옥(斷獄)으로 나누었다.

『대명률』은 1364년 제정된 이후 네 차례의 수정을 거쳐 편찬되었다. 명(明)의 태조(太祖)는 이렇듯 몇 차례 『대명률』을 개정 공포하면서 몇 가지 편찬 원칙을 가지고 있었다. 멀게는 당(唐) 태조(太祖) 이세민(李世民)의 '국가법령 유수간략(國家法令惟須簡略)'의 법률사상을 계승 발전시켰고, 가깝게는 원말(元末)의 "법 조문이 번잡하면 관리가 죄수의 인연에 따라 간사함이 나오니, 그 해를 다 헤아릴 수 없다.(條格煩雜, 吏得囚緣, 出入爲奸, 其害不勝)"는 병폐를 거울로 삼아 법률 제정시 '입법간명(立法簡明)'이라는 확고한 신념을 가지고 있었다. 그는 법이 간명(簡明)해야 하는 이유로, 첫째 법이 간단해야 사람들이 이해하기 쉽고 '몸소 법의 위력을 시험(以身試法)'을 하지 않으며, 둘째 법률 조항이 너무 많으면 한 가지 사건에 두 가지 법률 조문이 해당되어 간악한 관리들이 사적으로 농단하는 폐단이 발생하고, 셋째 법망이 너무 조밀하면 진(秦)나라의 예에서 보듯이 백성의 반항을 불러일으키는 폐단이 발생한다고 보았다.

『대명률』과 『당률』을 비교해 보면 『대명률』이 『당률』보다 편목(篇目)에서 『당률』의 12편을 7편으로 줄였고, 조문수(條文數) 또한 500조에서 460조로 감소시켰는데, 이러한 감소는 명 태조의 '입법간명(立法簡明)' 의지가 법률 속에 직접 영향을 미친 경우라 할 수 있다. 뿐만 아니라 명 태조는 또한 법제(法制)의 선전 교육을 중시하였다. 교육을 통해 백성이 예의(禮義)에 밝게 되어 염치를 알게 되면 스스로 자각해서 법을 지킬 것이고, 선(善)한 쪽으로 향하여 악(惡)을 멀리할 것이니 자연히 범죄가 감소할 것으로 생각했다. 법을 간명하게 제정하여 사람들의 이해를 돕고, 원문을 알기 쉽게 직해(直解)하여 관리들을 통해 백성을 가르치도록 한 명(明) 태조(太祖)의 법률관(法律觀)은 이후 『대명률』과 함께 조선에 전래 되어 태조(太祖) 이성계(李成桂)의 법 관념에 영향을 미쳤으리라 생각된다. 새로운 왕조를 건설했다는 공통성과 혼란을 수습하고 새 왕조를 안정시키기 위해 새로운 법령이 필요했던 상황에서 『대명률』의 전래는 태조 이성계가 즉위 교서에서 『대명률』 준행(準行)을 밝히는 계기가 되었고, 이후 직해(直解)를 편찬하여 백성을 교화하는 결정적 동기를 부여한 것으로 보인다.

　제4장에서는 『조선경국전』에 나타난 『주례』 이념을 서술하였다. 『조선경국전』은 조선이 새로 출발한 지 2년 뒤에 정도전이 국가의 기본 틀을 규정한 지침서라고 할 수 있다. 『조선경국전』은 『주례』의 영향을 받았지만 당시 조선 현실에 맞게 조정하여, 치전(治典)・예전(禮典)・정전(政典)은 그대로 따랐으나 교전(敎典)은 부전(賦典), 형전(刑典)은 헌전(憲典), 사전(事典)은 공전(工典)으로 고쳤다. 그러나 현전하는 『조선경국전』은 조문은 전하지 않고 육전(六典)마다 총서(總序)와 항목별 개요라고 할 수 있는 소서(小序), 헌전의 후서, 정총(鄭摠)의 서문(序文)이 남아 있기 때문에 "조선 초기 법전의 대강(大綱), 즉 총론(總論)을 제시하고 구체적인 법안은 『경제육전』에 실현하였다."고 보는 것이 타당하다고 하겠다.

　특히 『조선경국전』의 『주례(周禮)』의 6전(典) 체제를 모범으로 삼았지만 조선의 현실에 맞게 다소 조정하였는데, 신사(臣事)와 관련된 육전(六典) 앞에 치국(治國)의 대요(大要)로서 군사(君事)와 관련된 정보위(正寶位)・국호(國號)・정국본(定國本)・세계(世系)・교서(敎書)를 서론으로 실었다. 그리고 군사(君事)에 이어 신사(臣事)에 해당하는 본론은 치전(治典)・부전(賦典)・예전(禮典)・정전(政典)・헌전(憲典)・공전(工典) 등 6전으로 되어 있으며, 각 전은 총서(總序)에 이어 소관 업무를 소목으로 나누어 서술하고 있다.

　치전(治典)은 총서(總序)을 비롯하여 8개의 항목, 부전(賦典)은 19개 항목, 예전(禮典)은 27항목, 정전(政典)은 15개 항목, 헌전(憲典)은 22개 항목, 공전(工典)은 10개 항목 등 101개 항목으로 되어 있다. 무엇보다 『조선경국전』의 법제사적 의의로는 천・지・춘・하・추・동이라는 자연의 질서를 인간 사회에 구현하려는 자연과 인간의 일원화와 인(仁)에 의한 정치인 인정론, 정치의 공공성을 강조한 총재

<맺음말> 『주례』와 조선의 국가례 303

정치론, 육전체제 등은 『주례』의 이념을 반영한 것이라고 하겠다. 그러나 『조선경국전』은 완비된 법전이 아니라 조선의 법전이 지녀야 할 이념과 나아갈 방향을 제시한 지침서로, 『조선경국전』의 치전(治典)의 구체적인 요목이라고 할 수 있는 『감사요약』・『경제문감』・『경제문감별집』 등과 함께 정도전의 경세관을 엿볼 수 있는 주요한 저서라 하겠다. 따라서 이들 저술들은 조선 왕조 통치조직의 초석이 되었으며, 뒤에 『경제육전』 및 『경국대전』의 편찬의 지침이 되었다.

제5장에서는 정도전의 『경제문감』・『경제문감별집』에 나타난 주례 이념에 대해 살펴보았다. 정도전은 새 왕조가 만세 동안 규범으로 삼아야 할 통치 조직을 확립하기 위한 기초 작업으로 태조 3년에 『조선경국전』을, 4년에 『감사요약』과 『경제문감』을, 그리고 6년에 『경제문감별집』을 저술하였다.

『경제문감』은 『조선경국전』의 보유편이라고 할 수 있는데, 『조선경국전』이 통치이념과 통치 조직의 종합적인 체계를 제시한 것이라면, 『경제문감』은 『조선경국전』의 치전(治典) 내용을 보완한 것이다. 이 책은 '나라를 다스리고 세상을 구제한다'는 경국제세(經國濟世)와 '세상을 다스리고 백성을 구제한다.'는 경세제민(經世濟民)을 제목으로 삼아 관리로서의 책무를 강조하고, 상권에서는 「재상(宰相)」・「총론(總論)」・「재상의 직〔宰相之職〕」・「상업(相業)」이라는 항목을 두고, 주로 중국과 우리나라 역대 왕조의 재상 제도의 변천과 득실(得失)을 서술하고, 이어 재상의 직책과 진퇴의 자세를 상세히 기술하고 있다. 그리고 하권에서는 「대관(臺官)」・「간관(諫官)」・「위병(衛兵)」・「감사(監司)」・「주목(州牧)」・「군태수(郡太守)」・「현령(縣令)」이라는 항목을 두고 이들의 직책을 차례로 논하고 있다. 특히 정도전은 감사와 수령에 대한 통할권을 재상이 가짐으로써 재상중심의 중앙집권이 이루어져야 한다고 보았다. 이에 비해 『경제문감별집』은 군주의 직책에 대해 논한 것으로, 권근의 「서(序)」와 「군도(君道)」·「의논(議論)」으로 구성되어 있다.

정도전은 『경제문감』을 통해 『경국대전』 치전(治典)의 내용을 보완하여 재상을 비롯한 신하의 직책을 설명하였는데, 이 책에서 인용한 서적은 『주례정의(周禮訂義)』, 『산당고색(山堂考索)』, 『서산독서기(西山讀書記)』, 『문헌통고(文獻通考)』가 주류를 이루고 있는 반면, 임금의 도리를 논한 『경제문감별집』은 하·은·주(夏殷周) 삼대의 경우 주로 『서경(書經)』을 인용하였지만, 서경에 나오지 않은 군왕들의 경우 사마천(司馬遷)의 『사기(史記)』나 사마광(司馬光)의 『계고록(稽古錄)』 등을 인용하였다.

문감(文鑑)에 구현된 주례 이념으로는 재상정치론과 군주수신론을 들고 있다. 정도전에 의하면, 군주가 현명하고 재상까지 현명하면 가장 이상적인 정치가 구현되겠지만, 군주가 현명하지 않더라도 재상이 현명하다면 정치가 잘 운영될 수 있기 때문에 군주 한 명만 바라보는 군주정치론이 아닌 재상정치론을 주장하였으며, 정도전이 말하고자 한 것은 군주는 절대 권력을 휘두르는 것이 아니라, 군주수신(君主修身)을 통해 마음을 바로잡고 덕(德)을 닦아 어질고 유능한 재상을 임명해 정치를 하게 하는 상징적인 존재로 보았다. 즉, 정치는 전적으로 재상에게 맡기고 임금의 정치적 임무는 천하의 기강이 될 강명정직(剛明正直)한 재상감을 찾아 임명하며, 인재등용에 있어서도 군주는 자신이 직접 나서기 보다는 재상에게 일임해야 한다는 입장을 견지하였다.

제6장에서는 조선 최초의 성문법인 『경제육전』의 성립 배경과 편찬자인 조준의 『주례』 인식에 대해 살펴보았다. 『경제육전』의 편찬 책임자인 조준(趙浚)은 정도전(鄭道傳)과 함께 조선 초기 개혁파의

인물로 편찬에 함께 참여한 정도전은 이미『조선경국전』을 편찬한 바 있기 때문에『경제육전』에는『조선경국전』의 주례 이념이 반영되었다고 할 수 있다. 이미 앞에서 언급한 바와 같이 조선시대 최초의 법전은 태조 3년 1394년에 정도전이 편찬한『조선경국전』으로 편찬만 되었을 뿐 공간되지 못했기 때문에 공간된 최초의 법전은 태조 6년인 1397년 12월 26일 공포·시행된『경제육전』으로, 우리는 이를 흔히『경제원육전』또는『원육전』이라고 한다. 편찬 책임자는 조준(趙浚)이며, 도평의사사(都評議使司)의 부속기관인 검상조례사(檢詳條例司)에서 담당하였다.

그러나『경제육전』은 오늘날 전해오지 않으므로 체재와 내용을 정확히 알 수 없지만『조선왕조실록』에 직접 또는 간접으로 인용된 부분이 적지 않은 것으로 보아, 이전·호전·예전·병전·형전·공전의 육전(六典)과 각 전마다 여러 강목(綱目)으로 나누어져 있었음을 알 수 있다.

『경제육전』의 주례의식에 대해 당시 편찬 책임자인 조준의『주례』에 대한 기본 인식을 살펴보는 것도 한 방법이 될 것이다. 그는 "『주례(周禮)』의 천관총재(天官冢宰)는 경 가운데 한 사람으로서 나라의 육전(六典)을 맡아서 왕을 보좌하여 나라를 다스렸으며, 사도(司徒) 이하는 각기 자기 직분에 따라 총재에게 소속되었습니다. 육경(六卿)에 딸린 속관이 또한 360직위가 있었으니, 360직위는 육경에 통솔되었고, 육경은 또 총재에게 통솔되었습니다. 관직의 많고 적음과 명의(名義)의 연혁이 시대별로 같지 않으나 대의는 이 육부(六部)의 범주를 벗어나지 않았습니다."15)라고 하여,『주례』의 육전(六典)을 본 받

---

15)『松堂集』권3,「陳時務疏」, "謹按周禮天官, 冢宰以卿一人掌邦之六典, 以佐王治邦國, 其司徒以下, 各以其職聽屬焉. 而六卿之屬, 又有三百六十, 是則三百六十之屬統於六卿, 而六卿又統於冢宰也. 官職之增損, 名義之沿

아 육부(六部)로 하였음을 밝히고, 백관(百官)의 근본인 육부가 정사(政事)가 나오는 곳이기 때문에 육부가 제 기능을 제대로 발휘할 수 있도록 『주례』의 육전(六典)에 대한 사무를 육부에 귀속시킬 것을 주장하였다.16)

제7장에서는 조선 최고위 성문법인 『경국대전』의 체제와 후대 법전에 끼친 영향에 대해 살펴보았다. 조선 왕조는 고려 왕조의 지배 이념이었던 불교를 배척하고 당시 원(元)으로부터 수용된 주자(朱子) 성리학을 지배 이념으로 하는 신왕조 건설에 박차를 가했다.

특히 조선은 건국 초기부터 법전 편찬에 심혈을 기울였는데, 정도전이 1394년(태조 3)에 편찬한 『조선경국전』이, 1397년(태조 6)에 조준이 주관 편찬한 『경제육전』, 1413년(태종 13)에 『경제속육전』, 1426년(세종 8)에 『경제신찬육전』의 편찬을 이어 1455년(세조 1)에 새로운 법전의 편찬을 위한 육전상정소(六典詳定所)를 설치하고 본격적인 편찬 작업에 들어 간지 11년 만에 『경국대전』이 완성되었지만, 바로 시행하지 않고 실로 편찬에 36년만인 1485년(성종 16)에 전면적으로 시행되었다. 『경국대전』은 국가를 경영하고 다스리는데 필요한 국가의 큰 법전을 일컫는 말로, 조선 건국 후 약 1세기 동안의 법령들을 정리한 법전이라는 뜻이다. 조선은 『경국대전』 편찬을 통해서 예와 법의 관계에 대한 유교적 이해와 판단을 조선의 관점에서 공식화하고자 했으며, 이 과정에서 조선은 예(禮)의 형식적 성문화(成文化)를 실현함으로써 유교이념의 합법적·합리적 실천을 추구했다. 특히 『경국대전』은 『주례』의 체제를 전반적으로 따르고 있다는 점에서, 『주례』를 통해 예의 성문화를 시도했던 중국의 경험을 조선

革, 代有不同, 大義不出乎此六部也."
16) 『松堂集』 권3, 「陳時務疏」, "人主之職, 論相而已, 宰相之職, 進君子退小人, 以正百官而已. 相得其人, 則天下理矣, 況一國之政乎."

사회에 적용한 구체적인 실례였다고 하겠다.

그렇다면 『경국대전』에 담겨져 있는 주례 이념, 즉 유교적 정치이념이란 과연 무엇인가? 조선을 건국한 핵심 세력인 신흥사대부들은 법치주의(法治主義)보다 이상적인 덕치주의(德治主義) 또는 예치주의(禮治主義)를 선호하였다. 그렇지만 현실 정치에서는 법치를 무시할 수 없었기 때문에 유교적 예치 이념의 법제화를 표방한 것이 바로 『경제육전』과 『경국대전』이었으며, 이후 『속대전』, 『대전통편』, 『대전회통』의 편찬도 이러한 연유에 기인하였다.

제8장에서는 반주자학(反朱子學) 혹은 탈주자학(脫朱子學)로 인식되는 백호(白湖) 윤휴(尹鑴)의 『주례』 이해에 대해 살펴보았다. 주지하다시피 윤휴가 활동했던 17세기는 주자학의 독존주의가 심화됨과 동시에 다른 한편으로 주자학적 세계관을 부정하고 새로운 사유체계를 수립하려는 움직임이 공존했던 시대로, 그는 주자(朱子)의 경학적 이론을 근원적으로 성찰함으로써 주자를 정통의 기준으로 고착시킨 도학이념(道學理念)을 근본적으로 허물 수 있는 새로운 경전(經典) 해석의 체계를 탐색하였던 인물이다. 이로 인해 우암(尤庵) 송시열(宋時烈)로부터 '사문난적(斯文亂賊)'으로 배척당하기도 하였지만, 성호(星湖) 이익(李瀷)에서 다산(茶山) 정약용(丁若鏞)에 이르는 근기남인 학맥에 깊은 영향을 주었다.

윤휴의 『주례』 이해는 그가 지은 「독주례」 한 편이 있다. 그는 「독주례」에서는 『주례』는 성인이 제작한 경서며, 작자는 주공(周公)으로 미완성이 아니라 다만 주나라 말기와 제후들이 자신의 참람한 죄를 은폐하기 위해 경적을 제거하고, 진시황이 전적을 불태워 없애 버린 나머지 차례가 착란되고 자못 그 와중에 없어진 간편이 있을 뿐이지 대체는 볼 수 있다는 것이다.

무엇보다 윤휴는 『주례』에서 주목한 것은 한 나라의 제도는 군주

(君主)의 덕(德)에 달려 있다고 보고, 덕(德)·도(道)·교(敎)·예(禮)의 관계에 대해 '덕(德)은 도를 체득하여 나아가는 데 있어 바탕이 되는 것이고 교(敎)는 제도를 행하는 데 있어 바탕이 된다.'고 하여, 예제 (禮制)의 제정에 있어 덕이 근본이 되며, '덕이 성대하면 교가 높아지고 교가 높아지면 백성의 직분이 닦이고 백성의 직분이 닦이면 천하가 다스려지는 왕도(王道)가 실현된다.'고 보았다. 즉 윤휴는 선왕이 제도를 갖춘 것은 선왕이 덕(德)을 근본으로 해 도(道)를 체득하고, 이를 바탕으로 제도(制度)를 정비함으로서 예(禮)의 상경(常經)이 있게 된다는 것이다. 따라서 "윤휴에게 있어서『주례』는 천하를 다스리고 왕정(王政)을 실현하는데 제반 원리와 방법이 수록된 완전한 경전"[17]이었다고 하겠다.

제9장에서는 유형원(柳馨遠)의『반계수록』에 수용된『주례』이념에 대해 살펴보았다. 유형원은 실학의 비조(鼻祖)로, 양란 이후 조선 사회의 현실을 직시하고 폐단을 바로잡고자 고례(古禮)인『주례(周禮)』의 이념에 바탕하여 삼대(三代)의 지치(至治)를 조선에 실현하고자『반계수록(磻溪隨錄)』을 저술하였다.

『반계수록』은 원래 저자가 학문 연구의 과정에서 생각나는 것을 그때그때 기록하여 모은 것으로 책명도 원래 '수록(隨錄)'이라고 붙인 것을 1770년 책을 출간할 때 저자의 호 '반계'를 붙여『반계수록(磻溪隨錄)』이라고 하였다. 그러나 이 책은 단순한 학문 연구 과정의 '수록'이 아니라, 조선시대 실학의 비조라고 일컬어지는 저자가 당시 정치, 경제, 문화에 대한 제반 개혁안을 26권이나 되는 방대한 규모로 체계적으로 정연하게 서술한 명저로,『주례』의 이념을 바탕으로 그가 꿈꾸었던 '이상국가'를 기획한 것이다.

---

17) 정호훈, 「17세기 體制 改革論의 전개와『周禮』」『한국실학연구』제10집, 한국실학회, 2005, 175쪽.

유형원은 『반계수록』에서, 먼저 제도개혁안을 제시하고 그에 상응하는 역사적 고찰인 '고설(攷說)'을 붙여 자신의 개혁안에 대한 타당성과 실현 가능성에 대해 논증하였으며, 전체 26권의 분량 중에 심혈을 기울여 제시한 개혁안은 3분의 1을 차지하고 있는 전제(田制)이다. 그는 주(周)나라의 정전제가 이상적인 토지 제도이나 정전제는 봉건제라는 정치체제 속에서 온전히 제 기능을 하는 것으로 파악하고, 조선은 군현제임으로 삼대의 정전제로 회귀할 수 없다고 보았다. 따라서 그는 정전제를 포기하고 정전제의 효과를 거둘 수 있는 공전제(公田制)를 기획하였다.

아울러 유형원은 공전제와 더불어 이상사회 실현을 위해 반드시 시행되어야 할 제도로 향당제와 공거제를 들었는데, 그가 기획한 '이상국가의 공간은 국가(國家)와 향당(鄕黨)으로, 중앙정부보다 지방사회에 초점이 두어졌다. 유형원에 의하면 국가가 향당의 자율성을 인정해 주는 대신에 국가는 군현의 수령 주도권 아래 향당을 포섭하도록 구상하였으며, 아울러 이를 바탕으로 '군현(郡縣) → 도(道) → 중앙(中央)'으로 이어지는 교육기관을 통해 교육 시킨 후 현명하고 능력 있는 자를 천거하는 공거제(貢擧制)를 주장하였다.

이러한 유형원의 개혁론은 성호(星湖) 이익(李瀷)은 물론 다산(茶山) 정약용(丁若鏞)으로 이어져 정약용은 『반계수록』이 『주례』 이념을 잘 구현한 모범으로 삼아 『경세유표』를 저작하여 당시 조선의 국가례를 일신하고자 하였다.

제10장에서는 다산(茶山) 정약용(丁若鏞)의 『경세유표』에 구현된 국가례에 대해 살펴보았다. 흔히 실학의 집대성자로 알려진 정약용은 자신의 학문체계를 "육경사서(六經四書)로써 몸을 닦고〔修己〕 일표이서(一表二書)로써 천하 국가를 다스리니 본말이 갖추어졌다"라고 말한 바 있다. 그의 학문관은 첫째, 육경(六經)과 사서(四書)에 대한 새

롭고 독창적인 주석을 통해 실학의 이론적 근거를 제시하였으며, 둘째, 일표이서(一表二書)를 비롯한 수많은 논·책을 통해 목민관의 자세 및 현실 제도에 대한 개혁 방안들을 제시한 점이다. 이를 통해 당시 사회를 새롭게 개혁하여 부국안민(富國安民)하려는 의지를 여러 표출한 것으로서 그의 개혁사상은 일관되게 『주례(周禮)』를 표준으로 삼고 있다는 것이다.

먼정 정약용은 「방례초본인(邦禮草本引)」에서 법(法)을 논하면서 예(禮)라 한 이유를 선왕이 예로써 나라를 다스리고 백성을 인도한 것에 기인한다 하고, 『주례(周禮)』를 궁극의 이념으로 하면서 "주례는 천자의 예인데, 우리나라는 제후국이니 제도를 모름지기 작게 만들어야 한다."고 하여, '주례'와 대조되는 '방례(邦禮)'를 저술하고 있음을 명백히 하였다. 정약용은 의정부를 『주례』의 삼공(三公)·육경(六卿)의 체계를 본떠 영의정, 좌·우의정을 삼공으로 삼고, 도찬성 한명과 좌참찬·우참찬을 삼고(三孤)로 삼았으며, 육조판서 위의 품계로 놓았다. 또한 기존의 의정부를 유명무실하게 한 비변사(備邊司)를 중추부(中樞府)에 편입시키고 중추부는 다시 하관병조(夏官兵曹)에 이속시켰다. 그리고 기존 행정조직들이 현실적 필요성에 의해 방만하게 신설·운영되어 『경국대전』에 일목요연하지 않은 면에 대해서 모든 관직들을 육조(六曹) 소속으로 정리하고 직무도 확립했다. 그리고 전체 관직의 수를 120으로 제한했으며, 동안 독립 관서인 종친부(宗親府)·의빈부(儀賓府)·돈녕부(敦寧府)를 '천관 이조'에, 의금부(義禁府)·사헌부(司憲府)를 '추관 형조'에, 사간원(司諫院)을 '춘관 예조'에, 충훈부(忠勳府)·중추부(中樞府)·오아도총부(五衙都摠府)를 '하관 병조'에 이속시켜 육조를 통해서만 왕에게 보고되는 체계로 만들었다. 위와 같이 육조에 각각 20개의 소속 관서(官署)를 설정하여, 『경국대전』의 전체 조직틀을 개혁하고자 하였다.

이상에서 살펴본 바와 같이 『주례』 중국의 가장 이상적인 나라였던 주나라의 국가례를 기록한 것으로 믿어져 왔던 가장 이상적인 중국 고대의 정법서였다.
　이러한 정법서가 조선에 전해진 이래 정도전의 『조선경국전』은 물론 조선 최초의 법전인 『경제육전』은 물론 조선시대 최고의 정법서인 『경국대전』에도 많은 영향을 끼쳤으며, 이어 유형의 『반계수록』은 물론 정약용의 『경세유표』에도 많은 영향을 끼쳤다. 법이 지배하는 시대 왜 『주례』인가에 대한 물음에 대한 답은 정약용의 「방례초본인」에 이미 제시되었다. 강압적인 규제가 아닌 인간의 자율성에 의한 예적 질서 속에서 인간다운 삶을 추구하는 것이 바로 유교정치의 분령이기 때문이다.
　오늘날 우리는 수많은 법조문에 묻혀 살아가고 있다. 국회에서는 오늘도 수많은 법이 상정되고 있다. 비록 많은 법조문이 사장(死藏)되기는 하지만 국회의원의 의정활동의 평가가 법안을 얼마만큼 제안하느냐에 달려 있다고 한다면 앞으로도 수많은 법이 제정될 것이다. 그렇다면 과연 우리는 법의 세상에서 얼마만큼 인간다운 삶을 살아가고 있는 것일까? 즉, 법이 지배하는 오늘날의 삶이 예가 지배하던 과거에 비해 얼마나 인간다운 삶을 살아가고 있는가에 대한 의문은 여전히 남는다고 하겠다.

<참고 문헌>

1. 原典

『國語』, 『論語』, 『唐六典』, 『大唐新語』, 『孟子』, 『禮記』, 『詩經』, 『左傳』
『周禮正義』, 『周禮』, 『周易』, 『春秋』, 『管子』, 『韓非子』, 『朱子語類』
『舊唐書』, 『史記』, 『太平御覽』, 『漢書』, 『說文解字』, 『葛庵集』, 『經國大典』
『經世遺表』, 『高麗史』, 『明齋遺稿』, 『磻溪隨錄』, 『磻溪雜藁』, 『白湖全書』
『白湖集』, 『四佳文集』, 『三峯集』, 『尙書』, 『書經』, 『星湖僿說』, 『朝鮮經國典』
『世祖實錄』, 『世宗實錄』, 『世宗實錄』, 『松堂集』, 『肅宗實錄』, 『英祖實錄』
『正朝實錄』, 『定宗實錄』, 『太祖實錄』, 『太宗實錄』, 『한국민족문화대백과사전』.

2. 著書

김성준, 『한국중세정치법제사연구』, 일조각, 1985.
김재문, 『경국대전의 편찬과 법이론 및 법의 정신』, 아세아문화사, 2007.
김택민 주편, 『譯註 唐六典』, 신서원, 2003.
徐復觀, 『中國人性論史』(先秦篇), 台中 : 東海大學出版, 1963.
孫詒讓, 『周禮正義』, 北京 : 中華書局, 1987.
오영교, 『조선 건국과 경국대전체제의 형성』, 혜안, 2004.
王安石, 『周官新義』, 臺北, 臺灣商務印書館, 民國57.
張文昌, 『唐代禮典的編纂與傳承 - 以『大唐開元禮』爲中心』, 『古典文獻研究輯刊』 7編 第9冊, 台北, 花木蘭文化出版社, 1997.
錢穆先生全集, 『兩漢經學今古文平議』(北京, 九州出版社, 2011) 「周官著作時代考」 참조.
전봉덕, 『經濟六典拾遺』(「경제육전해제」 vii.쪽), 아세아문화사, 1989.
彭 林, 『周禮主體思想與成書年代研究』, 北京, 中國社會科學出版, 1991.
馮友蘭, 『中國哲學史新講』, 北京 : 人民出版社, 1984.
皮錫瑞 著・李鴻鎭 譯, 『中國 經學史』, 서울 同和出版公社, 1984.
한영우, 『정도전 사상의 연구』, 서울대출판부, 1989.

3. 論文

금장태, 「백호 윤휴의 성리설과 경학」『인문논총』 제39집, 서울대학교 인문학연구원, 1998.

김성규, 「『大唐開元禮』所載 外國使 관련 諸儀禮의 재검토」『中國古中世史硏究』 제27집, 중국고대사연구회, 2012.

김인규, 「공자의 정치사상」『한국철학논집』 제13집, 한국철학사연구회, 2004.

김인규, 「예 이념의 전개와 국가례 -『주례』와 『조선경국전』을 중심으로」『온지논총』 제38집, 온지학회, 2014.

김인규, 「『주례』의 체제와 유교이념」『퇴계학논총』 제28집, 사단법인 퇴계학부산연구원, 2016.

김인규, 「『朝鮮經國典』에 나타난 『周禮』 이념」『온지논총』 제52집, 온지학회, 2017.

김인규, 「『經濟文鑑·別集』에 나타난 周禮 이념」『동양고전연구』 제69집, 동양고전학회, 2017.

김인규, 「조선 후기 『周禮』의 수용과 國家禮 - 다산 정약용의 『주례』 이해와 국가례」『퇴계학논총』 제27집, 사단법인 퇴계학부산연구원, 2016.

김인규, 「조선 후기 『周禮』의 수용과 國家禮 - 반계 유형원의 國家禮와 『주례』의 이념」『퇴계학논총』 제29집, 사단법인 퇴계학부산연구원, 2017.

김인규, 「백호 윤휴의 『주례』 이해와 정치관 -「독주례(讀周禮)」와 「만필(漫筆)」을 중심으로」『동방학』 제37집, 한서대 동양고전연구소, 2017.

김인규, 「『경국대전(經國大典)』의 성립과 『주례』 이념」『동방학』 제38집, 한서대 동양고전연구소, 2018.

김인규, 「『경제육전』의 성립 배경과 편찬자 조준의 『주례』 인식」『퇴계학논총』 제32집, 사단법인 퇴계학부산연구원, 2019.

김정식, 「『大唐開元禮』 官人 「凶禮」에 대한 小考」『中國古中世史硏究』 32, 2014.

김현수, 「다산 정약용의 국가례 고찰」『한국철학논집』 제12집, 한국철학사연구회, 2003.

김현수, 「白湖 尹鑴의 禮敎思想 硏究」『동양철학연구』 제54집, 동양철학연구회, 2008.

唐幗麗, 「≪周礼≫惠民制度思想的当代認識价值」『甘肅理論學刊』第5期 總第219期, 2013年 9月.
戴君仁, 『國學論文精選』, 台北 : 幼獅文化事業公司, 1987.
도현철, 「정도전의 정치체제 구상과 재상정치론」『한국사학보』제8호, 고려사학회, 2000.
도현철, 「≪經濟文鑑≫의 引用典據로 본 鄭道傳의 政治思想」『歷史學報』제165집, 역사학회, 2000.
도현철, 「여말선초 개혁사상의 전개와『周禮』」, 연세대학교 국학연구원 편, 『한국 중세의 정치사상과 周禮』, 혜안, 2005.
朴秉濠, 「朝鮮初期의 法源」『韓國法制史攷』, 法文社, 1974, 「조선초기의 법사상」『韓國法史學論叢』, 박영사, 1991.
박현모, 「경국대전의 정치학 : 예치국가의 이념과 실제」『한국정치연구』제12집 제2호, 서울대학교 한국정치연구소, 2003.
부남철, 「정도전의 유교국가론과『주례』」『퇴계학과 한국문화』제43호, 경북대학교 퇴계연구소, 2008.
常佩雨, 「『周禮』成書時代,作者及其價值略論」『湖北工程學院學報』第34卷 第1期, 湖北工程學院, 2014.
西岡市祐, 「『大唐開元禮』「薦新于太廟」の儀禮復原」『國學院中國學會報』40, 1994.
西岡市祐, 「『大唐開元禮』の七祀について」『國學院雜誌』97-11, 1996.
徐喜辰, 「禮記的成書年代及其史料價值」『史學史研究』1984年, 北京師範大學史學研究所.
송양섭, 「반계 유형원의 공전제론(公田制論)과 그 이념적 지향」『민족문화연구』제58집, 고려대학교 민족문화연구원, 2013.
송양섭, 「반계 유형원의 '公' 이념과 이상국가론」『조선시대사학보』제64집, 조선시대사학회, 2013.
송재혁, 「정도전의 군주론 :『경제문감별집』을 중심으로」『정치사상연구』제22집 2호, 한국정치사상학회, 2016 가을.
신복룡, 「『경국대전』을 통해서 본 조서왕조의 통치이념」『일감법학』제17호, 건국대학교 법학연구소, 2010.

新城理惠,「先蠶儀禮と唐代の皇后」『史論』제46호, 1993.
新海一,「神位考-『大唐開元禮』釋奠從祀私記」『國學院雜誌』81-10, 1980.
楊　華,「論『開元禮』對鄭玄和王肅禮學的擇從」『中國史研究』, 2003-1.
李　杜,「孔子的道德思想的繼承與突破性的發展」『華岡文科學報』第18期.
이서행,「정도전의 개혁의지와 실천윤리」『倫理研究』제69집, 한국윤리학회, 2008.
李佑成,「初期 實學과 性理學과의 關係-磻溪 柳馨遠의 경우」『東方學志』제58집, 연세대학교 국학연구원, 1988.
이행훈,「예의 본질과 일상성 - 율곡 유교의 실학적 성격과 일상성을 중심으로」『동양고전연구』제35집, 동양고전학회, 2009.
林容漢,「『經濟六典』의 편찬기구 - 檢詳條例司를 중심으로」『朝鮮時代史學報』제23집, 조선시대사학회, 2002, 5쪽.
장동우,「王權과 禮治에 대한『周禮』의 문제의식」『동방학지』제133집, 연세대학교 국학연구원, 2006.
장병한,「丁若鏞의『周禮』全釋 企劃의 背景과 展開-理學에서 上帝學 중심의 內聖外王論의 파악 관점에서」『한문학보』제19집, 우리한문학회, 2008.
錢　穆,「周公與中國文化」『中國學術史論集』第一冊, 中華叢書, 1956.
정긍식,「국가 경영의 원대한 기획 경국대전」『한국의 고전을 읽는다』4권 (역사·정치), 휴머니스트, 2006.
정긍식,「조선전기 중국법서 수용과 활용」『법학』제50권 제4호, 서울대학교 법학과, 2009년 12월.
정긍식,「≪조선경국전≫과 조선초기 법제정비」『서울대학교 법학』제56권 제2호, 서울대학교 법학연구소, 2015.
정도원,「반계 유형원 실학의 철학적 기저」『韓國思想과 文化』제7집, 한국사상문화학회, 2000.
정성식,「『경국대전』의 성립 배경과 체제」『동양문화연구』제13집, 영산대학교 동양문화연구원, 2013.
정성식,「松堂 趙浚의 時務論 研究」『동양철학연구』제22집, 동양철학연구회, 2000.

정용환, 「다원주의 사회에서의 仁 개념」『동양철학연구』제49집, 동양철학연구회, 2002.
정호훈, 「尹鑴의 經學思想과 國家權力 强化論」『韓國史研究』제89집, 한국사연구회 1995.
정호훈, 「윤휴(尹鑴)의 『대학』해석과 그 정치적 성격」『다산학』제7집, 연세대 강진다산학술원, 2014.
정호훈, 「17세기 體制 改革論의 전개와 『周禮』」『한국실학연구』제10집, 한국실학회, 2005.
趙 瀾, 「『大唐開元禮』初探:論唐代禮制的演化歷程」『復旦學報』, 1994.
조원일, 「孔子의 天과 人間問題 考察」『한국철학논집』제13집, 한국철학사연구회, 2003.
조항덕, 「三峰 鄭道傳의 「朝鮮經國典」 硏究」『漢文古典硏究』第11輯, 한문고전연구회, 2005.
조항덕, 「「經濟文鑑」에 나타난 三峰 鄭道傳의 정치사상」『漢文古典硏究』제14집, 한문고전학회, 2007.
池田溫, 「大唐開元禮解說」『大唐開元禮』, 東京 汲古書院, 1972.
최경옥, 「禮 理念의 전개」『인문과학논총』제4집, 경성대 인문과학연구소, 2001.
최연식·송경호, 「『경국대전』과 유교국가 조선의 예치(禮治): 예(禮)의 형식화 과정을 중심으로」『사회과학논집』제38집 1호, 연세대학교 사회과학연구소, 2007년 봄.
彭 林, 「丁茶山과 ≪주례≫」『대동문화연구』제28집, 성균관대 대동문화연구원., 1993.
彭 林, 『≪周禮≫主體思想與成書年代研究』, 中國社會科學院出版社, 1991.
黃玉順, 「≪周礼≫的現代價值究竟何在」『學術界』(6호), 2011.

김 인 규(金仁圭)

성균관대학교 유학대학 유학과 및 동 대학원 동양철학과 수료(철학박사)
社團法人 儒道會 附設 漢文硏修院 수료
한국사상사학회 제2회 논문상 수상(1999년)
현 영산대학교 교수
저서 : 『홍대용 - 조선시대 최고의 과학사상가』(성균관대출판부, 2008)
　　　『한국사상의 쎈 스틸러』(공저, 도서출판 문사철, 2016)
　　　『북학사상연구』(도서출판 심산, 2017)
　　　『조선조 유학자의 학문관』(다운샘, 2017)
역서 : 『譯註 槿域書畵徵』(공역, 시공사, 1998)
　　　『유학 제3기 발전에 관한 전망』(공역, 아세아문화사, 2007)
논문 : 「北學思想硏究」(박사학위 논문)
　　　「조선경국전에 나타난 주례 이념」
　　　「『경제육전』의 성립 배경과 편찬자 조준의 『주례』 인식」외 다수

조선조 주례의 수용과 국가례

2021년 3월 22일　초판1쇄 인쇄
2021년 3월 29일　초판1쇄 발행
　　　저　자 김 인 규
　　　발행인 김 영 환
　　　발행처 도서출판 다운샘
　　　　　　서울특별시 송파구 중대로27길 1
　　　　　　전　화 : 02) 449-9172
　　　　　　팩　스 : 02) 431-4151
　　　　　　이메일 : dusbook@naver.com
　　　출판등록 : 제1993-000028호
　　　ISBN 978-89-5817-486-8 93190

정가 17,000원